KB232370

勿齋遺稿

■편저자 **박경룡** 문학박사, 서울역사문화포럼 회장, 『한성부연구』 지음
■감수자 **남윤수** 문학박사, 강원대학교 사범대학 한문교육과 교수
■역 자 **김근태** 문학박사, 서울교육대학교 강사, 『한국고소설의 서술방식 연구』 지음
이승창 전 민족문화추진회 연구위원, 유도회 강북구 지회장
홍혁기 국사편찬위원회 사료연구위원

서울역사문화인물발굴총서 2

물재유고 勿齋遺稿

초판인쇄 2006년 2월 05일
초판발행 2006년 2월 10일

발 행 처 **서울역사문화포럼**(대표/박경룡)
저 자 효간공(孝簡公) 이숭호(李崇祜)
번 역 김근태 · 이승창 · 홍혁기
감 수 남 윤 수
펴 낸 이 이 찬 규
펴 낸 곳 선 학 사
등록번호 제10-1519호
주 소 121-802 서울시 마포구 공덕2동 173-51
전 화 (02) 704-7840
팩 스 (02) 704-7848
이 메 일 sunhaksa@korea.com
홈페이지 www.ibookorea.com

값 20,000원

ISBN 89-8072-192-7(93090)

본서의 무단복제를 금하며, 잘못된 책은 바꾸어 드립니다.

본서는 2005년도 서울문화재단 서울문화재단 으로부터 시민문화예술지원사업으로
번역비의 일부를 지원받았습니다.

서울역사문화인물발굴총서 2

勿齋遺稿

물재유고

이숭호(李崇祜) 저 — 서울역사문화포럼 기획 — 김근태 · 이승창 · 홍혁기 번역

선학사

目次

【 기(記) 】

【 서(序) 】

물재유고 권지이(勿齋遺稿卷之二)

【 소(疏) 】

【 책(策) 】

물재유고 권지삼(勿齋遺稿卷之三)

【 제문(祭文) 】

【 애사(哀辭) 】

【 가장(家狀) 】

물재유고 권지사(勿齋遺稿卷之四)

머리말

이번 서울역사문화포럼에서 서울역사문화인물발굴총서 제2권으로 18세기 후반 영·정조시대 활동한 효간공 이숭호(1723~1789, 본관 용인)의 문집 『물재유고』(勿齋遺稿)를 국역하여 출간함을 진심으로 축하합니다.

효간공 물재(호) 선생은 사간원 대사간·사헌부 대사헌과 예조·형조판서 및 한성 판윤을 역임하신 분이다. 그가 남긴 시(19편)·기(3편)·서(13편)·소(11편)·차자(1편)·잠(1편)·계(1편)·표(5편)·책(2편)·제문(8편)·애사(1편)·가장(3편)·묘표(1편)·연보 등(6편) 70여 편이 4권으로 분류되어 있었는데 이번에 이를 국역하여 출간하기에 이르렀다. 어려운 번역과 감수를 맡은 김근태·이승창·홍혁기선생과 남윤수교수에게 감사하게 생각한다. 또한 박경룡 회장의 「효간공 이숭호의 생애와 활동」이란 논고를 앞머리에 수록하여 효간공을 이해하는데 도움을 주어 내실을 기하였다고 본다.

필자는 최근 『조선시대 문과 급제자 연구』(국학자료원, 2004, 12)를 통하여 86명의 문과 급제자와 197명의 생원·진사를 배출하여 전국적으로 50위 안팎을 차지할 뿐 아니라 주로 서울·경기지역에서 활동해 온 용인이씨를 경화사족(京華士族)의 대표적 한 문중으로 보는 데에 인색할 필요가 없다고 보았다. 더구나 그 동안 「용인이씨 종보」 주간을 근 20년간 맡으면서 용인이씨를 역사적 관점에서 객관적으로 소개하는 소책자 출간과 본격적인 논문 집필에 늘 아쉬워하였다. 따라서 이를 위하여 3년 계획으로 사료 수집과 사진 촬영 등을 용인이씨 대종회

총무(이홍근)와 함께 진행하였다. 그 과정에서 자료 조사차 '용인이씨 6판서 댁'의 이태한(효간공 이숭호의 8대 종손, 정랑공파 이사)댁을 방문하여 시호(諡號)·교지(敎旨) 등 500여 점과 『물재유고』 등의 원 사료를 접할 수 있었다. 이리하여 종래 알려지지 않은 많은 사료를 접할 수 있어 필자로서는 『용인이씨 현조사적』 출간과 「조선후기 근기지역 경화사족(京華士族) 고찰 -용인이씨 문과 급제자를 중심으로-」(鄕土서울 67호, 서울특별시사편찬위원회, 2006.2)을 탈고(脫稿)할 수 있어 개인적으로 의미 부여와 짐을 덜었다고 생각하고 있다. 특히 효간공 이숭호를 비롯한 6판서의 관직 내용을 나름대로 충실히 하는데 크게 도움을 받은바 있다.

한편 이러한 사료에 대하여 필자가 참여한 국사편찬위원회의 '서울·경기지역 문중 소장 자료의 수집과 정리' 프로젝트 수행차 사료조사 위원들과 함께 이태한댁을 재차 방문하였을 때 효간공과 후손들의 영정과 교지류를 제본하여 깨끗하게 정리 보관하고 있어 경의를 표하지 않을 수 없었다. 이를 계기로 효간공 이숭호의 『물재유고』를 국역하기에 이르게 되었다.

특히 필자는 종손 이태한 이사와 같은 참의공파 후손인지라 박경룡 회장의 국역 제의에 조심스럽게 대답하고, 종손 이태한 이사에게 전후 사정과 국역의 필요성 등을 설명하면서 사료 및 재정지원 협조를 부탁하기에 이르렀다. 이러한 과정을 거쳐 불과 1년여 만에 국역되어 모든 사람들에게 소개할 수 있게 되어 무척이나 반갑고, 출간에 협조해 준 모든 분들에게 고마움을 표하지 않을 수 없다. 물론 이 책은 국역사업을 총괄한 박경룡 회장과 번역·감수 및 원고 집필을 맡은 여러 선생님들, 그리고 출판을 맡아주신 선학사 이찬규 사장과 편집부원의 정성이 아니었으면 불가능하였을 것이다.

2006년 2월

이원명(서울여자대학교 사학과 교수)

■ 연구

효간공孝簡公 이숭호李崇祜의 생애와 활동

박경룡 (서울역사문화포럼 회장)

1. 들어가면서

효간공 이숭호는 용인 이씨(龍仁李氏)의 30세(世)로 11개 파 중에서 가장 번성한 부사공(府使公 : 17세 李守綱)파의 후손으로 경종 3년(1723) 12월 24일 서울 한양동(漢陽洞)에서 태어났다. 이숭호는 18세기 조선 후기 영·정조 때의 문신이자 성리학자로 조선왕조실록과 종손이 보존하고 있는 『물재유고(勿齋遺稿)』 문집 및 교지(敎旨)를 보면 145여 차례의 내·외관직을 지냈다. 그는 증 좌찬성(종1품)에 이르고, 별세한 지 25년 후에는 순조로부터 효간(孝簡)의 시호를 받았다.

용인 이씨 가문은 조선 후기 숙종 이후에 특히 번창한 경화사족(京華士族)[1]으로서 영조 때에는 효간공 이숭호부터 7명의 문과급제자와

1) 경화사족(京華士族)은 서울 근교에서 대대로 남인, 소론, 북학을 수용한 노론 낙론계

6명의 판서가 연이어 배출됨으로써 세칭 명문가로 알려지게 되었다. 그러나 효간공 이숭호의 인물과 문학작품에 관해서는 그간 베일에 가려져 있었다.

필자는 2005년도에 전근대 사료(史料)를 국사편찬위원회에 조사, 보고하는 과정에서 효간공 이숭호의 8대 종손인 이태한(李邰漢 : 38세)이 효간공을 위시하여 그의 아들 익헌공 이재학(李在學 : 31세) · 손자 숙헌공 이규현(李奎鉉 : 32세) · 증손자 현감공 이원명(李源命 : 33세)의 시(詩)와 제문(祭文) · 상소문 · 차자(箚子) · 잠(箴) · 전(箋) · 책(策) 등 1,000여 편을 소중하게 보존하고 있음을 인지한 것을 계기로 우선 효간공에 대해 관심을 갖고 연구하게 되었다.

2. 효간공 이숭호(孝簡公 李崇祜)의 생애

효간공 이숭호(1723~1789)가 생존한 시기는 조선후기의 정치가 안정되고 문화가 발달했던 영 · 정조시대이다. 이 시기는 왕권이 안정된 문예부흥시대로서 탕평책(蕩平策)이 실시되고, 민생 안정과 산업 진흥이 추진되었다. 그리고 각종 문헌 편찬사업과 제도 정비사업을 벌임으로써 민간의 문화 역량의 증대되어 실학자들이 활동하여 중국 중심의 세계관에서 벗어나 독자적인 문화국가로 성장하게 되었다.

효간공 이숭호는 본관이 용인(龍仁), 자는 덕이(德而)이며, 호는 물재(勿齋)로 증조부는 이세정(李世貞, 27세), 조부는 이의규(李宜揆), 친부는 호조좌랑 이보순(李普淳), 친모는 김집의(金執義)의 딸 김성유

학자들이 중앙학계의 주류를 이루면서 여러 대에 걸쳐 관직생활을 하는 가운데 성장한 양반 가문이다. 이들의 자제교육은 가학(家學)을 통해서 주로 이루어지고, 학문 교류도 학파와 신분을 뛰어넘어 행해졌으며, 이들 가운데 일부는 벌열(閥閱)을 형성하여 경화거족(京華巨族)이 되기도 하였다.

(金聖游)이다. 그는 6살 때 부친의 종형 덕산현감 이보흥(李普興 : 증 이조판서)과 정부인(貞夫人) 김씨의 양자가 되었다. 16세 때 결혼한 그의 부인은 안동김씨 화천군(花川君) 협(浹)의 딸로 후일 정경부인에 추증(追贈)되었다.

(1) 용인 이씨(龍仁李氏)의 가문(家門)

용인 이씨는 종인(宗人)은 많지 않지만 경화사족으로서 조선시대 500년간 문과급제자 86명을 배출하였고,[2] 주요 관직을 지낸 인물로도 정승 3명 외에 판서, 참판, 한성판윤, 대사헌, 대사간, 대사성, 관찰사를 배출하고, 대제학, 문형(文衡), 청백리 등을 지낸 인물이 적지 않다.[3]

용인 이씨의 시조는 고려 때 태사(太師)를 지낸 안의공(安毅公) 이길권(李吉卷)이다. 안의공 이길권은 천품이 강직하고 도량이 넓으며 천문지리에 통달하였는데, 고려 태조 왕건이 후삼국을 통일할 때 용인지역의 토호(土豪)로서 큰 공을 세워 구성백(駒城伯) 고려삼한벽상공신(高麗三韓壁上功臣) 및 태사(太師)에 책봉되었다.

용인 이씨의 중시조인 진초공 이중인(李中仁, 14세 : 1315~1392)은 고려말 문하시중 구성부원군(駒城府院君)으로 고려가 멸망하자 개풍군 광덕산 서쪽의 두문동(杜門洞)에 입산하여 나오지 않음으므로써 고려왕조에 충절을 지킨 '두문동 72현(賢)' 중의 한 사람으로 알려져 있다. 그의 사후에 용인 이씨는 11개 파로 되었고, 좀더 세분되어 60여 파로 되었다.[4]

진초공 이중인의 장남 전서공 이사영(李士潁 : ?~1406 이후)은

2) 용인 이씨의 86명의 문과급제자는 조선시대 문과급제자 1명 이상을 배출한 664개 성관(姓貫) 중 48번째로 많다. (이원명, 『조선시대문과급제자연구』, 국학자료원, 2004.)

3) 이원명, 용인 이씨 현조 사적(龍仁 李氏 顯祖 史蹟)(1), 용인이씨대종회, 2005, 2쪽.

4) 이원명, 위의 글, 21쪽.

고려 때에 문과급제하여 형조전서(刑曹典書 : 판서) 등을 역임하였으나 고려의 충신 정몽주가 피살된 후 이에 연루되어 이색·이숭인 등 56명과 함께 남원에 유배되었다. 이중인이 "이씨왕조에서는 3대까지 벼슬하지 말라"는 불사이군(不事二君)의 유훈에 따라 장남 전서공 이사영과 장손 영천공 이백찬(李伯撰, 知永川郡事 : 1359~1415) 등의 후손은 3대까지 조선왕조에 벼슬을 하지 않았다.

그리하여 이중인의 차남 이사위(李士渭 : 15세, 1342~1402)는 개성유수(開城留守), 그의 아들 백지(伯持)는 전라도관찰사를 지냈으나, 이중인의 종손들은 관직에 나아가지 않아 70년 후인 현손(玄孫)대인 이효독(李孝篤)이 1483년에 문과급제를 하였다. 참고로 용인 이씨의 문과급제자 86명 중 장남 이사영의 후손에서는 7명, 차남 이사위의 후손에서는 73명에 이른다.[5)]

이중인의 차남 이사위는 부친의 유훈에 따라 조선왕조에 벼슬을 하지 않으려 하였다. 이 당시 조선 태조 이성계는 민심을 수습하고 정국을 안정시키기 위해 많은 인재가 필요하였으나 고려의 유신(遺臣)들이 불사이군의 충절을 지켰으므로 이들에 대한 회유와 탄압이 날로 심해졌다. 이에 견디다 못한 고려의 유신들은 자신들의 보신(保身)을 위하여 이중인의 차남 이사위를 대표로 내세워 벼슬길에 나가도록 종용하였다. 이에 이사위는 유민들의 간곡한 원류(願留) 때문에 개성유수(종2품)를 맡게 되었지만 선친의 뜻을 지키지 못하였음을 못내 한스럽게 여기면서 지냈다 한다.[6)]

이사위의 장남 청백리공 이백지(16세)는 조선초 태종 때 청백리(淸白吏)에 녹선(錄選)되었다. 이백지는 고려말 우왕 11년(1385)에 문과에 급제하여 태종의 신임을 받아 성주목사, 승정원 대언(代言), 강원관찰사, 세종 때는 전라도관찰사를 역임하였다. 이백지는 이수강(守綱 : 17세

5) 이원명, 위의 글, 24쪽.
6) 이원명, 위의 글, 33쪽.

府使公派), 수령(守領), 수상(守常), 수례(守禮), 수의(守義) 등의 5남을 두었는데 참고로 용인 이씨 11개 대파(大派) 중에서 8개 대파가 이백지의 자손 대에서 형성되었다.

이수강은 용인 이씨 종손 중에서 가장 많은 파조(派祖)를 이루었는데 그의 손자이고 이문검(李文儉)의 아들인 이기(李基), 이적(李績), 이윤형(李允亨)의 3명이 문과에 급제한 이래 부사공파에서 70명의 급제자가 배출되었다. 그 중 차남 복정공(僕正公) 이적(19세)은 성종 때 사간원 정언(종6품)으로서 상소문 9조를 올림으로써 김종직(金宗直)과 허침(許琛)이 그를 칭송한 시가 『동국여지승람』에 남아있다. 그는 종번(宗蕃), 종영(宗英), 종의(宗嶷), 종분(宗賁), 종유(宗蕤), 종형(宗蘅), 종업(宗業), 종화(宗華) 등의 8남을 두었는데 5남 참판공 이종유(宗蕤)는 어려서부터 영민하고 총명하였으며, 성장한 뒤에는 공손하고 조심성이 있었다. 또한 효도와 순종함은 어긋나는 법이 없었으며, 형제들과 우애가 돈독하고 친구들과는 삼가면서도 아울러 정성을 다하였다. 그리고 6남 이종형(宗蘅)의 손자 이신충(李藎忠 : 병조정랑)은 유명하며, 그의 후손에서 61명의 문과급제자가 배출되었다.[7)]

이즙(濈)의 증손자이자 이계인(李啓仁 : 증 承旨)의 아들인 이사경(李士慶 : 24세)은 선조 때 문과에 장원급제하여 대사간, 승지, 병조·예조참의를 지냈는데 성품이 곧고 아부하지 않으며 소신에 따라 시비가 분명하고 청렴하였다. 그는 참의공 이후천(後天 : 형조참의)·후지(後地)·후산(後山)·후연(後淵) 등 아들 4명을 두었는데 그중 장남 이후천 후손(30세)에서 6판서가 배출되었다.

참의공 이후천은 광해군 때 문과에 급제하여 사헌부 지평을 지냈고, 인조 2년(1624) 군기시 첨정(僉正)으로 있을 때에 명나라 장수 모문룡(毛文龍)이 북쪽 오랑캐인 번호(藩胡)를 친다는 구실로 군사를 거느리고

7) 이원명, 위의 글, 39쪽

함경도에 들어오자, 접빈 유격장군(接賓 遊擊將軍)이 되어 임기응변의 계책으로 이들의 남하를 저지하여 '명장록(名將錄)'에 올랐다.[8] 그 후 안동부사, 형조참의를 지냈다. 그는 이준악(峻岳) · 정악(挺岳) · 방악(方岳) · 관악(冠岳) · 훈악(勛岳) 등 5남을 두었는데, 장남 이준악(峻岳)의 고손자(30세)에서부터 6판서가 배출되고, 차남 이정악(挺岳)은 후연(後淵)의 양자로 입적하여 3정승과 4판서를 배출하였다.

이준악의 아들 이세정(李世貞 : 27세, 효간공의 증조부)은 의금부도사를 지냈는데 이조참의에 추증(追贈)되었다. 그의 아들 의규(宜揆)는 한성부 판관을 역임했는데 이조참판에 추증되었다.

용인 이씨가 조선 후기 숙종 때 이후에 크게 번창하였으므로 정조가 주연(酒宴)석상에서 효간공 이숭호의 장남 익헌공 이재학(李在學 : 31세)에게 "용인 이씨는 가계(家系)가 오래되었고, 이름난 조상의 음덕(陰德)으로 대대로 계속하여 고관을 많이 배출하니 가히 대성(大姓)의 집안이로다" 하였다.[9]

용인 이씨는 영조에서 조선말까지 효간공 이숭호부터 7명의 문과급제자가 나오고 연이어 6판서가 배출되었다. 즉 그의 장남 이재학(在學 : 31세, 예조판서), 손자 이규현(奎鉉 : 32세, 형조판서), 삼현(參鉉 : 32세, 형조판서), 증손자 이원명(源命 : 33세, 이조판서), 고손자 이돈상(敦相 : 34세, 공조판서)이 판서를 역임하여 '6판서'가 배출되었다. 또한 이숭호에서 이돈상에 이르기까지 5대에 걸쳐 한성부 판윤(현 서울특별시장)을 역임하였다.

효간공 이숭호의 묘소는 용인공원묘지에 위치하였는데 1992년 경기도 양주시 은현면 도하리 66-1에 천장(遷葬)하였으며, 이 곳 선영에는 28세 이의규(李宜揆)부터 효간공 이숭호를 포함하여 37세손에 이르는 10대조까지 모셔져 있다.

8) 이원명, 위의 글, 42쪽.
9) 이원명, 위의 글, 43쪽.

(2) 효간공 이승호의 가계(家系)

효간공 이승호의 6대조는 이사경(李士慶)이고, 5대조는 이후천(後天)으로 형조참판을 지냈다. 고조부는 이준악(峻岳)으로 예빈시정(禮賓寺 正)을 역임하였으며, 증조부는 세정(世貞)으로 의금부 도사를 지냈는데 국왕이 이조참의에 추증(追贈)하였다. 조부는 의규(宜揆)로, 한성부 판관을 역임했는데 이조 참판에 추증되었다.

효간공의 부친(양부)은 보흥(普興)이며 덕산현감을 역임하였는데 이조판서에 추증되었다. 효간공의 모친(양모)은 정부인(貞夫人)으로 돈녕부 도정(都正)을 지낸 성유(聖游)의 딸이다. 외조부는 청나라에서 요동백(遼東伯)으로 추증되었고, 응하(應河)의 5대 후손이다. 효간공의 모친은 쉬지 않고 문중을 위하여 집안을 다스리고 갖추기 위해 애를 쓴 것이 널리 알려졌으므로 효간공 이승호의 왕고(王考 : 조부)는 늘 칭찬하며 하는 말이, "우리 며느리는 반드시 번창하고 크게 될 것이다."라고 하였다.

효간공의 친부(親父)는 보순(普淳)이며, 호조좌랑을 지냈고, 친모(親母)는 숙인(淑人)으로서 청풍 김씨로 집의(執義)를 지낸 김재(金栽)의 딸이다. 친모의 조부의 휘는 의수(宜遂)로 호조정랑을 지냈으며 이조참판에 추증되었다.[10)]

효간공은 2남 3녀를 두었는데, 장남 익헌공 이재학(李在學)은 문과에 급제하여 예조판서에 올랐으며, 차남 재익(在翼)은 음부사(陰府使)를 지냈다. 딸들은 판관인 정래정과 진사인 정하영, 정동만과 혼인하였다.

익헌공 이재학(1745~1801)의 자는 성중(聖中), 호는 지포(芝浦)이다. 영조 46년(1770) 정시 문과에 병과로 급제한 뒤, 정자를 거쳐

10) 물재유고 권 4, 부군묘표음기(府君墓表陰記) · 부군시장(府君諡狀).

수찬(修撰)과 교리(校理)가 되었다. 영조 52년(1776)에 시독관(侍讀官)으로 재임하고, 이듬 해 대강(對講) 때에는 관직은 구실이 매우 중요하므로 국가가 신중하게 다루어야 하는데, 지금 납속(納粟)에 의한 관직 제수는 크게 잘못된 처사이니, 국가에 공이 있으면 상을 줄지언정 관직 부여는 불가하다고 역설해 왕의 승인을 받았다.

익헌공 이재학은 정조 4년(1780) 대사간에 취임해서 군신(君臣)이 모두 실질을 숭상하고, 특히 정치기강을 세워줄 것을 거듭 강조하였다. 그 뒤 6조(六曹)의 참의와 참판을 지내고, 전라도관찰사가 되었다. 1789년에는 감진사(監賑使)로서 교제곡(交濟穀)의 2/3를 유치시키는 법을 만들어 국가와 백성을 모두 이롭게 하였다. 그 후 정조 17년(1793)에 동지 겸 사은부사(冬至兼謝恩副使)로 청나라에 가서 활약했으며, 1795년 형조판서로 승진해서 의옥(疑獄)사건을 잘 처리한 뒤 척신 김구주(金龜柱)의 역모를 탄핵하여 나주로 유배시켰다. 그는 6조 판서 중에서 이조판서를 제외하고 5조 판서를 두루 역임하였다.

그 뒤 정조가 죽은 후에는 순조가 어려서 즉위하고 정순대비(貞純大妃)가 수렴청정을 하자, 익헌공 이재학은 김구주의 일당인 채지영(蔡趾永)의 공격을 받았고, 산릉도감의 당상(堂上)으로 있으면서 산역(山役)공사를 지연시켰다는 벽파(僻派)의 탄핵도 받게 되어 가산(嘉山)으로 귀양갔다가 이듬 해 온성으로 이배(移配)된 뒤에 순조 1년(1801) 별세하였다. 그는 한학 친시(漢學親試)에서 1등을 하여 상을 받을 정도로 문장에 뛰어났고, 글씨도 잘 썼다.

효간공 이숭호(李崇祜)의 가계도

시조 이길권(吉卷 : 용인 토성 사족, 傳고려왕조 개국공신)

⋮

14세 이중인(中仁 : 공민왕 때 홍복도감 판관, 傳두문동 72현, 구성부원군, 용인이씨 중시조)

15세 이사영(士穎) - 이사위(士渭 : 개성유후)

16세 이백지(伯持 : 청백리, 강원관찰사)

17세 이수강(守綱 : 이천도호부사)-수령(守領)-수상(守常)-수례(守禮)-수의(守義)

18세 이행검(行儉 : 전라도병마절도사)

19세 이기(基)-배(培)-원(垣)-숙(塾)-옹(壅)-재(栽)-적(績: 사복시 正)

20세 이종번(宗蕃)-종영(宗英)-종의(宗嶷)-종분(宗賁)-종유(宗蕤)-종형(宗蘅)-종업(宗業)-종화(宗華)

21세 이즙(濈 : 향년 19세)

22세 이신충(藎忠 : 병조정랑)

23세 이계인(啓仁 : 생원 · 진사, 증 좌승지)

24세 이사경(士慶 : 장원, 대사간)

25세 이후천(後天 : 형조참의)-후지(後地)-후산(後山)-후연(後淵)

26세 이준악(峻岳 : 예빈시 正)-정악(挺岳)-방악(方岳)-관악(冠岳)-훈악(勛岳)

27세 이세정(世貞 : 의금부도사)

28세 이의규(宜揆 : 한성부 판관)

29세 이보흥(普興 : 덕산현감), 生父 보순(普淳: 호조좌랑)

30세 이숭호(崇祜 : 예조 · 형조판서)

31세 이재학(在學 : 호조 · 예조 · 병조 · 형조 · 공조판서)

32세 이규현(奎鉉 : 형조판서) - 삼현(參鉉: 예조 · 병조 · 형조판서)

33세 이원응(源膺 : 의령현감) - 원명(源命: 이조 · 예조 · 형조 · 공조판서)

34세 이돈상(敦相 : 공조판서)

(3) 효간공 이숭호의 활동

효간공 이숭호의 67세의 생애를 4시기로 구분하여 그 활동내용을 정리해 보고자 한다.

먼저, 출생~영조 37년(1761)까지를 대과(大科)를 준비하던 시기, 영조 49년(1773)까지를 청환직(淸宦職)에 재임하던 시기, 정조 10년(1786)까지를 국왕을 보필하던 시기, 그 이후에서 세상을 떠날 때까지를 목민관(牧民官)으로 봉직하던 시기로 구분하여 보았다.

① 대과(大科)를 준비하던 시기〔출생~영조 37년(1761)〕

경종 3년(1723) 12월 24일 서울 한양동(漢陽洞)에서 태어난 효간공 이숭호는 어려서부터 도량이 크고, 후덕하며 깊게 생각할 줄을 알며, 말을 배울 때부터 의젓하기가 어른과 같았다고 한다. 효간공 이숭호의 친조모의 동생인 윤상서가 그를 가르쳤는데 "이 아이는 멀리 보고 크게 키울 그릇이다."라고 하였다.

정조 때 대사헌과 대제학을 지낸 홍양호(洪良浩)는 효간공 이숭호에 대해서 일컫기를 그의 골격과 신체는 맑고 야위었으며, 얼굴 모습은 장중(莊重)하였다고 하였다. 평상시 거처할 때는 말이 적고, 웃음을 삼가고 종일토록 걸어도 의관이 바르며 무릎과 어깨 등을 곧추 세우고 반듯하여 사람들이 그를 바라보면 감히 업신여기지 않았으며 바로 대하면 온화하였다고 하였다. 또한 어렸을 적에 먹을 것이 어려울 때 친히 밥을 해 먹고, 아주 작은 것이라도 달게 받아 들였으며, 우환과 슬픔 속에 살게 되었을 때에도 극복하고, 뛰어넘은 것이 여러 번이었다고 한다.[11]

효간공 이숭호는 여섯 살 때에 부친(이보순)의 종형 판서공 이보홍

---

11) 물재유고 권 4, 홍양호(洪良浩) 찬(撰), 부군시장(府君諡狀).

(李普興 : 증 이조판서)의 양자가 되었다. 판서공은 그를 매우 애지중지하여 잘 기르고 가르쳤는데 반드시 옛 군자의 덕행과 사업으로써 하였다. 이승호의 성품은 학문을 좋아하고 총명함이 뛰어나 매우 높고 멀리까지 두루 뛰어넘겠다고 스스로 기약하기도 하였다. 10세 때에는 이미 세상일을 마음에 두고 글을 읽고 해독하는 것을 넘어 널리 경사(經史)에 통달하였으며, 또한 『좌씨전(左氏傳)』을 즐겨 공부하여 약관(弱冠)에 대유(大儒)를 이루었다.[12]

이승호는 영조 29년(1753), 31세에 진사 시험에 합격하고, 이어서 3년 뒤에 생원시험에 합격하였으며, 5년 후 영조 37년(1761), 39세에 정시(庭試)문과에 병과로 급제하여 승문원에 예속되었다. 효간공 이승호가 뒤늦게 과거에 응시하여 환로(宦路)에 나아간 것은 영조가 재위하고 있던 당시에 노론(老論)과 소론(少論)·남인계열이 정권 장악을 위해 세력 다툼을 하던 시기였으므로 이러한 정국(政局)에 뛰어들어 관직에 나아가는 것을 늦추었기 때문으로 추측된다.

즉 이 시기는 노론의 비호를 받아 왕위에 오른 영조가 경종(景宗) 때 집권한 소론계열을 등용하여 탕평책을 실시하려고 하던 것을 노론이 극력 반대하여 노론 일당전제(一黨專制)로 바꿔가던 노소당쟁(老少黨爭)이 심하던 시기였다. 그리고 영조 25년(1749)에는 영조가 사도세자에게 대리청정(代理聽政)을 시켰다가 영조 38년(1762) 5월에 사도세자를 뒤주 속에서 죽게 한 '임오화변(壬午禍變)'이 일어났는데 이 사건은 노소당쟁이 시파(時派)와 벽파(辟派)의 대립으로 전환되는 시기였다.[13]

이에 앞서 이승호는 영조 15년(1743) 16세 때 춘천부 관아에서 화천군(花川君) 협(浹)의 딸 안동김씨와 혼례를 치렀는데 부인은 후일 정경부인에 추증되었다. 효간공 이승호는 2남 3녀를 두었는데, 그의

12) 물재유고 권 4, 부군묘표음기(府君墓表陰記)·부군가장(府君家狀).
13) 이은순, 『조선후기 당쟁사연구』, 일조각, 1988, 102~124쪽.

나이 20세에 장녀를 출산하고, 23세에 장남 재학(在學)을 낳았다. 25세에 차남을 낳았으나 요절하였고, 27세에 차녀를 낳았으며, 30세에 3녀를 낳았지만 요절하였다. 31세에 4녀를 낳고 이해(1753) 2월 진사(進士)시험에 합격하였으며, 34세에 5녀를 낳았으나 요절하였고, 39세에 3남 재익(在翼)을 낳았다.[14]

② 청환직(淸宦職)에 재임하던 시기〔영조 38년(1762)~영조 49년(1773)〕

이숭호는 영조 37년(1761) 39세 때 정시 문과에 병과(丙科)로 급제한 직후 승정원 가주서(假注書)에 초임되었다.

이듬해 11월 21일 영조의 임석 하에 한학(漢學)의 전강(殿講)과 이문(吏文)의 제술(製述)에서 수석을 차지하였고[15], 영조 39년(1763) 12월에는 봉교(奉敎) 이숭호와 대교 김서구가 3차의 시험을 거쳐 선발될 정도로 성리학의 이론과 문장이 뛰어났다. 이 당시 이우철이 2차의 시험을 폐지시킬 것을 청하게 되자 두 사람이 모두 인피(引避)하고 출사(出仕)하지 않았으므로 영조가 노하여 이숭호를 경양찰방(景陽察訪)으로 출보(黜補)시켰다. 이 때 영의정 홍봉한(洪鳳漢)이 차자(箚子)를 올려, "이제 두 사람을 출보시킨다면 이 뒤로 2차의 시험을 거쳐 선발된 사람은 반드시 계속해서 그 잘못을 본받게 될 것이므로 더욱 대언(臺言)대로 적중시키는 결과가 될 것입니다."하니, 영조가 그 말을 옳게 여겨 곧 그 명을 정지시켰으므로 봉교 이숭호는 복직되었다.[16]

이숭호는 문과급제 후 28년간 관직에 재임하는 동안 주로 사간원, 사헌부, 승문원 등 청요직(淸要職)에 있었다. 그리고 세자시강원(世子侍講院)에서 세자[正祖]의 교육을 담당했던 관계로 정조가 왕위에 오르자 그의 신임을 받을 수 있었다.

14) 『물재유고』 권 4, 연보(年譜).

15) 영조실록 권 100, 영조 38년 11월 기묘조.

16) 영조실록 권 102, 영조 39년 12월 임인조.

이숭호는 영조 38년(1762), 후일의 정조가 왕세손이 되어 춘방(春坊 : 세자시강원)이 설치되자 처음으로 설서(說書 : 정7품)에 임명되고, 예문관 검열(檢閱)을 거쳐 대교(待敎)·봉교(奉敎)를 역임하였다.

영조 39년(1763) 이후에 예문관 교열(校閱), 세자시강원(侍講院) 총서, 사서, 문학, 필선, 보덕과 홍문관 수찬, 교리와 사간원 정언, 헌납, 사간과 사헌부 지평, 집의, 이조좌랑 정랑, 병조정랑, 성균관 전적, 통례원 통례, 사복시 정, 홍충도(洪忠道, 충청도), 경기도의 도사(都事)를 역임하였다.

영조 40년(1764) 1월에 이숭호가 황해도 봉산 어사(鳳山御史)로 나갔다. 이 당시 봉산군에 살옥(殺獄)이 있었는데 군수가 검험(檢驗)을 사실대로 하지 않았으므로 이 내용을 복명(復命)하였다. 이에 영조가 군수 박재수(朴載洙)를 곧 바로 그 지방에 도배(徒配)시키라고 명하였다.[17] 그 고을의 아전인 이송항(李松恒)이 죽음에 해당하는 죄를 범해 옥에 갇히자 그 처가 울면서 원통함을 고한 일이 있었다. 이로 인해 영조가 이숭호에게 복귀하라고 명하자, 궁궐로 들어와 '옥살이를 하는 사정이 살려줄 수 없다'는 것을 갖추어 아뢰었다. 영조가 하교하기를, "사직(史職)에 1년 있으면 그 사람을 잘 알 수 있다. 6품으로 올려, 수놓은 옷을 주고 일시(日試)에 보내라. 오늘 지극하면서도 상세하게 아뢰는 것을 들어 보니 이숭호는 가히 춘방(春坊)에 합당한 사람이다."라고 말하였다. 그리고 명을 내려 해당 조(曹)에서 이 일을 모두 주지하도록 하라고 하였다.[18]

영조 41년(1765) 2월에 이숭호가 비변사 낭청(郎廳)으로 부임한 후 영조가 청백리 세 명을 영남 해안의 10개 고을에 파견하여 간사한 무리들을 적발하도록 하였다.[19] 이 해 5월에 이숭호가 영남 창고의

17) 영조실록 권 103, 영조 40년 1월 기사조.
18) 물재유고 권 4, 연보
19) 물재유고 권 4, 연보

곡식을 적간(摘奸)하고 돌아와서 흠축(欠縮)된 정상을 영조에게 아뢰니, 함양(咸陽) · 단성(丹城) · 곤양(昆陽)의 해당 수령에게 모두 찬배(竄配 : 定配)의 율(律)을 시행하였다.[20]

이숭호는 이 해에 사간원 헌납(獻納) · 사헌부 지평을 지냈고, 영조 44년(1768)에는 세자시강원 사서(司書), 이듬해에 문학(文學) · 정언 · 수찬(修撰) 등을 지냈다.

영조 47년 (1771) 2월 22일에는 홍문관 수찬으로 왕에게 상소문을 올렸는데,[21] 이로부터 이틀 후 2월 24일, 영조가 육상궁(毓祥宮)에서 작헌례(酌獻禮)를 행하고, 돌아와 건명문(建明門)에 나아가 이조 판서 이최중(李最中) 및 패초(牌招)를 어긴 대신(臺臣) 이숭호 · 어석령(魚錫齡) · 임희증(任希曾)을 잡아들이도록 명하였다. 죄목은 이숭호가 자기 주장을 고집하며 결정을 못 짓는 것은 본래 까닭이 없는 것이 아니라고 여기고, 패초를 어긴 형률을 시행하게 하였는데,[22] 5개월 후 7월에 사헌부 헌납(獻納)에 임명되었으므로 바로 복직된 것으로 보인다.

영조 49년(1773) 4월 19일, 이숭호는 국왕에게 다시 상소를 올렸다.[23] 이로부터 20여 일 후인 5월 12일에 대사간 조덕성(趙德成) 등이 "이숭호의 지난번 상소(4월 19일)는 참으로 해괴한 일인데, 이번의 처분은 단지 가볍게 한다는 법의(法意)에 따르신 것 같습니다. 청컨대, 먼 곳에 정배(定配)하소서."하니, 영조가 그대로 따랐으므로[24] 이숭호는 경상도 거창부(居昌府)로 귀양을 갔다. 그러나 5월 25일에 사복시정(司僕寺正)으로 재임하다가 병으로 사임한 것으로 보아 귀양은 바로 풀린 것으로 보인다.

---

20) 영조실록 권 105, 영조 41년 5월 병자조.
21) 승정원일기 1314책, 영조 47년 2월 22일(계사)조.
22) 영조실록 권 116, 영조 47년 2월 을미조.
23) 승정원일기 1338책, 영조 49년(1773) 4월 19일(정미)조.
24) 영조실록 권 120, 영조 49년 5월 경오조.

③ 국왕을 보필하던 시기〔영조 50년(1774)~정조 10년(1786)〕

영조 50년(1774) 2월에 사간(司諫) 이승호가 하례(賀禮)를 행하는 날에 음악을 설시(設施)하도록 청하는 상소를 올리니, 영조가 이를 허락하고 특별히 그에게 말[馬]을 내리도록 명하였다.[25] 이듬해 영조 51년 1월 10일 사헌부 집의(執義)로 있던 이승호는 궁성 숙위(宿衛)에 관해 상소를 올렸다.[26] 이어서 2일 후 1월 12일에 승정원 동부승지에서 우승지에 이르렀고, 병조참지 · 참의, 형조참의, 대사간, 춘천부사(春川府使)를 역임하였다.

이승호는 주로 경관직(京官職)에 재임하면서 성리학에 밝아 경연(經筵)에 자주 나갔으며, 이 때 사헌부 감찰을 지낸 실학자 담헌 홍대용(洪大容) 등과도 교제하였다.

정조 2년(1778) 6월에는 이승호가 안변부사(安邊府使)에 제수되어 7월에 부임하였는데 이듬해 안변에 흉년이 들자 곡식창고를 열어 구휼하도록 영을 내렸다. 그의 안변부사 재임 3년 동안 각 단체에 빙역(氷役)을 막기 위해 많은 설비를 하고, 두 사찰에 편지를 보내 조금이라도 피폐해짐을 막고, 바다와 나루를 바꾸어 항상 공급이 가능하도록 하고, 무사(武士)를 늘려서 활을 쏠 수 있게 하였다. 처음으로 만든 모든 것이 모두 이루어져서 각 조목이 이로써 행하여졌다. 이승호가 서울로 돌아온 후 안변 고을의 백성들은 쇠를 주조하여 비를 세워 그 은혜를 송덕하였다.[27]

정조 4년(1780) 7월에 형조참의에 임명되고, 이 해 9월에 대사간이 된 이승호가 좌의정 김종수(金鍾秀)를 모함한 조진형(趙鎭衡)의 관직을 삭제하는 법을 적용해야 한다고 상소하여, 정조의 윤허를 받았다.[28]

25) 영조실록 권 122, 영조 50년 2월 을유조.
26) 승정원일기 1359책, 영조 51년 1월 10일(무오)조.
27) 물재유고 권 4, 연보
28) 정조실록 권 10, 정조 4년 9월 계사조.

정조 4년(1780) 9월 20일에 영의정 김상철이 동지사(冬至史)를 파견하는데 "동지부사(冬至副使) 이숭호는 하위직에 쳐져 있어 애석하므로, 청컨대 품계를 올려 사신(使臣)의 직함을 띠게 하소서."하고 정조에게 아뢰니, 이를 윤허하였다.[29] 그런데 이숭호는 동지부사로서 정사(正使) 무림군(茂林君) 이당(李塘)과 함께 청나라 연경(燕京)에 다녀왔다.

정조 4년(1780) 9월 20일에 대사간 이숭호는, "북도(北道)의 폐단 가운데 전정(田政)이 가장 심합니다. 옛 전답은 시내나 늪이 된 것이 많고, 새로 개간한 것은 대부분 양적(量籍)에 빠져 있습니다. 현지 답사를 할 길이 없어 허실(虛實)이 뒤섞여 있으니, 청컨대 함경도관찰사로 하여금 차례로 개량(改量)하게 하소서. 북도는 상정(詳定)이 혼란하고 지나쳐 어민(漁民)들이 지탱하기 어렵습니다. 도신(道臣)으로 하여금 너무 지나친 것은 줄이고 억울하다고 하는 자에게는 더 지급하여 치우치게 괴로움을 받는 우환이 없도록 하소서." 하고 상소하니, 정조가 그대로 따랐다.[30]

정조 4년(1780) 10월에 규장각에서 송(宋)나라의 사실을 수집하여 의의를 부여하고 의리에 근거하여 사례를 정한, 『송사전(宋史筌)』을 완성하여 올렸다. 이 책은 본기 4권, 지(志) 34권, 세가(世家) 4권, 열전(列傳) 56권, 의례(義例) 1권, 목록 1권 등 도합 100권을 40책으로 만들었는데 이를 정조에게 바치자, 교감(校勘)한 이숭호에게 녹비(鹿皮) 한 장을 하사하였다.[31]

정조 5년(1781) 2월, 사은부사(謝恩副使)로 청나라에 다녀온 효간공 이숭호는 한성부 좌윤, 우윤과 도승지, 대사헌, 홍충감사(충청감사), 호조 · 예조 · 병조 · 형조 참판을 역임하였다.

29) 정조실록 권 10, 정조 4년 9월 을미조.
30) 정조실록 권 10, 정조 4년 9월 을미조.
31) 정조실록 권 10, 정조 4년 10월 을묘조.

정조 5년(1781) 6월, 홍충도(충청도)관찰사 이승호가 장계(狀啓)를 올리자 영의정 서명선(徐命善)이 이를 보고, 정조에게 홍충도의 대선(大船) 건조의 실행을 청하자 이를 윤허하였다.[32]

정조 7년(1783) 1월에 대사헌 이승호는 정치달의 처를 육지로 내보내어 그의 묘사(墓舍)에 돌아가 살게 한 것과 송덕상과 홍국영의 두 역적에게 소급하여 가족을 노비로 삼는 법을 다시 시행하여 여론의 울분을 조금이나마 풀게 해달라는 등 형정(刑政)을 바로 세울 것을 청하는 상소를 올렸다. 그러자 정조가 비답(批答)하기를, "엊그제 내린 처분은 사실 부득이한 것으로서, 이렇게 하지 않을 경우 개인적인 은정(恩情)을 펼 수가 없다. 인용할 만한 사례가 없다는 것이 아니라, 경(卿)이 말한 것은 정상적인 것을 지키자는 뜻에서 나온 것이다."라고 하였다.[33]

정조 7년(1783) 2월에 행 부사직(副司直) 이승호를 특별히 가선대부(嘉善大夫)로 발탁하였다. 이는 정조가 동궁(東宮)으로 있을 때《통감강목(通鑑綱目)》의 강(講)을 처음부터 끝까지 참여한 행 부사직 이승호에게 특별히 한 품계를 올려 주도록 하라는 하교가 있었기 때문이었다.[34]

이로부터 2일 후에 병조참판으로 임명된 효간공 이승호가 사직소(辭職疏)를 올리자 정조가 비답(批答)하기를, 경의 품계를 올려준 것은 옛날 선왕들이 하셨던 것을 계술(繼述)하려고 한 것이니, 사직하지 말고 공무를 보도록 하라고 윤허하지 않았다.[35] 이로부터 1년 뒤인 정조 8년(1784) 7월에도, 정조는 "10년 동안 궁관(宮官)으로 있었고, 한 돌이 되도록 강서원에 있으면서 『강목(綱目)』 한 질을 처음부터

32) 정조실록 권 11, 정조 5년 6월 무자조.
33) 정조실록 권 15, 정조 7년 1월 을사조.
34) 정조실록 권 15, 정조 7년 2월 경진조.
35) 정조실록 권 15, 정조 7년 2월 임오조.

끝까지 진강(進講)한 것은 오직 이숭호 한 사람 뿐이다"라고 하면서 그의 아들이나 손자 중에 계방에 들어올 만한 사람이 있으면, 병조판서를 시켜 차례차례 등용하도록 하여, 내가 옛 궁료(宮僚)들을 우대하려는 뜻을 보이도록 하라."고 하였다.[36]

정조 7년(1783) 4월 정조가 원자(元子)의 태(胎)를 어원(御苑)에 묻도록 명하자 태를 봉하는 법은 본래부터 1등~3등의 구분이 있는데 대궐 석함(石函)에 있는 것은 2등 이하이므로 1등의 의절(儀節)을 이것으로 인용하여 예를 삼을 수 없다고 예조판서 서호수, 참판 이숭호 등이 상소하자, 정조는 대신들과 의논한 다음 품처(稟處)하라고 하였다.[37]

정조 8년(1784) 7월에 대사헌 이숭호(李崇祜)가 차자(箚子)를 올려 여섯 가지 경계할 일(六箴)을 진술하였다. 그 내용을 보면,

> "지금 우리 왕세자의 슬기로운 자질은 하늘이 내었고 뛰어난 재능은 범상치 않으십니다. 무릇 말을 배우고 걸음마를 배우는 일로부터 덕성(德性)을 이루는 노력에 이르기까지 전하의 성취하심이 아닌 것이 없습니다. 우리 원량(元良)에게 명석함과 길(吉)함을 주는 것은 오직 전하이시고, 요(堯)·순(舜)과 같은 임금이 되게 하는 것도 오직 전하이십니다. 그러나 그 방도는 멀리 삼대(三代)에서 찾을 필요가 없습니다. 한결같이 영조[英考]께서 전하를 가르치고 전하께서 그 성교(聖敎)에 복종하던 것으로써 우리 원량(元良)을 교도(教導)하신다면, 영조[英考]께서는 도리를 다하신 증조(曾祖)가 되는 것이고, 전하께서는 걱정이 없는 성인이 되는 것이니, 이것이 어찌 아름다운 일이 아니겠습니까? 감히 여섯 가지 경계하는 글을 올립니다. 첫째는 덕성(德性)을 기르는 것이고, 둘째는 좌우(左右)의 신하를 가려 뽑는 것이고, 셋째는 섭양(攝養)을 적절하게 하는 것이고,

36) 정조실록 권 18, 정조 8년 7월 경진조.

37) 정조실록 권 15, 정조 7년 4월 정해조.

넷째는 완호(玩好)를 경계하는 것이고, 다섯째는 강습(講習)을 부지런히 하는 것이고, 여섯째는 자신을 모범으로 하여 가르치는 것입니다."
하니, 정조가 비답(批答)하기를,
"여섯 가지의 경계하는 말은 한 마디 한 마디 절실하고 지극하다. 내가 마땅히 어디에서나 성찰(省察)하겠다.[38]

고 하였다.

정조 8년(1784) 10월에 정조가 중국에 보내는 문서를 활자화하여 보관할 것을 명하면서 예조판서 정창순(鄭昌順)과 전 공사 제조(公事提調) 이승호가 주관하여 거행하게 하였다.[39] 이에 사대문서(事大文書)인 『동문휘고(同文彙考)』를 편집, 인쇄하기 위해 승문원·사역원(司譯院)의 조(詔)·칙(勅) 등의 문서를 교열(校閱)하기 위하여 이승호의 집으로 반출하였다가 그 해 12월에 화재로 문서 13편과 서적들이 소실되었으므로 당시 사람들이 이를 아쉽게 여겼다.[40] 이에 이승호가 그 죄를 받기 위하여 사직소(辭職疏)를 올렸으나 정조가 사직하지 말라고 하였다.[41]

정조 10년(1786) 6월 문효세자의 초빈(草殯)이 있을 때 대사간 이승호가 기복(朞服)을 하는데 흰 가죽신을 신어서는 안 된다는 상복(喪服) 제도에 대해 상소하였다. 이에 정조는 예관(禮官)에게 영을 내려 널리 의논하고 들어서 의복 장식을 고쳐서 의식에 사용하도록 하였다.[42]

정조 10년(1786) 12월에는 영의정 김치인 등과 호조 참판 이승호이 빈청(賓廳)에서 왕대비 존호(尊號)를 의논해서 명선(明宣)으로 올렸다.[43]

38) 정조실록 권 18, 정조 8년 7월 정사조. 물재유고 권4, 연보.
39) 정조실록 권 18, 정조 8년 10월 신묘조.
40) 정조실록 권 18, 정조 8년 12월 무신조.
41) 물재유고 권 4, 연보.
42) 정조실록 권 21, 정조 10년 6월 무술조. / 『물재유고』 권 4, 연보.
43) 정조실록 권 22, 정조 10년 12월 갑자조.

④ 목민관(牧民官)으로 봉직하던 시기〔정조 11년(1787)~정조 13년(1789)〕

정조 11년(1787) 1월에 대사헌에서 자헌대부로 승진되었으며, 형조 · 예조판서와 이 해 5월에 한성부 판윤으로 임명되었다. 이 해 7월, 한성부 판윤 이숭호가 화재로 전파(全破)된 민가에게만 휼전(恤典)을 베풀기를 다음과 같이 건의하였다.

민가가 무너진 것은 일찍이 실화(失火)의 예(例)에 따라 5칸 이상을 초계(抄啓)하였습니다마는, 올 여름에는 특은(特恩)에 따라 한 칸이나 반 칸이라도 다 휼전(恤典)을 입음으로 혹 요행을 바라는 마음을 열어 수십 칸의 기와집에서 한 두 기둥이 훼손된 것을 넣기도 하였습니다. 이것은 한절(限節)이 전혀 없어서는 안 될 일이니, 이 뒤로는 전가(全家)가 침수되어 없어지거나 무너진 것은 아뢰고 완전한 곳이 적고 무너진 곳이 많아서 아주 불쌍한 것은 아뢰되, 이것으로 정식(定式)하소서."

하니, 정조가 말하기를, "특교(特敎)는 구애하지 말라.[44]

고 하였다.

『물재유고(勿齋遺稿)』 권 4, 연보(年譜)에 보면, 정조 11년(1787) 10월에 이숭호가 함경감사에 제수되어 조정에 사직(辭職)하려 하니, 정조의 명이 있어서 그 달에 부임하였다. 함경감사 재임 시의 업적을 보면, 경흥, 함흥, 덕원에 주상의 비각을 세운 일이 있어 보고를 하지 못했는데 효간공 이숭호 동성지몽(董成之蒙)이 있어 정조가 말[馬]을 내리는 은전(恩典)을 내리고, 이를 기록하여 3개 고을의 관사에 게재(揭載)하라 하였다.

또한 창고에는 녹봉으로 무역을 하여 영내에 백금 3천 냥을 저장하여

44) 정조실록 권 24, 정조 11년 7월 신묘조.

뜻하지 않은 일에 대비를 하게 하였다. 만세교(萬歲橋)를 수리하는 역사를 하고, 포청(砲廳)을 견고하게 정비하는 일에 수고한 자들에게는 재력으로 비천한 자들에게까지 나누어 주고, 군대와 백성의 폐단을 없애 주었다. 만약 북관(北關)에서 곡식을 사고파는 자가 있으면 바로 내시(內寺)의 노비로 삼아 별도로 보호를 하고, 100명을 통솔하는 조직을 설치하였으며, 군량미 6,000석을 조치하여 비축하게 하고, 모든 경위를 상세하게 절목(節目)으로 정조에게 보고하였다.

이듬해 가을에 길을 나섰을 때 흉년이 들었음을 고하고, 장차 크게 구휼하고자 하였으나 공이 몸이 쇠하여 병이 깊어졌다. 순시를 하다 길주(吉州)에 이르러 돌아와서 상소를 올려 정조에게 용서를 구하였다. 정조가 이르기를, "감사의 일을 행함에 북관의 길에서 병이 들어 돌아왔다 하니 백성의 일을 누가 가히 번민하겠는가? 이제 별도로 사신을 보내 이 일을 행하도록 할 것이다. 이때에 남관(南關)의 일은 오로지 방백(方伯)에게 위임을 하니 가히 가벼이 하거나 지체할 수 없다. 경은 사직하지 말고 잘 다스리고 맡은 바 임무를 살피도록 하라"라고 하였다.

이승호가 이로부터 경륜하여 처리하고 구휼 정책을 펴니 세시(歲時)가 되기 전에 양곡정책을 잘 다스려 스스로 비축하고 구휼하게 되었다. 봄에 이르러 처음으로 공곡(公穀)을 쓰게 되어 장계를 올려 청하니, 조정에서 영남의 곡식을 옮겨 남관의 백성에게 배부르게 하고, 남관의 곡식을 옮겨 북관의 백성을 배부르게 하니, 이 곡식으로 능히 계속 순시하여 백성들이 모두 곡식을 얻어 살 수 있도록 하였다. 늘 장계를 올려 정조에게 번번이 주청하니 정조가 하교하기를, 아름답고 장려할 일이며 깨우치는 바가 있다고 하면서 "비단 같도다. 모든 것을 자세하고 살피고 갖추어서, 질 수 없는 위임의 책임을 잘 이겨내어 70만의 생명을 살려냈으니 어두움을 풀어내고 날이 밝은 것 같은 마음이로다."고 하였다.[45)]

정조 12년(1788) 1월, 함경감사 이승호가 당시 문제가 있던 무산(茂

山) 지방의 양전(量田)을 다시 실시하도록 조정에 요청하자, 정조가 전교(傳敎)하기를, "경계(經界)가 문란한 것은 본 도(本道)만 그런 것이 아니다. 동군(東郡)에는 양안(量案)조차 없고, 서토(西土)에는 원총(元摠)마저 없다. 이 밖에 여러 도에도 진전(陳田)과 간전(墾田)이 뒤섞여 백성의 고통과 병통(病痛)이 되고 있으니, 어찌 반드시 이 무산 한 고을뿐이겠는가?"하고, 이어 각 도로 하여금 형편에 따라 차례로 다스려 바로잡으라 하였다.[46)]

정조 12년(1788) 3월, 정조가 오부(五部)와 제도(諸道)에 무신년에 종정(從征)한 장사(將士)로서 생존한 사람과, 의를 지켜 순국(殉國)하였으면서도 아직까지 공적이 포양(褒揚)되지 않은 사람들을 찾도록 명하자, 함경감사 이숭호(李崇祜)는 종군했던 사람으로 생존해 있는 무산(茂山) 사노(寺奴) 정갑(丁甲)의 종정(從征)을 녹훈(錄勳)하도록 아뢰니, 가자(加資)해서 면천(免賤)시키라고 명하였다.[47)]

정조 12년(1788) 9월, 관북(關北)에 흉년이 들어 함경도 관찰사 이숭호가 함경도의 재해(災害) 실태를 등급으로 나누어 아뢰고, 이어 진휼책(賑恤策)을 진술하였다. 그러자 정조가 비변사 당상(堂上)들에게 명하여 대신들과 상의하여 품처하라고 하였다.

이윽고 비변사 당상 서유린(徐有隣) 등이 회주(回奏)하기를,

> 도신(道臣)이 장계로 주청(奏請)한 것 가운데, 원환향(元還餉)과 각종 교제곡(交濟穀) 수량을 나누어 대봉(代捧)하는 일, 경성(鏡城) 이북의 시노(寺奴)의 신공(身貢) 기한을 물리는 일, 원군향(元軍餉)과 교제곡을 가까운 고을에 이획(移劃)하는 일, 선원록 단자(璿源錄單子)와 호적 단자와 군병의 세초(歲抄)에 관한 문서 등의 개정을 모두 기한을 물려 거행하는

45) 『물재유고』 권 4, 연보.
46) 정조실록 권 25, 정조 12년 1월 임신조.
47) 정조 025 12/03/23(을유)

일, 오래 유치한 교제곡을 이(里)와 사(社)의 본창(本倉)에 받아 보관하는 일 등은 도신의 주청(奏請)에 따라 시행하소서. 그리고 쌀 1만 5,000석을 진휼곡(賑恤穀)으로 내리소서.

하니, 정조가 윤허하였다. 이어 어사(御史)를 임명, 파견하여 백성들을 위로하는 동시에 관북의 진휼 정사(政事)를 감독하라고 명하였다.[48]

이어서 정조 12년(1788) 12월, 함경감사 이승호와 위유 어사(慰諭御史) 정대용(鄭大容)이 장계하여 함경도의 재해(災害) 형편과 백성들의 실정을 진술하고, 영남의 곡식을 옮겨주기를 청하니, 정조가 다시 비변사 당상 서유린(徐有隣)에게 명하여 대신들과 의론하게 하였다. 이에 서유린이 회주(回奏)하기를,

북관(北關) 백성들의 형편이 몹시 급하니 영남에서 배를 띄우는 일을 잠시도 늦출 수 없습니다. 정곡(正穀)과 피곡(皮穀)을 융통성 있게 마련하여 3만 석을 한정하여 옮기는 것이 합당합니다. 그러나 영남 백성들이 운송으로 인해 입는 폐해도 생각해야 되니, 우선 2만 5,000석만 운송했다가 혹시 부족하거든 다시 수송하는 것이 편리할 듯합니다.

하니, 정조가 전교하기를,

먹여주기를 바라는 북도(北道) 백성들의 정상이 눈에 보이는 것 같고, 배로 곡식을 운반하는 영남 백성들의 일도 나의 아픔과 같다. 그러나 북도의 사정은 영남의 곡식이 아니고서는 손을 쓸 수가 없다고 한다. 일이 이 지경에 이르렀는데 어찌 편벽되게 전의 소견만을 고수하겠는가. 대신의 말대로 이 수량을 떼어서 주도록 하라. 배에 곡식을 싣고 갔다가

48) 정조 026 12/09/26(갑신)

> 되돌아와서 정박할 때까지는 영남 백성들을 위해 염려하지 않을 수 없는 기간이니, 영백(嶺伯)에게 거듭 신칙하여 기필코 무사히 항해할 수 있도록 하라. 배가 출발할 때와 관동 · 관북을 지날 때에는 그 도의 지경으로 접어드는 곳에서 각각 해신(海神)에게 제사를 지내게 하되, 향축(香祝)은 연전의 예에 따라 서울에서 내려 보내도록 하라.[49]

고 하였다.

이숭호는 함경감사로서 부지런히 정사(政事)를 보아 거의 잠을 자지 않고 밥 먹는 것조차 잊으면서 주민들의 구휼의 실마리를 잡아 병이 더욱 심해졌다. 이숭호는 정조 13년(1789) 봄에 관내를 순시하던 중에 숙환(宿患)이 더해져서 도중에 돌아왔다. 관아에 돌아온 후 잠깐 가벼워지자 평상시처럼 백성들의 민원(民怨) 3가지를 폐하고, 친히 스스로 고찰하여 날인(捺印)하였다. 병 수발을 드는 사람이 약을 올리자 "약을 쓰는 것이 무슨 소용이 있겠느냐?"고 말하고 물리쳤다.

이윽고 정조 13년(1789) 3월 23일, 이숭호는 함경감영의 징청헌(澄淸軒)에서 67세로 별세하였다. 부고(訃告)를 접한 정조는 놀라서 슬퍼하며 자리에서 내려와 다스려 이르기를, 특별히 명하여 장례용품을 보내도록 하였는데 모두 특별한 은전(恩典)이었다. 조회(朝會)를 폐하고 예를 갖추어 조제(弔祭)를 지내도록 하였다.

여기서 정조실록에 수록된 그의 졸기(卒記)를 보면

> 정조가 전교하기를,
>
> "10여 년 동안 궁연(宮筵)에 출입하면서 《강목(綱目)》 한 질을 처음부터 끝까지 강연(講筵)에 참석을 한 것이 오래되었는데 이는 옛날에도 드문 일이고 내가 도움 받은 것은 더욱 적지 않았다. 연전에 자급(資級)을

49) 정조 026 12/12/10(정유)

올려준 것도 옛 정을 생각해서였는데 지금 갑자기 고인(故人)이 되었다니 자못 슬픈 생각이 든다. 영구(靈柩)가 돌아오기를 기다려 원래 주는 부의(賻儀) 이외에 따로 장례에 필요한 물자를 더 주어 옛정을 생각하는 마음이 생사(生死)에 따라 다름이 없음을 보이도록 하라."[50]

고 하였다.

이 해 4월 9일 함경감영을 떠나 4월 19일 남대문 밖의 세 들어 살던 집 앞에 영구(靈柩)가 머물렀다. 5월 21일 발인하여 22일 안산군 서면 원당리 선영에 안장을 하였으며, 같은 해 10월 16일 같은 곳 서쪽 수십 보 떨어진 곳 축좌(丑坐)에 부인과 합장하였다.[51]

이로부터 25년 후인 순조 14년(1814) 9월에 순조가 시망(諡望)에 대한 비지(批旨)를 내렸는데 증 좌찬성 이숭호는 효간공(孝簡公)이었다.[52] 여기서 홍문관의 지제교(知製敎) 유한모(兪漢謨)가 지은 효간공 이숭호의 제문(祭文)을 소개하면,

정조 13년(1789) 5월 28일 국왕께서 신하 예조정랑 강봉서(姜鳳瑞)를 보내 졸(卒)한 이모(李某 : 이숭호)의 영유(英儒) 앞에 유제(諭祭)를 올린다. 유(儒)께서 본래의 집은 편안하고 간소하였으며 그 자세와 문장과 학식과 재주와 꾀가 좌우로 두루 갖춰 마땅히 스스로 티끌만한 것도 법도(法度)를 잃지 않아 알려지게 되었고, 먼저 임금의 조정에서 무거운 짐을 받았으나 쇠미함을 뛰어 넘어 항상 붓을 가지고 다니며 열심히 학문을 하여 당상관의 비옥(緋玉)에 이르게 되었다. 사복(嗣服)을 주는 것에 미치어 안팎으로 업적을 드러나게 하였다. 연경에서 풀무질과 숫돌을 갈고 호남의 잡초 같은 무리들을 잘 다스리고 은혜를 베풀었으며, 한성의

50) 정조 027 13/03/27(갑신)

51) 『물재유고』 권 4, 부군묘표음기(府君墓表陰記).

52) 순조실록 권 17, 순조 14년 9월 무술조.

판윤을 맡아 도적의 일을 의논하고 막힘이 없어 마침내 사당의 꾀와 바라는 바를 들었다. 실로 부자(父子)가 반(班)의 벼슬에 올라 한 마음으로 왕실을 나아가 받드는 것이 떳떳하고 아름답다. 북번(北藩)에 있던 해에 흉년이 들어 기아에 대해 잘 베풀고 실시하고 조목조목 상세하게 열거하여 주청을 하였고 병을 얻었으나 오히려 정성을 다하여 한 방향으로 믿고 제도하고 구휼을 하였다. 일을 끝마치지 못하였는데 복성(福星)을 홀연 가리었도다. 내가 처음으로 경의 승화지연(承華之筵)을 알고 있다. 경연(經筵)에서 일부 강목(綱目)을 논하고 계속하여 속편(續編)을 함으로써 처음부터 끝까지 하기를 추위와 더위가 10번 바뀌도록 하였다. 어찌 그토록 곧게 오랫동안 맡았는가? 실로 해에 승자(陞資)를 더하여 차례로 기준으로 삼고 생각을 내어놓은 까닭으로 죽음을 감추고 장례를 덮는 것이다. 내가 가슴에 품었던 것을 아뢰고 펴놓아서 생각을 하건대 경은 평소 명성과 덕망에 하자가 없고 봉공지성(奉公之誠)을 일을 종합하여 아는 것이며 궁구되지 않은 것을 사용하여 어찌 애석히 여겨 슬퍼함을 이기고 마음을 바로잡는 관리가 될 것인가? 시호(諡號)를 받치니 흠향(歆饗)을 바라며 이에 술을 따른다.

지제교(知製敎) 유한모(兪漢謨) 제진(製進)[53]

라고 하였다.

효간공 이승호의 생애는 각종 자료를 참고하여 본고(本稿) 후미에 연보(年譜)를 작성, 정리하였다.

53) 『물재유고』 권 4, 유제문(諭祭文).

3. 효간공 이숭호의 역사상 위치

효간공 이숭호는 『조선왕조실록』에 80건, 2005년말까지 국사편찬위원회에서 정보화 사업으로 제공한 탈초 영인본 『승정원일기』(인조원년~영조 52년 3월까지)에 모두 701건이 검색되는 등 역사상 비중 있는 인물이라고 할 수 있다.

효간공 이숭호는 문과급제 후 문장이 뛰어나고 경서에 밝았으므로 승문원 · 예문관 · 사간원 등 청요직(淸要職)의 관직을 맡고, 춘추관의 기사관(記事官)이 되어 역사를 기록하였다. 효간공 이숭호는 영조 37년(1761)에 관직에 나아가 영조가 별세할 때까지 17년간, 정조 13년(1789)에 세상을 떠날 때까지 13년간, 모두 30년간을 관직에 있었다. 영조는 효간공 이숭호가 관직에 등용될 때부터 그를 늘 곁에 두고 입시(入侍)하게 하고, 성실하고 청렴한 사람으로 평가하여, 문장이 뛰어나 경서와 역사를 기록하는 홍문관(弘文館)에 근무할 인재로 보았다.[54]

대사헌을 지낸 홍양호(洪良浩)는 효간공 이숭호가 어릴 때부터 총명하고 일찍이 학문의 경지가 높아 부지런히 책을 읽고 학업을 함에 매우 엄하게 하여 성장하여 두루 여러 서적들을 꿰어 의젓함을 이루고, 유학에 통달하여 우아한 공을 이루었다고 하였다. 그리고 학업에 급급하지 않았으며, 항상 마음속으로는 경례지학(經禮之學)에 뜻을 두고 일찍이 말하기를 “선비는 마땅히 조정하고 단속을 함에 문(文)을 본(本)으로 삼고, 예(藝)를 말(末)로 삼았다.[55]라고 하였다.

효간공은 집에 머무르면 신실(信實)하고 지극하여 국왕을 섬기는 데에 충성을 다하였고, 근면하면서 조용하고 근신했으며, 명성과 덕을 모두 갖추었다. 그리하여 관직에 재임하는 동안 그는 국왕으로부터

54) 승정원일기 1255책, 영조 42년 5월 기축조.(上曰, 李崇祜精矣, 眞玉堂材也)./영조 47년 2월 병술조.

55) 『물재유고』 권 4, 홍양호(洪良浩) 찬(撰), 부군시장(府君諡狀).

깊은 신임을 받았다. 그 예로 영조는 그를 이르기를, "붓을 잡아 자유자재로 하니 그 단아함과 정결함을 안다."고 하였고,[56] 그의 사후 7년 뒤인 정조 24년(1800) 1월에 정조가 예조판서 이만수 등을 소견하면서, 세자를 보도(輔導)하는 일보다 더 큰 것이 없는데, 나는 세자로 있을 때에 궁료(宮僚)들에게서 도움을 받은 것이 매우 많았는데 이숭호 같은 사람들을 지금은 어디서 찾아올 수 있단 말인가? 라고 하였고,.[57] 경연(經筵)에 임하여 국왕이 하교하기를, "내가 주연(胄筵)에서 승자(陞資)가 더하여져 가장 많구나. 역대의 조정 신하들을 헤아려보니 경학과 문장을 겸비함이 이숭호 같은 이가 없다. 진실로 문원(文苑)에 두는 것이 적합하도다."라고 하였을 정도로 효간공 이숭호를 깊이 신임한 것을 알 수 있다.

예조판서를 지낸 장남 이재학(李在學)이 쓴 그의 부친 효간공의 가장(家狀)을 보면, 효간공 이숭호는 성품이 고요하고 굳어서 죽과 채소를 먹을 때에도 예절을 준수하였으며, 평생 동안 더부룩한 체병(滯病)의 질환을 갖고 있었음에도 이를 숭상하였다. 만년(晩年)에 오직 받들고 살아 온 부인이 잠시 떨어져 하고자 하는 바를 못하였을 때 집을 팔아 그것을 대신하였다. 부인이 연로하여 병이 깊어졌을 때에도 항상 약탕과 옷가지를 받들어 챙겨 주었고, 대(帶)를 풀고 마시거나 먹지 않고 반드시 친히 맛을 보았다. 집안사람들과 비복(婢僕)들도 그 것을 보고 감동하여 감히 게으름을 피우거나 홀로 드러내려 하지 않았다.

효간공 이숭호는 매달 한 말의 쌀 밖에 되지 않는 적은 녹봉을 받았지만 고르게 나누어서 창고에 곡식을 항상 일정량을 유지하도록 저장하였다. 사람들이 말하기를, "뜻이 있어 창고에 저장하는 풍습이 남아 있는 것은 호서(湖西)에 빈민들이 많아서 관청에 있을 때 멀고

56) 『물재유고』 권 4, 부군묘표음기(府君墓表陰記).

57) 정조실록 권 53, 정조 24년 1월 을묘조.

가까운 곳에서 오는 사람들을 모두 관아에서 조금도 싫거나 괴로운 기색을 보이지 않고 접대를 하고, 힘이 따르는 만큼 더불어 베풀고, 비록 혹은 바라던 만큼 만족하지 못하였더라도 돌아가서 문득 만족한 듯 스스로 기뻐하여 고을 동네를 속이기도 하였다."라고 하였다.[58]

4. 마무리하면서

효간공 이숭호(孝簡公 李崇祜 : 1723~1789)는 용인 이씨(龍仁李氏) 부사공(府使公 李守綱)파의 후손으로 조선 후기 영·정조 때의 문신이자 성리학자이다. 서울 한양동(漢陽洞)에서 태어난 그의 자는 덕이(德而), 호는 물재(勿齋), 조부는 이의규(李宜揆), 친부는 호조좌랑 이보순(李普淳), 친모는 김집의(金執義)의 딸 김성유(金聖游)이다. 그는 6살 때 부친의 종형 첨추공 이보흥(李普興 : 증 이조판서)의 양자로 되었다.

용인 이씨의 시조는 고려 건국초에 태사(太師)를 지낸 안의공(安毅公) 이길권(李吉卷)이다. 중시조인 진초공 이중인(李中仁, 14세 : 1315~1392)은 고려말 문하시중 구성부원군(駒城府院君)으로 고려왕조에 충절을 지킨 '두문동 72현(賢)' 중의 한 명으로 알려져 있다. 용인 이씨는 조선 후기 숙종 이후에 번창한 경화사족(京華士族)으로 영조 때에는 효간공 이숭호부터 7명의 문과급제자와 6명의 판서가 연이어 배출됨으로써 '6판서댁'으로 불려지는 세칭 명문가로 알려졌다.

즉 효간공 이숭호의 장남 이재학(在學 : 31세, 예조판서), 손자 이규현(奎鉉 : 32세, 형조판서), 삼현(參鉉 : 32세, 형조판서), 증손자 이원명(源命 : 33세, 이조판서), 고손자 이돈상(敦相: 34세, 공조판서)이 판서를 역임함으로써 '6판서'가 연이어 배출되었다. 또한 이숭호~

58) 『물재유고』 권 4, 부군가장(府君家狀).

이돈상에 이르기까지 5대에 걸쳐 한성부 판윤(현 서울특별시장)을 역임하였다.

효간공 이숭호의 67년간 생애를 구분해 보면, 출생에서 세상을 떠날 때까지의 4시기로 구분해 볼 수 있다.

⑴ 대과(大科)를 준비하던 시기(출생~영조 37년, 1761)는 효간공 이숭호가 10세 때 이미 세상일을 마음에 두고 글을 읽어 널리 경사(經史)에 통달하였으며, 또한 『좌씨전(左氏傳)』을 즐겨 공부함으로써 영조 37년(1761), 39세에 정시(庭試)문과에 병과로 급제하여 승정원 가주서(假注書)에 초임되었다.

⑵ 청환직(淸宦職)에 재임하던 시기(영조 37년~영조 49년, 1773)는 28년간 관직에 재임하는 동안 주로 사간원, 사헌부, 승문원 등 청요직(淸要職)에 있었다. 그리고 세자시강원(世子侍講院)에서 세자[正祖]의 교육을 담당했던 관계로 정조가 왕위에 오르자 국왕의 신임을 받을 수 있었다. 그러나 이 당시 그의 관직생활을 보면, 12년간 66번의 관직을 바꾸면서 녹봉을 주기 위한 체아직(遞兒職)인 오위도총부 부사과(副司果) 등에 1~2개월 간 보임되었다가 청요직에 복귀하는 사례를 보이고 있다.

⑶ 국왕을 보필하던 시기(영조 49년~정조 10년, 1786)는 승정원 동부승지에서 우승지에 이르렀고, 병조참지 · 참의, 형조참의, 대사간, 춘천부사(春川府使)를 역임하였다. 주로 경관직(京官職)에 재임하면서 성리학에 밝아 경연(經筵)에 자주 나갔으며, 이 때 사헌부 감찰을 지낸 실학자 담헌 홍대용(洪大容) 등과도 교제하였다. 이어서 정조 5년(1781) 2월, 사은부사(謝恩副使)로 청나라에 다녀온 효간공 이숭호는 한성부 좌윤, 우윤과 도승지, 대사헌, 홍충감사(충청감사), 호조 · 예조 · 병조 · 형조 참판을 역임하였다. 정조 8년(1784) 7월에는 대사헌으로서 여섯 가지 경계할 일[六箴]을 정조에게 진언하였다.

⑷ 목민관(牧民官)으로 봉직하던 시기(정조 11년~정조 13년, 1789)

는 효간공 이승호가 한성부 판윤으로 임명된 후 2개월 후인 정조 11년(1787) 7월에 한성부의 화재로 전소된 민가에게만 휼전(恤典) 베풀기를 정조에게 건의하였다. 이어서 정조 11년(1787) 10월에 함경감사에 제수된 후 100명을 거느리고 통솔하는 군사조직을 창설하였으며, 군량미 6,000석을 비축하는 외에 양곡 조절로 구휼할 수 있게 되었다. 그러나 정조 12년(1788) 9월, 관북(關北)에 흉년으로 기근이 들자 장계를 올려 요청하니, 조정에서 영남의 곡식을 옮겨 남관의 백성에게, 남관의 곡식을 옮겨 북관의 백성을 배부르게 하였다.

정조 13년(1789) 3월 23일, 효간공 이승호가 함경감영의 징청헌(澄淸軒)에서 67세로 별세하자 부고(訃告)를 접한 정조는 놀라서 슬퍼하며 이르기를, 특별히 명하여 장례용품을 보냈으며, 조회(朝會)를 폐하고 예를 갖추어 조제(弔祭)를 지내도록 하였다.

대사헌과 대제학을 지낸 홍양호(洪良浩)는 효간공 이승호에 대해서 일컫기를 평상시 거처할 때는 말이 적고, 웃음을 삼가고 종일토록 걸어도 의관이 바르며, 무릎과 어깨 등을 곧추 세우고 반듯하여 사람들이 그를 바라보면 감히 업신여기지 않았으며 바로 대하면 온화하였다고 하였다. 또한 어려서 빈한할 때 그는 친히 밥을 해 먹고, 아주 작은 것이라도 달게 받아 들였으며, 우환과 슬픔 속에 살게 되었을 때에도 이를 극복한 것이 여러 번이었다.

그는 행실이 돈독(敦篤)하고, 학문에 힘써 그 풍모와 표지(標識)가 세상에 모범이 되었으며, 재주와 계략은 가히 나라를 경륜(經綸)함으로서 밝은 군주의 특별함을 받아 알려지게 되었다. 명리(名利)를 보기를 함정에 빠지는 베틀로 생각하였고, 다른 사람과 더불어 사소한 것을 좇지 않았으며, 타인의 장단점을 논하지 않았다. 때에 권세와 부귀가 있었지만 온 세상에 남용하는 일은 없었으며, 변방에 있으면서 한 마음으로 백성을 사랑하여 소생시키고, 병든 사람들을 구호하였으며, 구휼해야 할 사람들을 가려내어 두려움이 미치지 않도록 하였다.

勿齋遺稿
권지일

시(詩)

기(記)

서(序)

물재유고 권지일 勿齋遺稿卷之一

번역 : 이승창

시(詩)

1. 윤형 간옹[1]의 운에 화답하다(和尹兄艮翁韻)

어린 종 시켜 보낸 격서 영이 새로 엄하니	尺奚飛檄令新嚴
놀란 계옹[2]이 들어가 발을 걷어 올리네	驚捲溪翁入正簾
두씨 노인[3] 깊은 촌구석에서 누구와 짝해 읊을까	杜老巷深吟孰伴
자상[4]의 가난하지만 흥은 오히려 더하네	子桑廚冷興猶添
술동이 바닥나 시름 져 누워있으니 꽃도 웃음 아끼고	枯樽愁臥花慳笑
벼루가 얼자 빨리 풀리게 하려고 눈을 빌려 적시네	凍硯催開雪借霑
무엇 때문에 영영 시 짓는 버릇 잃어버리고	何似永忘推叩習
단공[5]으로 두 노인이 서로 찾아보는가.	短笻相就兩衰瞻

2. 간옹이 종이를 구하며 읊은 시에 화답하고 겸하여 공책 두 권을 드리다(和艮翁索紙之吟兼呈二空冊)

한가한 노인사업이란 다만 한가한 시 읊조리는 일	閒翁事業只閒吟

1) 윤형간옹(尹兄艮翁) : 물재선생의 친구인 듯하나 이름을 알 수 없음.
2) 계옹(溪翁) : 산골짜기에 사는 늙은이. 물재가 자기를 지칭한 말.
3) 두씨 노인[杜老] : 성당(盛唐)때 시인 두보(杜甫)를 말함. 간옹(艮翁)을 두보에 비한 것임.
4) 자상(子桑) : 춘추시대사람 자상호(子桑戶)를 말함. 그는 맹자반(孟子反) 자금장(子琴張)과 막역한 친구였다. 물재선생이 간옹과의 막역함을 이들에 비유한 것임. 〈莊子 太宗師〉
5) 단공(短笻) : 단장(短杖) 즉 짤막한 지팡이.

긴 눈썹 그 얼굴은 못 보나 좋은 음성은 들리네 未見脩眉聞好音
관직 없는 생활 견뎌내니 헤진 신 신을 수밖에 耐得無官看敝屣
아들 둠을 자랑하며 천금과 맞먹는다 하네 爲言有子敵千金
때 마침 종이 값이 뛰는 듯이 올라가서 會敎紙價騰如踊
차라리 패서[6]를 그만두니 반대좀[7]이 안 무섭다하네 寧讓貝書不畏蟫
만 축이나 되는 운손[8]들 당연히 아끼지 않으리니 萬軸雲孫當不惜
지금부터 붓을 들어 마음껏 쓰시구려 抽毫點墨且從今

3. 간옹에게 술을 보내다(送酒艮翁)

석 잔이 될 구 홉의 술을 三盃九合酒
두 번 절하고 칠십 된 노인께 올리니 再拜七旬翁
노인의 시는 술 향기와 같이 향기롭고 翁詩如其馥
노인의 얼굴빛은 술 빛 붉듯 불그레 하네 翁顔如其紅
한잔 따라 마시고 다시 시 한 수 읊으니 一斟復一吟
도연[9]한 기분에 온갖 시름 잊으시네 陶然萬慮空

4. 간옹이 국화 분을 보내준 데 사례하다(謝艮翁送菊盆)

교태와 요염을 배우지 않고도 육낭[10]과 같아 不學嬌夭似六郎

---

6) 패서(貝書) : 경문(經文). 즉 유학경전(儒學經傳)등을 말함.
7) 반대좀[蟫] : 옷, 책 등을 갉아먹는 좀벌레.
8) 운손(雲孫) : 대(代)가 먼 후손(後孫)을 말함.
9) 도연(陶然) : 술에 거나하게 취하여 기분이 좋은 모양.
10) 육랑(六郞) : 풀이름. 연꽃임. 당(唐)나라 양재사(楊再思)의 제6남 창종(昌宗)의 아름다운 자용을 사람들이 연화(蓮花)에 비교했는데 그로 인하여 연화를 육랑(六郞)이라고 한다.

일찌감치 고사[11]를 따라 서리에 버틸 줄을 알았네　　早從高士解凌霜
기쁘게 이웃노인 벼슬 사례했단 말을 듣고　　喜聞隣老官能謝
시선을 시내 동쪽에 옮겨 국화 향기를 맡아 보네　　移向溪東供晩香

5. 재차 화답하다(再和)

옛 친구가 늙은 침랑(寢郎)[12]을 잊을 수 있을까?　　舊契能忘老寢郎
어지러운 시냇물 흠 이진 골목에서 찬 서리 함께 견디네
亂溪深巷共寒霜
외로운 절개 견디지 못하고 짝 없는 것 슬프거든　　不堪孤節悄無伴
모름지기 나부산(羅浮山)[13]의 매화 눈 속에 향기로움을 물어 보라
須問羅浮雪裡香

6. 동궁이 서연[14]에서 강목의 강을 마치는 날에 빈요[15]들에게 예제일률[16]을 베풀어 보이시고 각각 화답해 올리라고 하였다.(東宮書筵綱目畢講日宣示睿製一律於賓僚使各賡進)

〈唐書 楊再思傳〉

11) 고사(高士) : 뜻이 높고 지조가 굳은 사람. 국화가 고사와 같이 서리 앞에서도 시들지 않음을 말한 것이다.

12) 침랑(寢郎) : 종묘(宗廟)·능(陵)·원(園)을 지키는 관리. 즉 능참봉(陵參奉).

13) 나부산(羅浮山) : 중국 광동성(廣東省)에 있는 산 이름. 그 산에는 매화나무가 많다고 함.

14) 서연(書筵) : 세자가 학문을 강론하는 자리. 주연(胄筵)·이연(离筵).

15) 빈요(賓僚) : 세자에게 글을 가르치는 스승. 즉 세자궁에 딸린 벼슬 세자빈객으로, 좌빈객 우빈객이 있다.

16) 예제일률(睿製一律) : 왕세자(王世子)가 지은 율시(律詩)를 말함. 권 4의 연보에 의하면 물재선생의 51세 때인 계사년(癸巳年, 1773)에 쓴 것임.

정신을 가라앉혀 바깥 사물의 침범에 눈길을 보내지 마시고
潛神不遣外膠侵
천년의 흥하고 망한 자취 책 속에서 찾으소서 千載興亡卷裏尋
금 거울에 먼지를 털면 물건 비치는 것 옛날 그대로 金鏡絶塵監在古
옥저울대 사물을 재단으로 도가 지금까지 전하네 玉衡裁物道傳今
공부에 독실하심은 이미 타고난 자질임에 우러르고 篤工已仰由天質
덕에 나아가시니 비로소 임금님 마음 몸 받을 수 있으시네
進德方能體聖心
소신이 책을 끼고 처음서 끝까지 참여를 하였음에 挾冊小臣叨始末
세자의 시에 절하고 화답하며 경계의 뜻을 깊이 붙입니다.
拜賡离藻寓箴深

7. 서연에서 귤을 나눠준 뒤에 문묘의 귤 시운을 사용, 예제를 보여주며 빈요들에게 즉석에서 화답하게 하고 이어 연구(聯句)를 하게 하였는데 매우 성대한 일이었다.(書筵 頒橘後用文廟橘詩韻 宣示睿製 使賓僚卽席賡和 仍又聯句甚盛擧也)[17]

〈예제(睿製)〉
집현하던 당일의 은혜가 集賢當日恩
전파되어 후세 사람의 입에 있네 播在後人口
둥글고 둥근 만 덩이의 향기 團團萬顆香
맛좋은 액체는 다시 입맛에 맞네. 瓊液更宜口
남다른 성은에 옛날을 생각하니 異渥思追昔

17) 이 시는 갑오년(甲午年, 1774)의 작품으로 조윤형(曺允亨)에게 쓰게 하고 인본(印本)으로 출간한 뒤, 병풍을 만들었으니 〈황귤시병(黃橘詩屛)〉이라 하였음.

맑은 향기가 입맛에 좋은 것을 깨달았네. 清香覺悅口
원하건대 하늘과 땅의 마음을 미루어서 願推天地心
만인에게 나눠주어 먹게 했으면 分惠萬人口

〈예제〉
저 진상품은 멀리 한라산 마을에서 왔는데 厥包遙自漢拏鄉
금색 보로 봉해 오니 한 색깔로 노랗네. 金帕封來一色黃
우 임금 땅 중국에서도 다 동해로 돌아와 공물로 바치니
禹服皆歸滄海貢
한나라 조정에는 언제나 동정호의 귤 향기가 머물러있네.
漢廷常旅洞庭香
〈빈객 신 서명응(賓客臣徐命膺)〉

임금 향한 충성된 백성 먼 지방서 배를 타고 바다건너 傾葵俗引天邊棹
토산물을 가지고 서울에 와서 외지의 세월을 알리네. 執壤筐登域外霜
〈보덕 신 이진형(輔德臣李鎭衡)〉

보잘것없는 학문이라 집현전의 선비 자질 아닌 게 부끄러운데
鹵學慚非賢殿士
세자의 시는 참으로 현릉[18]의 문장에 걸맞으시네. 离詞允協顯陵章
〈필선 신 이(弼善臣李)〉

궁궐의 선물 지금처럼 보배 과실이 오르는 것은 宮膳如今登寶果
신선지방에서 예전부터 이 귤을 경장(瓊漿)에 껴주었네.
仙方從古數瓊漿
〈사서 신 오재소(司書臣吳載紹)〉

18) 현릉(顯陵) : 조선조 5대 왕인 문종(文宗)과 비의 능, 동구릉의 하나임.

〈예제(睿製)〉

향기로운 과일을 태학에 나온 훌륭한 선비들에 나눠주니 香頒璧水周髦造

그 맛을 모궁[19]에 올리니 순임금 생각이 오래 남네. 味薦茅宮舜思長

이 날에 봉래산 구름이 뭉개 뭉개 펴오르더니 是日蓬雲騰靄靄

올 때는 이슬 맺었던 갈대가 창창하게 변하였네. 來時蒹露變蒼蒼

〈신 서명웅〉

주연[20] 긴 밤에 세자 모시고 시 짓고 글씨 쓰니 冑筵永夕陪文墨

보좌[21] 맑은 아침에 수놓은 비단 치마가 엄연하네. 黼座清朝儼繡裳

〈신 이진형〉

구슬처럼 둥글둥글한 열매 흙을 형상하였고 珠實團圓形象土

황금 같이 번쩍 번쩍 빛이나니 음률로는 상음[22]에 부합하네. 金光璀璨律符商

〈신 이〉

지금부터 동루[23]에 아름다운 일로 전해질 것인데 從此銅樓傳勝事

금 소반에 귤을 담아 시신(侍臣)에게 함께 맛볼 것을 허락하시네. 金盤共許侍臣嘗

〈신 오재소〉

19) 모궁(茅宮) : 지붕을 띠로 덮은 궁전. 임금의 검소함을 말함. 옛날 우(禹) 임금이 띠로 덮은 지붕에 흙 뜰의 집에 거처했음.

20) 주연(冑筵) : 조선 시대에, 왕세자에게 경서를 강론하던 자리. 뇌사(雷肆)·이연(离筵)·서연(書筵) 등으로도 썼음.

21) 보좌(黼座) : 임금님이 앉는 자리.

22) 상음(商音) : 오음(五音)의 하나. 강하고도 맑은 소리. 서방을 맡은 소리로 가을의 소리.

23) 동루(銅樓) : 세자궁(世子宮)을 말한 것인 듯하다. 동루는 견고한 층집임.

8. 안변(安邊)에 부임한 한 해 남짓에 휴가를 받고 돌아왔다가 또 해직이 되지 않아 재차 철령(鐵嶺)을 넘으면서 입으로 부른 시(莅安邊歲餘由歸 又不得解再踰鐵嶺口占)

동장[24)]을 띠고 산을 넘고 물을 건너 다닌 지 두 해 남짓
銅章跋涉兩年餘
앙상한 숲 봄기운 도니 눈 녹을 때일세 林薄春心雪泮初
남쪽으로 달리는 산과 내는 목마른 사슴 같고 南走山川如渴鹿
북쪽으로 오는 장사와 나그네는 모두가 마른 물고기네 北來商旅盡乾魚
농사를 짓는 것은 계획이 틀렸으니 공연히 꿈만 꾸고 歸田計左空牽夢
고을 다스리기에 재능이 없으니 글 읽기만 낭비했네. 治郡才疎浪讀書
가마와 말로 철령을 넘자니 사람의 말이 와글와글 輿馬嶺頭人語沸
반쯤 온 길에서 환영을 받으니 문득 저들이 부끄럽네. 歡迎半道却慚渠

9. 부사로 연경(燕京)에 가느라 용만(龍灣)을 지나는데 마침 집 아이가 부윤이라서 국경 부근까지 나와 맞았다. 진변 동헌에 들어가 밤새워 마시며 입으로 시를 불렀다.(以副使赴燕過 龍灣家兒適尹是府出迎境上以 入鎭邊軒遂夜飮口占)

아기[25)]를 높이 세우고 다섯 말이 사신의 수레를 끄는데
高牙五馬引星軺
아버지와 아들이 하늘가 변방 객지에서 서로 만났네. 父子萍逢天一陬
조선과 중국 국경은 맑고 흐린 기운으로 나뉘고 夷夏界分清濁氣

---

24) 동장(銅章) : 구리로 된 도장[銅印]. 지방의 영(令)과 윤(尹)은 동장(銅章)에 검은 끈이 달려있음. 〈漢官儀〉

25) 아기(牙旗) : 대장기(大將旗). 대장이 아랫사람을 지휘할 때 쓰는 기.

멀리 떨어진 나그네 시름은 길고 짧은 산가지에 들어있네.
山河愁入長短籌

내공[26]처럼 변방의 책임 맡았으니 아이가 어떤 계책을 쓸 것인가?
萊公掌鑰兒何策

언국[27]처럼 왕명을 받았으나 나는 늙어 흰머리일세 彥國啣綸我白頭

높은 다락 큰 촛불 켜놓고 밤새워 이야기한 말은 椽燭危樓終夜語

임금의 은총이 바다와 같으니 너는 보답해야 한다 그 말이었네.
主恩如海若爲酬

10. 문효세자[28]만사(文孝世子輓詞)

세자가 태어나실 특이한 징조[29]가 있길 다년간 빌었는데
虹流異兆祝多年

밤중에 붉은 빛이 팔방에 춤을 추었네. 半夜紅光舞八埏

지혜는 말하기 전에 먼저 벽 자를 알았고 智未語言先壁字

마음에 좋아하는 것 없고 다만 상의 책을 좋아하셨네. 心無愛好只床編

의범의 이뤄짐이 깊고 후하여 태양처럼 우러러보았고. 儀成淵厚瞻如日

---

26) 내공(萊公) : 송(宋)나라 구준(寇準)을 이름. 구준의 자(字)는 평중(平仲)으로, 젊어서부터 영매(英邁)했고 춘추삼전(春秋三傳)에 통달, 태종(太宗) 때 진사(進士)에 급제, 후에 정승이 되어 내국공(萊國公)에 봉해졌음. 사호는 충민(忠愍). 〈宋史 二百十一〉

27) 언국(彥國): 송(宋)나라 부필(富弼)의 자(字). 부필은 하남(河南) 사람으로 학문에 독실하고 큰 도량이 있었음. 인종(仁宗) 때 무재이등(茂才異等)으로 천거되었고 후에는 문언박(文彥博)과 함께 정승이 되었으며 한국공(韓國公)에 봉해졌음. 시호는 문충(文忠). 〈宋史 三百十三〉

28) 문효세자(文孝世子) : 조선 제22대 왕 정조의 후궁인 의빈성씨(宜嬪成氏, ?~1786(정조 10))가 낳은 아들. 왕세자로 책봉되었으나 원인 모를 병으로 5세에 요절하였음.

29) 태어나실[虹流]~징조 : 원문의 홍류(虹流)는 무지개가 흐른다는 뜻인데 세자 탄생을 무지개로 표현한 것임, 제순(帝舜) 유우씨(有虞氏)의 어머니 악등(握登)이 큰 무지개를 보고 느낌이 있어 요허(姚墟)에서 순임금을 낳았다는 고사에서 연유. 〈宋書 符瑞誌〉

효도는 방긋방긋 웃을 때부터였으니 하늘이 낸 효임을 알겠네.
孝自孩提識出天
재차 부르는 슬픈 소리에 두 줄기 눈물을 흘리시니 再喚凄音數行淚
이 원통함은 먼 옛날 전에 없던 일이었네. 此寃千古定無前

둘째(其二)

광명이 거듭한 길한 날에 세자의 광채를 보니 重熙吉日覩离暉
영리하심은 요임금의 문이라 엄연한 덕이 빛나셨네 稷嶷堯文儼德輝
구월[戌月]에 세자편이 생겼으니 봉기(鳳紀)[30]와 동일하고
戌月編生同鳳紀
용해[辰年]에 세자로 책봉되시어 임금[龍飛]되실 운을 맞으셨네
辰年冊嗣協龍飛
마음이 있는 하늘이라 종묘를 부지(扶持)하였는데 有心天若扶宗祏
녹이 없는 백성이 어떻게 세자의 성장을 우러르리요 無祿民何仰尺衣
구산[31]에 모이지 않았으니 응당 상제 곁에 계실 것 不會緱山應帝左
순환을 따라 다시 동위[32]로 돌아오소서 探環倘復返銅闈

셋째(其三)

화타 편작[33]이 역말을 달려 백성을 두루 구완하여 馳馹扁和遍白民

---

30) 봉기(鳳紀) : 봉(鳳)은 제왕(帝王)을 뜻하므로 제왕의 기록. 두보(杜甫)의 〈천추절 유감시(千秋節有感詩)〉에 "봉기가 엮어져 생기는 날에, 용의 못에는 겁화(劫火)의 재가 엎드린다.(鳳紀編生日 龍池蟄劫灰)"라고 하였음.

31) 구산(緱山) : 산 이름. 하남(河南) 언사현(偃師縣) 남쪽 40리에 있음. 열선전(列仙傳)에 "주영왕(周靈王)의 태자 진(晉)이 이 산에 있다가 백학(白鶴)을 타고 신선이 되어 올라갔다" 하였는데 문효세자의 죽음을 비유한 것임.

32) 동위(銅闈) : 궁궐, 즉 세자궁(世子宮)을 가리킨 듯함.

33) 화타 편작(和陀扁鵲) : 옛날의 명의(名醫). 후세에서 명의를 말할 때는 으레 붙이는 대명사가 되었음. 1822년 당시에 역병(疫病)이 창궐하자 나라 안의 명의를 총동원하여 방역에 나서 수많은 백성을 구제했음을 말한 것.

집집마다 보배로운 약제 복용함이 이 누구의 은혜였던가?
家家珍劑是誰恩
임금님[九重]의 인애(仁愛)가 흡족하여 천 사람 생명을 살렸는데
九重仁洽延千命
수많은 백성 중에 참으로 백 사람의 몸을 속바칠 이 없는가?
億兆誠無贖百身
화와 복의 조짐은 작고 아득한데 어떻게 헤아리랴. 禍福微茫那測度
웃음과 울음이 바뀌어 변하니 다만 번거롭게 원망하네. 笑咷嬗變只煩寃
하늘이 낮고 땅이 좁은 양 아름다운 노래 듣던 저녁이 天低地窄瑤華夕
피눈물을 흘리게 되었으니 어느 사람 수건을 적시지 않으랴?
血涕何人不濕巾

넷째(其四)
십 년간 성화를 받들어 우리임금 모시는 사이 十載承華侍我王
유뢰[34]를 거듭 보니 미칠 듯이 기뻤었네. 游雷重覩喜如狂
나라의 기반 길이 태산 반석처럼 안전하다 말하겠지만
邦基永道安磐泰
사람의 일이 어떻게 갑자기 상전벽해로 변할 줄을 알리요?
人事那知焂海桑
먼지에 가려 병풍과 책을 누가 다시 볼 것인가. 塵掩屛書誰復翫
하늘에 빛나는 비와 문장은 아직도 광채가나네. 雲昭碑藻尙垂光
여섯 가지 잠언으로 기축(祈祝)한 원고를 남기셨으니 六箴祈祝留餘藁
눈물 젖은 눈으로 어떻게 옛 상자를 열어 보리요? 淚眼那堪閱舊箱

다섯째(其五)

34) 유뢰(游雷) : 미상.

구월에 세 성인을 낳으니	九月生三聖
중명[35]이 사방을 비추네	重明照四方
신방(申方)에서 붉은 열매의 징후가 아름답더니	申休徵絳實
인방(寅方)으로 붉은 광망(光芒)이 인도되어 내려왔네.[36]	寅降導紅芒
문왕의 효성은 어릴 때부터였고[37]	姬孝從垂髫
요임금의 문명은 구슬놀이 할 때부터였네.[38]	勛文自弄璋
말도 채 못 할 적에 먼저 글자를 그렸고	未言先字畫
보물이 없는 다만 책 상자뿐이네.	無寶只書箱
비로소 백성[蒼生]의 희망이 매이게 되었고	始係蒼生望
마침내 적불[39]의 큰 운명을 타셨네.	遂乘赤芾皇
경법을 받아 숙종 할아버지 추모하였고	受經追肅祖
책봉을 받아 부왕의 일을 계속 이어 하셨네.	膺冊述寧王
길한 날이라 구름도 따라 개였고	吉日雲隨霽
중한 꽃이라 국화는 누런 빛이 있네.	重華菊有黃
종묘 제사가 만년 의탁할 분인데	宗祊於萬托
옷의 길이가 약간은 길었네.	衣尺若干長
지혜로움으로 왕기가 오랠 것을 점쳤고	岐嶷占基遠
침착한 것으로 복록이 편안할 것을 시험하였네.	沈凝驗茀康
계[40]가 비로소 훌륭하게 우임금을 이었는데	啓方賢繼禹

35) 중명(重明) : 임금과 신하가 자기자리에서 각각 직무를 다 함을 이르는 말. 일월이 함께 하늘에 있어 광명이 겹친다는 뜻.

36) 신방(申方)에서 ~ 내려왔네 : 세자를 나을 징조인 무지개가 서쪽 신방(申方)에서 동쪽 인방(寅方)으로 내려와 섰던 길조를 말한 것인 듯함.

37) 문왕의 ~ 였고 : 주나라는 희성(姬姓)이므로 세자의 효성을 주나라 문왕(文王)에 비유해서 칭찬한 것.

38) 요임금의 ~였네 : 세자의 자질이 요임금이 될 만한 왕재(王才)로 탄생한 것을 칭찬한 것.

39) 적불(赤芾) : 대부(大夫) 이상이 입는 붉은 빛의 슬갑(膝甲)

40) 계(啓) : 하(夏)나라 우(禹) 임금의 아들. 여기서부터 왕통(王統)이 부자(父子) 간의

무정[41]이 일찍이 탕 임금을 하직했네	丁迺早辭湯
깊은 법도는 더욱 멀리 도달하였고	淵度詹逾遠
붉은 빛이 대궐에 어른거리네.	离輝僾未央
약도 무망(无妄)의 기쁨을 어기고[42]	藥違無妄喜
경사가 소과(小過)의 상(喪)으로 변하였네.[43]	慶變小過喪
눈물이 넘쳐서 저자의 부역을 줄였고	涕溢蠲徭市
울음이 제진방[44]에 연달았네.	啼連濟疹坊
어찌 천명의 생명을 살린 적덕이	那知千命活
한 사람 어짊을 구하지 못할 줄 알았겠는가.	未贖一人良
이 이치는 생각으로 알기 어렵고	此理思難得
긴 소리로 부르짖으며 문득 미치고자 하네.	長號便欲狂
슬픔은 오직 이 달에 만났고	悲惟是月值
화액은 또 열흘 간격으로 억세었네.	禍又隔旬强
감히 여러 신하들의 아픔을 말하랴	敢說群臣痛
다만 임금님의 기체가 손상될까 걱정이네.	端[但]憂聖主傷
사랑하던 정은 자나 깨나 응어리져 있고	慈情凝寐覺
효도의 생각이 죽으나 사나 간격이 없네.	孝思隔存亡
눈물로 영결했으나 아직도 환각인가 의심나고	淚訣尚疑幻
꿈속에서 이야기한 것을 어찌 차마 잊으리.	夢辭胡忍忘

세습(世襲)이 시작되었다.

41) 무정(武丁) : 은(殷) 나라 고종(高宗)의 이름. 은나라를 중흥한 임금으로 꿈에 부열(傅悅)을 만났는데 꿈에 본 얼굴을 화상으로 그려서 천하에 찾아 판축(版築)하는 곳에서 부열을 찾아 데려다 국정(國政)을 맡겨 선치를 하였음. 〈書經 尙書 悅命〉

42) 약(藥)은 ~ 없고 : 병에 약의 효과가 없는 것을 말함. 무망(无妄)이란 잘못이 없는 것을 말함.

43) 소과(小過)의 상(喪) : 소과(小過)는 주역(周易) 하편(下篇) 중의 괘 이름. 구삼효(九三爻)에 "지나치게 막지 아니 하는지라 혹해가 따를 지니 흉하다(弗過防之 從或戕之 凶)"하다고 보인다. 힘을 다해 치료하지 못하여 세자가 돌아가신 것을 지적한 것.

44) 제진방(濟疹坊) : 홍역을 예방하고 치료를 맡은 곳. 지금의 병원과 같은 곳.

조목조목 옛 은택을 엮어 머물러 놓았고	編條留宿澤
병풍의 글자는 작은 행적이지만 가려 놓지 않네.	屛字揜殘行
우리 집은 일찍이 되는 게 없어서	我家曾不造
거듭거듭 비상한 일이 닥치네.	涒灘荐非常
선왕의 슬픔을 추념하니	追念先王慽
슬픔이 오늘의 슬픔과 같네.	悼猶今日創
인자하신 하늘이 즉시 화를 후회하시어	仁天旋悔禍
상서로운 태양이 번번이 거듭 빛나게 하시네.	瑞日每重光
원하건대 슬픈 회포를 너그럽게 하시어	願以寬悲抱
편안하게 불쌍한 백성을 대하소서.	夷然對閔蒼
삼 강은 흐르고 흘러 끝이 없는데	三江流未極
시들은 풀은 쓸쓸할 뿐 향기롭기 어렵네.	衰草凄難芳
덕은 임금의 문장과 더불어 빛나고	德與宸奎煥
이름은 황천의 어둠에 머물러도 빛나네	名留泉夜暘
느릿느릿 흰 의장(儀仗)이 움직이고	依遲動素仗
구슬피 장양궁(長楊宮)[45]을 하직하시네	怊悵辭長楊
작은 예를 올리며 쇠잔한 늙은이 슬픔이고	蟻薜悲殘髮
상여 군들의 노래 소리에 구곡간장이 끊어지네	翣歌摧九腸
여섯 가지 경계 말이 옛 원고에 머물러 있으나	六箴留舊藁
차마 다시 먼지 낀 책 상자를 열람하리요.	忍復閱塵箱

11. 능에 거둥하실 때 약원에서 분직을 했다. 이상공 수지 〈복원〉[46]이

45) 장양궁(長楊宮) : 즉 세자가 대궐을 떠나게 되었음을 슬퍼한 것. 장양궁은 본래 진(秦)나라의 궁(宮)이었으나, 한(漢)나라에서 거듭 더 수식을 하였는데 궁 안 뜰에 수무(數畝)를 덮을 만한 수양(垂楊)이 있었던 데에서 연유했음.

46) 이상공(李相公) 수지(綏之) 〈복원(福源)〉 : 이복원(李福源, 1719(숙종 45)~1792(정조 16)). 조선 후기의 문신. 본관은 연안(延安). 자는 수지(綏之), 호는 쌍계(雙溪). 정구(廷龜)

내각에서 중추시를 보내어 뵈어주기에 문득 화답하여 사람을 시켜 수궁대장 정기천 〈창순〉[47] 나으리의 사안에 보냈다.(陵幸時分直藥院李相公綏之〈福源〉 自內閣送示中秋詩却和轉呈守宮大將 鄭台祈天 〈昌順〉詞案)

화로에 약 달이기를 마치고 후반[48]에서 물러나니	煎盡銚爐退候班
전혀 남은 일없어 마음이 한가하네.	了無餘事攬閒心
텅 빈 마루에 다시 중추 가을 달을 얻었고	空軒更得中秋月
동산의 학 세 번 우는 소리에 세속의 꿈으로 돌아왔네.	苑鶴三聲俗夢還

둘째(其二)

병든 다리로 오위 반[49]을 따라가기 어려워서	病脚難隨五衛班
사흘 밤을 단조[50]에서 한가롭게 지났네.	三宵丹竈丐清閒
지금부터 각지(閣誌)에 시 이야기를 보태어	從今閣誌添詩話
달밤에 우체통 메고 날마다 갔다 돌라오리	帶月郵筒日往還

셋째(其三)

의 6대손이며, 판서 철보(喆輔)의 아들. 1738년(영조 14)사마시에 합격, 우의정 · 좌의정 · 판중추부사 · 원자보양관(元子輔養官) · 세자부(世子傅) · 영중추부사 등의 관직을 역임.

47) 정기천(鄭祈天) 〈창순(昌順)〉 : 정창순(鄭昌順, 1727(영조 3)~?). 조선 후기의 문신. 본관은 온양(溫陽). 자는 기천(祈天), 호는 사어(四於). 정렴의 후손으로, 광은(光殷)의 아들. 1757년(영조 33) 정시문과에 을과로 급제, 부교리, 수찬, 대사간, 승지, 대사헌 등을 역임.

48) 후반(候班) : 백관(百官)이 임금에게 조회로 뵐 때의 반열(班列).즉 임금께 문안하는 반열을 말함.

49) 오위반(五衛班) : 오위는 조선조 때의 군대의 편제(編制) 이름. 중위(中衛) 좌위(左衛) 우위(右衛) 전위(前衛) 후위(後衛)로 되어 있었고, 통솔기관은 오위도총부(五衛都摠府). 오위반이란 임금을 수행하는 반열을 말함.

50) 단조(丹竈) : 방사(方士)가 영약(靈藥)을 만드는 곳. 또는 도사(道士)가 단약(丹藥)을 고는 부엌을 말한다. 여기서는 임금에게 올릴 약을 달이는 곳을 말함.

액원[51]을 나눠 지키느라 반열에 연결되지 못하고　掖垣分守不聯班
앉아서 대장기[牙旗]를 생각하니 온종일 한가롭네.　坐想牙旗盡日閒
소년시절 임금님 모신 것이 어제 같은데　少年陪扈渾如昨
옥로[52]에 깨끗이 먼지 털고 꿈길에 홀로 돌아왔네.　玉輅清塵夢獨還

넷째(其四)

약원(藥院)에 머물다 임금 모시려고 각각 반열로 달려가니　留院陪鑾各趍班
여러 신하에 따라 수행하니 바쁘고 한가함이 다르네.　諸臣隨力異忙閒
내전(內殿)에 안 후를 받듦에 오히려 마음 서글픈데　承安內殿猶惆悵
앉아서 행궁[53]의 역말이 돌아오기만 기다리네.　坐待行宮馹騎還

다섯째(其五)

가벼운 칼 잘 달리는 말로 모시는 반열을 다투니　輕刀快馬競陪班
신도 전년에는 감히 한가하지 못하였네.　臣亦前年不敢閒
지금은 병이 많아 약 달이는 불이나 감시할 뿐　多病秪堪監藥火
아침마다 약 달여 올리느라 내정에 돌아오네.　朝朝煎上內庭還

여섯째(其六)

행궁서 몇 번이나 조반(朝班)의 점검을 치뤘나　行宮幾度點朝班
아무도 없는 약원이라 몸은 한가하나 마음은 한가치 않네.　空院身閒意未閒
단풍잎 아름다운 교릉[54]은 가을 그림 같은데　紅葉喬陵秋似畵

51) 액원(掖垣) : 대궐의 담장. 즉 임금이 계신 대궐을 말함.
52) 옥로(玉輅) : 임금이 타는 수레이름.
53) 행궁(行宮) : 임금이 거둥할 때 임시로 머무는 별궁(別宮). 이궁(離宮)이라고도 함.
54) 교릉(喬陵): 선왕(先王)의 능(陵)을 말함.

온갖 신의 호위를 받으며 임금님 돌아오시네. 百神將護六飛還

일곱째(其七)

그대는 기 들고 나는 북을 치며 좋게 서로 반열이 되니 君旗我鼓好相班
원문[55]에 영(令)이 적어 날마다 한가히 보내네. 小令轅門日遣閒
갑자기 눈이 기정의 형세로 내리니 忽遇六花奇正勢
문득 갑옷을 거두고 땔나무를 끌고 돌아오네. 却收殘甲曳柴還

12. 윤씨 생질 〈광안〉이 병조〔騎省〕에 수직하면서 보여주기에 여덟 번째로 지어서 채운 시(尹甥〈光顔〉直騎省有示足成八疊)

약원에 매인 몸이라 임금모시는 반열에 끼지 못했는데 藥垣匏繫阻陪班
노쇠한 몸이 한가한 관직에 있게 됨을 하례하지 말라 莫賀衰軀占地閒
문득 온 성안의 사녀(士女)들이 却羨傾城諸士女
일찌감치 교외에 나와 임금님 환궁을 맞는 것이 부럽다. 出郊晨迓六龍還

13. 이상공이 행전의 어제시(御製詩)를 보여주기에 공경히 화답하여 올렸다. (李相公送示行殿御製 敬和以呈)

서리 이슬 내리니 선왕을 추모하는 임금님 정을 침원[56]에서 펴시니 霜露宸情展寢園

55) 원문(轅門): 군영(軍營)이나 진영(陣營)의 문. 수레의 끌채를 서로 마주 대어 사람이 드나들 수 있게 만들었으므로 이르는 말로. 군문(軍門)과 관청의 바깥문도 이렇게 부름.
56) 침원(寢園) : 능을 지키는 관아. 여기는 임금의 능(陵)을 말함.

중추의 아름다운 절기는 삼원[57]에서 제일이네 中秋令節最三元
하늘은 장마 비 걷으니 치도[58]가 맑고 天收積雨淸馳道
땅은 아름다운 벼를 올리니 지존(至尊)이 기뻐하시네. 地貢嘉禾娛至尊
흡족한 은택에 벼슬에 올라 두 고을을 맡았고 澤洽登髦聯二郡
날듯이 기뻐 우기[59]를 바라보니 온갖 마을이 흥겨워하네.
喜騰瞻羽聳千村
세자를 모시던 늙은 신하가 임금 거둥에 수행하지 못하니
离筵舊物違隨蹕
분사(分司)[60]에서 병을 요양함도 또한 임금님 은혜일세.
養病分司亦聖恩

14. 명을 받고 북관(北關)[61]에 안찰사가 되어 거듭 고산관(高山館)에 도착하니 부로(父老)들이 길에 나와 환영하고 위로하였다. 마침내 감격하여 전에 지었던 운에 이어지어 관의 벽에 썼다.(受命按北關 重到高山館 父老夾路迎勞 遂感而續成前韻題館壁)

지난 세월이 다시 돌아온 나머지에 烏飛日月再歸餘

57) 삼원(三元) : 여기서는 정월(正月) 보름, 칠월(七月) 보름, 시월(十月) 보름을 말함.
58) 치도(馳道) : 천자(天子)가 다니는 길. 즉 임금이나 귀인이 다는 길를 말함.
59) 우기(羽旗) : 새깃으로 수식한 기(旗). 〈문선(文選), 송옥(宋玉)의 고당부(高唐賦)〉에 "만약 사마(駟馬)에 멍에를 메우면 우기(羽旗)를 세운다"했고, 주(注)에 "이선(李善)이 말하기를 '주례(周禮)에 깃을 쪼개어 기를 만든다 했는데, 이는 오색조의 깃을 깨쳐 만든 것을 말한 것이다'라고 했다" 하였음.
60) 분사(分司) : 경연청(經筵廳)을 말함. 경연청은 경적(經籍)을 보관하는 일과 강론하는 일을 맡은 관아(官衙). 후에 경연원(經筵院)이 되고, 나중에는 홍문관 예문관을 합하여 홍문관(弘文館)이라 고쳤음.
61) 북관(北關) : 군사상(軍事上)으로 함경도를 구분하여 마천령(摩天嶺)을 경계로 그 북쪽은 북관(北關), 그 남쪽은 남관(南關)이라고 하였다. 북관은 함경북도를 가리킨다.

천리 길 떠나는 정기(旌旗)가 변색된 처음일세. 千里旌旗色變初
북방의 풍속 그 유래는 사슴을 길들이는 것과 같고 朔俗由來如御鹿
안찰사가 내리는 영(令)은 물고기도 믿게 해야 하네. 句宣須令可孚魚
백과 중 그 누가 남상국 보다 잘할 것인가. 伯仲誰能南相國
산과 물이 길이 윤중서에게 읍을 하네 峙流長揖尹中書
전날에 다스린 것 점검을 하니 한가지 혜택도 없었는데 點檢前治無一惠
수레를 둘러싼 어린이와 노인들 보니 그 사람들 가련하네. 擁車髫白謾憐渠

15. 징청헌에서 섣달 그믐날 밤을 보내며 되는대로 읊다.(澄淸軒送歲夜漫吟)

백옥 등잔의 빛은 면면이 영성[62]이라 白玉燈光面面櫺
천 명의 교관이 하직하고 물러간 지 오래된 뜰일세. 千校辭退舊年庭
두 줄로 선 관기들은 새로운 말이 없기에 兩行紅粉無新語
억지로 취해 붙들고 지락정에 올랐네. 强醉扶登知樂亭

16. 변방을 순찰하고 북병영에 들러 입으로 부른 시(巡邊入北兵營口占)

두 줄의 홍옥[63]과 오천 명 병사에 兩行紅玉五千兵

62) 영성(櫺星) : 별 이름. 동방 창룡(蒼龍). 등잔불의 반짝이는 것을 동방의 창룡에 비유한 것임.

63) 홍옥(紅玉) : 미인의 살색을 말함. 〈서경잡기(西京雜記)〉에 "조비연(趙飛燕)이 여동생

화고[64]가 쌍으로 번득이니 변방으로 나가는 소리일세. 畫鼓雙翻出塞聲
승립[65]이 수레를 호위하니 다투며 신나게 보고 繩笠擁車爭快覩
서생(書生)들이 장월[66]을 드니 또한 호걸스런 정경이네. 書生仗鉞亦豪情
보내고 맞는 사람들 부질없이 산 남쪽북쪽을 메웠고 送迎徒蔽山南北
오고 가는 이들은 능히 촉 땅의 무게를 관련하네. 來去能關蜀重輕
성군의 세상이라 봄빛이 이르지 않은 곳 없어 聖世春光無不到
옥문[67]의 꽃과 버들이 성안 가득 피어있네. 玉門花柳滿城明

17. 성진의 조일헌에서 달뜨기를 기다리다.(城津朝日軒待月)

사면이 거센 파도 한 누각이 높다란 四面驚濤一閣危
누워있어도 흔들거려 배타고 가나 의심되네. 枕茵搖蕩舟行疑
망망한 바다 바라보니 붕새의 길을 보는 듯하고 茫茫如見摶鵬路
넓고 넓어 분계 없으니 달이 목욕하는 못일세. 灝灝微分浴兎池
오늘에야 비로소 천지가 큰 것을 알았고 今日始知天地大
간 해에 부질없이 낙산의 기이한 것 이야기 했네. 往年徒說洛山奇
연기 낀 성곽 가에서 높은 소리로 읊조리니 高音女堞氛烟廓
고래와 악어가 깊이 감추고 감히 달리지 못하네. 鯨鰐深藏不敢馳

소의(昭儀)와 모두 살색이 홍옥과 같아서 당시의 제일이었는데, 둘 다 후궁(後宮) 중에 총애를 독차지했다."고 보임. 여기는 관기(官妓)의 아름다움을 말한 것.

64) 화고(畵鼓) : 겉에 그림으로 꾸민 북.

65) 승립(繩笠) : 새끼로 만든 벙거지. 여기서는 벙거지를 쓴 졸개를 말한 것임.

66) 장월(仗鉞) : 의장대(儀仗隊)를 말함.

67) 옥문(玉門) : 옥문관(玉門關)을 말함. 중국의 감숙성(甘肅省) 돈황(敦煌)의 서쪽에 있는 관문(關門)으로 옛날 서역(西域)으로 통하는 교통의 요지. 옥관(玉關). 여기는 의주(義州)의 용만(龍灣)을 옥문관에 비유한 것.

18. 북관 밖에서 재차 해를 보내게 되어 우연히 지난해의 '거년(去年)' 운자를 이어 짓고 혼자 읊기가 재미없어 시와(是窩)에게 보였다. (關外再送歲 偶續去年今夜韻 獨吟無聊奉 示是窩)

연삼[68]입은 선비가 다 물러가고 쓸쓸히 격자문 바라보니　蓮衫齊退楚交欞
열 줄의 단장한 기생들도 파하여 뜰로 내려가네.　十隊紅粧又下庭
가슴깊이 많은 백성의 춥고 배고프다는 호소를 생각하니　念念千氓呼凍餒
해를 보내는 이 밤 갈수록 고독함 금할 길 없네.　不禁殘夜去亭亭

둘째(其二)
밤이 깊어가자 봄기운이 발과 창문을 흔드는데　夜深春氣撼簾欞
세 해 동안 대장기[牙旗]가 북관 뜰에 머물러 있네.　三歲牙旗滯北庭
다만 나라 일으킨 임금의 고향 백성의 일이 중하기에　只爲岐豊民事重
또한 정월 초하루 설날을 격구정서 맞이하네.　又賓元日擊毬亭

셋째(其三)
백성의 근심과 몸의 질병에 깊이 창문을 닫고 앉아　民憂身病斂深欞
가만히 관복 갖추고 문안 차 궐 정에 갈 것을 생각하네.　暗想簪紳趍候庭
언제나 삼 만 가마를 불만한 바람을 얻어서　安得風吹三萬斛
새봄에 망양정에 매둔 배 밧줄을 풀어 띄울는지　新春解纜望洋亭

---

68) 연삼(蓮衫) : 연꽃무늬를 놓은 천으로 만든 저고리.

19. 순행 차 안변에 이르러 향설헌에 쓰다(巡到安邊題香雪軒)

나뭇빛 산 얼굴이 눈에 밝게 들어오니 樹色山容慣眼明
복 자천 거문고[宓琴]를 삼 년 간 이 집에서 울렸네.[69] 宓琴三歲此堂鳴
안찰사로 다시 와서 전날의 진휼(賑恤)을 맡으니 節符重涖前時賑
문득 누더기 옷에 손 모이고 줄서있는 정경이 부끄럽네. 却愧鶉衣攢手情

69) 복 자천 ~ 울렸네 : 복자천(宓子賤)이 선보재(單父宰)가 되어 삼 년 간 명금(鳴琴)만 타고 당(堂)을 내려오지 않았으나 천하가 다스려졌으므로 공자가 군자라고 칭찬하였음. 물재선생이 안변부사를 삼 년간하고 있으므로 인용한 말임.

기(記)

20. 정평 금천서재중수기(定平金川書齋重修記)

내가 안변부(安邊府)를 맡게 되었는데 부사(府使)는 으레 안덕 교양관(安德教養官)을 겸하게 되어있었다. 나는 오직 아는 것이 없어 두 고을의 현 사대부를 이끌어 나갈 자신이 없었으므로 이것이 두려웠다. 하루는 정평 사는 한 사인(士人)이 바람과 눈을 헤치고 동헌으로 찾아왔기에 그가 찾아온 까닭을 묻고 이어 승선(承宣:승지) 윤빈경[70]의 서신을 받게 되었는데 그 글에 "나의 선고[71]께서 고산승(高山丞)에 보직하실 적에 북방 사람들에게 교육이 없는 것을 민망하게 여겨 금천서재(金川書齋)를 창설하고 훈장(訓長)을 두어 많은 선비들을 가르쳤는데 그때 판결사(判決事) 이격[72]이 고을 중에 유지로서 실상 그 일을 맡았었습니다. 불행하게도 서재가 화재에 타게 되었는데, 이공의 아들 경수(景修)가 또 일어나 선비들을 창도하여 재산을 모아 중건(重建)을 해서 마루와 방과 대문과 사랑채가 모두 옛 모습대로 돌아오게 되었으니, 아, 지금사람이 자기의 일이 아닌데도 꾀를 내고 생각을 하여 이루서고야 마는 자가 대개 적은데, 선인을 생각함이 독실하고 문교(文教)를 위하는 마음이 진지하지 않으면 그렇게 할 수 있겠습니까?

서재(書齋)가 이미 중수되었으나 서재의 기(記)가 있지 않아서 또한 며칠 걸리는 거리를 와 그 기(記)를 지어줄 것을 요구하려는 것입니다.

---

70) 윤빈경 : 윤사국(尹師國, 1728(영조 4)~1809(순조 9). 조선 후기의 문신. 본관은 칠원(漆原). 자는 빈경(賓卿), 호는 직암(直庵). 1759년(영조 35) 알성문과에 병과 급제, 지평, 경상도암행어사, 정언, 수찬, 승지, 대사간 등을 역임

71) 선고(先考) : 돌아가신 아버지

72) 이격(李格) : 1682(숙종 8)~1759(영조 35). 조선 후기의 문신. 본관은 양성(陽城). 자는 사정(士正), 호는 학곡(鶴谷). 1708년(숙종 34) 식년문과에 급제, 성균관학박사, 문천군수, 경상도사, 사헌부장령, 판결사를 역임.

그대는 나의 선자[73]의 세생(世生)[74]이니 한마디 말이 없을 수 없습니다" 라고 써 있었다. 아, 나는 한참 안변지역 안의 백성들도 가르칠 길이 없는 것을 걱정하는 참인데 어느 겨를에 지경 밖의 일을 의논한단 말인가? 그러나 산이 울면 골짜기가 메아리치고 소나무가 무성하면 잣나무가 기뻐함은 진리인 것이다. 나로 하여금 정평(定平) 사람들을 홍기(興起)시킬 수 있는 말이 있다면 이것이 어찌 안변 사람들을 홍기시킬 만한 것이 아님을 알겠는가?

이 서재(書齋)의 기가 다른 사람에게 쓰여지지 않고 나에게 쓰여지는 것은 우연한 일이 아닌데 안 쓸 수가 있겠는가. 어떤 자가 힐난하기를, "북관(北關)은 말갈(靺鞨)[75]과 연결되어 있고 압록강과 두만강에 이웃해 있어서 동방에 일이 있으면 하루도 병기를 사용하지 않은 날이 없는 것은 고려[勝國]와 조선 초기에서 살펴보면 알 수가 있다. 안변과 정평은 또한 그와 왕래하는 요충지[咽喉]인데 활 쏘고 칼로 쳐서 오랑캐의 시돌(豕突)과 사식(蛇食)[76]을 막을 것을 가르쳐도 오히려 용맹하지 못할까 걱정인데 더구나 늘 공수를 하고 의대(衣帶)를 느슨히 하고서 시서(詩書)를 읊조리고 예악(禮樂)이나 담론(談論)하여 그 사기(士氣)를 꺾고 그들의 근골(筋骨)을 부드럽게 만드는 것은 자못 국가의 이로움이 아니다"하기에 나는 말하기를, "아, 그게 무슨 말인가? 옛날 무성(武城)은 제(齊)나라와 바짝 붙어 있었으므로 제나라 사람들이 노(魯)나라를 침략하는 자들은 반드시 거쳐 들어왔었다. 그러나 자유(子游)가 현가(絃歌)로서 다스리니 공자(孔子)께서 칭찬을 하셨다.[77] 자유가

73) 선자(先子) : 돌아가신 할아버지

74) 세생(世生) : 대대에 교분이 있는 후생

75) 말갈(靺鞨) : 만주(滿洲)의 동북지방에 살던 퉁구스족의 일족. 뒤에는 여진(女眞)으로서 금(金) 나라를 세웠다.

76) 시돌(豕突)과 사식(蛇食) : 시돌은 앞뒤를 가리지 않고 달려드는 것이고 사식은 닥치는 대로 먹어치우는 것을 말함. 즉 돼지와 뱀처럼 욕심이 많고 포악한 자를 비유한 말임.

77) 자유(子游)~ 다스리니 : 자유는 공자(孔子)의 제자로 무성재(武城宰)가 되어 현가(絃歌)

어찌 활을 쏘고 칼로 처서 막는 것이 급한 일임을 몰랐겠는가?

그러나 반드시 먼저 현가(絃歌)를 한 까닭은 참으로 도(道)를 배우면 군자(君子)는 반드시 위 사람을 친히 하고 소인(小人)은 반드시 어른을 위하여 죽는 법이다. 위 사람을 친히 하고 어른을 위해 죽어야 하는 의리를 안다면 그들로 지키면 견고할 것이며 그들로 전쟁을 하면 이길 것인데 어찌 〈오랑캐〉의 시돌과 사식 따위를 걱정할게 있겠는가. 그래서 용사(龍蛇: 임진계사)의 왜란에 육진(六鎭)의 건아(健兒)들이 팔을 걷어 붙이고 왜적에게 투항하여 나라를 기화(奇貨)로 삼고 적을 도왔으나 유독 본부(本府) 사람 평사(評事) 정문부(鄭文孚)[78]만이 서생(書生)의 몸으로 의연하게 의병을 객관(客館)에서 의병(義兵)을 일으켜 한 지방이 이리와 호랑이의 입에서 벗어났을 뿐이었다.

나는 그래서 말하기를 '북관(北關)에 문교(文敎)가 없는 것이 내지(內地)에 비해 너무 심한데 북관에 문교(文敎)가 없으면 이는 북관이 없는 것이다. 정평 선비들로 하여금 건재(建齋) 윤장(尹丈)의 뜻을 저버리지 않고 밤낮으로 백 번 단련하여 멈추지 않는 공부에 힘쓰고 힘쓴다면 훗날에 제나라 사람의 충돌을 꺾고 정공(鄭公)의 공(功)을 변명할 자는 반드시 정평의 선비이며 윤장(尹丈)의 힘일 것이라고 나는 생각한다. 선배들의 국가를 위해 깊고 먼 생각은 참으로 위대하다. 비록 그러하나 이군(李君)이 아니면 어떻게 윤장의 뜻을 끝마칠 수 있었겠는가? 마땅히 더욱 문교에 힘써야 한다"고 하였다.

즉 무성 인에게 학문을 가르쳐, 집집마다 글 읽는 소리가 그치지 않았고 무성이 잘 다스려졌기 때문에 공자(孔子)가 칭찬하였음.

78) 정문부(鄭文孚) : 1565년(명종 20)~1624년(인조 2). 호는 농포(農圃), 시호는 충의(忠毅). 조선 후기의 문신. 선조 22년(1589) 식년문과(式年文科)에 급제, 북평사(北評事)가 되고 1592년 임진왜란 의병(義兵)을 일으켜 경성(鏡城)을 회복하고 회령(會寧)에 진격하여 두 왕자(王子)를 왜군에 넘긴 국경인(鞠景仁)의 숙부 세필(世弼)을 죽이고 반란군을 평정하였음. 후에 억울하게 이괄(李适)의 난에 연루되어 고문을 받아 죽었으나 후에 신원(伸寃)되었음. 최근에 그의 〈북관대첩비(北關大捷碑)〉가 일본에서 반환되었다.

21. 광귤[79]시병개조기(廣橘詩屛改造記)

이는 우리 성상(聖上)께서 세자[儲位]로 계실 적에 대궐 뜰에 진상(進上) 온 광귤(廣橘)을 두고 시를 지어 만든 병풍이다. 성상께서 신(臣)을 노둔하게 여기지 않으셔서 궁중 관료의 끝에 자리를 채우게 해주시고, 또 세자의 시에 화답하는 반열에 참여하게 해주셨으며 또한 병풍을 만들어서 하사까지 하셨으니 배우지 못한 신과 같은 사람이 어떻게 성은을 받음이 여기에 이르렀단 말인가? 매양 정실(靜室)[80]에 이 병풍을 둘러 쳐놓고 향을 피우고 긴 시간 꿇어앉아 한 번 처다 보고 한 번 읊음에 황홀히 존현각(尊賢閣)에 올라가서 세자의 안광[离暉]을 우러러 보는 것과 같고 또한 황금 보따리를 풀어 흩음에 천연의 향기가 좌석에 가득한 것과 같아서 어떤 자는 가슴에 품기도 하고 어떤 자는 두 손에 바쳐 들기도 하여 태평화기에 취하고 배부르며, 또 규성(奎星)[81]의 아름다운 빛이 내려 베푸심에 개똥부리의 빛이 먼저 광채를 잃은 것과 같아서 곧 읊고 곧 외움에 뒤따라갈 겨를이 없어 뚜렷이 마음과 눈 안에 박혀 있어, 어느 것이 옛 것이며 어느 것이 지금 것인지와 어느 것이 진실이며 어느 것이 환상인지를 알 수가 없으니 이로써 떳떳함을 삼는다.

때로는 몸이 문명의 뜰에서 멀리 떨어져 있기도 하였으나 실은 임금과 지척(咫尺)도 안 되는 거리였는데 이에 소신이 임금께 죄를 얻어서 병풍도 따라서 강운루(絳雲樓)의 소장품으로 돌아가게 되었으니[82] 공사(公私)의 글 몇 만축(萬軸)이나 어느 것인들 상심할 곳이

---

79) 광귤(廣橘) : 중국 남쪽 광동성(廣東省)의 밀감(蜜柑).

80) 정실(靜室) : 조용히 요양하는 집. 즉 혼자만 조용하게 휴식하는 방.

81) 규성(奎星) : 이십팔수(二十八宿)의 하나. 도량(度量)을 주관하고 나라의 문운(文運)을 맡아 보는 별의 이름.

82) 강운루(絳雲樓)~ 되었으니 : 층집의 이름[樓名]. 청(淸) 나라 상숙(常熟) 사람 전겸익(錢謙益)이 장서(藏書)하던 곳. 강운루로 돌아가게 되었다함은 수집의 손에 들어가게 되었다고

아니리요. 이것에 걱정이 되어 갑자기 자고 먹는 것을 잃어버리고 병이 되어서 마침내 감히 다시 규도(規度)를 만들어서 그림을 표고하기를 옛날 것과 같이하고 또 익위[83] 조윤형(曺允亨)[84]를 시켜 쓰게 하였는데 비록 구본(舊本)에 익숙한 자라도 반드시 난정기[85]의 진짜와 가짜를 분간하지 못할 것이다. 오직 서면을 옛날에는 종이를 상용했었는데 지금은 비단을 사용하였으니, 위 사람은 검소함을 밝힌 것이고 아래 사람은 오래 전하기를 도모한 것일 뿐이었다. 그리고 연구(聯句)는 공행(空行:빈칸)을 두어 응제(應製)[86]에 쓰게 한 것이었는데 불궤(不軌)[87]를 범하여 끊어냈으니 연구(聯句)[88]는 삭제할 수 있어도 그 자리는 삭제해서는 안 되었기 때문이었다.

아, 잃어버렸던 것을 다시 얻고 훼손되었던 것을 다시 완성시켰으니 지금부터 죽을 때까지 모두 의구히 우러러보고 읊조릴 날들이니 이 병풍이 아니면 신이 누구와 더불어 얼굴을 펴겠는가? 비록 그러하나 시경(詩經)에 이르기를, "그 새 것이 매우 아름다우니 그 옛 것은 어찌해야 하는가?"하였고, 또 말하기를, "그대의 옷만은 못하지만 편안하고

안타깝게 이른 말.

83) 익위(翊衛) : 벼슬이름 세자익위사(世子翊衛司)의 익위 벼슬로 왕세자(王世子)의 시위(侍衛)를 맡았음. 이 관아는 조선조 태조 때 설치되었다가 고종 32년(1895)에 폐지되었다.

84) 조윤형(曺允亨) : 1725(영조 1)~1799(정조 23). 조선 후기의 문신. 본관은 창녕(昌寧). 자는 치행(穉行), 호는 송하옹(松下翁). 예조정랑, 안악군수, 광주목사(廣州牧使), 호조참의, 지돈령부사(知敦寧府事)를 역임하였고, 그림과 글씨에 능하였음.

85) 난정기(蘭亭記) : 진(晉) 나라 서성(書聖) 왕희지(王羲之) 등 명사 41명이 난정에 모여 주연을 베풀었을 때 지은 시집(詩集)의 서문으로 왕희지가 지어 쓴 글. 난정은 절강성(浙江省) 소흥현(紹興縣)의 서쪽에 있었음.

86) 응제(應製) : 임금의 명령에 따라 시문(詩文)을 짓는 것을 말함. 또는 임금의 특명(特命)에 의해 임시로 치르는 과거를 말함.

87) 불궤(不軌) : 법을 지키지 아니함. 또는 반역을 꾀함을 이르는 말. 여기는 법을 지키지 아니함을 말한 것임.

88) 연구(聯句) : 구를 이름. 여러 사람이 글을 한 구씩 지어 한 편의 시를 이루는 것. 또는 율시(律詩)의 대(對)가 되는 구. 물재선생이 필선(弼善) 시절에 쓴 연구시(7. 서연에서 귤을 나눠준 뒤에~(書筵 頒橘後~)) 참조,

길하다"하였는데, 이 병풍을 열면 미상불 이 시를 세 번 반복하여 읊는다.

갑오년(甲午年) 후 14년[89]에 대사구(大司寇)인 원임팔선(原任弼善) 신(臣) 이숭호(李崇祜)는 삼가 기록하다.

22. 관북의 네 비석 공역기(關北四碑工役記)

임금 11년 정미(丁未)[90]에 관북(關北)에서 성적(聖蹟)을 살핀 네 개의 비가 이뤄지자 임금께서 신(臣)이 이곳의 관찰사(觀察使)인 것을 이유로 기(記)를 써서 관사(館舍)의 문미(門楣)에 걸라 명하시므로 신이 감히 문장이 거칠다는 이유로 사양하지를 못하였다.

삼가 상고하건대 주(周) 나라에는 도혈(陶穴)과 부원(溥原)의 시[詠]가 있고[91], 한(漢) 나라에는 큰 못의 뱀[澤蛇]과 호타하의 어름[滹氷]의 이사(異事)가 있어서[92], 그 시대의 제왕에 관한 자취를 노래하고 송축[歌頌]하여 하늘이 정하여 내려 준 운명[符命]임을 천명(闡明)한 것이 생각하건대 지극하다고 하겠으나, 한번도 그 지역에 가서 봉(封)하고 기록[識]을 하여 후세에 전했다는 말은 듣지 못했다. 그리하여 어느 물 어느 언덕으로 하여금 구름과 연기 아득한 곳에 무쳐 없어지게 한 까닭은 무엇인가? 아, 우리나라에 있어 관북(關北)은 바로 주나라의

89) 갑오년(甲午年) 후 14년 : 갑오년은 영조 50(1774)년이니, 정조 11(1787)년임.

90) 임금 11년 정미(丁未) : 정조 11년, 1787

91) 주(周)나라에 ~ 있고 : 시(詩) 대아(大雅) 면편(緜篇)에 "고공단보(古公亶父)가 집 없이 굴속에서 살았다.(古公亶父 陶復陶穴 未有家室)"고 하였고, 공유편(公劉篇)에 "후직(后稷)의 증손 공유(公劉)가 백천에 가서 큰 평원을 보았다.(篤公劉逝彼百泉 瞻彼溥原)"고 하였음.

92) 한(漢)나라 ~ 있었다 : 택사(澤蛇)는 한 고조(漢高祖) 유방(劉邦)이 기병(起兵) 했을 때에 술에 취해 돌아오는 길에 큰 못 가에서 큰 뱀을 참(斬)한 일을 말하며, 호타하(滹沱河)의 얼음은 동한(東漢)의 광무(光武) 유수(劉秀)가 적에게 쫓길 때 호타하에 얼음이 얼어 하수를 건널 수 있었는데 적이 이 하수에 이르자 얼음이 녹아서 화를 면했음을 말함.

빈저(邠沮)[93] 한나라의 풍완(豐宛)[94]인데 왕적(王跡)과 부명(符命)에 대해 유양(揄揚)할 것을 아직까지 크게 갖추지 못하고 있으니 이는 아마도 궐문(闕文)이 아니라 자못 겨를이 없어서였고 또한 반드시 오늘을 기다림이 있어서였을 것이다.

널리 생각하건대 우리 성상께서는 효도의 생각이 없어지지 않으시어 그 동안 시행하지 못했던 전례(典禮)를 모두 거행하셨다. 이해 봄에 말씀하시기를, "덕원(德源)의 용주리(龍珠里)는 바로 세분 성왕[三聖]의 옛 거주지인데 익조(翼祖)께서 탄생한 터이다."하시고, 임금이 조정에 두루 물으시고 빨리 비를 세워 표시하라고 명하셨다. 얼마 있다가 또 평사(評事) 김이익(金履翼)의 아뢰는 말에 의하여 다시 경흥(慶興)의 적도(赤島)와 적지(赤池)에 비를 세웠는데 적조에는 익조대왕께서 여진인들을 피하실 적에 이상한 징조[95]가 있었기 때문이며, 적지에는 도조대왕(度祖大王)께서 용(龍)에게 활을 쏘실 때의 구적(舊跡)[96]이 있기 때문이었다.

가을에 이르러서 전 주부(前主簿) 이익(李檍)이 또 상소(上疏)하여 아뢰기를, "함흥(咸興)의 귀주동(歸州洞)은 바로 우리 환조대왕(桓祖大王)과 태조대왕(太祖大王)께서 잠룡(潛龍)으로 계시던 마을이며 정종대왕(定宗大王)과 태종대왕(太宗大王)이 실은 이 곳에서 탄생하셨으니

---

93) 빈저(邠沮) : 빈(邠)은 주(周)나라 선조 공유(公劉)가 세웠던 나라, 저(沮)는 강 이름. 빈에서 발원하였다. 관북(關北)은 바로 조선을 창업한 발상지임을 나타낸 것.

94) 풍완(豊宛) : 풍(豊)은 서한(西漢) 유방(劉邦)이 나라를 세운 발상지인 풍패(豊沛) 땅을 말하며, 완(宛)은 동한(東漢) 유수(劉秀)가 발병(起兵)하여 나라를 세우게 된 발상지임.

95) 익조대왕께서 ~ 징조 : 익조대왕의 휘(諱)는 행리(行里). 목조대왕(穆祖大王) 휘(諱) 안사(安社) 때부터 여진(女眞)의 천호(千戶)와 친히 지냈는데 목조대왕이 홍서하고 익조가 뒤를 이어서는 더 강성하였음. 여진 천호와 회의를 하려 여진 땅에 가자, 여진 천호들이 제거하려 하였는데 것을 알아차리고 도망하였음. 적도(赤島)에 이르자 바닷물이 갈라져 바다를 건널 수 있어서 화를 면한 것을 말함.

96) 도조(度祖)의 ~ 구적(舊跡) : 도조대왕(度祖大王)의 휘(諱)는 춘(椿). 용을 쏜 옛 자취란 도조대왕이 소시에 꿈을 꾸고 깨어 꿈에서 본 곳을 찾아가 보니 과연 백룡과 흑룡이 싸우므로 화살을 쏘아 흑룡을 제거한 옛 자취를 말함.

마땅히 비를 세워 끝이 없이 빛나게 해야 합니다."하자, 임금께서 이르시기를, "아. 올해가 바로 태종대왕(太宗大王)께서 탄강하신 구갑년(舊甲年)이다. 생각하건대 옛날 영조대왕(英祖大王)께서는 태조대왕(太祖大王)께서 탄강하신 해에 흑석리(黑石里)에 비(碑)를 세웠었으니 내가 감히 선왕이 하시던 일을 뒤 따라 하지 않을 수 없다."하시고, 오직 삼가 친히 비문(碑文)을 이루시고 또 친히 쓰시어 관찰사[道臣]에게 명하시니, 이에 관찰사와 읍재(邑宰)가 분주히 크게 일을 시작하되 정평의 연덕산(延德山)에서 비에 쓸 돌을 살펴보고 경흥전(慶興殿)의 앞뜰에 비 세울 자리를 보아 길(吉)함을 얻었다. 8월14일 기유 아침에 비문을 쓰고 두 달을 건너 무오에 귀부(龜趺)를 정하고 하루를 건너 임오에 비각이 또 낙성되었다.

덕원의 비는 영흥(永興)의 국태산(國泰山) 돌을 썼고, 경흥의 비는 단천(端川)의 노동(蘆洞) 돌을 썼으며, 비문은 모두 임금님께서 친제[聖製]하셨으며, 기둥 서까래 문과 담을 모두 한가지 규모를 사용하였는데 초여름이 시작되자 일을 중지시키시며 임금이 이르시기를, "농사일에 방해가 되서는 안 된다"하시므로 한동안 공사를 중지했다가 이에 이르러 차례대로 준공을 하고 품계 높은 수령으로 역마(驛馬)를 달려 인본(印本)을 올리니, 임금이 이르기를, "이 공사는 일이 선대의 아름다움을 드날리는 데 관계 된 것인 만큼 내가 큰상을 주지 않으면 안 된다. 동섬(東暹)아! 네가 사실상 세 비의 이마에 전서를 썼으니 품계를 승록(崇祿)으로 올린다. 언호(彦鎬)는 적도 비를 써서 올렸는데 국경이 나가있으니 반면(反面)할 때를 기다리겠고, 민시(民始)는 용주리비(龍珠里碑)를 썼으나 관찰사로 논하겠고, 병모(秉模)는 적지비(赤池碑)를 썼으니 자헌(資憲)에 가자(加資)한다. 민시(民始)와 성원(性源)아, 너희는 사실상 전후(前後)하여 도(道)를 안찰하면서 어떤 사람은 그 일의 시작을 계획하기도 하고, 어떤 사람은 그 일을 중간에 독려하기도 했으며, 어떤 사람은 그 일의 마지막을 종결하기도 하였는데, 그 참여한 기간의 다소를 비교하여 민시에게 정헌(正憲)을 가자하고, 성원(性源)에게는 -두자가 빠졌음- 하고 아울러 말을 주겠다. 용화(用和)야, 너는 실상 함흥의 태수로서 그 일을 도왔으니 마땅히 관직에 준하겠고 우창(禹昌)은 정평(定平)에서의 벌석(伐石)을 감독하였으니, 승서(陞敍)하겠으며 이익(李榏)은 또한 역사를 감동한 공로가 있으니 현감(縣監)에 서임(敍任)한다. 효진(孝晋)아, 네가 비로소 덕원의 일을 겸관(兼管)하였고 또 돌을 다듬었으니 중군(中軍)으로 승급하고, 중교(重敎)는 바로 이 지방의 관리로서 그 일을 맡았으니 통정(通政)에 가자한다. 여익(汝翼)아, 생각건대 네가 비로소 말이 있었으니 공이 이익과 같으므로 능관(陵官)에 제수한다. 성(晟)아, 적도(赤島)와 적지(赤池)는 모두 너희 지역이고 또 적도의 일에 수고를 했으므로 가선대부(嘉善大夫)[97]에 가자(加資)하고, 전 부사(前府使) 숙(橚)은 일에 참여한 지가 얼마 안 되니 말을 주고, 제준(齊峻)은 권관(權管)으로서 비각 세우는 일을 잘 주간(主幹)하였으니 첨사(僉使)로 올린다. 윤필(潤弼)아, 너는 이웃 고을의 수령으로 적지(赤池)의 일에 공을 다했고 무춘(茂春)은 수고한 것이 제준(齊峻)이 적도에서 한 것과 같고 담(紞)은 실상 단천 수(端川守)로 두 비의 돌을 모두 네가 다듬은 것이니, 아울러 관질(官秩)을 우창(禹昌)처럼 올려 주겠다. 광제(光濟)야, 너는 오직 인본(印本)을 모셨으나 또한 말을 주겠다. 화원(畵員), 사관(寫官)과 그리고 영역교(領役校) 14인에게는 아울러 절충(折衝)에 가자할 것이고 이예(吏隷), 공장(工匠), 모든 일이 있던 자들에게는 쌀과 포목(布木)으로 차등 있게 상을 주겠다."하였는데. 대개 270여 인이었다. 이익(李榏) 여익(汝翼) 광제(光濟)는 또한 모두 본도(本道)사람이었다. 덕원(德源)에서 경흥(慶興)까지는 지방이 2천여 리인데 크고 작은 것이 없이 다 은총(恩寵)의

97) 가선대부(嘉善大夫) : 조선 시대에, 종2품 문무관의 품계. 가의대부(嘉義大夫)의 아래 급으로, 태조 1년(1392)에 설치하였으며 고종 2년(1865)부터 문무관, 종친, 의빈(儀賓)의 품계로도 썼음.

물결 속에 함영(涵泳)하였으니 아, 성대하지 않은가? 성인(聖人)의 아름다운 유적과 성대한 공덕은 금을 녹여 글자를 쓰고 돌에 새기는 것으로써 경중을 따질 수 있는 것이 아니다.

현조(玄鳥)의 시[什]가 아니면 상(商) 나라가 생길 조짐을 나타낼 길이 없고[98], 생민(生民)의 시(詩)가 아니면 태(邰)에 나가 집을 정한 증거를 할 길이 없게 되므로[99] 공자(孔子)께서 상송(商頌)[100]을 편집하신 까닭이고, 주공(周公)이 달효(達孝)[101]가 된 까닭인 것이다. 더구나 학문과 문물들 환하게 제자리로 돌아오고 아름다운 옥돌의 비가 광채를 발하여 집집마다 흰 종이에 탁본해 두고 사람마다 연필로 기록을 해 간직해서 천하의 눈과 귀에 박혀 있게 한다면 어찌 다만 악부(樂府)의 노래[永言]과 사씨(史氏)의 기이(記異)에 그치겠습니까?

신(臣)이 또 들으니 경흥의 부로(父老)들이 서로 이끌며 아름다움에 감격하면서 그 공사 일에 참여하지 못한 것을 탄식하고 있으며 그 자제들은 매서운 바람에 눈을 뜨지 못하고 사나운 눈보라를 사뭇 맞으면서 미치지 못할 듯이 분주하며 함흥과 덕원의 백성들은 도시락밥과

98) 현조(玄鳥)의 ~ 없고 : 고신씨(高辛氏)의 아내[妃]는 유융씨(有娀氏)의 딸 간적(簡狄)인데 그가 아들을 얻으려고 교매(郊禖)에서 기도를 하여 제비가 떨어뜨리는 알을 간적이 받아먹고 설(契)를 낳았음. 그 후손인 탕(湯)임금이 상(商)나라를 세웠음. 〈시경(詩經)〉의 상송(商頌) 현조편(玄鳥篇)을 세워서 상나라의 유래를 설명한 것을 말함.

99) 생민(生民)의 ~ 되므로 : 〈시경(詩經)〉 생민편(生民篇)도 주나라 선조인 후직(后稷)의 탄생에 대한 이적을 말하고, 주나라가 결국 후직의 어머니 집이 있는 태(邰)땅에 근거지를 두었음을 말함. 후직의 어머니 강원(姜嫄)이 아들을 낳고자 교매(郊禖)에서 기원했는데 상제(上帝)의 발자국의 엄지발가락[武敏]을 밟고 그 감응으로 후직(后稷)을 낳았으며 그 후손이 결국 주나라를 세우되 후직의 어머니 집이 있던 태(邰)에서 시작하였다는 것을 말함.

100) 상송(商頌) : 〈시경〉의 맨 끝 편명(篇名). 상(商) 나라의 유래(由來)를 말한 시.

101) 주공(周公)의 달효(達孝) : 주공의 이름은 단(旦). 주나라 무왕(武王)의 아우. 무왕이 천하를 소유하자 예악(禮樂)의 제도(制度)를 총 정리하였음. 〈중용(中庸)〉에 "공자는 '무왕과 주공은 누구나 다 아알기에 인정하는 효도[達孝] 시다'(子曰 武王周公其達孝矣乎)라"고 보임.

엿과 탁주로 마을마다 역부(役夫)에게 먹이면서 위로하기를 자기집 일처럼 하고 산승(山僧)들도 기약하지 않았으나 함께 한다고 하니 아! 이것이 과연 누가 권하고 누가 시켜서 그렇겠습니까?

시경(詩經)이르기를, "길이 효도를 생각하여 밝게 선왕의 일을 잇는다(永言孝思 昭哉嗣服)"하였고, 또 이르기를, "남쪽부터 오고 북쪽으로부터 와서 복종하지 않는 이가 없다.(自南自北 無思不服)"하였는데[102], 신(臣)은 이것으로써 성덕(聖德)은 효(孝)보다 더 성대한 것이 없고, 풍속을 교화시키는 것은 보고 느끼는 것보다 더 빠른 것이 없다는 것을 알았습니다.

102) 〈시경(詩經)〉에 ~ 하였는데 : 이는 시경의 대아(大雅) 운왕지십(文王之什)의 하무편(下武篇)과 문왕유성(文王有聲篇)을 말함.

서(序)

23. 함흥 본부의 선생안서(咸興本府先生案序)

옛날에 나의 생가 조부께서 신묘년(숙종 37, 1711)에 함흥통판(咸興通判)이 계시다가 임진년에 서울로 돌아오셨는데, 그 75년만인 정미년(정조11년 1787)에 소자(小子)가 이 지방에 관찰사로 부임하여 곧바로 통판정사당(通判政事堂)을 찾아 올라가 보니 마루와 방과 뜰이 눈에 닿는 곳마다 감회가 생겼다. 드디어 선생안(先生案)을 열어 공경히 구경을 하니 성위(姓諱) 연월(年月)를 누가 쓴 것인지는 모르겠으나 두 손으로 받쳐 우러러보고 사모를 하니 떠오르는 감회가 선대의 할아버지의 모습을 직접 뵙는 것과 같았다. 다만 세월이 오래되어 먼지에 가려져 있어서 겉에 싼 부분[衣褓]이 매우 빛이 없었다. 그래서 감히 그 바탕을 의지하여 그 표지를 다시 고치고 싸는 보와 넣어 두는 상자도 또한 새로 만들어서 봉안(奉安)을 하였다.

아, 훗날 사람이 오늘의 일을 보는 것이 오늘에 옛날 일을 보는 것과 같을 것이다. 공(公)보다 먼저 이름이 쓰인 분이 이미 1백 여섯 사람이고 공보다 뒤에 계속하여 이름이 쓰일 자들도 앞으로 몇 사람이 될지는 모를 일이니 여러 가문의 자손으로 뒤따라, 이 선생안을 계속 구경하는 자들은 반드시 나의 이 감정과 같을 것인데 후세 군자들이 이를 더럽히지 말고 훼손하지 말아서 오래오래 전하기를 정성된 마음으로 원하는 것은 이 어찌 소자(小子)만의 행복이겠는가? 다만 소자가 늦게 태어나 미쳐 직접 섬기지 못했을 뿐이다.

일찍이 공의 묘갈명(墓碣銘)을 읽어보니 그 내용에, "함흥에 만세교(萬歲橋)가 있는데 한해에 두 세 번은 무너져서 그때마다 온 고을 사람을 동원하여 다리를 다시 놓아야 했기 때문에 백성들이 그 부역에 견딜 수가 없었는데 공이 부임하자마자 한 큰 들판을 보니 땅이 기름지나

개간이 되지 않았고, 그 냇물이 너무 넓은 것이 병폐임을 알고 마침내 도랑을 파서 물을 바다로 흘러 들어가게 하고 주민들에게 세금을 가볍게 매겨 개간하여 농사를 짓게 하고 가을에 그 들어온 세금을 계산해 보니 한해의 다리공사비를 감당하고도 남는 것이 있었다. 그러자 그곳 백성들과 약속을 하여 절목(節目)을 만들어서 그 혜택이 오래 가도록 하였다."라고 되어 있었다.

이는 바로 상국(相國) 이종성[103]이 지은 것인데 이공(李公)은 사실 공(公)보다 36년 뒤에 이 지방에 와서 보았으니 그가 반드시 듣고 보는데서 얻은 것이 있어 이렇게 썼을 것이다. 지금 함흥부(咸興府) 중에 고로(古老)를 찾아보니 한 사람도 그 일을 아는 자가 없었으며 그 절목을 물어봐도 역시 얻을 길이 없으니 사방을 둘러봄에 다만 산 높고 물 맑은 것만 보일 뿐이다. 덕이 있는데도 알지 못하고 있으니 이미 옛사람의 경계를 범하였고 소자의 엉성하고 우활 함 때문에 또한 선대의 일을 달성하고 은혜를 끝맺을 방도에 희망이 없다. 자나 깨나 생각을 하면 미상불 두려움에 몸 둘 바 없어 이렇게 스스로 힘을 쓰고 있으나 또한 그 일이 아주 없어질까 걱정이 되어 모두 기록을 해서 아는 자를 기다리기로 하였다.

24. 안변부의 얼음 뜨는 일에 관한 절목의 서문(安邊府氷役節目序)

본부(本府)에서 하는 얼음을 저장하는 일은 참으로 하나의 큰 병폐이다. 대개 항상 온 고을 열 한 마을의 힘을 총동원하여 저수(瀦水)를 하기도 하고 창고를 짓기도 하고 얼음을 받아들이기도 하는데 얼음을

103) 이종성(李宗城) : 1692(숙종 18)~1759(영조 35). 조선 후기의 문신. 본관은 경주(慶州). 자는 자고(子固), 호는 오천(梧川). 1711년(숙종 37) 진사가 되고, 예문관설서, 부수찬, 헌납, 수찬, 교리 등을 거쳐 승지, 대사간, 이조참의, 대사성을 역임.

저장하는 시기는 번번이 아주 춥고 아주 짧은 날이기 때문에 백성이 삼 사 십리 밖에서 사는 자는 문득 추위에 호호 불면서 먼 거리에서 와서 얼음을 뜨기에 손이 트이고 추워서 몸이 떨리는데, 부역에 나오지 않은 사람은 또 문득 20문(文)을 내면 된다. 아, 부역이 비록 크나 어찌 반드시 5천 호의 백성이 다 수고를 하겠는가. 오직 그 아전이 간교를 부림으로 인연하여 허와 실이 서로 뒤섞일 뿐이다.

김상국(金相國)이 이 함흥부에 부임하자 백성들의 병폐 되는 것을 알고 재산을 모아 보만청(補民廳)에 맡겨 얼음 뜨는 값으로 사용하게 하였는데 몇 년이 못 가서 다시 민역(民役)으로 돌아갔다. 내가 이곳에 부임한 초두에 이 장부를 구절목(舊節目) 중에서 얻어 보고 개연(慨然)히 말하기를, "전 사람의 백성을 사랑함이 이와 같은데 뒤이은 자가 가면 바로 그를 훼손하는 것은 또한 무슨 까닭인가. 이를 회복하지 않으면 안 되겠다."하고, 마침내 관에서 사람을 사서 위에서 말한 세 가지 일을 주관하되 백성들이 모르게 하였다.

그러나 만약 한 해의 계획만으로 그친다면 그 혜택을 끝까지 가게 하는 것이 아니기에 다시 돈 3백 냥과 대소미(大小米)104) 백여 포를 모아서 해마다 거두고 흩어서 그 남는 것으로 얼음 일에 계획하여 사용하게 하였다. 그러나 돈을 만약 백성에게 흩으면 그것은 사랑하려던 것이 반대로 장차 사나움이 되기 때문에 그대로 창고 것을 세밑(歲末)에 새로 들어오는 것에 소속시켜 종이[紙油]의 대금을 삼기도 하고 어려운 사람을 도와주는[供億]비용으로 삼기도 하기로 생각한 것은, 무거운 빚으로 나가지 않으면 문득 창고의 저장된 곡식이 좀먹는 것을 형세상 금할 수가 없기 때문이었다.

그래서 마침내 이 돈을 열 곳 창고에 나누어 두고 그 용도에 맞추어 사용하게 하여 관곡(官穀)은 범하지 못하게 하며, 겨울에 이르러는

104) 대소미(大小米) : 쌀과 보리쌀 또는 좁쌀을 말함.

그 얻은 색락[105]으로 도로 들여오게 한다면 공사(公私)간에 둘 다 편리함을 얻게 될 것이요, 쌀에 이르러서는 부(府)의 창고에 소속시키기를 상평창(常平倉)의 취모[106]처럼 하여 그 두 가지서 들어오는 것을 계산하면 일년의 용도에 충당할 수 있었다.

그러므로 마침내 절목(節目)을 만들어서 붙여 내리고 또 새어나갈 구멍[尾閭之泄]이 있을까 우려되므로 문득 순영(巡營)에 보고해서 보민책(補民冊)에 기록했다가 연말에 책으로 만들어서 영문(營門)에 보고하는 자리로 삼았는데, 백성들이 거의 영구히 어깨를 쉴 수 있을 것이다.

25. 석왕·보현 두 절의 종이 만드는 일에 대한 절목[107](釋王普賢兩寺紙役節目)

각읍에서 쓰는 종이를 모두 승도(僧徒)들에게 책임 지우는데 그 폐단이 됨이 본부(本府)보다 심함이 있으니 대개 본부에 공용이 매우 많아서 석왕사(釋王寺)와 보현사(普賢寺)가 각각 달마다 종이를 떠서 받치는 것이 합하여 564권이 된다. 그런데 본 값을 회감[108]하면 장지[109]가 7전 백지(白紙)가 3전 피지(皮紙)가 1전 반으로 사사로이 서로 매매(賣買)하는 것에 비교하면 거의 반값밖에 되지 않는데 지치고 쇠잔한 승도(僧徒)들이 지탱하고 보존할 수가 없어서 점차 떠나고 흩어지고 있으니, 어찌 크게 민망하고 염려스럽지 아니한가? 다달이 바치는 종이

105) 색락(色落) : 세곡(稅穀)이나 환곡(還穀)을 받을 때 품질을 보거나[看色], 모자라는 쌀을 채우기 위해 얼마쯤 더 받아들이는 곡식.

106) 취모(取耗) : 취모습일(取耗什一)의 준말로 환자(還子)의 소모(消耗)된 곡식을 보충하기 위해 빌려준 곡물의 10분의 1을 이자로 받던 일.

107) 절목(節目) : 세목(細目), 조목(條目).

108) 회감(會減) : 받을 것과 줄 것을 상쇄(相殺)하여 회계(會計) 처리하는 것을 말함.

109) 장지(壯紙) : 두껍고 단단한 질이 좋은 한지(韓紙).

[朔紙]를 만약 수량을 감하고자 한다면 공용(公用)이 반드시 부족하게 될 것이고 값을 더 감하려고 한다면 회감한 것 외에는 다시 나올 곳이 없게 될 것이니 반복하여 생각하고 헤아려 봐도 끝내 좋은 대책이 없다.

그리고 들으니 두 사찰의 불량(佛糧) 등의 전답(田畓)수가 자못 적지 않으나 두 세금과 잡역을 치르는 즈음에 어리석고 혼미한 산승들이 번거롭고 시끄러운 것을 민망하게 여긴다고 한다. 그래서 이에 대략 다른 도(道)에서 행하고 있는 지결[110]의 규약을 모방하여 두 절의 도합 58결(結)의 전답에서는 납세(納稅)를 하지 말게 하여 그 값을 절정(折定)하고 이어 그 값으로 삭지(朔紙)를 만들어 바치게 하고 결가(結價)에 대해서는 가벼운 값을 따르고 지가(紙價)는 후한 값을 쳐주어서 일절 승도가 원하는 대로 따라주어 전에 7전을 주던 장지는 지금부터 두 냥으로 결정하고 승결(僧結)이 마땅히 내야할 부세(賦稅)는 민고(民庫)에서 보충을 하며 각 창고에서 회감한 지가전(紙價錢)을 거두어 모아서 일체 기록에 의하여 방납(防納)[111]으로 방편(方便)하되 토지 없는 복호(復戶)[112]를 사들이기도 하고 발매(發賣)하는 곡물을 사들이기도 하여 모든 일의 품삯에 응하게 하였다. 이렇게 하면 납지(納紙)를 반감하는 폐단과 결역(結役)을 책임지는 괴로움이 한번에 두 가지가 다 없어질 것이다.

대개 한 가지의 폐단이 제거되면 한 가지의 폐단이 생기는 것은 이는 예나 지금이나 똑같은 걱정거리이지만 이 방법은 두 가지 폐단이

110) 지결(紙結) : 종이를 사는 대금으로 내는 세금을 충당하기 위해 정해진 전결(田結).

111) 방납(防納) : 나라에 공물(貢物)을 바칠 때 그것을 대신하여 바치고 그 대가를 곱절로 불려 받던 일. 이는 상인이나 하급관리가 중간에서 이득을 취하던 일이었으며 국가에서 징수의 편의를 위해 이를 장려하였는데 뒤에 폐단이 많아 대동법(大同法)이 생기게 되었음.

112) 복호(復戶) : 세금과 부역의 면제를 받게 하는 일. 조선조 때 군인, 양반의 일부 및 궁중의 노비 등 특정한 대상자에게 조세나 그 밖의 국가적 부담을 면제하여 주던 일

제거되는 이익만을 볼 수 있고, 반드시 다른 폐단이 생길 우려가 없으니 관가(官家)와 산승이 다른 걱정이 없을 것이다.

26. 사령청 노비들의 절목에 대한 서문(司令廳路費節目序)

본부(本府)가 비록 큰 고을이지만 제반 하속(下屬)들의 피폐하고 쇠잔한 것은 도내(道內)에서 가장 심하다. 갑신년(영조40,1764) 상정법(詳定法)[113]을 고칠 때 이노(吏奴)와 시정배(市井輩)가 대동(大同)[114]에서 회감(會減)이 있는 것을 부역(賦役)에 대응할 수요를 보충하게 하고 사령(使令)에 이르러서는 유독 고르게 베푸는 은혜를 입지 못하면서도 그 부역은 가장 치우치게 심하나 도와 줄 대책이 없다. 이런 까닭에 아침에 충원을 하면 저녁에 도망을 하여 부리기[使喚]가 매우 어려우니 대개 지탱하기 어려운 형세로 보아 반드시 다 흩어진 뒤 그만둘 것이니 이는 참으로 작은 연고가 아니다.

내가 도임(到任)한 뒤로 깊이 불쌍한 생각이 들어 그들을 지탱하여 보호하고자 해서 편리하게 변통(變通)할 것을 생각하였으나 고을의 모양이 본래 펴지 못하는 중에 또한 거듭되는 흉년을 만나 각 창고가 텅텅 비어서 손을 댈 곳이 없다. 그 중에서도 관청에 마침 유래되는 기부전(記付錢)이 있어 쓰고 남은 돈이 50냥인데 모두 해당 창고 소속된 무리들이 사용지(私用紙)에 올려졌으나 해가 오래된 빈 기록이라서 귀속시킬 곳이 없으므로 공사(公私)가 함께 고민을 하였다.

113) 상정법(詳定法) : 조선시대에 숙종34년(1708)에 황해도에서 실시한 세법(稅法)의 하나. 이 법에 의하여 징수하는 전결(田結)을 상정미(詳定米), 또는 상정(詳定)이라 했음. 또는 나라의 제도나 관청에서 쓰는 물건의 값 세액 공물액 등을 심사 결정하는 일을 말하기도 함.

114) 대동법(大同法) : 본래 각 지방에서 토산물로 바치던 공물을 쌀로 통일하여 바치도록 개정한 조선조의 조세제도[貢制].

그러므로 사용(私用) 각인 처에 일일이 징발하여 바치게 하였는데 이는 대개 무용한 것을 찾아내어 유용한 계획을 만들은 것이나 오히려 부족한 탄식이 있다. 또 관가에서 준비해 둔 50냥과 합하면 1백냥인데 이를 본전으로 삼아 일체 고마전[115]을 더 내는 예에 따라 보만(補民)에 보충하고 병방(兵房)이 생리(生利)를 삼분하여 사령배(使令輩)의 행로(行路)를 자급하는 원금(元金)으로 삼으면 그 수는 비록 많지 않으나 또한 조금은 보태어 돕는 방도로 삼을만하다. 아래를 부리는 절목은 조목조목 뒤에 열거하였다.

27. 객사(客舍) 및 외아(外衙)를 수리하는 절목(節目)에 대한 서문 (客舍及外衙修理節目序)

세청(世淸)과 영춘(永春)은 부(府) 아래의 지척(咫尺)에 있는 땅으로써 요역(徭役)이 넓고 큰 가운데 객사(客舍)를 수리하면 영춘(永春)이 그 요역을 맡고 외아(外衙)를 수리하면 세청(世淸)이 맡아서 한다. 객사(客舍)로 말할 것 같으면 일찍이 수직(守直)할 방법이 없기 때문에 청판(廳板)과 기와는 아침에 덮으면 저녁에 걷어가고 담벽과 섬돌은 어제 수리한 것이 오늘 훼손되므로 문득 잔민(殘民) 들로 하여금 재목과 기와를 책임지고 바치게 하여 무너지고 황폐한 것을 보수(補修)할 곳이 달마다 생겨나며 심지어는 도배(塗褙)한 것도 베어가고 제각(題刻)을 떼어 가는 일도 간혹 많이 있다. 외아(外衙)에 이르러서는 관저복통(官猪腹痛)[116]을 위하는 것이 객사(客舍)와 다를 것이 없다. 그러므로 수리와 개조[修改]가 자주 있는 것이 더욱 심하여 한 줌 흙과 손 한

115) 고마전(雇馬錢) : 오늘날의 교통비.

116) 관저복통(官猪腹痛) : 관가의 돼지 배앓이라는 뜻으로, 자기와 아무 관계없는 사람이 당하는 고통을 비유하여 이르는 말.

번드는 부역에도 문득 번거롭게 농민(農民)을 불러대니 농민이 자못 지탱할 수 없으니 사실은 불쌍하고 안타깝다.

그러므로 특별히 60냥의 돈을 연출하여 두 마을로 하여금 향약청(鄕約廳)[117]에 나누어 붙어서 해마다 이자를 길러서 품삯을 주는 자리로 만들고 응당 행 할 조례(條例)는 좌와 같이 열어 기록한다.

28. 금영[118] 다섯 역에 더 갈라서 나누어주는 절목에 대한 서문(錦營五驛添劃節目序)

도(道)안에 역로(驛路)가 조잔(凋殘)했던 것이 오늘날과 같은 때가 없었다. 다섯 역이 받는 폐해가 비록 얕고 깊은 차이가 있으나 그 역들이 지탱하기 어려운 형세는 모두가 똑같아서 값을 더하여 요금을 주어서 여러 가지 수용을 오로지 보방(補防)·급량(給糧) 등의 관청에서 책임을 지고 있다. 그러나 해당 관청에도 재력이 점점 줄어 없어져서 한해에 받쳐오는 것이 한해에 꼭 써야 하는 수량을 감당할 수가 없으니 책임을 이행할 대책이 없다.

그리하여 본전을 갈라 쓰기도 하고 빚을 내서 쓰기도 해서 결국에는 세금을 매겨 걷어 들이는 것이 매양 지치고 쇠잔한 역호(驛戶)에 돌아가게 되므로 역호가 지탱해 견딜 수가 없으므로 장차 참(站)이 끊어질 지경에 이르게 될 터인데 작년이 재작년보다 심하고 금년이 작년보다

117) 향약청(鄕約廳) : 착한 것은 권하고 악한 것은 징계하며 어렵고 구차할 때에 서로 돕고 구원하기를 목적하여 마련하였던 향촌의 자치규약(自治規約). 본래 여씨향약(呂氏鄕約)에서 시작된 것으로 우리나라에서는 중종대왕 11년경에 시작되어, 그 뒤로 퇴계(退溪) 이황(李滉)과 율곡(栗谷) 이이(李珥)등이 만든 각종 향약이 있어 널리 행해졌다. 향약청은 향약의 제도를 관리 집행하던 곳.

118) 금영(錦營) : 충청도 감영(忠淸道監營)의 별칭 임. 감영(監營)은 감사(監司)의 영문(營門)을 말함.

심하여 지금 조치를, 불에 타는 것을 구제하고 물에 빠진 이를 건져주듯이 급하게 서둘지 않을 수가 없다.

그러므로 그 역의 폐단의 완급(緩急)의 정도를 살펴보고 그 역의 사용되는 비용의 긴요하고 그렇지 않음을 헤아려서 율봉역(栗峰驛)에는 3백냥, 성환역(成歡驛)에는 2백냥, 이인역(利仁驛)에는 1백냥, 연원역(連原驛)에는 1백냥, 금정역(金井驛)에는 1백냥을 영문(營門)에서 해당 관청에 찾아 붙여주어 이식(利殖)을 취하여 보충에 보태게 하였다.

그런데 율봉역에는 옛날의 저축이 하나도 없어서 별도로 새 관청을 세웠기 때문에 조(租) 6백 석을 더 빌려 5년을 기한으로 성취하게 하였다. 그리고 이식을 늘려 보충에 보태주는 방식을 각 해당 역으로 하여금 절목(節目)을 만들어 보고해 오게 하여 한 부는 영문에 두고 한 부는 각 역에 두게 해서 훗날의 참고의 자료로 삼게 하였다.

29. 쌍수산성의 군기 절목에 대한 서문(雙樹山城軍器節目序)

산성을 설치하고 군기(軍器)를 조치하여 갖추는 일은 그 뜻이 가볍지가 않은 것이고 보면 훼손된 곳에 따라 수축하고 파손된 곳에 따라 수리하는 대책은 조금의 늦춤도 용납해선 안 되는 일이다. 그런데 쌍수산성에 이르러서는 감영(監營)의 아래에 자리잡고 있는 데다 또한 이 성은 옛날 임금이 머무시던 곳이니 그 긴요하고 그 중요함이 다른 성과는 저절로 다르다. 그러나 본영(本營)의 물력(物力)이 조잔(凋殘)해 오면서부터 처음에는 비록 여간한 군기고 전곡(軍器庫錢穀)이 있었으나, 전후하여 있은 성첩의 보수 축조와 기계의 수리 정돈 때에 다 사용하고 다만 쌀 70여 석과 콩 1백여 석이 남아 있을 뿐이니, 지금 비록 수축할 곳과 수즙(修葺)할 것이 있더라도 밀가루 없이 국수하려는 꼴이라서 손을 놓을 수 없다. 그러니 식자(識者)들의 우려가 마땅히 어떠하겠는가?

감영(監營)에 도임한 뒤로 매양 변통의 도를 생각하고 있으나 영문(營門)에 들어오는 것이 오히려 부족 될까 걱정이 되어 지출에 내보내는 경우에는 갈라내어 옮겨 붙여 주지만 그 형세가 말미암을 곳이 없어서 더없이 중요한 비상사태의 대비를 그럭저럭 세월만 보내고 폐지한 채 포기하고 있으니, 참으로 매우 민망한 일이다. 감영(監營) 하의 진휼고(賑恤庫)에 들어있는 곡식은 비록 흉년의 기민(饑民)을 진휼(賑恤)하는 자산이지만 근년 이래로 다행히 연이은 풍년을 만나 사용하지 않았고, 해마다 조적(糶糴)[119]을 함에 있어 모곡(耗穀)[120] 위에 모곡이 생겨서 당초에는 천 포(千包)에 가깝던 곡식이 지금은 만석(萬石)에 가깝게 되었다.

그래서 진휼곡(賑恤穀) 속에서 2천 석을 신축년[121]에서부터 8년을 기한으로 대출하여 산성(山城)에 옮겨 부쳐 주고[移付] 군기고와 본창미태(本倉米太)를 전례에 따라 조적해서 일년의 모곡으로 들어오는 2백 석 안에서 1백 석은 작전(作錢)[122]하여 당년 수선하여 정돈할 자본으로 하고 1백 석은 아울러 환상(還上)하는 속에 넣게 해서 해마다 이와 같이하여 무신년(정조12, 1788)에 이르면 곧 8년의 기한에 닿게 되고 곡식수량은 마땅히 3,143석영이 된다. 2천 석은 도로 본곡(本穀)을 갚고 1,143석은 남겨두어 군기고의 곡식으로 만들어 해마다 모곡을 취하여 수용(收用))하는 자본으로 삼되 산성의 공사가 만약 1백 발이

119) 조적(糶糴) : 조(糶)는 쌀을 흉년에 내다 파는 것이고, 적(糴)은 풍년 쌀값이 쌀 때 사들이는 것, 진휼(賑恤)의 한 방법이었다.

120) 모곡(耗穀) : 각 고을 창고에 저장한 양곡(糧穀)을 봄에 백성에게 대여했다가 추수(秋收) 후 받아들일 때 손실되는 수량을 보충하기 위해서 대여한 곡식의 10분의 1을 더 받는 곡식을 말함.

121) 신축년(辛丑年) : 정조 5년(1781)

122) 작전(作錢) : 전세(田稅)를 받을 때, 쌀, 콩, 무명의 현물 대신에 그 값을 따져 돈으로 내게 하는 일.

넘으면 비변사[備局]에 보고해서 물력(物力)을 청하여 얻는 것은 본래 그 전례가 있다. 이밖에 수리 정돈하는 일은 소소한 작업량에 지나지 않는 것이니 모곡 조로 들어온 1백여 석은 곧 바로 매년 마땅히 바치는 것으로 그 사용하는 바를 헤아려서 마땅히 절약을 하면 당년 안에 반드시 다 쓰지 못할 것이다. 그리고 또 수리하고 정돈하는 해를 만나지 않으면 당년에 들어온 곡식이 또한 전수(全數)가 절로 남아있게 되고 작전(作錢) 등의 일과 사용하는 절목은 중군(中軍)이 친히 맡아 관리 마감하여 상급 감영으로 하여금 푼전(分錢)과 입곡(粒穀)을 중간에서 없어지는 폐단을 없게 한다면 10년이 지나면 해당 창고의 물력이 스스로 유족하게 되어서 완급(緩急)에 수용이 될 수 있을 것이다. 그러므로 절목을 만들어 두어 좌에 조목별로 나열하였다.

30. 쌍수산성의 군량미 변통에 대한 절목의 서문(雙樹山城軍餉變通節目序)

쌍수산성의 군량인 쌀과 콩은 절반(折半)은 공산(公山)[123] 일경에 나누어 준 것인데 일찍이 백성이 적고 곡식은 많아서 3천 여 석을 인근 11읍에 나누어 주었으나, 남은 저장 곡이 아직도 많아서 해마다 생기는 모곡(耗穀)이 지금 31,800여 석에 이르니 20년 전에 비교하면 1만 석은 흡족하게 넘는다.

그러므로 조적(糶糴)하는 즈음에 백성들이 민망하게 여겨 부득불 통호(統戶)에 내주었는데 그중 5~6면(面)은 멀면 1백여 리이고 가까워야 7~8리이다. 1차 운반해 가는데 움직였다고 하면 3~4일은 소비되기 때문에 수조(受糶)할 때에는 창저(倉底)에서 싼값에 팔고 봉적(捧糴)할

123) 공산(公山) : 충청도의 공주(公州)의 별칭.

때에는 창고에 있는 곡식[倉穀]으로 대신 납부하고 있지만 이를 금지해도 되지 않으니 스스로 돈으로 돌려 폐단을 구제하는 대책을 만들어야하고 대비 없이 느리게 대처해서는 안 된다.

만약 2만 5천 석을 한계로 하여 산성(山城)에 유치(留置)해 두고 가까운 면에 분조(分糶)해 주고 5천 석은 전날에 나누어주던 예에 의하여 따로 먼 면에 소재(所在)한 창고에 저장해 두고서 그곳 백성에게 내어 팔되 감영(監營)에서 단속[檢飭]하기를 일체 산성에서처럼 한다면 무사할 때를 당해서는 먼 곳에 사는 백성들이 오고가는 괴로움을 없앨 수 있을 것이고 참으로 유사(有事)하더라도 육로(陸路)는 삼십리[一舍]에 불과한 곳이요 뱃길로는 일범풍(一帆風)[124]에 불과한 곳이니 창졸간에 징발하더라도 스스로 금방 올 수 있어서 자못 성안에 있는 곡식과 다를 게 없게 된다.

그리고 이 3만 석으로 하여금 안과 밖으로 나누어 두어 늘 감영 아래에 두면 족히 1만 명의 병사 반년의 양식은 되고 3만 석 이외의 것은 점점 보태지는 수에 따라 낱낱이 가까운 읍에 나눠 보내면 공민(公民)이 어깨를 쉴 수 있을 것이고 성안의 군량미도 염려할 게 없게 되므로 이렇게 장청(狀請)을 해서 윤허를 받아 절목을 만들어 영구히 준행할 바탕으로 삼고 조목조목 나열한 것을 좌에 기록하였다.

31. 안흥의 군량미를 나누어 유치하는 절목에 대한 서문(安興軍餉米分留節目序)

안흥(安興)[125]의 군향미(軍餉米)는 3분의 2는 머물러 두고 1은 나누

124) 일범풍(一帆風) : 돛대 가득 안은 바람이란 뜻으로 승세(乘勢)를 비유한 말. 여기서는 잠깐 사이의 뜻.

125) 안흥(安興) : 충청남도 서산군 서해상에 돌출한 태안반도(泰安半島) 서남쪽에 있는

는 것인데 각 읍 및 진졸(鎭卒)에게 역할을 바꿔 조(糶)를 나눠주는 것은 7,800여 석이고 행영(行營)[126]에는 4백여 석인데 매년 가을의 징수를 당하면 문득 그대로 본색(本色)을 머물러두기를 청하므로 본읍(本邑)에 돌려주지 않은 것이 비록 여러 해이나 그 명색으로 나누어주되[分俵] 매년 본창(本倉)에 유치한 것을 다 나눠준다면 4천6백여 석이 된다. 그것을 나눠 준 것[分俵]이 이미 많음으로 다시 한 값으로 내다 팔 수가 없고 그렇다고 각 읍에 쌓아두면 해가 갈수록 다 분산하게 될 것이며 본창(本倉)의 것은 해가 갈수록 묵어 썩을 것이니 법으로나 의리로나 모두 의지하여 결정할 곳이 없다.

그리고 나눠줄 때의 경우를 말하면 내어 줄 때를 당하여 이른바 구미(舊米)를 관에서 주면 그 감축되는 것이 백여 석에 이르는데 아전들의 간교함으로 인연하여 이름만 있고 실상은 없어서 백성들이 받는 것은 반석(半石)에 불과 하고 그것을 받으려고 가는 거리가 또한 수백리 안팎이며 수봉(收捧)할 때에 미쳐서는 그 배[船]의 잡비까지 아울러 징수하여 해당 읍에서부터 본읍(本邑)에 실어들이기 때문에 명목 없이 징수[白徵]하는 억울함이 조금도 증미(拯米)보다 다를 것이 없다. 윤회(輪回)하며 출납을 하며 민폐(民弊)가 이와 같고 윤회하여 실어들이는 것을 정지하면 묵어서 썩는 것이 저와 같으니 한 번의 변통은 그만 둘 수가 없는 일이다.

행영(行營)인 태안(泰安)의 개색조(改色條)를 아울러 본창(本倉)의 원래 유치(留置)한 것에 계산을 하면 거의 6천 석에 가까운데 본 규약에 의하여 그중 4천 석은 유치해 두고 그중 2천 석은 내다 팔아 일경(一境) 모두에 나눠주는 반면 그 밖에 각 읍은 영구히 그대로 유치해 두고 본 읍은 다른 창고 군향(軍餉)을 예에 의하여 절반(折半)은 나누어

지명.

126) 행영(行營) : 본영(本營)이 아닌 감사(監司)가 지방 순회할 때 임시로 머무는 감영(監營). 또 장군이 출정할 때 임시로 머무는 곳.

유치해 둔다면 비록 유사시(有事時)를 만나더라도 성에 저장된 6천 석은 만 명의 병졸이 달포 동안 먹을 양식으로 족하고 나눠준[分俵]한 각 읍이 또 모두 바닷가라서 아침에 영을 내리면 저녁때에는 다다를 수 있는 지역이다.

군수(軍需)가 이미 허술하지 않고 곡식 장부가 영구히 착란(錯亂)되지 않아서 각 읍의 진분(盡分)과 본창(本倉)의 진부(陳腐)와 원민(遠民)의 전수(轉輸)가 한번에 다 고쳐졌다. 그러므로 이를 장품(狀稟)하여 윤허를 받았으므로 절목(節目)을 만들어내어 조목조목 좌(左)에 나열하였다.

각 읍에 나누어 준 것[分俵]은 금년이면 이미 다 나눠지고 명년부터 위시하여 반은 나눠주고 반은 유치해 두게 되며 태안(泰安)에 나누어 준 것[分俵]은 올 가을을 위시하여 본창(本倉)에 수납(收納)해서 행영(行營)이 나눠준 것[分俵條]과 본창(本倉)에 원래 유치되어 있던 것[元留條]을 모두 계산을 하여 정식(定式)에 의하여 그 4천 석은 유치해 두고 그 나머지는 융장(瀜場)을 통하여 내외 일경 민(內外一境民)에게 마련하여 나누어주되 각별히 살피고 단속을 해서 감색(監色)[127]하는 무리들로 하여금 인연하여 농간(弄奸)을 부리는 폐단이 없도록 해야 할 것이다.

32. 공진창의 군량미 정식 절목에 대한 서문(貢津倉軍餉定式節目序)

공진창(貢津倉)의 군량인 쌀과 콩은 바로 반은 유치해 두고 반은 나눠준 것인데 70여 석은 전에 이미 각 읍에 나누어주고[分俵] 해마다

---

127) 감색(監色) : 감관(監官)과 색리(色吏)를 합하여 부르는 이름. 감관은 궁가(宮家)나 관청에서 돈이나 곡식을 관리하며 출납을 맡아보는 벼슬아치인데, 배를 타는 영선감관(領船監官)과 곡식을 바치는 봉상감관(捧上監官)이 있고, 색리는 담당 아전이란 뜻으로 감영(監營) 혹은 군아(郡衙)등의 아전을 일컫는 말.

다 나눠주는 3,200석도 또한 아산현(牙山縣)에서 나누어 주는 양으로 유래되어 다 나눠주고 있다. 그리고 본창에 유고(留庫)는 다만 4백여 석일 뿐이니 공진(貢津)에 창고를 설치한 법의(法意)는 어떠한 것인데, 창고에 남아 있는 양식이 십분의 일에 불과한 것은 이미 군량을 중히 여기고 불우(不虞)의 변(變)을 대비하는 뜻이 아니다.

그런데 이른바 아산현의 나눠줄 것[分俵條]을 다 나눠줬다고 하는 것은 당초 다른 창고에 옮겨 두지 아니하고 다만 회안(會案)에만 구별을 해놨으니 이는 한 창고에 저장된 것과 같은 것인데 혹은 원유(元留)라 하여 창고에 유치해 두기도 하고 혹은 나누어 줄 것[分俵]이라 하여 다 나눠주기도 하는데 이는 명과 실이 서로 틀리고 일과 실제가 맞지 않는 것이다.

그러므로 오래된 문적[久遠文蹟]을 가져다 상고해 보니 계사년(영조 49년, 1773) 이전에는 창고에 유치 해 둔 것과 나누어 줄 것이 비록 약간의 가감은 있었으나 그 대체만은 반씩 참작을 하였고, 계사년 이후에는 경기(京畿)로 이전(移轉)한 것과 각 읍에 분표(分俵)것을 아울러 유고(留庫)된 것에서 내주었다. 때문에 유고(留庫)된 수량이 이로 인하여 적어졌는데 잘못을 이어받아 상례로 따르고 다시 바로잡아 고치지 않았으니 한번의 변통은 그만 둘 수 없는 형편이었다.

금년은 비록 이미 나누어주었으나 향후(向後)에는 아산이 나누어 줄 것[分俵]을 도로 본창(本倉)에 기록을 하여 계수(計數)를 통합해서 절반(折半)을 나눠 유치하되 만약 군향(軍餉)을 아울러서 더 나눠주기를 장계로 청할 때 반유(半留)되지 않았던 것은 1석(石)도 더 나눠주지 못한다는 것을 정식으로 시행(施行)을 하고 각 읍에 나누어줄 쌀 70석을 실어 들이는데 폐단이 있고 그 수량이 또한 많지가 않으니 이는 그대로 남겨두고 각읍에 반은 유치해두고 반은 나눠줌이 실로 사의(事宜)에 맞음으로 장계로 청하여 윤허를 받았기에 절목(節目)을 만들어 내서 조목조목 좌에 나열하였다.

33. 함영성 군량미 창고의 절목에 대한 서문(咸營城餉庫節目序)

본 감영은 나라 안에 큰 관문이요 방어의 요새지[大關防]로서 성지(城池)가 장엄하고 완고하며 주민이 많고 번성하여 다른 도에 비하면 저절로 차별이 된다. 그리고 함흥(咸興)의 독진(獨鎭)을 겸하면서부터 총 8천 병마를 거느리게 되었으니 마땅히 군향(軍餉)으로 저축해둔 곡식이 있어서 변란에 대비하고 완급에 부응하는 수요(需要)로 삼아야 할 터인데 감영의 각 창고에 약간의 곡포(穀包)마져 문득 모두 다 나눠주어서 여름과 가을이 바뀌는 동안인 7월과 8월은 원래 한 포도 유치된 저축이 없으니 그 허술함이 이보다 더 심할 수 없다. 마땅히 경영하여 조치할 방도가 있어야 하는데 일이 경장(更張)하는데 관계되어서 아직도 이렇게 우물쭈물 지내고 있다.

본도(本道) 거고(居高)[128] 양역(兩驛)은 연례로 노비에 공급 대조[婢貢給代條]로 받는 절미(折米)가 7백 석인데 매년 감영의 진고(賑穀)으로 치러주고[上下] 있으나 역졸(驛卒)들은 각 읍에서 받는 곡포(穀包)가 모두 정실(精實)하지 못하다는 이유로 문득 본전(本錢)으로 주기를 원하고 있는 형편이다. 지금 만약 감영 각고에 기록 상 유치되어 있는 돈을 일체 원래의 절가(折價)에 의해 해마다 역졸배(驛卒輩)에게 내어주고 절미(折米) 7백 석에 대해서는 사 들이는 양으로 하여 옮겨 성향조(城餉條)로 만들어서 반은 유치해 두고 반은 나눠주되 7년을 한계로 합계를 하면 원곡(元穀)과 모조(耗條)가 거의 6천 석에 가깝고 모조(耗條)를 해마다 작전(作錢)하여 원전(元錢)을 갚으면 20년이 지나지 않아서 각 고(各庫)에서 빌린 돈은 저절로 다 갚아질 것이며 곡식 수는 6천 석을 한계로 하여 사들인 후에는 절대로 다시 사들이지 말고 이 원미(元米) 6천 석을 가지고 3분의 2는 유치해 두고 1은 나눠주되 성향(城餉)의

128) 거고(居高) : 부여(夫餘)와 공주(公州)

명색(名色)은 사체(事體)가 스스로 틀리니 그것을 중군(中軍)에 붙여 엄하게 법령과 규칙를 세우고 다른 창고에서 먼저 받아들이고 비국(備局)에서 마감을 하되 하나라도 기한이 넘도록 수납하지 못하는 폐단이 있으면 다른 데로 옮길 수 없다는 뜻으로 법을 정하여 비변사[備局]에 논의하여 보고 하니, 의정부[廟堂]가 경연에서 여쭈어[筵稟] 윤허를 얻었다. 그러므로 거행조건(擧行條件)을 좌에 열거하였다.

34. 만세교(萬歲橋) 공사의 폐해를 바로잡는 절목의 서문(萬歲橋役捄弊節目序)

만세교(萬歲橋)가 굉장히 큰 것은 나라 안에서 제일이다. 대개 본도가 수 천리에 뻗어있어 중국과의 사신왕래[冠蓋]가 끊임없이 연달아 있고 장사꾼과 나그네[商旅]들이 모여드는 곳이요, 변방의 보고[邊報]와 조정의 명령이 올라오고 내려지며 농사와 공장이와 선비와 여자, 소와 말, 수레와 견여[車輿]가 오고가는 데 있어 성천강(成川江) 한 줄기가 아니면 달리 통하는 길이 없다.

행인들이 많아 어깨끼리 서로 부딪치고 발꿈치가 서로 닿는데 두세 나루터의 배만으로는 다 건널 수가 없다. 그러므로 긴 교량을 강위에 놓아 그들을 건너게 하였는데 높이가 15척이고 너비가 18척이며 길이가 4백40보이고 시령 받침이 1백55간이나 되니 옛 시에 이른바 "십리 긴 다리에 말 걸음이 느리다[十里長橋倦馬蹄]"고 한 것이 바로 실제의 말이 되었다. 누천장(屢千章)[129]의 큰 목재가 사용됐으며 여덟 마을에서 만 명에 가까운 사람이 동원되었으니 그 규모가 참으로 웅장하며 그 공사가 참으로 크다 하겠다. 그러나 강물의 흐르는 형세가 커서

129) 누천장(屢千章) : 장(章)은 큰 재목을 세는 단위(單位). 누천장은 여러 천개의 재목을 말함.

매년 한여름 장마에 큰물이 가면 다리가 지탱하지 못해서 장마가 그치면 반드시 다시 다리를 세우는데 때가 바로 가을일이 한창 바쁠 시기라서 수확하는 일에 크게 방해가 되고 있었다. 그러므로 돈을 걷어 사람을 고용하기도 하지만 함흥사람들의 고통은 이보다 더 큰 것이 없었다.

옛날 나의 할아버지께서 이 부(府)에 통판(通判)[130]으로 계실 적에 강에 고여있는 물을 터서 내려가게 하고 하나의 큰 들을 개간해서 경작하는 자에게 세금을 가볍게 받고 그 세금을 다리공사의 비용에 붙어 그 수입을 계산해보니 한해의 비용을 감당하고도 남는 돈이 있어서 마침내 백성들과 약속을 하고 절목을 만들었는데, 그렇게 한지가 겨우 70년이 지났을 뿐인데도 그 절목이 전해오지 않을 뿐만 아니라 물어봐도 그 일에 대하여 알고 있는 자가 없었으니 관부(官府)의 일이 이와 같은 것이 많은 점이 개탄할 만하다. 마침내 창고에 남아 있는 것을 덜어내 각 마을에 붙여주어 이자를 늘리게 하고 사람을 고용하여 이 공사를 하게 해서 가을에 다리공사 때문에 농사일을 못하는 걱정이 없도록 하였다.

그리고 그 길로 향인(鄕人)들과 의논하여 절목을 정하여 영구히 따라 행하는 자리로 삼게 하였다. 그러나 모든 일이 시작하기가 어려운 게 아니라 그 일을 지켜내기가 실로 어려운 것으로 평평한 들판에서도 이미 그 자취를 분 변하지 못하는데 더구나 이식(利殖)을 늘리는 돈이겠는가? 그러나 이 절목으로 하여금 준수하여 잃어버리지 말고 해마다 상례(常例)로 삼는다면 농토를 고르게 제정해주던 옛날의 혜택이 장차 없어지지 않을 것이며, 다리를 만드는 전날의 고통을 영원히 잊을 것이니 오직 우리 고을 선비와 백성이 힘써 주기만을 바랄 뿐이다.

130) 통판(通判) : 도호부판관(都護府判官)을 고친 이름.

35. 장포견역청 절목에 대한 서문(壯砲蠲役廳節目序)

장포(壯砲)는 이미 변을 대비하는 것이며 군졸(軍卒)은 돌아가며 번을 서는데 대개 무(武)을 단련하여 각 소(各所)에 나누어 지키는 것이요 사환(使喚)을 하기 위한 것이 아니다. 그러나 무를 단련하는 일은 이미 없어졌고 법은 오래되면 폐단이 생기는 것으로 각 소의 사환을 구책(驅責)함이 살아남은 종놈에게 하는 것과 거의 동일하게 하니 구책의 괴로움을 견디지 못하고 사람을 고용하여 번을 대체하려면 문득 5~6전이 소비되고 있으니 이것이 어찌 번을 설치한 처음의 뜻이겠으며 방어하여 지키는 본래 법이겠는가?

경신년(庚申年)131)에 특별히 없앤 것은 대개 이 폐단을 염려해서인데 몇 년이 안 되어 또 고군(雇軍) 값을 이어가기가 어렵기 때문에 옛날과 같이 다시 원군(元軍)에게 책임을 지우고 있으니 불쌍한 저 고할 데 없는 백성들이 채찍[鞭扑]에 겁을 먹고 가는 곳마다 부역을 하느라 거의 세상에 살고 싶은 뜻이 없으니 이렇게 하고도 오히려 어떻게 임금을 어버이로 모시고 윗사람을 섬기는 의(義)로 책망할 수 있겠는가? 이미 없앴다가 다시 세운 것은 참으로 이미 안타까운 일인데 그런 줄을 알면서도 구제하지 못하는 것도 또한 차마 못할 바이다.

이에 남은 전재(錢財)를 봉급으로 내어주어 그들로 하여금 이자를 늘리게 하고 또 다시 다른 것으로 구획(區劃)하니 매년 들어오는 것이 마땅히 9백여냥은 되었다. 그래서 다시 고군법(雇軍法)을 설치해서 영원히 장포(壯砲)을 윤번(輪番)하는 규정을 없앴는데 지금은 고군의 값이 이미 넉넉해져서 거의 전과 같이 중도에 폐할 염려는 없어졌다. 그러나 〈그 존폐는〉 오직 후인(後人) 들이 그 뒤를 잘 처리하는데

---

131) 경신년(庚申年) : 영조 16년, 1740

달려 있을 뿐이다.

물재유고 권지일(勿齋遺稿卷之一)

勿齋遺稿
권지이

소(疏)

차자(箚)

잠(箴)

계(啓)

표(表)

책(策)

물재유고 권지이(勿齋遺稿卷之二)

번역 : 이승창

소(疏)

36. 대사간을 사직하면서 겸하여 역적 토벌하기를 진달한 상소(辭大司諫兼陳討逆疏)

엎드려 생각하건대 신(臣)의 모든 역량[分寸錙銖]에 대해서는 참으로 성상의 밝으심으로 일찍이 알고 계신 바와 같이 저의 어리석고 못난 처지로는 어떤 것이건 할만한 것이 없는데. 그 중에도 언의(言議)와 풍채(風采)132)를 맡는 일에 이르러서는 더욱이 세 치밖에 안되는 난쟁이[僬僥]에게 달리라고 하는 것과 같을 따름입니다. 이 때문에 전후 사헌부 관리(臺地)로 있었으나 일찍이 언관(言官)133)으로 자처하지 못하고 문득 일마다 우물쭈물 뒤로 물러나 피하기만 하였는데 더구나 지금은 뜻과 기운이 날로 사라져가고 기억과 지식이 날로 줄어가는 형편에 교화로 다스리시는 맑고 밝은 세상에 더욱 무거운 언론의 직책을 맡는 것이겠습니까?

좌우로 생각하고 헤아려보아도 성상의 뜻을 받들어 부응해갈 희망이 없는데 성은(聖恩)이 융숭하심은 다만 죄를 범하여 거듭 왕명을 어기는 데로 밀어 넣는 것일 뿐이오니 엎드려 비옵건대 빨리 무서운 벌을 내리시어 사사로운 분수가 편안하고 조정의 기강을 엄숙히 하시면

132) 언론(言論)과 풍채(風采) : 언론은 말이나 글로써 자기의 생각을 발표하는 일이며 풍채는 사람의 인품. 또는 법관을 이른 말. 즉 풍문(風聞)을 채용(采用)한다는 뜻에서 이르는 말.

133) 언관(言官) : 사헌부(司憲府) 사간원(司諫院) 등에서 시정(時政)에 대한 논평(論評)과 임금의 처사(處事)에 대해 간쟁(諫諍)을 임무로 하는 관원(官員). 간관(諫官)이라고도 함.

못내 다행이겠습니다.

신이 비록 몸은 나아가지 못하오나 〈신이〉 꼭 아뢰어야할 그만둬서는 안될 말을 끝내 없어지게 해서는 안될 것이 있기에 문득 이렇게 붙이기로 진술하오니 성명(聖明)께서는 굽어살피소서. 신이 어제 제지(除旨:교지)를 받들고 바로 원중(院中)의 계초(啓草)인 합계(合啓)134) 및 원계(院啓)를 열람해보니 큰 것은 다 역괴(逆魁:반역의 괴수)요 작은 것은 다 역당(逆黨:반역의 여당)이었고 〈그들의 활동 기간은〉 오래된 것은 4~5년이 되었고 가까운 것은 거의 1년에 이르렀습니다. 대저 반역한 자는 하늘과 땅 사이에 하루도 용납하여 목숨을 살려둘 수 없고 신하와 백성이 하루도 그와 함께 하늘을 이고 있을 수 없는 것입니다.

성상(聖上)의 몸을 위협하고 핍박한 정처135)와 삼극(三極)의 죄를 지은 김귀주136)와 종묘사직의 대계를 저지하여 막은 홍국영137)의 죄상

134) 합계(合啓) : 홍문관(弘文館) 사헌부(司憲府) 사간원(司諫院) 중 세 관사[三司] 또는 두 관사[兩司]의 관원이 합동으로 올리는 계사(啓辭).

135) 정처(鄭妻) : 정처는 일성위(日城尉) 정치달(鄭致達)의 처 화완옹주(和緩翁主)로 영조(英祖)의 서녀(庶女)이다. 그는 세손 정조를 해(害)하고 자기의 양자 정후겸(鄭厚謙)을 세워 왕위를 찬탈할 역모를 꾸몄음.

136) 삼극(三極) 죄인 김귀주(金龜柱) : 삼극 죄인이란 천지인(天地人)의 죄인이란 뜻. 김귀주(金龜柱)는 벽파(僻派)의 영수(領袖)로 본관은 경주 영조의 처남이니 김한구(金漢耉)의 아들임. 누이가 영조의 계비(繼妃)로 들어가자 20여세에 음보(蔭補)로 궁중에 출입, 김상로(金尙魯) 홍계희(洪啓禧)와 함께 사도세자(思悼世子)를 무고로 죽게 하고, 나중에는 정후겸(鄭厚謙)과 함께 왕세손(王世孫:정조)의 지위를 위협했다. 정조(正祖)가 즉위하자 흑산도(黑山島)로 유배되었다가 1784년 왕세자 책봉 때 특명으로 나주(羅州)에 이배(移配) 되었다가 병사한 인물이다.

137) 종팽(宗祊)의 ~ 홍국영(洪國榮) : 홍국영은 문신(文臣)이며 세도정치가(世道政治家)로 본관은 풍산(豊山). 판돈령부사(判敦寧府事) 낙춘(樂春)의 아들. 1771년 영조48년에 정시문과병과 급제 승문원부정자(承文院副正字)를 거쳐 세자시강원설서(世子侍講院說書)가 되었는데, 당시 사도세자를 죽이는데 주동이 되었고 또 세손을 해하려던 정후겸 홍인한 등의 벽파를 탄핵 실각시키는 등 정조의 즉위에 많은 힘을 썼음. 또 홍상간(洪相簡) 홍인한 (洪麟漢) 윤양로(尹養老)의 모역을 적발하여 모두 죽이게 하고 동부승지(同副承旨)에 특진하였음. 정예병을 뽑아 숙위소(宿衛所)를 창설 숙위대장(宿衛大將)을 겸직,

(罪狀)에 대해서는 비록 부인이나 어린아이라 하더라도 다들 알고 있으며 나라 사람과 대부(大夫)들이 다들 역적(逆賊)이라고 하는가하면 전하(殿下)께서도 미상불 역적이라고 하시면서 끝내 윤허한다는 윤(允)자 하나를 아끼신 지가 달이 쌓이고 해가 쌓여서 중외(中外)의 신하와 백성이 맥이 풀려 있으며 그것이 변전하여 아래에서는 역적을 성토(聲討)함에 있어 성실하지 못함을 면하지 못하고 위에서는 비답을 내리되 보통 예에 따르는 듯한 부분이 있는 데 이르렀으니 전하께서 천고의 역사를 열람해 보심에 있어 어디에 일찍이 이와 같은 나라가 있었으며 이와 같은 형정(刑政)이 있었습니까?

이 세 흉적(凶賊)의 천죄 만악(千罪萬惡)에 대해서는 이미 전후 상소와 합계[疏啓]에서 다 아뢰었으니 신이 거듭 아뢸 필요가 없습니다만 더구나 이와 같은 지체의 처지로서 저와 같이 은총의 대우를 받으면서도 천고에 없는 반역을 하여 팔도 사람들이 함께 분개하는 입에 오르고 있으니 저들로 하여금 일분의 사람다운 마음을 가지고 있다면 생각하건대 어찌 감히 숨을 쉬고 밥을 먹으면서 스스로 하늘과 땅 사이에 살아있겠습니까?

그들이 지금 일년 이년 기를 빌리고 혼을 놀려 반드시 살려고 하는 것은 그들 마음의 소재를 길가는 사람들도 알만한 것으로 신은 생각하건대 이 한 가지만으로도 그들의 하지 못할 짓이 없을 것을 볼 수가 있으니 아 더욱 통탄스럽습니다. 홍국영(洪國榮)에 이르러서는 몸에 관리와 검속이 없고 자취 또한 거짓되고 비밀스러워서 안팎이 우려하고

정조의 신변보호에 힘썼으며, 도승지에 올라 1778년 정조 2년 왕비가 소생이 없는 것을 기화로 누이동생을 빈(嬪)으로 삼게 하여 세도정권을 굳혔고 누이 원빈(元嬪)이 죽자 새로 빈을 두는 것을 반대하고 정조의 동생 은언군(恩彦君) 인(裀)의 아들 담(湛)을 원비의 양자로 삼아 완풍군(完豊君)에 봉했다가 상계군(常溪君)에 개봉(改封), 정조의 후계자로 삼으려 했으나 마음에 들지 않자 반역죄로 몰아 죽이게 하고 1780년 왕비 김씨가 원비를 살해했다 믿고 왕비를 독살하려다가 발각되어 가산을 적몰당하고 방축되어 강릉(江陵)에서 죽었음.

두렵게 여기는 마음이 날이 갈수록 심하고 대각(臺閣)[138]의 간쟁(諫爭)과 논핵(論劾)이 날마다 오르고 있는데 전하(殿下)께서는 오히려 또 일례로 살피지 않고 계시니 전하께서 비록 스스로를 사랑하지 않는다손 치더라도 옛날 글에 이른바 "그 종묘(宗廟)와 태후(太后)에 대해서는 어떻게 하겠는가"라고 한 것에 대해 어찌 두렵게 여겨 깊이 경계로 삼을 곳이 아니겠습니까?

주익(柱翼)의 일에 이르러서는 신이 더욱 감히 알지 못할 것이 있습니다. 반역한 증거가 이미 부기(附記)에 드러났고 흉악한 속셈이 세 번의 공초(供招)에서 다 밝혀 거의 이미 자백을 받아낸 제적(諸賊)과 다를 것이 없는데 전하께서 또한 무엇이 아까워서 그 죄를 바르게 하지 못하십니까? 이미 죄상이 드러났고 이미 죄를 인정했는데도 오히려 그 죄를 바르지 않는다면 이날 뒤에 난역(亂逆)이 이어 일어날 경우 전하께서는 어떻게 금하시겠습니까?

엎드려 원하건대 전하께서는 차분하게 깊이 생각하시고 후련하게 확실한 결단을 내리시어 먼저 세 흉칙한 역적의 죄를 바로잡으시고 이어 여러 역적에 대해 아뢴 것을 윤허하시어 난(亂)의 뿌리를 끊어서 세도(世道)를 맑게 하소서.

아, 밝은 태양이 중천에 솟은 낮에는 도깨비가 도망할 곳이 없는 법인데 다만 제적(諸賊)들이 아직도 처형되지 않고 백성들의 심정이 아직도 윤허를 받지 못함으로 인연하여 의리(義理)가 도리어 밝지 못하고 제방(隄防)이 도리어 엄하지 않은데 이르게 되었습니다. 시험삼아 요즘의 일을 가지고 말을 해보겠습니다. 김종수(金鍾秀)가 봄 사이에 세운 것은 우뚝하여 볼만합니다. 명의(明義)의 뒤를 이어 다시 의리(義理)의 바름을 천명(闡明)한 것은 바로 이 사람입니다. 더구나 이는 말미암아 온 것이 사류(士流)이며 본디 성명과 인망이 있었고

138) 대각(臺閣) : 사헌부(司憲府)와 사간원(司諫院)을 합하여 부르는 말. 양사(兩司)

무릇 나라 변방의 사람들을 위해서는 마땅히 그들을 붙들어 세워주고 용서하고 보호해야하다면서 그들을 훼상(毁傷)시키지 않으려 하였는데 전에는 갑자기 유언수(兪彦脩)의 논척(論斥)이 있었는데 지금은 또 조진형[139]의 구날(構捏)이 있습니다. 유언수의 상소는 오히려 관사(官師)의 규율을 속일 수 있다하겠지만 조진형(趙鎭衡)의 상소는 과연 어떤 의도이겠습니까?

그의 상소 원본[原疏]이 내려오지 않아서 전본(全本)의 내용은 보지 못했으나 대개 억지로 만든 제목(題目)은 현저하게 물어뜯기를 더하여 힘을 다해 배척해서 조정에 편안히 있을 수 없게 하였을 것은 불을 보듯이 뻔한 것입니다. 아! 조진형은 특히 한낱 늙고 혼미한 사람으로 할 만한 것이 없는 자인데 얼굴을 바꾸고 번갈아 나오는 것은 그 조짐[爻象]이 아름답지가 않습니다. 그가 반드시 이 사람(金鍾秀)을 쳐서 제거하여 의리로 하여금 이로 말미암아 흐려지게 하고 제방으로 하여금 이로 말미암아 무너지게 하려는 것이니 이와 같이 하기를 마지아니하면 장차 걷잡을 수 없을 흐름[橫流]같은 세력을 막을 수 없을 것이며 거센 파도와 같을 부조리를 방지할 수 없을 것인데 그 세도(世道)를 위해 걱정한다면 어찌 무섭고 한심(寒心)하지 않겠습니까?

이처럼 난역(亂逆)이 층으로 생기고 변괴(變怪)가 백출(百出)해서 국시(國是)가 완고하지 못하고 인심(人心)이 안정되지 못한 날을 당하여 참으로 눈을 밝게 하고 담을 크게 펴서 그림자를 살펴보고 형체를 발견하여 작은 것에서 막고 그 조짐을 막는 꾀를 하지 않는다면 후일의 우려를 이루 말하지 못할 것이 있을 것입니다. 신은 전 헌납(獻納) 조진형(趙鎭衡)에게 빨리 〈이름을 사판(仕版)〉에서 깎아내[刊改]는 법을 베푸는 결단을 그만두어서는 안 된다고 생각합니다. 신은 두려움에 간곡히 기원하여 마지않습니다.

139) 조진형(趙鎭衡) : 1714년 출생, 본관은 풍양(豊壤), 서천(舒川) 출신, 양사(兩司)와 헌납(獻納)을 역임함.

답하여 이르기를 "소(疏)를 살펴 진달한 말을 다 알았다. 어찌 많은 말을 할 필요가 있겠는가? 끝에 말한 일은 어찌 다만 현재의 효상(爻象)만이 아름답지 않겠는가? 우려해야 할 것은 횡류(橫流)와 퇴파(頹波)를 저지하여 막을 길이 없어서 앞으로 의리(義理)가 전도(顚倒)되고 제방(隄防)이 무너지는 데로 이르게 되는 것이다. 네가 이때에 미쳐 이일에 대하여 언급하고있으니 주연(胄筵)에서 알려주었던 것을 저버리지 않았다고 할만하다. 청한 것은 그대로 따르겠으니 너는 사직하지 말고 속히 직무를 살피도록 하라" 하였다.

37. 충청감사에서 갈려 돌아온 뒤에 인의[140]에 대한 상소(錦伯遞歸後引義疏)

엎드려 생각하건대, 지난번 성상(聖上)께서 내려 주시는 은총을 입어 외람되게도 감사[岳牧]의 무거운 직책을 맡겨 주심을 받들었으나 밝음은 크고 작은 것을 살피기에 부족하고 위엄은 엄하게 관리 단속하지 못해서 60주(州)의 넓은 지역에 변괴(變怪)가 한없이 일어나는데 한결같이 십수 삭의 오랜 기간을 귀 막은 듯이 앉아만 있어서 사단(事端)이 층으로 생기고 여러 사람의 원망이 뒤따르고 있으나 조금의 보답도 없이 죄만 쌓일 뿐이니, 비록 지극히 사랑하는 하늘이 있어 일마다 곡진(曲盡)히 덮어주는 은택을 입고 있으나 머지않아 넘어지고 자빠져서 이치에 다행함이 없을 것으로 여겼는데, 과연 삭직(削職)을 청하는 논의(論議)가 사직(司直)의 기관에서 일어나 나무라는 말이 이미 준엄하고 죄를 성토함이 매우 엄중합니다.

아, 신이 어두워 직무에 게을리 한 것은 다만 이 한 일만이 아니기에

140) 인의(引義) : 모든 처신과 언어 행동을 의리에 의해 했음을 밝히는 일.

사람의 말이 아니라도 신이 또한 스스로 알고 있으나 특별히 성상의 도량으로 깊이 용서하시고 큰 죄를 내리지 않으신 채 본래 풀고 싶었던 무거운 짐을 풀어 주시고 반드시 펴기를 구하던 작은 진실을 펴주셨으니 나아가고 물러나며 영광되고 욕됨에 있어 무엇이든 은총이 아닌 것이 없습니다.

돌아가 차소(次所)에 엎드려 밤낮으로 송축(頌祝)을 하였는데 뜻하지 않게 간의(諫議)의 명(命)과 후설의 임명[141]이 연일 이름이 백간(白簡)에 있는 날에 내려져 은총이 상격(常格)에 벗어나고 일이 항규(恒規)보다 다르게 하시니 천신(賤臣)을 대우하심이 어찌 이렇게 하실 수 있으십니까? 신이 이에 두려워 몸을 수그리며 스스로 감격에 찬 눈물이 흐름을 깨닫지 못하겠습니다.

저번 충청감사가 되었다가 얼마 안 되어 파직되었는데 다시 신을 거두어 도총부도총관(都摠府都摠管)으로 삼으시니 털고 씻어 주시는 성은은 이미 못 가도록 붓 잡으심에 멀리 가는 작은 정성은 마음에 맺히는 것이 있는 듯 합니다. 대간의 논의가 이미 중하고 탄핵한 먹이 아직 마르지도 않았는데 돌아다보건대 어찌 감히 시일(時日)이 조금 옮겨졌고 관직의 이름이 고쳐졌다 하여 만족한 듯이 무릅써 받들어서 당돌(唐突)한 죄를 더하겠습니까?

또한 신이 경조(京兆)에서의 복계(覆啓)[142]에 대해서는 더욱 황공하고 꺼림칙한 것이 있습니다. 신이 직임(職任)을 받은 뒤에 산송(山訟)을 조사하여 아뢴 것이 모두 15번인데 14번은 해부(該府)에 행회(行會)[143]를 하되 다 조사하여 결단한 뒤에 계문(啓聞)하라고 하였기 때문에 신이 다 먼저 결절을 하고 계문(啓聞)을 나중에 하였습니다. 그런데

141) 후설의 임명 : 원문의 喉舌之任은 승지(承旨)의 임무를 말함.

142) 복계(覆啓) : 임금께 복명(復命)함. 중죄수(重罪囚)를 신중히 심리(審理)하기 위하여 초복(初覆) 재복(再覆) 삼복(三覆)등과 같이 반복하여 상계(上啓)함.

143) 행회(行會) : 정부의 지시와 명령을 각 관사의 장이 그 부하에게 일리고 실행 방법을 논의하여 결정하기 위하여 모임.

박기범(朴箕範)이 징을 치기에 이르자 해부가 판부(判付)[144]에 의하여 장문(狀聞)[145]을 자세히 살핀 뒤에 품달하여 처리하라는 뜻으로 행회를 하였는데 이는 전날에 처결한 뒤 장문을 하라는 공문[關]과 일이 전혀 달라서 감히 전례에 의해 결절(決折)하지 못할 것이 있었습니다.

그러므로 삼가 관사(關辭)에 의해 그 송사를 조사하여 처리하되 저의 의견을 붙여서 해부가 품달하여 처리하기를 기다렸던 것입니다. 신은 다만 송사를 논함에 있어 각각 자기들의 실정을 다하고 옥사(獄事)는 판결의 귀중(歸重)을 맺는말에 둔다는 것을 알고 있기 때문에 먼저 이자(而字)를 놓아 글귀를 변전하여 바꾸고 인하여 장사지냄을 금한다[禁葬]는 근거를 두어 매듭을 짓는다면 위 조항의 이야기[說話]는 모두 지난 논의에 속하고 아래 조항의 맺는 말은 저절로 결단의안으로 돌아가게 됩니다.

그런데 지금 해부(該府)가 갑자기 의견(意見)이 없고 곡직(曲直)이 없다고 하면서 이것으로 해결을 보려는 것처럼 하고 있으니, 신이 감히 알 바가 아닙니다. 그리고 모든 산송(山訟)은 다른 송사와 달라서 인정과 법을 서로 비교하여 봄으로 승소와 패소가 끝이 많은데, 그래서 법전(法典)안에 송관(訟官)이 참작하고 헤아려서 하도록 허락한 것이 이 때문입니다. 지금 박기범(朴箕範)이 아무리 작품(爵品)은 없으나 또 향족(鄕族)과 달라서 그가 "생원 · 진사가 음직(蔭職)이 있을 경우 사방 사십 보에는 금장(禁葬)을 한다"고 한 법을 인용한 것은 이미 지나친 게 아닙니다. 무덤의 뒷쪽[腦後]은 더욱 다른 산기슭과 더욱 다른 경우이고 보면 다른 조항의 금장할 데가 아니라고 한 것을 가지고 억지 쓰기는 어려움이 있다는 것을 전후 사관(査官)의 말로 알 수가 있으며 목격(目擊)한 것이 뜬소문을 들은 것과 다른 것입니다. 그래서

144) 판부(判付) : 상주(上奏)한 형사사건(刑事事件)에 대한 임금의 재가(裁可)사항. 판하(判下)와 같음.

145) 장문(狀聞) : 장계(狀啓)를 올려 임금께 주달(奏達)함. 계문(啓聞)과 같음.

신도 또한 마땅히 금장해야 한다는 논의를 주장한 것입니다.

해부(該府)에서 만약 이것을 가지고 제도를 넘은 것처럼 같이 말을 한다면 사람의 견해는 각자 틀리는 것인데 이것으로 신을 논척하려 든다면 핑계 삼을 게 없을 것은 걱정할 것이 못됩니다. 다만 전후 열 네 번이나 조사를 하여 아뢴 것은 모두가 고관대작의 세력가의 족속[强族]이었으나 더러는 파내게 하기도 하고 더러는 귀양을 보내기도 하여 감히 손을 쓰지[低昂] 못하게 하였는데 지금 군보(軍保)[146]의 항오를 만듦에 있어 원망을 취하고 쉽지 않다고 하면서 흐리터분하게 미루어 나가는 것이 과연 이치에 맞는 것입니까?

아, 두 가지로 설화(說話)하는 조목과 뜻을 써서 미루어 나가는 습관은 비록 말관(末官)·소리(小吏)에 있는 자라도 오히려 부끄럽게 여기는 것입니다. 신이 비록 무사(無似 : 不肖)하나 안찰사(按察使)[147]의 자리를 차지하고 있는데 이것 때문에 같은 조정의 동료들에게 의심을 받는다면 다시 조정의 벼슬길[周道]에 겹 사리를 낀다 해도 별로 나타날 것이 없습니다. 이나 저나 거취(去就)에 대해 의논할 것이 아니므로 이에 궁지에 빠진[危蹙] 심정을 진달 하여 잘못으로 실패한 죄를 입기를 바라오니 엎드려 비옵건대 성명께서는 빨리 무서운 벌을 내리시어 직분을 다하지 못하는 자의 경계가 되게 하소서. 신은 두려움에 간곡히 기원하여 마지않습니다.

38. 대사헌으로서 역적을 토벌하자고 올린 상소(以大司憲討逆疏)

146) 군보(軍保) : 조선조 때 정병(正兵)을 돕기 위하여 두었던 보조 장정[助丁]. 원래는 병역(兵役)을 면제받는 대신에 현역병(現役兵)의 집 농사일에 드는 노동력을 제공하도록 하였으나, 후에 군대의 비용에 쓰기 위하여 병역을 면제해 주고 그 대신에 삼베나 무명 따위를 받아들였던 일.

147) 안찰사(按察使) : 관찰사(觀察使)와 같음. 관찰사는 조선조 때 외관직(外官職) 문관의 종2품 벼슬. "풍속을 관찰하는 사신[觀風察俗之使]"이라는 뜻임.

엎드려 생각하건대 삼양(三陽)이 크게 돌아오고 온갖 복록[百祿]이 한창 모여드니 송축하는 소리가 조야(朝野)에 드높으며 종묘사직에 예를 이루니 신하와 백성이 손뼉을 치며 기뻐함이 어찌 끝이 있겠습니까? 인하여 엎드려 생각하건대 신이 월 전에 외람되게 맞지 않는 관직에 나갔다가 금방 특별히 체임 하는 명(命)을 받듦에 감격하고 두려워 위축됨이 마음속에 남아 있는데 잘못된 은총이 다시 순월 사이에 있을 줄은 생각도 못하였습니다.

신은 참으로 두려움에 몸을 굽혀 스스로 몸둘 바를 모르겠습니다. 바야흐로 대소(大小)가 말혈(沫血)하는 때를 당하여 격일(隔日)로 포고(布告)를 알리는 즈음에 명색이 언책(言責)으로 어찌 감히 넘어지고 자빠지면서 대궐에 부르짖어 그 구구한 마지막을 다하지 않겠습니까마는 실정이 이미 나아가기 어렵게 되었고 병이 또한 틈으로 발생하여 상석에서 신음을 하는 형편이라 움직일 길이 없습니다. 이에 앉아서 임금의 명을 어기는 오만함을 범함을 면하지 못하게 되었으니 신의 죄가 크옵니다. 엎드려 비옵건대 성명(聖明)께서는 빨리 신의 게으른 죄를 다스려서 신료(臣僚)의 수만 채우고 있는 자들에게 경계로 삼게 하소서. 신이 비록 나아갈 수는 없으나 일이 이미 사람마다 벌할 수 있는 것에 관계된 것인데 말을 또 그만둘 수가 있겠습니까?

아, 오늘 신자(臣子)가 하늘을 함께 이고 살 수 없는 원수가 어찌 정처(鄭妻)와 같은 자가 있겠습니까마는 은혜를 갑자기 베어내지 못하고 죽임을 즉시 시행하지 못하고 계시다가 시행하신 바 내다버리는 율[出置之律]이 다만 이 사날 걸리는 지역[信宿之地]이니 이는 형(刑)을 이미 잘못하신 것이며 은혜가 너무 지나친 것입니다. 그런데 또 경사를 만난 것을 이유로 육지로 나오게 하는 율을 써서 묘사(墓舍)에 돌아가 살게 하기를 평인(平人)과 똑같이 하고 있으니 이것이 무슨 일이 십니까? 월 전에 후원(喉院)[148]에서 반환[繳還]할 것을 아뢰어 이미 수납(收納)하심을 받들었고 신년에 삼사(三司)[149]가 목욕(沐浴)하고 청한 것에 대해

서서 기다려 윤허를 받들었는데 그 명령이 후원(喉院)을 거치지 않았고 거래(去來)가 금오(金吾)[150]에 관계하지 않았는데 곧 가낭(假郞)[151] 후풍(候風)[152]의 계사(啓辭)로 하여금 갑자기 전혀 생각도 해보지 못한 속에 당도하였는데 이것이 또 무슨 일입니까? 앞의 말을 말미암으면 난역(亂逆)들의 기가 더해지고 뒤의 말을 말미암으면 거조(擧措)가 마땅함을 잃게 되니 거조가 마땅함을 잃고 난역이 기가 더해지는 되는데 나라가 장구히 다스려 진다는 것은 듣지 못했습니다. 이 보감(寶鑑)을 이어서 몸소 원자(元子)를 가르치는 날을 만나 도리어 의리(義理)로 하여금 어둡고 막히게 만들고 제방(隄防)으로 하여금 무너지게 만들고 있으니 이것이 어찌 전하(殿下)에게 바라던 것이겠습니까?

아, '장차'의 앙심을 품은 자를 베지 않은 것이 옛날에 어디에 있었습니까? 지금은 베지 못할 뿐만 아니라 더러는 바다 섬에서 용서받아 살고있고 더러는 방안에 편안히 앉아 생을 마치기도 합니다. 덕상(德相)은 궁흉극악(窮凶極惡)한 자인데 체포한 지 한 달이 넘었는데도 끝내 한 번의 문초도 하지 않고 현륙(顯戮)을 더하지 않는 지경에 이르고 있는 것은 이 무슨 옥(獄)의 사체(事體)이며 이 무슨 형정(刑政)이십니까? 추후에 형을 베푸는 것이 비록 금하는 영으로 되어 있으나 국영(國榮)에 대해서는 유독 노적(孥籍)[153]을 청한 것은 그 죄악이 다른 역적에

148) 후원(喉院) : 승정원(承政院)을 다르게 부르는 말. 승정원은 임금의 말씀 명령을 내보내고 백관들의 보고와 건의를 받아들여 임금에게 보고하는 기관이므로 후설지관(喉舌之官)이라 함.

149) 삼사(三司) : 언론기관의 총칭. 즉 홍문관(弘文館) 사헌부(司憲府) 사간원(司諫院)을 말함.

150) 금오(金吾) : 의금부(義禁府)의 별칭.

151) 가낭(假郞) : 가낭청(假郞廳)으로 임시로 임용한 낭관직(郞官職).

152) 후풍(候風) : 바람이 부는 방향을 가리키는 도구인 후풍우(候風羽).

153) 노적(孥籍) : 노적죄인(孥籍罪人)의 준말로 국사범(國事犯) 즉, 역모나 반역죄인일 경우 본인은 극형에 처함은 물론, 그 처자(妻子)도 연좌시켜 범인과 같은 형에 처하고 또한 그들의 재산을 몰수(沒收)하는 것을 말함.

비할 것이 아닐 뿐더러 덕상과 국영은 바로 둘이면서 하나이고 하나이면서 둘인데 제 대신(諸臺臣)이 추노(追孥)[154]의 청을 또한 어떻게 그만둘 수 있겠습니까? 엎드려 원하옵건대 전하께서는 빨리 정처(鄭妻)를 육지로 나오게 하라는 명을 거두시고 합사(合辭)에 윤허하시어 다시 두 역적에게 추노(追孥)의 형전(刑典)을 시행하셔서 여민(輿民)의 분심(憤心)을 씻어 주소서.

요즘 역적(逆賊)을 징계(懲戒)하고 토벌(討伐)함을 게을리 하는 것은 모두가 저희 군하(群下)들의 죄입니다. 이 일이 있으면서부터 무릇 삼사(三司)의 반열에 있는 자는 마음으로 놀라고 뼈 아픈 심정이 반드시 다른 사람들보다 배나 될 것인데 그때 제옥당(諸玉堂)이 경연에서 물러나온 뒤로 대궐을 지키면서 정성을 쌓아서 청한 것을 윤허받기로 기약하기를 마땅히 후사(喉司)의 신하가 하는 것과 다름없이 해야 하는데, 다만 두 줄의 짧은 차자(箚子)를 올려 색책(塞責)이나 하듯이 하고 밤이 깊어지자 비로소 곧 참석한 자를 따라 흩어져서 일이 이미 전도되고 뜻의 성실함에 흠이 되었으니 맑은 조정의 생각을 논의하는 데 저것을 장차 어디에 쓰겠습니까?

전 도헌(前都憲)에 이르러서는 처음에 이미 나와 숙배(肅拜)를 하였으나 준청(準請)을 얻지 못했으니 처치(處置)한 뒤에 다시 즉시 구대(求對)하는 것은 그만둘 수 없는 것이고 적은 혐의를 억지로 끌어대어 소패(召牌)를 금방 어기는 것도 아주 구차스러운 일이니 참으로 개탄할 일입니다. 신이 지금의 처분에 있어 더욱 매우 걱정스러운 것이 있으니 형인(刑人)은 저자에서 생활을 하고 작인(爵人)은 조종에 있는 것은 바로 옛날 왕이 중인과 더불어 함께 하던 의리입니다. 이름이 대계(臺啓)에 있다면서 놓아 보내지 못하는 것은 또한 우리 조정이 대간의 의논을 중히 여기고 후 폐의 우환이 있을까 우려해서라면 감등(減等)이나

154) 추노(追孥) : 노적죄인(孥籍罪人)으로 추가함.

가율(加律)을 논할 것 없이 마땅히 상하(上下)가 가와 부를 번갈아 강을 하고 제신(諸臣)들의 다툰 것이 혹 이치에 거슬린 것이면 한번 타이르고 두 번 타일러서 기쁘게 복종하도록 힘써야 합니다. 그리고 전하께서 내리시는 처분이 만약 은총에 가려졌다면 빨리 반구저신(反求諸身)해서 어렵게 여기는 바가 없어야 합니다. 그런 다음에야 유사(有司)가 받들어 시행하는 것이 바로 당연한 도에 이르는 것입니다. 지금 정처(鄭妻)의 처분(處分)이 무슨 비밀스러운 일이 있기에 반드시 밀지(密旨)로 거행을 하여 신료(臣僚)들로 하여금 참여하여 들을 수 없게 하십니까?

지난 겨울 소방(疏放)해 줄 때에 여러 죄인의 대계(臺啓)가 있지 않았는데 지레 먼저 내보낸 것은 참으로 유사의 죄입니다. 그러나 전하께서 다시 원악(元惡)과 대대(大憝)에게 또한 한 장의 밀지로 즉시 군신(群臣)들이 다투어 고집하는 때에 거행하게 하였으니 일은 이미 전에 없는 일이요 폐단은 또 말로 형용하기가 어렵습니다. 전하의 밝고 성스러운 덕으로써 어찌 사람을 막고 자기를 완수하는 뜻에서 나왔겠습니까? 이 길이 한번 열리면 뒤에 세상의 임금이 된 자가 만일 사심의 호오(好惡)를 가지고 사람을 살리고 죽임에 있어 문득 밀지로 종사하면서 말하기를 "어느 때[某時]에는 어느 예[某例]가 있었다고 한다면 어찌 크게 두렵지 않겠습니까? 국사를 마치시고 한가히 계실 적에[淸燕之暇]에 혹 성찰을 더하신다면 대성인(大聖人)이 일에 앞서 염려하시는 일은 반드시 신의 말이 끝나기를 기다리지 않고 깨달으실 것입니다. 또 원하건대 뉘우쳐 깨달으심을 밝게 보여주시고 엄하게 훈계를 내려서 후세 사람에게 예가 됨이 없게 하소서. 신은 두려움에 몸둘 바를 모르겠습니다.

답하기를 "상소를 살펴보고 잘 알았다. 지난번의 처분(處分)은 실로 잘한 것이 아니나 참으로 이렇게 하지 않으면 사사로운 은혜를 펼 수가 없었다. 이것을 인용하여 예로 삼을 거라는 일에 이르러서는 그런 일이 없다고 할 수는 없다. 경이 이러니저러니 한 말은 경법(經法)을 지키는 뜻에서 나왔으니 법어(法語)인데 따르지 않을 수 있겠는가? 나는 지금 그 말을 받아들이고 허물로 삼는다. 그리고 전도헌(前都憲)과 제옥당(諸玉堂)의 일에 이르러서는 다만 미처 두루 살피지 못한 소치로 인한 것이므로 윤허하지 않는다. 경은 사양하지 말고 공무를 행하라"하였다.

39. 가의대부[155]를 사양하는 상소(辭嘉義疏)

엎드려 생각하건대 신이 지난번에 엎드려 전교(傳敎)을 받들었는데 신을 한 자급을 특별히 더하여 가의대부(嘉義大夫)로 삼는다고 하셨습니다. 신이 처음에는 당황하였고 나중에는 움츠리고 어떻게 몸을 가눠야 할지 몰랐습니다. 예로부터 위에서 은혜를 베풀어 내리고 아래 사람이 자급에 나가는 것은 참으로 가닥이 많으나 생각이 시강(侍講)을 오래한 데서 일어나고 은총이 해를 쌓은 뒤에 얽혀진 데에 이르러서는 대개 없었던 일입니다.

고사를 계고[稽古]하건대 의랑(議郞)[156]에는 거마(車馬)를 하사하여 첨사(詹事)[157]를 돕게 하는데 지나지 않았는데도 계급을 올려줬다는 말은 듣지 못했는데 신 같은 노둔하고 거친 자가 유독 이전에 없는 은총을 받는 것은 이 무슨 까닭입니까? 공손히 생각하건대 우리 열성조(列聖朝)가 정일(精一)의 심법(心法)으로 서로 전하여 지금의 아름다움에 이른 것은 실로 종시 전학(典學)으로 스스로 가법(家法)을 이루었는데 저궁(儲宮)이 날마다 삼조(三朝)를 행한 겨를에 강목(綱目) 백여

155) 가의대부(嘉義大夫) : 문 무관의 종2품의 품계(品階).
156) 의랑(議郞) : 조선조 태조(太祖) 원년에 둔 육조(六曹)의 정4품 벼슬.
157) 첨사(詹事) : 고려 때 동궁(東宮)의 정3품 벼슬로 문종 때에 정함.

권의 많은 것을 다 읽은 것은 우리 양조(兩朝)일 뿐이다. 이에 우리 전하(殿下)께서 능히 그것을 이어받아 필법(筆法)은 십육대(十六代)[158]의 주고 빼앗[與奪]는 즈음에서 탐색을 하였고 가칙(柯則)을 천여년(千餘年)의 다스리고 혼란하던 사이에서 살피시어 촛불을 여러 번 갈아가면서도 즐거움에 피로한 줄을 몰랐고 날마다 책을 바꾸어 읽으면서도 좋아서 못 미칠 듯이 하시어 마침내 집에 가득한 역사책으로 하여금 끝까지 나오게 하여 선왕의 아름다움을 계승하는 공을 거두고야 말았으니 훌륭하고 아름답습니다.

그리고 오십 편의 〈속통감책〉[159]에 이르러서는 또다시 많은 달을 허비하지 않고도 공부를 끝냈으니 이는 실로 지나간 역사에 있지 않았던 바였습니다. 선 갑자년(先甲子年)에 읽은 것을 후 갑자년(後甲子年)에 읽었으니 일이 우연한 게 아니며 전편(前篇)을 배우고 후편(後篇)을 배우니 공이 또한 광절(曠絶)하였습니다.

구름을 하늘로부터 기다리니 양조(兩朝)의 은총 주심이 무성하였고 밝은 하늘이 빛을 펴지니 일원(一院)의 노래와 시를 일제히 연주하였습니다. 광명을 이어 받들기를 게을리하지 않아서 이미 영릉(英陵)[160]의 성덕에 짝을 하셨고 궁전 뜰에서 잔치를 내리시니 명정전(明政殿)의 고사(故事)가 다시 빛보게 되어 찬연히 일국(一國)이 기뻐 날뛰고 백세토록 빛날 것인데 이것이 어떠한 성대한 예절이며 이것이 어떠한 아름다운 일이기에 지금 신으로 하여금 이 자리에 이름을 의탁하여 영광스럽게

158) 십육대(十六代) : 중국의 오호(五胡) 십육국(十六國)을 말함.

159) 오십편(五十篇) 속통감책(續通鑑冊) : 〈통감〉이 주기(周紀) 위렬왕(威烈王) 23년 무인년(BC 403)에서 후주(後周) 공제(恭帝) 기미년(959)까지 십육기(十六紀)에 1362년간의 사적을 50권을 정리한 것이므로 한 말. 〈자치통감〉은 송(宋)나라 사마광(司馬光)이 주관하여 편찬했고, 〈속통감〉은 주자(朱子:주희(朱熹))가 정통(正統)을 혈통(血統)에 두어 편집하였고 〈통감절요(通鑑節要)〉는 송나라 숭안현(崇安縣)사람 소미선생(少微先生) 강지(江贄)가 절번취요(節繁取要)하여 50권으로 만들었음.

160) 영릉(英陵) : 세종대왕의 능호(陵號)임.

그 사이에 참여한단 말입니까? 외인(外人)들이 보면 참으로 작은 공이 있어서 그런 것 같이 보일 것이니 이는 한 몸의 영광이 또 한 자급(資級)이 특승(特陞)에만 그칠 뿐이 아닙니다.

아, 태어난 천년에 한 번 있을 아름다운 기회를 만나서 몸이 천년에 한번 있을 성대한 자리에 끼어있고 양질(兩帙)의 책이 끝나고 시작할 때에 책을 끼고 서연(書筵)에 참여했으니 영광이 참으로 지극하나 공로가 무엇이 있습니까? 십 년간의 뇌사(雷肆)[161]에서 한갓 멸열(蔑劣)한 부끄러움을 안고 있을 뿐이었고 삼일 낮 서연[离筵]에 한 가지도 보익(輔翼)한 실상이 없는데 이에 전하께서 보감(寶鑑)을 강독하던 날에 감회를 일으키시고 미루어 구료(舊僚)들에게 은전을 기록할 것을 생각하시고 열 줄 성은의 말씀을 내리심에 글자마다 정중(鄭重)하시니 그 일은 아주 귀한 일이고 그 영광은 지극히 드문 것입니다. 성상의 생각은 비록 옛일을 잇는 뜻에서 나온 것이나 신의 마음은 실로 공이 없는 것에 대해 부끄럽게 여겨 감격하고 송구함을 명언(名言)할 수가 없습니다. 그런데 마침 금직(禁直)에 매여 있어서 비록 부득불 즉시 고사(叩謝)는 하였으나 그 사심(私心)이 두려워 움츠러짐은 날이 갈수록 더욱 깊어졌습니다. 지금 비로소 무릅쓰고 문자(文字)를 들여보내어 우러러 속마음을 폭로하는 바이오니 엎드려 비옵건대 성명(聖明)께서는 굽어 작은 정성을 살피시고 새로 내리신 자급(資級)을 환수하셔서 은전(恩典)으로 하여금 넘침이 없게 하시면 사심(私心)에 편안할 수 있을 것이니 참으로 다행이겠습니다. 신은 두려운 마음으로 간절히 기원해 마지않습니다.

답하기를 "상소를 살펴보고 잘 알았다. 궁요(宮僚) 중에 원강목(原綱目)부터 시강(始講)을 하여 속강목(續綱目) 필질(畢帙)할 때까지 시종 참강(參講)한 것은 오직 경(卿) 한 사람 뿐이다. 지금 승질(陞秩)은

161) 뇌사(雷肆) : 왕세자가 강론하는 곳. 서연(書筵), 이연(离筵)

뜻이 옛 일을 이어 하려는데[述古] 있는 것이니 경은 사양하지 말고 공무(公務)를 행하라" 하였다.

40. 괴원[162] 책자의 일로 죄를 자인하는 상소(以槐院冊子事引罪疏)

엎드려 생각하건대 신이 저번에 엎드려 사대(事大)의 문자(文字)를 편집(編輯)할 때 맡아서 관리[句管]하라는 명(命)을 받들었습니다. 신이 감히 재능이 없다는 것으로 사양하지 못하고 곧 괴원(槐院)과 사역(司譯)[163] 두 원의 책자(冊子)를 가져다 겨우 교정(校正)을 시작했는데 불행하게도 신의 집에 밤에 화재가나서 책도 붉은 불에 타고 말았습니다. 무릇 괴원에 있는 조칙(詔勅)·표(表)·주(奏)·자(咨)·계(啓) 50편 중에 신이 가지고 온 것이 16편인데 하나도 건지지 못하고 태웠고 그 나머지 분류하여 초선(抄選)한 따위로 편집한 것과 역원(譯院)이 기록한 것이 비록 원편(原編)을 베낀 것이나 또한 모두 비로 쓴 듯이 없어졌으니 지금 비록 중앙과 지방에서 널리 수집하여 그 궐루된 부분을 보충한다고 하더라도 신의 죄는 참으로 용서받기 어렵습니다. 더구나 이 13편에 기록된 것을 어떻게 빠짐없이 다 얻을 수 있다고 보장할 수 있겠습니까?

아, 이 책은 한갓 한 대의 고실(故實)을 갖춰놓은 것만이 아니라 장차 백세의 사변(事變)을 대응할 것이므로 전하께서 그것이 흩어진 기록에서 섞여 나와서 상고하고 근거하기가 어려운 것을 생각하시어 특별하게 제편(諸編)을 모아 기록하여 일통(一統)을 만들어서 장차 훗날의 증거와 신표로 만들어 손바닥을 가리키는 듯이 하라고 명하셨으

162) 괴원(槐院) : 조선 시대에, 외교에 대한 문서를 맡아보던 관아인 승문원(承文院)의 다른 이름. 태종 10년(1410)에 설치하여 고종 31년(1894)에 폐지되었음.

163) 사역(司譯) : 사역원(司譯院)을 말함. 사역원은 외국말의 번역과 통역을 맡아보던 관청.

니 매우 성대하신 일입니다. 그런데 신이 전하의 밝은 명을 대양(對揚)[164]하지 못하고 도리어 많은 문적(文籍)을 모두 불에 태워 버렸으니 떨리고 무서워서 사는 것이 죽는 것만도 못합니다. 지금 비로소 놀란 마음을 수습하고 글을 올려 죄를 스스로 죄목을 늘어놓으니 엎드려 빌건대 성명(聖明)께서는 특별히 신을 법관[司敗]에 내리시어 신이 맡아 지키기를 잘 못하여 국가의 문적[公籍]을 훼손하고 상실케 한 죄를 의논하게 해서 인신(人臣)으로 일을 맡은 자의 경계로 삼게 하소서. 신은 두려움에 어쩔 줄 몰라 간곡히 기원할 뿐입니다.

답하기를 "상소를 살펴보고 잘 알았다. 조회 자리에서 이미 유시를 하였다"하였다.

41. 대사간으로서 역적을 토벌하고 겸하여 기년복에 가죽신 신는 것을 논한 상소(以大司諫討逆 兼論朞服皮靴疏)

엎드려 생각하건대 신민(臣民)이 복이 없어 왕세자 저하[165]께서 갑자기 동궁을 버리심에 종묘사직의 중함이 의탁할 바가 없게 되었고 사람과 신령이 매일 바가 없게 되었으므로 팔도의 살아있는 것들을 바라봄에 슬피 부르짖으며 죽고 싶어 하지 않는 이가 없습니다. 더구나 신은 전하(殿下)의 서연[書筵] 때의 구물(舊物)로써 다시 재작년 가을 큰 경사를 보고 세상에 드문 은총의 교지를 받기까지 하였으니 신의 발로 뛰고 손으로 춤을 추며 송축하는 마음은 저절로 타인의 곱절이 됩니다. 그런데 지금은 갑자기 웃음이 변하여 호통 치게 되었고 하례가 반대로 위로가 되어 가슴이 막히고 창자가 얽힐 지경이니 이것이 무슨

164) 대양(對揚) : 임금의 명령에 대답하여 그 뜻을 천하에 알림. 사신이 외국에 나가 임금의 뜻을 분명하고 훌륭하게 알려서 국위를 선양하는 일.

165) 왕세자 저하 : 정조의 아들인 문효세자, 각주 28) 참조.

일입니까?

신이 가슴을 치고 원통함을 호소하는 것은 위에는 만성(萬姓)을 아들로 여는 임금의 인정(仁政)이 있는데 아래에는 백신으로 속바칠 정성어린 신하가 없어서 전하의 성대하신 덕과 지극한 혜택으로 하여금 걱정이 없는 즐거움을 누리지 못하시고 이에 이런 천만 뜻밖의 변이 있으니 밝고 밝은 상제(上帝)께서 어찌 차마 이렇게 하신단 말입니까?

엎드려 생각하건대 전하께서 정이 돈독하시어 사랑하셨던 만큼 슬픔 마음이 가없이 엉켜 있을 터이니 비록 사리에 통달하신 성상을 마음으로 슬픔을 조절하시라는 군신(群臣)들의 청을 받아들이신다 하더라도 우러러 전궁(殿宮)에 남긴 슬픔을 생각하고 구부려 국맥(國脈)이 의지할 바 없는 것을 돌아다 볼 때 반드시 슬픔을 밀어 보내지 못하여 처치하지 못할 일은 없으실 것인데 저의 얕은 생각은 스스로 지나치게 걱정스러움을 이기지 못하겠습니다.

아, 전하의 오늘 날 메고 계신 책임[擔着]이 과연 어떠하십니까? 만약 고인(古人)이 이른바 "종묘(宗廟)와 태후(太后)에 대해서는 어떻게 하겠습니까?"라고 한 말을 생각하신다면 전하의 한 번 움직이고 한 번 조용히 계심에 있어 비록 스스로를 사랑하지 않고자 하나 그렇게 할 수 없을 것입니다. 그런데 지금 한창 가물고 더위가 불을 지핀 듯이 뜨거운 때인데 날마다 빈궁(殯宮)에서 곡을 하시고 몸소 작은 일까지 직접 하시고 계시니 신은 참으로 예가 신종(愼終)166)을 중히 여기고 전하의 뜻이 백성구휼에 오로지 하시는데 계셔서 스스로 극도로 마음을 쓰시고 계심을 깨닫지 못하고 계심을 아오나 일이 번잡하면 정력을 소실하고 생각이 많으면 정신을 손상시킨다는 것은 예전부터 경계로 전해오는 데 이치로도 또한 반드시 그런 지경에 이르게 됩니다. 엎드려 원하옵건대 조용한 마음으로 깊이 생각하시고 두려운 마음으로

166) 신종(愼終) : 부모의 장사(葬事)나 제사를 정중히 함. 또는 일의 끝을 삼감.

스스로 반성하셔서 한결같이 편안한 마음으로 일을 살피시어 타고나신 온화한 기운을 보호하여 기르시는 것이 오늘날의 제일의 선무(先務)이므로 신은 땅에 엎드려 흐느끼면서 간절히 축원하는 하는 바입니다.

아, 크고 작은 신료[臣庶]들이 슬프고 분개하여 원통히 부르짖음을 억제하지 못하는 것이 어찌 한갓 된 것이겠습니까? 만약 세자의 기후[睿候]로 하여금 애당초 피로가 쌓이지 않고 약을 쓰는 길이 절패(絶悖)한 데 이르지 않았다면 군정(群情)의 들끓음이 반드시 이처럼 심한 데는 이르지 않았을 것입니다. 그런데 지금의 화변(禍變)은 오로지 젖을 일찍 중지하고 열이나 약제를 망령되이 시험한데서 말미암은 것이니 저런 의원의 고기를 누구인들 먹고자 하지 않겠습니까? 대계(臺啓)가 말한, "종묘사직의 죄인(罪人)이며 신민(臣民)의 혈수(血讐)라"고 한 것이 바로 적확한 말인데 달포가 지나도록 일제히 호소를 해도 아직까지 윤허를 못 받고 있는 까닭은 무엇입니까? 혹시 해를 두고 시진(侍診)을 한자이므로 차마 갑자기 죽이지 못하는 것입니까? 신등이 더욱 통분하게 여기는 것은 바로 이와 같이 은혜를 받은 자가 반대로 오늘날의 변을 가져왔다는 것입니다.

전하께서는 학문이 지금과 옛날을 관통하셨고 이치는 정밀하고 미세함을 역하시어 두루 전배들의 정론(定論)을 보셨는데 어디에 일찍이 인사(人事)를 책하지 않고 오로지 천수(天數)에만 돌린 자가 있습니까? 그런데 지금 이것[天數]으로 전교를 하시니 어찌 성인(聖人)이 명(命)을 드물게 말씀한 뜻에 어긋남이 있게 하십니까? 사람이 비록 지극히 미천하나 죄는 막중한데 관계되었으니 그것을 서캐[蟣蝨]로 여겨 버려두는 것은 더욱 그런 이치는 없습니다. 하루를 죽이지 않고 놓아두면 사람들의 마음이 날로 격동하고 이틀을 죽이지 않고 놓아두면 국법이 날로 무너지게 됩니다. 인삼이 날로 격동하고 국법이 날로 무너지는 것이 이것이 어찌 작은 사고이겠습니까? 엎드려 바라건대 빨리 제대(諸臺)의 논의를 윤허하시어 연인(輿人)의 분개한 마음을 조금이라도 풀리게 하소서.

변이 창졸간에 나와서 일이 다 급박함으로 의주(儀註)[167]가 미진(未盡)한 것과 복제(服制)의 잘못이 있는 것은 모두 다 뒤 따라 고침을 입었으니 다시 의논할 필요가 없겠으나 다만 제신(諸臣)들의 최복(衰服)에 백색 가죽신을 사용한다는 것을 논의가 있었다는 것은 듣지 못했습니다. 신이 참으로 예(禮)에 어두우나 예가(禮家)의 논의에 과연 근거할만한 것이 있어서 그렇게 하였는지 모르겠습니다. 자최(齊衰)[168]는 기년복(朞年服)의 무거운 것인데 곧 시마(緦麻)나 소공복(小功服)[169]과 동일하게 모두 신[履]의 이름을 거론하지 않고 시사(視事)하는 피화(皮靴)를 인용하는 것은 아마도 예의 본 뜻이 아닌 듯합니다. 이미 전례에 따라 행함이 있었더라도 그 뒤에 제신(諸臣)들의 헌의(獻議)로 특별히 전교를 하여 뒤 따라 시정한다는 것이 이미 다 보편(補編)에 밝게 기재되어 있습니다. 그렇다면 막중(莫重)한 왕가(王家)의 예이니 만큼 마땅히 말절(末節)이라 하여 논의하지 않아서는 안 되오니 예를 아는 제신들에게 물어서 지금 논의를 결정해서 미비하다는 탄식이 없게 하소서.

신이 일전에 엎드려 경조(京兆)의 새로운 명을 받들었습니다. 그러나 다리 병밖에도 마침 관격(關格)을 첨가하여 구토와 설사 때문에 하루도 일어날 기운을 바랄 수가 없어서 앉아서 오만한 죄를 범하였기에 공손히 부월의 벌을 기다리고 있었는데 성명(聖明)께서 벌을 내리지 아니 할 뿐만 아니라 도리어 옮겨 제수 하는 은고(恩顧)를 내리셨습니다. 지금 대간(臺諫)의 논의가 한창 벌어지고 있는데 신자(臣子)가 사정을 말할 때가 아니오나 병의 증세가 위에서 아뢴 것과 같습니다. 상소를 올려 대신 사정을 아룀에 더욱 죽을죄를 증가하였으니 아울러 빨리

167) 의주(儀註) : 나라의 전례(典禮)에 관한 절차(節次)를 주(註)로 해석해서 기록한 책.
168) 자최(齊衰) : 내간상(內艱喪)의 복제(服制). 상복의 단을 감쳤음.
169) 기년복(朞年服) ~ 소공복(小功服) : 기년복은 1년 부재 모상(父在母喪)에는 장기(杖朞), 시마복(緦麻服)은 복의 끝으로 3개월, 소공복(小功服)은 6개월.

유사(有司)에게 명하여 신의 오만한 죄를 논의하게 하시어 자리만 채우고 있는 신료[具僚]에게 징계가 되게 하시기를 바랍니다. 신은 두려움에 움츠리고 간곡하게 기원하여 마지않습니다.

답하기를 "상소를 살펴보고 잘 알았다. 상소의 말에서 경의 나라를 걱정하고 임금을 사랑한 정성이 특히 곳에 따라 이치로 삭혀 보내게 하고자함을 볼 수가 있었다. 의관(醫官)의 일은 다 경연의 자리에서 유시를 하였고 최복(衰服)에 가죽신을 사용하는 것이 부당하다는 것은 나의 뜻도 그렇게 여긴다. 보편(補編)의 횡간도(橫看圖)를 보니 참으로 분명하였다. 그러나 이번의 복제(服制)는 일체 무신등록(戊申謄錄)을 준행했다. 그 뒤에 헌의(獻議)와 수고(受教)는 조관(照管)하지 못한 듯한데 지금에 이르러 뒤따라 고치는 것은 살펴 신중히 해야 할 일이다. 예관(禮官)으로 하여금 시(時) 원임대신(原任大臣)과 관(館) 각(閣)의 제신(諸臣)과 외지에 있는 유신(儒臣)들과 널리 의논을 하여 보고하게 했으니 경은 사양하지 말고 공무를 시행토록 하라"하였다.

42. 의금부 당상으로서 허물을 인책한 상소(禁堂引咎疏)

엎드려 생각하건대 역의(逆醫)를 가벼운 벌로 귀양보내는 형전(刑典)을 어떻게 신자(臣子)가 받들어 행 할 수 있는 것이겠습니까? 다만 신등이 진실로 격(格)을 보이지 못함으로 인연하여 소(疏)가 또 도로 내려왔으니 국적(國賊)이 창문 아래서 숨을 쉬고 있는 것은 실은 시일(時日)이 민망하고 방형(邦刑)의 추정(追正)을 위해서이지 일후의 일은 찬배(竄配)를 선행(先行)한 것과 무관한 것입니다.

그러므로 마침내 우선 먼저 봉승(奉承)함을 면하지 못한 것이지만 신은 마음으로 부끄러워 몸둘 곳이 없습니다. 요즘에 죄를 성토함이 논사(論思)보다 준엄한데 성은(聖恩)은 곡양(曲諒)에 지나치시니 신은 참으로 황공하고 송구함으로 나날을 보내고 있으니 직무를 이행하지 못한 잘못은 진실로 스스로 알고 있는 바이기에 견책파면[譴罷]이 가장 가벼운 죄[末勘]라고 여겼는데, 어떻게 윤허를 받기도 전에 관직이 이미 해임 당하여 편안하게 스스로 용서를 해서 죄가 없는 것처럼 하고 있는 자를 규율하겠습니까?

이에 감히 짧은 글을 올려 신의 죄를 스스로 나열 우러러 엄명(嚴命)을 청하오니 엎드려 비옵건대 성명(聖明)께서는 빨리 엄한 벌을 내리시어 공의(公議)를 펴지게 하고 사분(私分)으로 하여금 편안하게 하소서. 신은 두려움에 몸을 움츠리고 간곡히 기원하여 마지않습니다.

43. 자헌대부[170]를 사양하는 상소(辭資憲疏)

엎드려 생각하건대 새해가 다가옴에 나라의 복이 가득하게 이르니 자성(慈聖)의 공이 안정된 사직에 크게 밝혀지고 성상의 효성이 존호(尊號)를 올리는데서 더욱 빛납니다. 예가 대전(大殿)에서 이루어지니 기쁨이 팔도에 고루하고 있습니다. 신이 일전에 엎드려 전교(傳敎)를 받았는데 신을 도감(都監)의 일에 참여하여 듣게 하시고 특명(特命)으로 가자(加資)를 하시었으며 이어 엎드려 제지(除旨)를 받들었는데 "자헌대부 형조판서를 삼는다[爲資憲大夫刑曹判書者]"고 하셨습니다. 자헌(資憲)은 높은 관질(官秩)이고 사구(司寇)는 중대한 직임인데 이것이 어떻게 신에게 이르게 되었습니까?

아, 기미에 밝아 난리의 뿌리를 뽑아내어 성상을 돕고 종묘를 정하며 정성을 쌓고 겸손으로 돌아와서 아름다운 소리를 드날리고 큰 이름을 올려 금옥(金玉)에 새겨서 천 억 년을 전하게 되었으니 이는 실로

170) 자헌대부(資憲大夫): 조선 시대에 둔, 정2품 문무관의 품계. 초기에는 문무관에게만 썼으나 고종 2년(1865)부터 종친, 의빈의 품계로도 썼음.

전고(前古)의 여사(女史)에는 기록된 바 없는 성대한 일입니다. 그런데 신과 같이 무사(無似 : 不肖)한 자가 제신(諸臣)의 뒤를 따라 돈장(敦匠)의 직임에 이름이 끼어 있으니 영광이 참으로 지극할 뿐 무슨 수고가 있다 하겠습니까? 엎드려 생각하건대 성덕(聖德)이 매양 뜻을 받드는데 진념(軫念)하시어 범절(凡節)을 많이 간략함을 따르기에 힘쓰셔서 공정(工程)이 이미 지극히 간략하고 날짜도 매우 가까웠는데 무슨 성대한 상을 줄 은전에 대해 논할 것이 있기에 이와 같은 공이 없는 자에게 은총을 내리십니까?

신은 본래 문질(文質)에 해당이 없는 한낱 천품(賤品)일 뿐으로 비졸(卑拙)하고 눌삽(訥澁)하고 아는 것이 적어서 스스로 중하의 사이에 처하고 있으며 신의 출신[根植]이 의지할 곳이 없으므로 승침(昇沈)의 즈음에 감심으로 있는 형편입니다. 그래서 자신은 이미 현달(顯達)은 바라볼 수 없었고 사람들도 진취(進就)를 기대하지 않았습니다.

그런데 십 수 년 내에 우리 전하를 만나 협책(挾冊)의 열에서 선발하여 칼을 차는 반열에 섞여 있게 하였으니 고요한 밤에 생각을 함에 몸이 나의 소유가 아닙니다. 그리고 부자(父子)가 또 서로 뒤를 연결하고 있어서 가문이 더욱 빛나고 있으니 분수에 넘치는 두려움과 복이 지나친 경계가 항상 낮과 밤으로 가슴속에 교차함을 금할 길이 없습니다. 그런데 지금 또 한 걸음 더나가서 팔좌(八座)171)에 올랐으니 다만 양제지시(梁鵜之詩)에 부끄러울172) 뿐만 아니라 가득 차면 손실을 부르는 것으로 이치에 반드시 다행함이 없을 뿐입니다. 신이 비록 지극히 어리석으나 돌아다보건대 어찌 감히 임금의 총애를 의지해 믿고 버젓이 무릅쓰고 나아가서 위로는 임금의 측철(則哲)173)의 밝음을

171) 팔좌(八座) : 관직의 서열이 여덟 번째가 됨을 말함

172) 제량지시(鵜梁之詩)의 부끄러움 : 소인들이 조정에 득실대어 격에 맞지 않는 관복(官服)을 입고 다니는 것을 비웃은 시. (候人篇) 제2장에 "사다 새가 도랑에 있음에 날개가 젖지 않았네, 저기 저 자식이여 옷이 몸에 맞지 않네(維鵜在梁 不濡其翼 彼其之子 不稱其服)."

173) 측철(則哲) : 명철(明哲)함을 법칙으로 삼음.

더럽히고 아래로는 신하의 충실치 못한 재앙을 취하겠습니까?

임금님의 명을 받고 떨리고 두려운 마음을 여러 날을 지났어도 진정할 수가 없어서 지금 비로소 간략한 문자를 들여보내어 우러러 작은 정성을 폭로하오니 엎드려 비옵건대 성명(聖明)께서는 신의 사양이 치레의 사양에서 나온 것이 아니라 공기(公器)는 함부로 받을 수 없다는 생각에서 나온 것임을 믿으시어 빨리 신의 작질(爵秩)을 환수(還收)하시어 사분(私分)을 편안하게 해주시면 못내 다행이겠습니다. 신은 두려움에 몸을 움츠리고 간곡히 기원하여 마지않습니다.

답하기를 "상소를 살펴보고 잘 알았다 경은 사양하지 말고 공무를 시행하라"하였다.

44. 형조판서에 대해 의리로 인책한 상소(刑判引義疏)

엎드려 생각하건대 흐르는 절서는 빠르고 빨라 문효세자(文孝世子)의 상사(常事)174)가 문득 지났습니다. 임금님께서 사당과 묘에 찾아오시고 제전(祭奠)올리는 의식을 매달 초하루마다 직접 거행을 하셨는데 엎드려 생각하건대 때를 따라 괴로움이 더함에 성상의 정회를 더욱더 억제하기 어려워서 하룻밤을 지내고[經宿] 즉시 주필(駐蹕)을 돌리셨으니, 옥체(玉體)가 흠이 나지 않으셨으면 손상을 끼치게 되셨을 것이므로 남모르게 구구한 슬픈 생각이 지극함을 이기지 못하겠습니다. 신이 월 전에 거듭 대간(臺諫)에 참섭(參涉)하고 마음 가득한 부끄러움에 방문을 닫고 홀로 엎드려 있었는데 뜻하지 않게 은총의 서임(敍任)을 특별히 내리시고 제수하는 교지[除旨]가 계속 욕되게 내리시니 신은 더욱 황공하고 떨려서 몸둘 바를 모르고 있습니다.

174) 문효세자(文孝世子) 상사(常事): 문효세자는 각주 28) 참조. 상사(常事)는 죽은 지 기년에 지내는 소상(小祥)을 말함.

저 유생(儒生)이 정배(定配)를 당한 것은 참으로 불행한 일이오나 처분(處分)이 이미 내려지면 급하게 받들어 시행해야하므로 곧바로 조중(曹中)에서 다른 정배의 예(例)에 의하여 거행하였습니다. 신은 그 때에 그 조에 장으로 있었으면서 이미 하리(下吏)들에게 미리 조심을 하지 못하였다면 패(牌)내어 참여하여 들었는가의 여부(與否)와 관리를 보내는 전례가 있고 없는 것에 대하여는 신이 어찌 반드시 많은 변명을 하여 일의 면모를 손상시켜야 하겠습니까?

그러나 만약 패를 내기 참여하여 듣게 하여 문적(文蹟)을 쓰지 않고 다만 아래에서 와서 기다리게 했다면 왕명(王命)을 중히 하고 사림(士林)을 대우하는 도리에 있어 또한 어떨지 모르겠습니다. 백간(白簡)[175]의 비척(非斥)이 이미 엄하고 청금(靑衿)[176]의 추리(追理)가 끝나지 않았는데 역관의 벌[郵罰]이 이미 지나갔고 관직의 이름[職名]이 고쳐졌다고 하여 편안하게 무릅쓰고 그 자리에 있다는 것은 그 사유(四維)를 무너뜨리는 행위임이 분명합니다. 앉아서 소명(召命)을 어김은 더욱더 죄스러운 일이기에 지금 비로소 무릅쓰고 문자(文字)를 들여보내어 우러러 엄한 벌을 청하오니 엎드려 비옵건대 성명(聖明)께서는 빨리 〈사판(仕版)에서〉 깎아내라 명하시어 공의(公議)에 사례하고 사분(私分)에 편안하게 하소서. 신은 두려움에 움츠리고 간곡히 기원하여 마지않습니다.

45. 비국 당상을 사양하는 상소(辭籌堂疏)

175) 백간(白簡) : 아무 내용도 쓰지 아니하고 백지(白紙)로 넣은 편지.

176) 청금(靑衿) : 푸른 옷깃. 유학생도(儒學生徒)가 푸른 옷깃의 옷을 입었으므로 유생(儒生)의 별칭으로 쓰임. 〈시경(詩經)〉 왕풍(王風) 청금편(靑衿篇)에 "靑靑子衿이여 悠悠我心이라"고 한데서 온 말.

엎드려 생각건대 어제 경연 중에서 엎드려 비국 당상[籌堂]으로 차하(差下)하시는 명을 받들었는데 스스로 반성을 하니 부끄럽고 두려움이 번갈아드옵니다. 아, 신의 장단점과 얕고깊은 것에 대하여는 성상께서 이미 환히 아시는 바입니다. 엉성하고 우활(迂闊)하며 노둔(魯鈍)하고 막혀서 아는 것은 물건을 주급하기에 부족하고 꺾이고 무너지고 어둡고 어리석은데다 힘은 많은 일을 이바지하기에 부족합니다. 더구나 3~4년부터 질병이 서로 침입하여 홀로 엎드려 있을 때가 많으니 고인(古人)이 이른바 "옛날에도 오히려 미치지 못했는데 지금 어떻게 할 수 있겠는가"라고 한 것이 바로 신의 준비한 말이 되었습니다. 으레 겸할 자리는 비록 감히 사양하지 못한다해도 새로 차임 하는 명은 또 어찌하여 이른 것입니까?

아, 신과 같이 같잖은 것이 편벽 되게 임금의 큰 도움을 입어 협책(挾冊)의 직(職)에서 발탁되어 막힘 없이 신을 끄는 중신의 지위에 이르렀으니 관직마다 은총 아닌 것이 없고 어디를 가나 영광 아닌 것이 없으나, 중외의 관직을 거침에 있어 하나도 걸맞게 색책(塞責)하지 못해서 항상 두려운 마음에 춥지 않아도 소름이 돋을 지경입니다. 그리고 물러갈 나이에 다시 짐을 져야할 자가 수레를 타는 높은 직임을 맡았으니 〈임금의 명을 받들고 참여하여 정사를 받듣는 일은 이미 하는 것이니 논하지 말고 힘껏 진달 하여 반열에 나가는 것 또한 억지로 하기가 어렵습니다. 이리저리 생각을 해보아도 명을 받들어 그 관직에 나갈 희망이 없습니다. 이에 부득불 짤막한 글을 올려 거듭 호소하는 바이오니 엎드려 빌건대 성명(聖明)께서는 신의 정실(情實)로 보아 외람 되게 받을 수 없음을 굽어 살피시고 특명으로 환수하시어 관선(官選)을 중히 하시고 사분(私分)을 편안케 하소서. 신은 두려움에 움츠리고 간곡히 빌어 마지않습니다.

46. 함경도관찰사를 해직해 주기를 애걸한 상소(乞解北伯疏)

엎드려 생각하건대 내일이 바로 세자의 성스러운 생신날인데 멀리서 상상하건대 조정에 있는 대소군신[群工大小]이 기뻐 손뼉을 치면서 태산과 북두 같은 수를 올리고 아들을 찾은 경사를 축하할 것인데 신은 마침 먼 지방에 막혀있어서 함께 손뼉 치며 끝 반열에 함께 할 수 없으므로 밤을 길게 새우면서 남쪽을 보려니 작은 마음에 무엇에 결린 듯합니다. 생각하옵건대 신은 노쇠하고 병들었는데 어떻게 북문이 자물쇠역할을 하는 중대한 직무를 감내해 낼 수 있겠습니까?

제수한다는 교지가 내려온 처음에는 일이 마침 급박해서 한번 속마음을 진달할 겨를을 얻지 못하고 마침내 갑자기 부절(符節)을 받들고 풍패(豊沛)[177]의 옛 국경[疆域]을 안찰하고 북관(北關)의 여러 군(列郡)을 총람하는 자리인데 용이하게 담당할 수 있을 듯이 한지가 벌써 일년이 되려하고 있습니다. 임지로 부임하려 말고삐를 잡고 수레에 탈 때의 뜻을 다하지 못하고 다만 병을 조양하는 곳이 되었을 뿐으로 이리저리 얽힌 감영의 일과 소털 모이듯이 많은 백성의 병폐에 하나도 손을 쓰지 못했으니 이는 시위소찬(尸位素餐)과 다름이 없는 것이므로 자나 깨나 부끄럽고 두려워 옴에 춥지 않아도 소름이 돋습니다.

지난번에는 장마를 겪으면서 습기에 상한 나머지 비창(痞漲[脹])인 숙증(宿症)이 감기에 더욱 기승을 부려 식음을 전폐하고 침상에 몸져 누운 지가 대개 스무날은 되었습니다. 비록 각 능전(陵殿)를 봉심할 달이 되었으나 결단코 길을 떠날 희망이 없기에 바야흐로 간곡하게 진달할 계획을 생각하였는데 곧 재변을 구휼하시는 성상의 염려에 따라 성부(省部)의 떠날 기한을 묻고 은총의 유시가 여러 번 내리시어 권면의 책망을 더욱 진지하게 하셨습니다. 이처럼 남쪽과 북쪽이 모두

177) 풍패(豊沛) : 한고조(漢高祖)의 발상지(發祥地). 함경북도는 조선 태조의 발상지임.

흉년이 들어서 을병(乙丙)[178]이 편안하지 못한 때를 당하여 신과 같이 발꿈치에서 정수리까지 모두 성은을 입은 자가 다만 쇠잔한 목숨을 사랑하여 일을 당한 때 몸을 이끌고 떠나는 것은 의리상 감히 하지 못할 것이 있어서 마침내 안위에 몸을 버리고 병을 무릅쓰고 말을 몰아 겨우 남쪽 경계를 두루 살피고 북쪽 땅도 이리저리 살폈습니다. 그러나 천신(賤臣)에게 병이 또 틈을 타고 발생하였는데 대개 신의 병은 그 빌미가 노동(勞動)에 있으므로 무릇 행역(行役)[179]에 있어 조금이라도 마시고 먹는 것이 있으면 반드시 관격(關格)[180]을 일으키기 때문에 길을 떠날 때의 경계는 먼저 음식을 조절하는 데 두고 있으므로 하루종일 연명(延命)하는 것이 두 모금의 미죽(糜粥)[181]에 지나지 않으니 이렇기 때문에 이틀 걸리는 지역도 오히려 자력으로 다닐 수 없는데 먼 거리로 여러 날 걸리는 데 이르러서는 위장의 기운[胃氣]이 접속되지 못하여 진원(眞元)이 스스로 빠지게 되면 바깥의 사기(邪氣)가 문득 틈을 타게 됩니다. 지금의 행 역은 날짜는 30일이 걸리고 길은 2천이나 됩니다. 게다가 북관에 들어가 겨우 이틀을 잣는데 또 첫추위에 북풍을 만나 담 덩이[頑痰]가 가슴을 막고 적 덩이[積塊]가 또 기승을 부려 길을 나서고자 한다면 자력(自力)은 바랄 수 없고 머물러 있고자 하면 의원에게 치료를 받을[醫治] 길이 없어서 할 수 없이 떼 뫼고 길을 되돌아 간신히 차소(次所)에 돌아왔습니다. 신이 봄 순행 때에 반드시 경흥(慶興)에 가서 비각(碑閣)을 봉심하려고 하였는데 경성(鏡城)에 도착하자 병이 나서 지레 돌아옴을 면치 못했습니다. 지금 또한 이와 같은데 내년 봄 진휼(賑恤)을 감독할 적에 이와 같지 않으리라는 것을 또한 알 수가 없습니다.

178) 을병(乙丙) : 을은 동남간이고 병은 남쪽, 곧 임금의 거처하는 곳을 말함.
179) 행역(行役) : 외국에 사신으로 나가거나 지방에 순찰하거나, 병졸이 변방에 수자리하는 것을 말함. 여기는 지방에 순행하며 진휼(賑恤)하는 것을 말함.
180) 관격(關格) : 꽉 막힌 것. 음식을 먹고 체하여 곽란(霍亂)이 난 것을 말함.
181) 미죽(糜粥) : 된죽과 묽은 죽.

아, 인신(人臣)이 성은에 작은 보답을 하는 길은 바로 이러한 곳에 분주(奔走)하게 힘을 다하는 데 있는 것인데 일과 마음이 어긋나니 사는 것이 죽는 것만도 못합니다. 더구나 북쪽 백성이 조정을 바라보는 것은 해와 같이 여기는데 아래에서 임금의 덕음(德音)을 받들어 듣는 것은 오직 순선(旬宣)[182]의 행차만 기다릴 뿐인데 병들어 아픔을 반드시 부르짖는 마음으로 벼와 보리가 모두 없는 흉년을 만났는데도 도신(道臣)의 한 낯을 만나보고 그 위급함을 말할 수가 없으며 도신 된 자가 또 직접 백성들의 질고(疾苦)를 물어서 불타는 속에서 구원을 하고 물에 빠진 것을 건져주는 의리를 다하지 못한다면 변방백성들의 억울함이 어떻겠으며 국체(國體)의 소홀함[苟簡]이 어떻다고 하겠습니까? 이는 그 죄가 다만 병든 말이 오래도록 수레를 끄는 것을 견디지 못하고 납으로 만든 칼은 여러 번 시험할 수 없을 뿐만이 아니라면 천신의 몸에 있는 질병(疾病)에 이르러서는 논의할 겨를이 있지 않습니다. 엎드려 비옵건대 성명(聖明)께서는 빨리 유사에게 명하여 신의 관직을 삭제하고 신의 죄를 다스려 진휼(賑恤)하는 일로 하여금 허송세월 헛되게[愒愒] 말고 사분(私分)으로 하여금 조금 편안할 수 있게 하소서. 신은 두려움에 몸을 움츠리고 간곡히 권하여 마지않습니다.

답하기를 "상소를 살펴보고 잘 알았다. 행부(行部)가 북관(北關)에 들어갔다가 중로(中路)에서 병이나 거두고 돌아왔다고 하는데 백성의 일에는 비록 안타까운 일이나. 바야흐로 사행(使行) 별도로 보낼 일이 있으니 그 때 남관(南關)의 일은 오로지 방백(方伯)에게 맡길 것이다. 가벼이 바꿔서는 안 되니 경은 사양하지 말고 조리하면서 직임(職任)을 살피도록 하라."하였다.

182) 순선(旬宣) : 관찰사(觀察使)의 임무(任務)로 사방을 복속(服屬)시켜 왕명(王命)을 두루 펼치는 일.

차자(箚)

47. 대사헌으로써 경계를 진달한 차자(以大司憲陳戒箚)

엎드려 생각하건대 하늘이 성상의 충심을 열어 왕세자(王世子)의 위호(位號)가 크게 정해지자 백령(百靈)의 마음을 매놓을 곳이 있어서 팔방[八域]이 다함께 바라보고 있으니, 이는 참으로 우리 동방의 억만년이 갈 경사인데 무릇 움직이고 숨쉬는 것이라면 어찌 수무족도(手舞足蹈)하지 않겠습니까? 신이 일전에 병 때문에 숙야(夙夜)[183]로 문안 올리는 반열에 참여하지 못했는데 다행히 체직(遞職)해 주시는 은혜를 입어서 잠깐 동안 조장(調將)[184]을 할 수 있게 되었고 문안 올리는 반열에 참여할 수 있게 되었는데 하루해가 옮겨지지도 않아서 다시 교지(敎旨)를 받드니 신을 사헌부대사간으로 삼는다고 하였습니다. 의리상 마땅히 힘을 다하여 자빠지도록 달려가서 사례를 올려 그 기꺼운 축하는 나머지의 정성을 펴야 할 것인데 정이 이미 손상되고 병이 또 더해져서 골골대고 엎드려 있기를 거의 생각이 없는 사람과 같으니 신은 참으로 죄송할 따름이옵니다. 신이 명(命)을 받은 것이 마침 큰 경사가 있는 날에 있었으므로 보잘것없는 작은 정성이오나 스스로 남보다 곱절이 되는데 어떻게 몸이 나가지 못한다하여 마침내 그 말까지 폐하겠습니까?

아, 세자는 나라의 근본입니다. 위로는 종묘와 사직의 막중함이 있고 아래로는 백관(百官)과 만민(萬民)의 추대함이 있으며 앞에는 조종(祖宗)께서 창업하여 내려주신 어려움이 있고 뒤에는 자소(子孫)들을 영원히 이어 가게 할 도모(圖謀)가 있어야 하는데 그 편안하고 위태롭고 떠나고 합하는 계기(契機)와 다스려지고 어지러워지고 밝은

183) 숙야(夙夜) : 숙흥야매(夙興夜寐)의 줄임말로 이른 아침부터 늦은 밤까지 일을 함.
184) 조장(調將) : 쇠약해진 몸을 회복되게 함.

데로 향하고 어둔 데로 퇴보하는 시초가 일체 덕성(德性)을 성취하는데 매여 있으며 덕성을 성취하는 것은 또 인도하여 가르치기를 어떻게 하느냐에 달려 있는 것입니다. 지금 우리 세자께서는 예자(睿姿)가 뛰어나시고 기억(岐嶷)이 보통보다 특이하시니 조신(朝臣)들이 나아가 뵙고는 물러 나와 기뻐하면서 서로 축하를 하였습니다. 그러나 덕성(德性)이 정해지지 않아서 좋고 싫은 것을 쉽게 옮기시니 만약 이때에 인도하여 가르침에 있어 그 방법을 얻는다면 함양하고 변화하여 종사(宗社)와 생령(生靈)의 복을 집합할 수 있을 것이나 만약 그 방법을 잃는다면 이와 반대일 것입니다.

〈서경(書經)〉의 〈소고편(召誥篇)〉에 이르기를 "모든 일은 그 시초에 달려있지 않은 것이 없다[罔不在厥初]"라고 하였고, 〈주역(周易)〉의 〈몽괘(蒙卦)〉에 이르기를 "어렸을 때 바르게 길러야 한다[蒙以養正]"라 하였습니다. 교훈 하여 가르치기를 늦출 수 없는 것이 이와 같습니다. 옛날에는 삼고[공](三孤[公])가 앞에 있고 삼소[고](三少[孤])[185]가 뒤에 있으며 나가면 보(保)가 있고 들어오면 사(師)[186]가 있었는데 지금은 장성하는 곳이 깊은 궁중이고 더불어 노는 것이 보모(保姆)로서 물건을 만나면 가르치되 많은 방법으로서 가르치고 있습니다. 말을 배우고 걸음을 배우는 절차서부터 덕을 이루고 성품을 이루는 공부에 이르기까지 모두가 전하(殿下)께서 성취시키는 것이라면 우리 세자[元良]의 명(命)이 밝고 명(命)이 길하게 하는 것은 오직 전하이시고 요(堯)임금을 만들고 순(舜)임금을 만드는 것도 오직 전하이십니다.

그러나 그 방도(方道)로 삼을 것은 반드시 멀리 삼대(三代)에서 찾을 것이 아니라 일절 영조대왕께서 전하를 가르치고 전하가 성교(聖敎)를 복종하던 것으로 우리 세자를 인도하여 가르친다면 영조대왕께서

185) 삼고(三孤) ~ 삼소(三少) : 삼고는 삼공(三公)의 잘못이고 삼소는 삼고(三孤)의 잘못인 듯함.

186) 사(師) ~ 보(保) : 태사(太師) 태보(太保), 소사(少師) 소보(少保)를 가리킴.

는 도(道)가 있는 증손(曾孫)을 두시게 되고 전하께서는 걱정이 없으신 임금[無憂之聖]이 되실 것이니 어찌 아름답지 않겠습니까? 나라에 충성하고 임금을 사랑하는 마음이 지극하여 버릇없고 고루함을 잊은 채 감히 여섯 가지 잠(箴)을 만들어 올리오니 말이 비록 진부(陳腐)하오나 도는 이것을 벗어나지 않습니다. 바라건대 전하께서는 사람 때문에 말까지 버리지 마소서. 이만 줄이나이다.

잠(箴)

48. 왕세자 교육의 도리(元良蒙養之道)[187]

첫째는 덕성을 기르소서. 오직 하늘이 도와서 낳으실 때 너에게 덕성을 주셨는데 그 성품은 저절로 이뤄지는 게 아니라 어려서부터 바르게 길러야 이뤄지는 것입니다. 일찍이 기업의 영원함을 타이르시고 자손을 도와 편안하게 하여 성덕(聖德)을 계발해야 하니 낳으면서부터 안다고 하지 말고 인도하기를 바르게 해야합니다. 본성을 잊지도 말고 억지로 길게 하지도 말고 과단성 있게 실천하고 덕을 길러서 거처할 때는 효경(孝敬)으로 생활화하고 놀 때는 반드시 예악(禮樂)으로 놀이를 하게 하면 불이 타오르고 샘물이 솟아나 듯이 〈덕성이 길러져서〉 온갖 선함이 스스로 족해지리니 그 훈업(勳業)과 그 문덕(文德)은 한 두 살 때부터 시작되는 것입니다.

둘째는 좌우에 인도할 사람을 가리소서. 지초와 난초[芝蘭]는 향기롭게 변화하고 쑥대와 삼[蓬麻]은 곧음으로 기다립니다. 보통 사람도 오히려 그러한데 하물며 사림의 임금이겠습니까? 유모[姆]는 모름지기 너그럽고 후덕해야 하며 보(保)는 반드시 순전하고 정성스러워야 합니다. 재능 있는 자를 사용하면 고상함을 잃습니다. 그 가림을 신중히 하여 가까운데 오로지 하고 요우(僚友)들에 멀리 하지 말며 한 명의 제나라 사람이 여러 초나라 사람 속에 있으면 제 나라 법을 지킬 자 적은 법입니다. 바른 말을 들여 주고 바른 행실을 보여주어 잡아주고 일깨워주며 어진 소문이 날로 빛나는 것은 저 좌우에서 보는 것입니다.

셋째는 거처와 보양을 절제하소서. 작은 어린 나이에 높고 높은 대궐에 살고 있으니 거처하는 곳이 사치로우며 편안하여 보호하는

---

187) 원문에는 제목이 없으나, 다른 곳에서 참조하여 넣은 것임.

것이 영성하기가 쉽습니다. 성인이 이 때문에 절제를 하셨으며 기가 옮겨지고 체예가 펴져서 복장과 음식과 동작이 처음과 같이 신중하지 못하다. 이 때문에 한결같이 검소해서 복으로 기름이 그 넉넉함을 다하지 못합니다. 어려서부터 장성할 때까지 덕이 모아지고 명(命)이 정해지며 업이 이뤄지고 넓어져서 성대한 복록이 편안하게 되어 한계가 없는 데에 기초할 것입니다.

넷째는 구경거리 좋아하는 것을 경계하소서. 오직 물건과 사람은 경계해야 할 것이 구경거리의 물건에 있습니다. 그러므로 열대(列代)의 임금들이 세자를 가르치는데 더욱 힘쓰고 있습니다. 취향이 완고하지 못하고 시청(視聽)이 흔들리기 쉬워서 한 가지 사랑하고 미워함이 있으면 성스럽고 어리석음이 판가름나 멀리는 기이하고 짧게는 좋아해서 듣기에 기쁘고 보기에 기쁜 것은 모두 도에는 도적입니다.

세미한 것에 소홀히 하고 큰 것에 누가 되는 법이니 작다고 말하지 말라 하셨으니 성인(聖人)의 공이 이뤄짐은 오직 덕이 바로 보배입니다.

다섯째는 강습을 부지런히 시키소서. 나이가 방도를 쓰는데 못 미쳤으나 지혜롭고 의젓하신[岐嶷] 소문이 날로 펴지고 있습니다. 교육이란 미리 해야 함으로 밥을 먹고 말을 할 때 귀를 끌고 얼굴을 대하고서 타일러 새것을 알되 옛것을 온역(溫繹)하는 데서 얻어야 하며 거기에 푹 파묻혀서 날마다 부지런히 하고 부지런히 하게 하소서. 한 책 소학은 크신 할아버님께서 남기신 법입니다. 세자 서연[胄筵]의 긴 시간에 두 세 살 된 세자의 도포에 향기가 배어서 하나를 들으면 백을 알고 계시니 날마다 하루 따뜻하고 열흘이 추울까 경계되오나 임금님의 안색에 기쁨이 계시니 시습(時習)에 더욱 힘쓰게 하소서.

여섯째는 몸소 교육하는 데 근본을 두소서. 교육은 참으로 방법이 많으나 몸에 근본을 둬야합니다. 나감이 없으면 정하지 못하는 법이며 타이름이 말하지 못 할 때에 있는 것입니다.개미를 피하게 하고 양에게 차마한 것은 바로 그의 인한 마음을 권면하기 위한 것이며 촌음을 아껴서 해가 기울 때까지 이르는 것은 또한 부지런함을 보인 것으로 그림자가 겉모양을 따르듯이 배움은 가르침이 반인 것입니다. 만방이 곧게 되는 것은 한 사람(임금)이 효도를 하기 때문인데 더구나 애당초 밝은 법을 끼쳐주는 것은 모두가 이른 시기에 있는 것이오니 정밀히 하고 한결같이 하며 전심으로 이르게 하소서. 두 번 절하며 맹세를 고하나이다.

비답하기를 "차자(箚子)를 살펴보고 잘 알았다. 여섯 조항의 경계의 말(箴辭)는 말마다 간절하고 지극하니 내가 마땅히 곳에 따라 성찰하겠다. 경은 사양하지 말고 공무를 시행하도록 하라."하였다.

계(啓)

49. 대사간 때의 계(大司諫時啓)

아뢰기[啓]를 "신에게 조금 생각하는 것이 있기에 감히 이렇게 우러러 진달합니다. 신이 새로 북로(北路)에서 왔는데 북로의 폐단은 농사행정[田政]이 가장 민망합니다. 옛날의 기름지던 땅은 모두기 내와 늪으로 이뤄졌고 지금 농사짓고 있는 땅은 거의가 측량의 장부에 빠져있고 옛 장부는 떨어지고 헤어져서 답사하여 조사하려 해도 증빙할 곳이 없습니다. 그러므로 문득 종전대로 허실을 총망라하여 서로 덮어씌우려 하고 보니 왕정(王政)에 크게 어긋날 뿐만이 아니라, 백성들이 원통하다고 호소하는 것이 이보다 더 심한 것이 없습니다.

만약 조사를 행하여진달 한다면 실결(實結)[188]은 도리어 빠져나갈 것이므로 반드시 다시 측량을 한 다음에 비로소 실효가 있을 수 있습니다. 신이 하읍(下邑)에 부임[待罪]하여 대략 다스려보려고 마음을 소비했으나 미쳐 손을 대지 못했습니다. 대저 이 일은 시작하기가 아주 어려운데 할 수 있을 때는 더욱 적습니다. 그리고 한 두 달에 마칠 수 있는 것이 아니기 때문에 수령들이 문득 모두 물러나 핑계를 대고 있습니다.

지금 조금 풍년이 들었으니 바로 그 일을 할 때를 만났는데 조정에서 만약 엄하게 신칙을 하지 않으면 결코 일을 마칠 시기가 없을 것입니다. 마땅히 본도(本道)에게 그 일의 완급(緩急)을 알아서 그 일을 끝낼 연수를 정하게 하였다가 만약 그 기한을 넘기면 해당 수령(守令)에게 장문(狀聞)으로 죄를 논하게 하면 거의 세월만 보내는 폐단은 없을 것이오니 청하건대 도신(道臣)에게 분부하여 먼저 측량할 수 있는

188) 실결(實結) : 실지로 농사 짓고 있는 농토[田結]. 또는 천재지변의 피해를 입지 않고 벼가 잘 여문 전결(田結).

곳을 살펴서 차례대로 시행을 하게 하소서."하였다.

임금이 이르시기를 "대사간이 전답의 측량[量田]을 논한 것에 대하여 어떻게 생각하는가?"영의정(領議政) 김상철[189]이 아뢰기를 "제도(諸道)의 양전의 일은 연달아 조정의 영[朝令]으로 신칙(申飭)하고 있습니다. 그 일의 완급을 살펴 장점을 따라 설치하여 시행하는 것은 오직 도신(道臣)이 마땅함을 헤아려서 거행하는 데 달려 있으니 이렇게 분부하는 것이 어떻겠습니까?"하자, 임금이 아뢴 대로 하라고 하였다.

또 아뢰기를 "북로(北路)의 상정(詳定)이 처음부터 좋게 이뤄지지 않아서 고을마다 동일하지 않고 그 사이에 뒤섞여 문란한 것이 많습니다. 그 중에도 바다에서 일하는 인부들이 받는 값이 가장 불쌍합니다. 그러므로 각 읍의 어민(漁民) 들이 유독 매우 부지(扶支)하기가 어렵습니다. 그래서 신이 일찍이 변통(變通)을 해서 값을 더 주자는 뜻으로 도신(道臣)과 직접 의논을 했는데 도신 또한 변통하고자 했다고 하면서도 다만 대동(大同)이 넉넉하지 못한 것을 어렵게 여겼습니다.

대저 대동이 넉넉하지 못한 것은 상정(詳定)이 너무 지나친 것이 많은 데서 말미암은 것으로 어느 것은 넘치고 어느 것은 억울하니 실로 조정의 고르게 하려는 제도의 뜻이 아닙니다. 지금 만약 도심에게 다시 상정을 상고하여 대략 그 너무 지나친 것은 감하고 그 억울한 것은 더 주게 한다면 편벽지게 괴로운 걱정은 없을 것이니 청하건대 묘당(廟堂)에게 물어서 처분하게 하소서."하니, 임금이 아뢴 대로하라고 하였다.

또 아뢰기를 "근래의 온갖 폐단은 다 분수를 지키지 않는데서 말미암은 것입니다. 그러므로 보고에 오르는 외람 되고 잡된 것이 근일과

189) 김상철(金尙喆) : 1712(숙종 38)~1791(정조 15). 조선 후기의 문신. 본관은 강릉. 자는 사보(士保), 호는 화서(華西). 1733년(영조 9) 사마시를 거쳐, 1736년 정시문과에 을과로 급제하여 지평, 교리, 충청도관찰사에 이어 대사간, 한성부판윤을 지냈고 이조·형조·병조의 판서와 영의정을 역임.

같은 적이 없습니다. 비록 이번 행행(行幸)하실 적에 상언(上言)한 것을 가지고 말하더라도 포흠(逋欠)[190]한 이향(吏鄕)이 도배(徒配)[191]된 것은 실로 너그러운 형전(刑典)인데 감히 같은 죄는 먼저 석방하는 것이라 일컬으면서 석방되기를 희망하는 자들이 매우 많습니다.

먼저 놓아준 자는 비록 무엇을 인연해서인지는 모르겠으나 포흠한 이 향들이 석방을 청하는 것은 실로 매우 무엄한 행위이니 해부(該府)가 시행하지 말 것을 아뢰어 윤허를 받았으나 이들의 외람 된 것은 시행하지 않는 것만으로 그칠 것이 아니라 마땅히 엄히 징계할 방도가 있어야 하오니 청하건대 도신(道臣)에게 이번 포흠 한 이 향으로 상언(上言)한 자를 일체 다 엄한 형벌로 징계하게 하소서."하니, 임금이 "일이 이미 지나간 것에 속했으나 뒤에는 마땅히 엄히 징계토록 해야겠다."하였다.

또 아뢰기를 "제향을 맡은 관원[享官]이 뇌물을 써서 면하기를 도모한 것은 참으로 극히 해괴한 일이다. 전후 신칙(申飭)한 것이 얼마나 엄절(嚴截)한 것이었는데 사포서(司圃署)의 관원이 홀로 무릅쓰고 범하였으니 일의 해괴함이˙이보다 더 심한 것이 없습니다. 해서과원(該署官員)이 진실로 죄가 있습니다.

만약 이조(吏曹)의 관리가 뇌물을 받고 허락한 일이 없었다면 어찌 향관이 금법을 무릅쓰고 면하기를 꾀하는 일이 있었겠습니까? 청하건대 그 때의 당해 당랑(堂郎)[192]을 추고(推考)하여 경책(警責)을 하고 해당 관리를 무거운 법을 따라 죄를 매겨 다스리고 이 뒤에는 각별히 엄하게 신칙을 하여 전과 같은 농간을 부리는 폐단이 없게 하소서." 하니, 임금께서 "아뢴 대로 하겠다" 하였다.

---

190) 포흠(逋欠) : 포(逋)는 조세를 포탈(逋脫)하는 것이고, 흠(欠)은 관가(官家)의 물건을 사사로이 소비하여 부족을 초래하는 것.

191) 도배(徒配) : 곤장을 맞고 귀양을 감.

192) 당랑(堂郎) : 당상관(堂上官)과 낭관(郎官). 낭관은 낭청(郎廳)이라고도 함

표(表)

50. 한나라가 찬후인 소하에게 칼을 차고 신을 신고 궁전에 올라가고 입조해서는 빠른 걸음을 하지 않게 한다는 조서를 흉내 내어 짓다 (擬漢以酇侯蕭何劍履上殿入朝不趨詔)〈임오문제(壬午文製)〉

황제(皇帝)가 다음과 같이 말하였다. 짐(朕)이 천하를 통일[一統]하는 제업(帝業)을 이루게 된 것은 바로 누구의 힘이었던가? 너는 오직 삼걸(三傑)의 공에 으뜸이니 내가 반드시 보답하리라. 어찌 속마음으로 주는 것을 아끼리요 이는 실로 상공(上功)에게 주어지는 특수한 영광인 것이다.

대개 들으니 성왕(聖王)이 비상(非常)한 문장이 있으면 비상한 공적으로 대우하는 것이며 인신(人臣)이 세상에 없는 공을 세우면 또한 세상에 없는 은총을 입는다고 한다. 주왕(周王)이 천토(踐土)의 공을 갚으니 지금까지 책봉을 받을 적에 절을 하지 않고 있으며 위나라[衛家]에게 신축(新築)의 싸움에 대한 상으로 또한 번영(繁纓)[193]으로써 조회하기를 허락해 주었는데 지금 어찌 그런 사람이 없겠는가?

옛날의 일은 방책(方冊)이 있어 상고할 수 있으나 오직 경(卿)은 패상(沛上)에서 일어나 관중(關中)을 지키면서 난리를 만나서는 오히려 여산(驪山)에서 행역(行役)나가는 이에게 주는 뜻을 기록하였고, 낭묘(廊廟)를 열어 나라를 개척하고 구제하는 일은 이미 함양(咸陽)에서 도서(圖書)를 거두던 때서부터였다.

그 공을 논한다며 군사를 조달하고 양식을 이리저리 수송한 것인데 아주 진평(陳平)과 장량(張良)[194]의 무리가 계획을 세운 일보다 낫고,

---

193) 번영(繁纓) : 번(繁)은 말의 띠이고 영(纓)은 말의 멍에로, 제후(諸侯)의 말장식[馬飾]을 뜻함. 〈左氏.成.二〉에 "위(衛)나라 중숙우해(仲叔于奚)가 곡현(曲縣)과 번영(繁纓)을 청하면서 조회하니 허락해 주었다."는 구절이 있음.

사냥으로 비유를 한다면 발자취를 발견하여 가리켜 보인 것이다. 뿐만 아니라 주발(周勃)과 관영(灌嬰)[195]등은 전쟁을 하였으니 마땅히 보통이 아닌 영광이 있게 하여 세상에 벗어나는 공으로 갚아야 하니 궁시규찬(弓矢圭瓚)을 나누어주는 것으로도 오히려 그들의 큰 공을 갚기가 어렵다. 종정(鐘鼎)과 기상(旂常)에 새긴다 해도 그 특수하게 보답하는 은혜로 표 나게 할 수가 없다.

짐은 생각건대 궁전에 오를 때 대검(帶劍)의 예가 없었던 것은 진(秦)나라의 옛 법임[嬴氏舊規]을 알 수 있고 뜰에서 종종 거름을 할 적에 패옥의 소리[鳴佩]가 안 나도록 조심하는 의식은 숙손통(叔孫通)[196]의 새 제도가 이미 정해져 있다. 오직 이 법이 나타나게 상헌(常憲)이 되었으니 마땅히 경(卿)으로 하여금 군신(群臣)의 예와 다르게 해야겠다.

이에 경에게 칼을 차고 신을 신고 대궐에 올라오며 조회에 들어와서는 종종 거름을 하지 말 것을 허락하니 경은 공경히 은총의 명을 복종하여 특수한 은혜에 변함이 없게 하라. 쟁그랑쟁그랑 울리는 검을 채[劍佩]는 은혜를 홀로 지녔으니 영광이 봉전(鳳殿)[197]에서 뛰어났고 사르륵사르륵 끌리는 신을 신[履舃]고 천천히 걷게 했으니 예가 원반(鵷班)[198]에서 제일이다. 생각하건대 궁전 뜰에서 칼을 풀게 한 법은 다만 어찌 승상(丞相)을 나무라겠는가? 공문(公門)을 출입할 적에 몸을 구부리는 예와 같은 것은 유독 원공(元功)이 있는 사람에게는 그렇게 않도록 할 수도 있다. 그러므로 이에 조서를 내려 자세히 보이는 것이니 의당 알아야 한다.

194) 진평(陳平)과 장량(張良) : 두 사람 다 책사(策士)로서 한(漢)나라 창업에 큰 공을 세웠다.

195) 주발(周勃)과 관영(灌嬰) : 한(漢) 나라의 창업(創業)에 큰 공을 세운 명장들임.

196) 숙손통(叔孫通) : 예문가(禮文家). 한(漢) 나라가 창업되자 예(禮)를 만들기를 청하여 예법(禮法)을 제작(製作)하여 시행하게 하였음.

197) 봉전(鳳殿) : 임금이 계신 대궐을 이름.

198) 원반(鵷班) : 임금과 임금의 자손과 백관이 나열해 있는 조정(朝廷)의 반열을 이름.

51. 본조의 경연관으로 더욱 힘써 자강불식할 것을 청하여 게으름을 깊이 경계하는 뜻을 시늉내다 (擬本朝 經筵官請益勉自强深戒倦怠)〈임오년 한림소시(翰林召試) 때〉

성대한 교화는 쉬지 않는 데서 밝아지니 바야흐로 학문의 아름다움이 정해 진 것을 우러르고 임금의 공부는 스스로 힘쓰는 데 있으니 어찌 조금이라도 게을리 함이 없어야 한다는 경계에 마음쓰지 않겠습니까? 성인은 더욱 성인다워야 하며 새롭게 하는데는 더욱 새롭게 해야 합니다.

공손히 생각하건대 주상전하(主上殿下)께서는 도(道)가 태양이 솟는 것과 같으시고 성스러우심은 하늘이 놓으셨으므로 탕임금의 이 천명을 돌아보시던 덕[顧諟命之德]을 따르시어 세수대야 밥그릇 궤 지팡이[盤盂几杖]에 모두 명(銘)이 있으십니다.

성조(聖朝)의 책을 손에서 놓지 않으신 공을 몸 받아 수신제가 치국 평천하로 학문을 삼으시며 다만 당요(唐堯)의 부지런함이 게을러 질 나이에는 매양 위(衛)나라 무공(武公)이 억(抑)의 시로써 경계하던 공부에 마음을 쓰시니 예학(睿學)이 이미 덕화의 빛남[緝熙]에 나타났으나 오히려 영재들을 가까이하기에 부지런히 하여 토론하라는 명을 자주 하시어 보배로운 나이가 모질(耄耋)에 오르셨어도 오히려 경연을 두시고 성취의 꾀를 이루려 하고 계시니 우러러 생각하건대 40년 동안 다스리심에 있어 진실로 덕업(德業)에 빠뜨림이 없는 것을 알았습니다.

다만 이 사날 강경(講經)에 임하신 것은 실로 잠깐 사이에 더욱 닦아지는 귀함이 있다고 하겠습니다. 생각하건대 신의 관직은 횡경(橫經)[199]의 반열에 있으나 어리석은 정성은 스스로 게으름을 경계하는 마음이 간절하며 하전(厦氈)[200]에서 강마(講磨)하는 괴로움을 우러르

---

199) 횡경(橫經) : 경연(經筵)에서 강론하는 것, 또는 늘 경서를 휴대하고 학문에 열심히 함을 이르는 말. 여기서는 경연에서 강론함을 말함.

200) 하전(厦氈) : 임금이 기거하는 대궐. 또 경연청(經筵廳)의 다른 이름.

니 하루 따뜻하고 열흘 추운 걱정이 있을 뿐만 아니라 나라를 경영하고 임금을 도와드릴 일을 맡고 있음에 한 삼태기 흙의 부족 때문에 〈아홉 길 산을 이루지 못하는가 하는〉 걱정을 금하기가 어렵습니다.

생각하건대 주(周)나라 문왕(文王)이 겨를하지 못한 덕은 진실로 뜻과 기운이 쇠하지 않기를 바랍니다. 다만 경연에 나가시어 하루에 세 번 만날 적에도 또한 한 시각이라도 게을리 할까 걱정을 하고 계시므로 나라를 걱정하고 임금을 사랑하는 정성을 받들어 감히 잠규(箴規)의 말을 진달 하였으니 더욱 삼가고 힘쓰소서. 마땅히 더욱 힘쓰라는 경계에 마음을 쓰시고 스스로 만족히 여기지 마소서 차라리 조금 게으르다는 탄식은 끼칠지언정 이것(학문)을 즐거워하시고 피곤하게 여기지 마소서.

옛날 한(漢) 나라의 중주(中主)도 오히려 학문을 하되 못 미칠 듯이 하였는데 어찌 우리 성군[聖后]께서 혹시라도 이지러지게 하시겠습니까? 남모르게 송(宋)나라 신하가 조정을 아름답게 하라고 한 잠언(箴言)을 붙어서 하후(夏后)가 광음(光陰)을 아끼던 생각에 보탬이 되기를 바란 것입니다. 왕업을 시작한 천명[基命]을 너그럽고 안정[宥密]하게 하는 요점을 논한 것은 모두가 다 나라를 걱정하고 왕의 일을 부지런히 하는 마음속에서 나온 것이니 몸을 바르게 하고 백성을 다스리는 방법과 같은 것은 마땅히 성상(聖上)께서 부지런히 하시고 조심스럽게 여기시는 마음을 따라 만들어 가셔야 합니다. 책을 펴놓음에 저절로 작은 정성이 격동되어 임금이 앉으신 붉은 병풍[丹扆]을 우러러보고 더욱 임금의 학문이 높아지시기를 바라나이다.

52. 명나라에 고려가 홍무 6년 7월 13일에 오직 정월 초하루에만 표문을 전례대로 올려오라는 성지를 받들고 사례하는 표문을 시늉내어 짓다.(擬皇明高麗謝洪武六年七月十三日 欽奉聖旨 惟正朝表

文類進將來事表)〈계미년 이문(吏文)으로 제술하다〉

태양의 빛이 떠오름을 바라보니 바로 흐르는 물이 만 번 꺾여도 동쪽으로 흐르는 정성이 간절하고 사신의 길이 막힐까 걱정을 하니 다만 한해에 한번 조회하는 의식을 허락하셨습니다. 성덕(聖德)이 멀리 수복(綏服)과 황복(荒服)201)에까지 나오는데 작은 정성은 도리어 드문 예에 결손이 되었습니다.

엎드려 생각하건대 신이 동쪽나라[東土]의 임금으로 습봉(襲封)되었으니 마음은 큰 나라에 충성하고 있으며 접역(鰈域)202)이 대국과의 길이 멀어 다만 조공의 법도를 수행하는데 힘쓰고 있을 뿐이며 험악한 바다길이 막혀있으니 매양 사신 왕래에 시기를 맞추지 못함을 탄식하고 있습니다.

이에 성상의 생각이 뱃길로 오는 수고로움을 염려하여 외국에게 시절(時節)의 조회203)를 간소하게 하도록 하여 천추성절(千秋聖節)같은 하례에는 자주 오지 말고 오직 원일(元日)과 같은 온 천하가 합께 경사로 여기는 때에나 전례를 따라 나온다면 어찌 왜구(倭寇)가 자주 습격하는 탄식이 있겠는가?

이는 실로 우후(虞后)가 조근(朝覲)하던 법을 이행하는 것이다 라고 하셨으니 이는 대개 엎드려 황제폐하(皇帝陛下)께서 한번의 융의(戎衣)로 성공하시어 구이(九夷)에게 길을 통하게 하여주심을 만나서입니다. 해와 달이 밝음에 하늘과 땅이 크고 일덕(一德)으로 바깥이 없는 인자함을 나타냈고 멀고 가까운 것이 다 복종하고 위아래가 편안하니 만방(萬

201) 수복(綏服)과 황복(荒服) : 중국의 오복(五服)의 하나. 수복(綏服)은 왕기(王畿) 천리 밖 천리에서 천 오백 리 사이이고, 황복(荒服)은 왕기 천리 밖의 이천 리에서 이천 오 백 리 사이로 가장 변두리 지역임.

202) 접역(鰈域) : 우리나라를 지칭함. 우리나라 바다에서 가자미가 많이 생산되므로 이르는 말.

203) 시절(時節)의 조회 : 사시사철 철마다 찾아오는 사절단.

邦)이 어린아이 기르듯이 하는 은혜를 믿으므로 마침내 성글고 먼 곳에서도 또한 사랑으로 덮어주는 은덕을 입고 있는데 신이 감히 공손 황제의 조서를 받들어 더욱 제후의 법도에 힘쓰지 않겠습니까?

창해 삼 만리 밖에 있어서 비록 원반(鵷班)에 하례하는 길은 막혔으나, 황하 일 천년 세월을 기리 상궐(象闕)[204]에 마음을 돌리고 있습니다. 하늘을 쳐다보고 성덕(聖德)을 우러름에 감격하고 두려운 마음 그지없습니다.

204) 상궐(象闕) : 상(象)은 법(法)이고 위(魏)는 높다(高)는 뜻에서 대궐문을 뜻함. 옛날 법률이 정해지면 누구나 볼 수 있게 높은 성문에 게시(揭示)하던 데서 나온 말.

전(箋)

53. 본조의 여러 신하가 밤낮으로 공경하고 두려워하여 조금도 편안한 마음으로 기뻐하지 말고 부지런히 하고 검소하게 하며 스스로 힘쓰고 스스로 강하게 할 것을 청하는 전을 시능 내어 짓다.(擬本朝群臣請夙夜寅畏罔或逸豫克勤克儉自勉自强箋) 〈계미문제(癸未文製)〉

남면(南面)하시고 몸을 공손히 하시니 바야흐로 정치 교화를 크게 펴기를 우러르고 일덕(一德)으로 공경히 하시니 어찌 근검을 스스로 힘쓸 것을 생각하지 않으십니까? 두렵지 않던 마음을 두려운 마음으로 들어가서 이것을 생각하고 이것에 있게 하소서.

공경히 생각하건대 주상전하께서 수(壽)가 이기(頤期)에 오르셨으나 마음을 백성과 나라에 두시고 잠언(箴言)은 위무공(衛武公)의 억시(抑詩)를 이으시어 세수 대야 밥그릇 궤 지팡이에 명을 하셨으며 공부는 증자(曾子)의 대학서(大學書)에 두시어 수신제가 치국평천하로 학문의 근본을 삼으시니 아름답게 대덕(大德)이 자리를 얻어 진실로 삼왕(三王)의 공에 에 짝이 되셨습니다.

다스리는 도를 생각하시되 반드시 검소하고 부지런함에 의지하셨으나 그 공은 실로 공경과 두려움에 근본 하셨으니 생각하건대 은나라 탕 임금 이 깊은 골짜기에 떨어지듯이 생각하시어 마침내 성스러움이 날로 오르는 공을 이루셨고 또한 하나라 임금이 가정과 나라에서 검소하였으나 실은 그 선대의 덕을 공경히 말미암은 것이었으니 대개 하늘을 대신하여 사람을 다스리는 도(道)는 이 네 가지 속에서 만들어져 오지 않는 것이 없으므로 마음을 보존하고 물건에 대응하는 요점은 더욱 두려울 외자[畏字] 한 글자를 체득하는 것이 귀한 것입니다.

때는 대순(大舜)이 부지런하던 마음이 게을러지던 날에 소속되어서 간절히 백우(伯禹)가 아무 일이 없을 적에도 조심하던 정성을 거행하시어 만학의 공부[炳燭之工]을 한창 부지런히 하심은 성상의 생각이 게으름을 경계하심이 소홀히 하지 않으심이요 오래 사시라는 축원[如岡之祝]을 겨우 올림에 뭇 사람의 심정은 더욱 다스려지기를 바라는 마음이 깊어집니다. 더구나 청대(靑臺)가 재앙을 보고하니 더욱 임금의 자리[丹扆]를 무서워하시는 듯이 해야 마땅하오며 인자한 하늘이 내리는 경고(警告)가 우연한 게 아니니 돌아다보건대 이 알림이 어찌 이리도 지극하단 말입니까?

성인(聖人)의 지기(志氣)가 쇠하고자 하는데 오늘에 마땅히 힘써야 한다는 열 줄[十行]에 발표하신 조칙[渙發]의 유시(諭示)를 외우니 참으로 한 마음으로 기울여 닦으심을 우러르며 구중궁궐에서 재난을 사라지게 하는 방법은 어찌 네 가지 일의 경계를 잊겠습니까? 이러므로 다스림을 걱정하는 정성이 간절하여 감히 경계에 마음을 두는 법을 진달하는 바입니다. 게으르지 않고 허황되지 않음은 더욱 자강불식(自强不息)의 성대한 생각을 독실히 함이며 부지런하고 검소함은 다시 공경하는 임금에 심정을 다하는 것입니다.

인정(人情)이란 편안한 데서 누그러지기 쉬운 것이오니 나라가 이미 반석에 올려놔져 있다고 말하지 말고 천심(天心)은 사랑함에서 볼 수 있는 것이나 귀한 것은 항상 연못가와 얼음 위를 걷는 듯이 경계심을 가지는 것입니다. 남모르게 동중서(董仲舒)의 자강의 말을 붙인 것은 선제[宣后]에게 수신하는 계책을 도움을 요한 것이며 대궐의 뜰에서[彤庭]에서 삼군(三軍)의 사격을 거두었으니 이미 하늘의 위엄을 두려워하는 마음을 우러러보았습니다. 옥루(玉樓:대궐)에서 사민(四民)들의 도모를 구경하고 때로 게으름이 없는 덕 있는 이의 추대하여 그의 검소한 덕 밝히기를 바라고 있을 것이니 두렵지 않을 수 있겠습니까?

54. 대전 태신 일에 하례 올린 전(大殿誕辰賀箋)

청사(靑社)[205]에 봄이 오니 봉황의 우는 소리를 다시 듣게 되었고 절기가 황화가 피는 때이니 세자가 탄생하신 성대한 모임에 경하 드리면서. 온 나라 백성들이 함께 기뻐하는 것은 매년 오늘 아침입니다.

공손히 생각하건대 주상전하(主上殿下)의 십 년 간 승평(升平)한 것은 한마음으로 조심하시고 두려워하셨기 때문이며, 황극(皇極)[206]이 다스림을 계속하니 세월이 돌아 영조대왕께서 난을 겪어 내신 해가 되었고 제일 먼저 엉킨 성서를 관찰하니 때는 바로 동방에 서인이 탄생하신 달입니다.

이에 당(唐)나라 신하가 〈임금에게〉 금 거울[金鑑]을 올리던 날을[207] 당하여 더욱 주(周) 나라 궁중에서 산과 구릉처럼 수(壽)하라고 축원하던 아름다운 마음을 간직하고 있습니다. 엎드려 생각하건대 신은 몸이 변방에 머물러있으나 마음은 임금님계신 대궐 뜰에 달려 있습니다. 삼농(三農)[208]이 흉년이 들었으니 구중궁궐에 계신 전하의 걱정이 어떻게 풀리시겠습니까? 천리 밖에서 전(箋)을 올리면서 또한 다 남(多男)하시라는 축사로 송축(頌祝)하나이다.

---

205) 청사(靑社) : 청(靑)은 동쪽, 사(社)는 마을, 즉 나라를 뜻함. 청사는 우리 동방의 나라를 지칭한 것으로 보임.

206) 황극(皇極) : 황제의 자리. 치세(治世)에 있어서 한쪽에 치우치지 아니하는 중정(中正)의 도(道)를 이음.

207) 당(唐)의 ~ 날 : 당나라 신하는 장온고(張蘊古)를 말하는 듯함. 금감을 올렸다고 한 것은 장온고의 대보잠(大寶箴)에 "이에 금거울을 만들어서[爰述金鏡]"란 구절이 있는데 이를 가리킨 듯함.

208) 삼농(三農) : 봄갈이 여름갈이 및 추수(秋收)의 세 철 농사.

책(策)

55. '왕은 이렇게 말씀하였다' 운운(王若曰云云) 〈과거제도에 대하여 책문하심(問科制)〉

신은 대답을 올리겠습니다. 이 날의 과거는 바로 우리 전하께서 시행하신 맨 처음의 정치입니다. 신등이 예위(禮圍)209)에서 초시(初試)를 보고 강석(講席)에서 재시(再試)를 보았습니다. 그리고 전하의 궁전 뜰에 이르게 되었으니 전하께서 제신(諸臣)들과 더불어 새로워지기를 생각하고 계실 뿐만 아니리 신들도 또한 어찌 마음을 씻고 정신을 가다듬어 우리 전하께서 나라의 모든 것을 만들어 성사시키시는 지역에 나아가지 않겠습니까?

신은 들으니 땅이 못에 임함에(地澤臨卦) 성인(聖人)이 그 이치를 취하여 사람을 가르치고 바람이 땅에 행함에(風地觀卦) 손님을 일으켜 등용한다 하였습니다. 만물(萬物)을 윤택하게 하는 것은 땅만큼 점점인 것이 없고 사람에 임하는 것은 무궁히 가르치는 데 상징이 되는 것이 없습니다. 만물을 흔드는 것은 빠르기가 바람보다 더한 것이 없고 관광이란 것은 선비를 등용하여 왕에게 옮겨가게 하는 방법입니다.

이 때문에 사람이 성인의 가르침이 아니면 진작하고 분기시키는 혜택이 말미암아 입혀질 수가 없어서 사람의 유(類)가 없어지게 되고 선비가 관광(觀光: 과거)이 아니면 준수하게 닦은 예능의 재주가 말미암아 스스로 빼어나올 길이 없게 되어 선비의 도가 주게 될 것이니 사람의 유가 없어지고 선비의 도가 죽을 경우 천하에 나라가 없게되고 천하에 나라가 없게되면 관광에 임할 의리를 베풀 곳이 없게 되며 관광에 임할 의리가 베풀 곳이 없게 되면 성인(聖人)과 군자(君子)가 설교하여

209) 예위(禮圍) : 예조(禮曹)에서 보이는 진사시(進士試). 시험장에는 울타리를 치기 때문에 위(圍)라고 함.

선비를 취하는 것이 또한 식게 될 뿐입니다.

아, 신은 초야(草野)의 위포(韋布)로 삼대(三代)의 교육이 식은 뒤에 태어나서 다섯 번이나 지방의 잡과[道雜]에 과거를 본 끝에 청아(菁莪)의 선비를 조성하는 교화에 젖임을 얻어서210) 역박(域樸)의 인재를 일으키는 정치를 듣는데 참여하게 되어211) 대궐의 문에 올라와 열 줄(十行)의 왕명을 받듦에 임금님의 말씀[天語]이 친절하시어 과제(科制)로 물으시니 신은 참으로 더없이 감탄하며 우러러 그 물음에 대답할 바를 모르겠습니다.

공손히 생각하건대 전하께서는 성스럽고 신명하신 자질로 억조의 백성을 어루만져 사랑하시어 그들에 다가가시기를 물 흐르듯이 하시고 그들이 선비가 되고자 하면 바다가 구슬을 빠뜨림이 없듯이 하고 그들에 행하기를 바람과 같이 하여 그들이 과거를 보고자 하면 사람마다 실력 없는 이가 끼어있지[濫竽] 않게 하셨습니다. 예위(禮闈)에서 초시(初試)하는 것은 바로 옛날의 굉사과(宏詞科)에서 인재를 취하던 법이며 강경(講經)에서 재시(再試)를 하는 것은 또한 예날의 오경(五經)으로 선비를 취하던 법이고 지금 보는 이 과제(科制)는 그것 또한 지극히 섬세하고 또한 모든 방법을 다 한 것이나 재야(在野)에게 물음이 오히려 보잘것없는 신에까지 미쳤으니 전하의 과거(科擧)보이는 규정이 그 또한 진선(盡善)이 못됨을 알겠습니다.

신이 비록 속이 텅 비고 엉성하여 우러러 성상의 전교에 도움을 드리기에는 부족하나 다만 임괘(臨卦)과 관괘(觀卦)의 의(義)에서 얻어 그 윤색(潤色)하고 이장(弛張)하는 방법에 있어서는 또한 일찍이 속마음

210) 청아(菁莪)의 ~ 얻어서 : 청아(菁莪)는 〈시경(詩經)〉 소아(小雅) 청청자아편(菁菁者莪篇)의 시를 인용한 것으로 나라가 문치(文治)의 세상을 만나 과거를 보아 여러 선비와 어울릴 수 있게 된 것을 치하한 말.

211) 역복(棫樸)~ 되어 : 〈시경〉 대아(大雅) 역복편(棫樸篇)의 뜻을 인용하여 자신도 성스러운 임금의 치세를 만나 과거에 급제하여 임금의 조정에서 정사를 참여하여 듣게 되였음을 치하한 것.

에 헤아려 마련함이 있습니다. 신은 청하건대 상규(常規)에 구애하지 않고 다 말씀 아뢰려 하오니 바라건대 전하(殿下)께서 선택하소서.

신 엎드려 성상(聖上)께서 내리신 책문(策問)을 읽어보니 "아름답다 삼대(三代)여에서부터 그 까닭이 무엇인가?"까지였습니다. 신이 두 손으로 받들고 백 번 절하면서 한 맛으로 바라는 바가 매우 간절하였습니다. 심은 가만히 엎드려 생각하건대 과거(科擧)의 설치는 옛일이 아닙니다. 삼대(三代)가 성대한 때에는 준예(俊乂)들이 배출하고 명량(明良)들이 서로 호응(呼應)하였으므로 그때에는 위에는 과거를 설치한 규정이 없었으나 초야에 버려진 어진 이가 없었고 아래에는 과거 시험에 나간 일이 없었으나 재능이 있는 이가 헛되이 늙는 이가 없었습니다.

건원(建元) 때에 이르러서 비로소 현량(賢良)들을 직접 책문(策問)하는 제도가 있었는데 그때 강도(江都)의 정승[212]은 도가 하늘과 사람을 밝혔고 치천(淄川)의 선비[213]는 학문이 춘추(春秋)를 꿰뚫었었으니 그때의 인재를 얻은 성대함이 지극하였습니다. 그러나 오히려 부암(傅巖)에서 담을 쌓고 위수에서 고기를 낚던 무리[214]에 비교를 해도 도리어 손색이 있으니 이는 그 까닭이 어떤 것입니까?

아! 오직 재능 있는 이를 등용하고 오직 덕 있는 이를 보배로 여기는 것은 바로 어진 이를 세우되 유없이 하는 의(義)이고 말을 상고[考言]하고 문장(文章)를 공부시키며[課文] 길[程]을 나누[分程]고 조목을 설치[設條]한 것은 바로 서한(西漢)과 동한(東漢)이 인재를 과거(科擧)로써 취하던 법이었습니다. 어진 이를 세우되 유 없이 하면, 어진 이들의 진출이 넓어지고 인재를 취하되 과거(科擧)로 하면 인재의 진출이 좁아집니다. 그러므로 송(宋)나라 신하 장식[215]은 일찍이 과거의 폐단을 논하기를

212) 강도(江都)의 정승 : 광천인(廣川人) 동중서(董仲舒)를 말함.
213) 치천(淄川)의 서비 : 치천인(淄川人) 공손홍(公孫弘)을 말함.
214) 부암(傅巖)~무리 : 은(殷)나라의 부열(傅悅)과 주(周)나라의 여상(呂尙) 강태공(姜太公)을 말함.
215) 장식(張栻) : 호는 남헌(南軒).

"과거가 설치되면서 어진 인재가 많이 버려진다"고 하였습니다. 엎드려 원하건대 전하(殿下)께서는 이 두 가지에서 비교하여 두루 준예(俊乂)를 불러들이고 널리 재덕(才德)을 선발하되 한갓 과거의 틀 속에 막혀지게 하지 마소서. 효렴(孝廉)을 추천(推薦)하고 수재(秀才)를 천거(薦擧)함과 같은 것은 바로 한(漢)나라가 행하던 시골에서 추천하고 마을에서 천거하던 법인데 그 뜻은 대개 삼대(三代)에 서행하던 숙(熟)과 상(庠)과 서(序)와 학(學)의 법을 모방한 것인데 정홍과 황헌[216] 같은 몇 사람에 지나지 않았습니다. 이를 은(殷) 나라가 어진 이를 널리 찾고 주(周)가 선비를 많이 진출시키던 것에 비교하면 명주(明珠)앞에 무부(珷玞)와 같을 뿐만이 아니었습니다. 아, 법은 한갓 되게 행하는 것이 아니고 가르침에 스스로 방법이 있었으니 삼대는 실효(實效)가 있었다 하겠으며 한갓 되게 그 법만 따르고 그 가르침을 스승으로 삼지 않았으니 이는 후세(後世)에는 실효가 없게 된 이유입니다.

엎드려 원하건대 전하께서는 이 두 가지에서 살펴보시고 인도하기를 법으로써 하고 가지런히 하기를 교육으로써 하시되 한갓 되게 과제(科制)속에 얽매임이 없게 하소서. 주나라[姬家]에서는 지관(地官)이 나라의 교화(敎化)를 맡았는데 시골의 삼물(三物)로 인재를 취하였습니다. 바로 지인(智仁) 성의(聖義) 충화(忠和)인데 이를 일러 육덕(六德)이라 하고 효우(孝友) 목인(睦婣) 임휼(任恤)인데 이를 육행(六行)이라 하며 예악(禮樂) 사어(射御) 서수(書數)인데 이를 육예(六藝)라고 합니다. 일부(一部)의 주례(周禮)로 덮을만하나 이것으로 성주(成周)가 작성(作成)할 수 있었던 아름다움을 상고할 수가 있으니 엎드려 원하건대 이것에서 법으로 살피시어 한갓 과거(科擧)의 말폐(末弊)에 교착(膠着)됨이 없게 하소서.

신이 엎드려 성상의 책문을 삼백년(三百年)까지 읽고 대궐 뜰에

216) 정홍(丁鴻)과 황헌(黃憲) : 정홍(丁鴻)은 후한(後漢)사람으로 오경(五經)논리에 밝았고 황헌(黃憲)은 자(字)는 숙도(叔度) 학행(學行)으로 당시에 칭찬하였음.

이르러 두 손을 올려 백번 절을 하니 한결같이 바라는 마음 간절합니다. 아, 전하께서 삼종(三宗)의 기업(基業)을 어루만져 일대(一代)의 다스림을 이룬 것이 이미 37년이 되었습니다. 그런데 올 봄에 옥후(玉候)가 다시 온화하시어 원손(元孫) 삼가례(三加禮)를 하였으니 이는 참으로 우리 동방의 억만 백성의 복입니다. 그런데 우리 전하께서 스스로 그 경사를 간직하지 않으시고 다사(多士)들과 더불어 함께 하기로 생각하시고 문을 숭상하시는 전하의 궁전 뜰[文陛]에 나오게 하여 나라를 경영하는데 대한 큰 계책을 물으시니 아, 이날의 과거가 어찌 한갓 보통과거에 비교가 되겠습니까? 신과 같이 작은 재능이 비록 선비를 취하는 규정에 대한 논의에 참여하기는 부족하나 몸이 이미 과거 속에 마음을 두고 있으니 과거의 폐단을 알고있는 것이 또한 익숙합니다. 그러니 다른 것을 논할 필요 없이 청하건대 신의 한 몸에 대해 말씀 아뢰겠습니다. 신에게 세상 없는 재능과 무리를 뛰어넘는 덕이 있지 아니하니 백리해(百里奚)가 양의 가죽을 팔면서 장사판에 노래하면서 훌륭한 임금[明主] 앞에 스스로 자랑하지 못할 것이 분명합니다. 그렇다면 할 수 없이 공령(功令)의 글을 배워서 유사(有司)가 인재를 거두는데 대비해야 한다면 소용되는 공부가 장구(章句)를 찾고 따내는 일에 지나지 않으며 힘써야 할 것이 성운(聲韻)을 뽑고 대 맞추는 과정에 지나지 않는데 오히려 천지인(天地人)의 삼책(三策)과 춘추(春秋)의 깊은 뜻을 어떻게 바라겠습니까? 강경(講經)하라는 명을 받듦에 미쳐서는 또한 구두(句讀)를 부지런히 익히고 음송(音誦)을 술술 막힘 없이 읽어야하니 그 조각 준적(準的)이 다만 조(粗)와 약(略)의 사이에 달려있을 뿐이라면 그것을 양구(梁丘)의 주역(周易)[217]과 하후승(夏侯勝)의 서경(書經)[218]에 견주어 보면 바로 연나라와 월나라[燕越]처럼 동떨어

217) 양구(梁丘)의 주역(周易) : 양구는 양구하(梁丘賀)로 한(漢) 제성인(諸城人)으로 자(字)는 장옹(長翁)인데 역(易)을 다스렸음. 선후 하여 경방(京房)과 전왕손(田王孫)에게 주역을 배웠음.

질 따름입니다. 그렇다면 지금의 과거 규정은 참으로 진선 진미(盡善盡美)하다고 말할 수가 없습니다.

송(宋)나라 주희(朱熹)가 훈계하기를 "이와 같은 것이 병(病)인 줄을 알았다면 바야흐로 이와 같은 것이 약(藥)인 줄을 알아야 한다."고 하였습니다. 전하(殿下)께서는 시험 삼아 당우(唐虞)와 삼대(三代)의 교화(敎化)가 어떠하였기에 준예(俊乂)들을 오게 했으며 한당(漢唐)과 성송(盛宋)의 교화가 어떠하였기에 현량(賢良)을 얻을 수 있었는지를 살펴보소서. 성왕(成王)이 군진(君陳)에게 고(誥)하기를 "너는 오직 바람일 뿐이요 하민(下民)은 오직 풀일 뿐이다." 하였습니다. 그러므로 한 무제(漢武帝)의 세대에는 현량을 얻고자하면 동중서(董仲舒)와 공손홍(公孫弘)의 무리가 나왔고 재변(才辯)을 얻고자하면 주매신(朱買臣) 장조(莊助) 오구수왕(吾丘壽王)의 무리가 일어났으며 도검(韜鈐)을 얻고자하면 위청(衛靑) 곽광(霍光) 정가(程嘉) 이광(李廣)의 유가 등장을 하였는데 지금 전하께서 현량(賢良)을 얻고자 한다면 현량이 스스로 올 것인데 어찌 과거[科臼]와 공령(功令)으로 신에게 책망할 것이 있겠습니까?

신은 들으니 홍범(洪範)에 이르기를 "임금이 그 표준을 세우면 사람은 그 표준을 삼는다"라고 하였습니다. 엎드려 원하건대 지금으로부터 계속하여 먼저 인도하여 거느릴 방도에 힘을 쓰고 크게 변화할 꾀를 다하여 "몸으로 교화시킨다[身敎]"는 두 글자로 오늘의 선비를 취하는 요점으로 삼으신다면 무성한 길운이 모두 왕의 뜰에 나오고 빛나는 문장이 상서(庠序)로 모여듦을 볼 수가 있을 것이오니 바라건대 전하께서는 마음을 머물러 두소서.

신은 엎드려 성상의 책문의 "아, 제생(諸生)들이여부터 ……다 글에 나타내어라"까지 읽고 신이 두 손을 들어 백 번 절을 하면서 한마음으로

218) 하후승(夏侯勝)의 서경(書經) : 한(漢) 나라 노인(魯人) 자(字)는 장공(長公) 족부(族父) 시창(始昌)에게 서경(書經)과 홍범전(洪範傳)을 배웠고 또 구양씨(歐陽氏)에게도 배웠음.

바라는 게 있습니다. 전하께서 만약 반드시 강경(講經)의 규정을 거듭 밝히고자 하신다면 반드시 입으로 외우고 돌아앉아 강하는 것을 귀히 여길 것이 아니라 다만 삼경(三經) 중에서 〈중요한 부분을〉 뽑아내어 면전에서 읽게 하고 글 뜻이 은미한 깊은 곳을 물어서 그 뜻에 능통(能通)한 자를 선택하여 그들로 하여금 임금님 앞에서 서로 묻고 어려운 부분을 논의하게 한다면 그것이 음만을 외우는 것에 비교하여 공효(功效)가 어떻겠습니까? 신은 삼가 대답을 올립니다.

56. 임금은 이와 같이 말하였다 운운(王若曰云云) 〈치도에 대하여 물으셨다.(問治道)〉

신은 대답 올립니다. 이 날의 제도는 바로 문적(文籍)에 실려 있는 것 중에 드물게 있는 성대한 일입니다. 송(宋) 나라 천장각(天章閣) 때에 붓을 준 것은 다만 이 관각(館閣)의 신하뿐이었고 한(漢) 나라의 원년(元年)에는 임금이 직접 책문(策問)을 한 것은 공거(貢擧)의 선비에 불과 했던 것을 보면 명전(明殿)에 모인 시종지신이 제사(諸司)의 대대로 음직을 받는 선비들과 아울러 열 줄의 왕명(王命)을 환발(渙發)을 하셨으므로 생각하고 들어서 하나를 얻은 자면 우리 전하께서 보통에서 벗어나는 지극하신 뜻을 볼 수 있을 것이니 오직 전하만이 제신(諸臣)들과 더불어 새롭기를 꾀하시는 것이 아니라 신등도 또 어찌 정신을 가다듬고 극도로 의논하여 우리 성상(聖上)께서 듣기를 즐거워하시는 성대한 뜻을 맞추어 들이지 않겠습니까? 신은 들으니 예나 지금이나 다른 이치가 없는 것은 다스리는 도리라고 하였고 예와 지금이 다른 사의(事宜)가 있는 것은 다스림의 형세라고 하였습니다. 그러므로 다스림의 뜻으로 삼는 것은 비록 삼대(三代)의 먼 옛날이라도 반드시 후세(後世)에서 법으로 삼을 수 있는 것이나 다스림의 법으로 삼는 것은 비록 한(漢) 나라와 송(宋)나라처럼 가까운 세대라도 오늘날에 다 행할 수 없는 것이 있는데 그것은 무엇 때문이겠습니까? 이치의 형세가 다르기 때문입니다.

그러나 뜻이 높은 자는 고상한 논의를 좋아하여 삼대(三代)의 법은 어느 때던 옳지 않음이 없다 하고 뜻이 낮은 자는 보고 들은 것에 익숙해서 매양 한나라 송나라의 일만을 가지고 인용하여 구실(口實)로 삼고 있으니, 이 두 사람은 모두 다스림을 하는 방법을 모르는 자들입니다. 대저 그 이치를 스승으로 하되 그 형세에 통달하지 못하면 삼대는 회복할 수가 없고 한갓 되게 종이 위의 실속 없는 말[空言]에 귀속될 뿐이고 형세에 통달하나 그 이치를 스승으로 하지 않으면 한나라와 송나라의 제도도 또한 얻지 못하고 허공에 매달린 세계가 됨을 면치 못 할 것이니 반드시 세상 형세의 틀리는 점을 저울질하고 다스리는 이치의 근원을 흐름을 살펴서 문(文)으로 해야 하면 문을 하고, 충(忠)으로 해야 하면 충(忠)으로 하여 때에 따라 손익(損益)을 하고 사의(事宜)를 헤아려 쓰고 버려야 합니다. 그렇게 하고 나서야 그 이치를 말해도 거슬림이 없고 그 형세를 구해도 극한 되는 바가 없게 되므로 삼대의 성대한 정치를 지금에 회복할 수 있어서 한나라 송나라의 낮은 것은 더불어 논할 것이 못됩니다.

공손히 생각하옵건대 전하(殿下)께서 요순(堯舜)의 보령(寶齡)으로 탕임금과 문왕[湯文]의 다스림을 이르시기에 밤낮으로 부지런히 하시면서 오히려 곧은 말이 올라오지 않을까 두려워하시고 대궐[廈氈]에서 조심조심하시면서 오히려 큰 꾀가 올라오지 않을까 염려하시어 현량(賢良)을 모아서 물음을 내시게 되면[發問] 삼대 때 다스리던 것을 물으시고 문신(文臣)을 오게 하여 문장을 짓게 하실 때[製述]는 문과 충의 손익(損益)의 도로써 명(命)하시니 전하의 구언(求言)의 부지런과 다스림을 묻는 성대한 뜻이 지극히 섬세하고 또한 빠뜨림 없이 다하셨다고 할만합니다.

그러나 목마르듯이 하는 생각은 항상 부족하게 여기고 계시기에 나무꾼에도 물으시는 말씀이 또 신 같은 사람에게도 이르렀으니 신이 비록 학식이 텅 비고 엉성해서 성상의 다스림에 도움이 되지는 못하오나 삼대의 이치를 스승으로 삼고 오늘의 형세를 참작해서 유여(有餘)하면 덜어내고 부족(不足)하면 보태주며 쌓인 폐단을 구제하고 새로운 공을 도모하는 것에 대해서는 또한 할 말을 없지 않사오니 바라건대 전하께서는 선택을 하소서. 신이 엎드려 성상의 책문을 "오호라에서부터 그 이유가 무슨 까닭인가?"에까지 읽고 신이 두 손을 들어 백 번 절하고 아래서 매우 간절히 바람이다. 신이 남모르게 엎드려 생각하건대 우리 전하께서는 덕이 이미 높으신 데 오히려 공이 이뤄진 게 없다는 전교가 계시고 다스림이 이미 흡족한 데 오히려 잠자리가 편하지 못하다는 탄식이 있으십니다. 준예(俊乂)들에게 시험을 보였으나 다 겉치레[文具]로 돌리시고 문음(文蔭)에게 물으면서도 거칠고 솔직한 자 얻기를 생각하시니 매우 성대하고 매우 성대하십니다.

그러나 그 근본을 따지지 않고 한갓 그 끝만을 찾는다면 오늘 올리는 대답은 끝내 반드시 겉치레로 돌아갈 것이며 그 실지를 힘쓰지 아니하고 한갓 그 화려한 것만을 따른다면 오늘 하는 과거(科擧)는 장차 준과(俊科)로 돌아갈 것이오니 바라건대 전하께서는 생각하소서. 아, 화상을 그려[단청] 두루 찾아서 과연 부암(傅巖)에서 담을 쌓는 자[板築者]를 얻었는데 이는 은(殷) 나라 고종(高宗)의 성인다우신 일이었고 바람과 눈보라를 무릅쓰고 세 번씩이나 찾아가서 마침내 남양(南陽)에서 봄잠을 자는 자[春睡者]를 일어나게 하였으니 이는 촉한(蜀漢) 소열제(昭烈帝)의 어진 임금다운 정성이었습니다. 두 임금의 정성은 피차간에 간격이 없으나 성취(成就)는 서로 틀리고, 법을 전후간 동일하였는데도 왕도(王道)와 패도(覇道)의 갈림은 너무나 동떨어지는 것은 어찌 시세(時勢)의 날카롭고 둔한 게 틀리고 천운(天運)의 흥하고 쇠함이 같지 않아서 일 것입니다.

당요(唐堯)의 오십 년 다스림은 구름이 하늘을 지나가는 것과 같았고 성탕(成湯)의 팔십 세의 공부는 날로 새로워져야 한다는[日新]의 글을 세숫대야에 새겼으니 이는 실로 천고(千古)의 성대한 때였고 백왕(百王)이 사법(師法)이 되는 것입니다. 우리나라에 이르러서는 성자신손(聖子神孫)이 서로 이어서 다스려 이룬 교화[治化]가 크게 밝았고 우리 전하께서 또 선대왕의 고리를 굴리듯이 신하들의 말을 들어주던 도량을 이어받으시고 더욱 위무공(衛武公)의 나이에 북을 설치하게 한 아름다운 마음을 넓히시어 상세(上世) 때의 아름다움을 후세에서 다시 볼 수 있게 되었으니 이는 마땅히 충성된 곧은 말이 임금 앞에서 다 진달(進達)되고 꽁무니 빼는 습관이 아래에서 볼 수 없을 것인데 온 세상을 둘러봐도 고요히 들을 수가 없고 소털처럼 많이 일어나는 무거운 폐단은 거의 짐 지는 종을 바꿀 지경에 이르렀으니 이는 그 까닭이 무엇입니까?

아, 사람들이 주장하는 견해가 없어서 같은 것은 좋아하고 다른 것은 싫어한다면 이는 시체(時體)로 미연(靡然)이라는 것이고 일마다 모름(模稜)이 없이 오직 부드럽고 익숙한 것만을 기뻐한다면 이는 음아(喑啞)[219]로 풍속을 이루는 것이고, 항을 따르고 대를 좇아 나아갔다가 물러났다 한다면 이는 골동(骨董)으로 분별 할 수 없는 것인데 나눠진 것으로부터 말을 한다면 세 가지지만 그 근본을 찾아서 논의를 한다면 한 가지일 따름입니다. 그 한 가지는 무엇인가? 하나 문(文)자가 그것인데 문(文)의 폐단이 어찌 이렇게 까지 되겠습니까마는 오직 문이 바탕[質]을 이기기 때문입니다. 그러므로 온갖 폐단이 뒤따라서 온 세상이 폐단천지[滔滔]라서 비록 한 사람이 스스로 좋아하는 것이 있더라도 문득 모두다 떼로 그르다하고 무리지어 웃어대어 마침내 성상께서 맑은 물음이 계신 중에 세 가지(시체 음아 골동)의 세계에 이른 것과 불행히 가깝게 되었으니 성상(聖上)의 도주(陶鑄)하시는

219) 음아(喑啞) : 벙어리처럼 입을 다물음.

조화로 또 어찌 만회할 길이 없겠습니까?

아, 의리가 없고 인정이 메마른[澆漓] 습관을 물리치고 질박하고 거칠되 참된 인성(人性)을 권장하면 세속의 숭상을 고칠 수가 있으며 충직한 말을 상주고 피연(罷軟)한 의논을 나무라면 언로(言路)는 열릴 수 있습니다. 손실과 이익의 규정을 밝히고 문식과 실상[文實]의 분별을 엄하게 하면 흐리고 맑음[涇渭]이 자연이 나눠질 것입니다. 오직 원하건대 전하께서 다만 실지의 마음으로 인도를 하여 한 가지 일을 행하되 문식을 버리고 실지에 힘을 쓰며 두 가지 일을 행하되 실지에 힘쓰고 문식을 버리시어 저 팔도의 신민(臣民)들로 하여금 모두 전하의 마음은 다만 실질적인 공[實功]에 있다는 것을 알게 하시면, 이른바 세 가지의 폐단이라는 것이 어찌 날로 고쳐지고 달로 바뀌지지 않을 것을 걱정할게 있겠습니까?

신은 엎드려 성상의 책문을 "오호라에서부터 칠실(漆室)[220]의 탄식에까지"읽고 두 손을 들어 백 번 절하고 한결 같이 성치(聖治)를 기대하고 있습니다. 지금 이 세 가지의 폐단은 참으로 여러 신하들의 죄이고 또한 성상께서 인도하여 거느리는 정성에 미진함이 있어서가 아닌 듯합니다. 은(殷)나라 고종(高宗)이 도와줄 사람을 꿈에서 본 것은 이는 정성 때문이고 촉한(蜀漢)의 소열제(昭烈帝)가 어진 이를 얻은 것도 또한 이 정성 때문이었으니 〈정성이 있으면〉 바위 구멍 속에 숨어사는 은자(隱者)도 오히려 일어 나오게 하는데 더구나 임금의 지존으로서 억조창생(億兆蒼生)의 풍속을 교화시키는 것은 이는 실로 풀 위에 바람이 부는 것과 같을 뿐이오니 바라건대 전하께서는 이에 힘쓰소서. 신은 삼가 책문(策問)에 대답을 올립니다.

물재유고 권지이(勿齋遺稿卷之二)

220) 칠실(漆室) : 아주 캄캄한 밤.

勿齋遺稿
권지삼

제문(祭文)

애사(哀辭)

가장(家狀)

묘표(墓表)

물재유고 권지삼(勿齋遺稿卷之三)

- 번역 : 홍혁기

제문(祭文)

57. 정정언 래겸[221] 제문(鄭正言來謙祭文)

유세차(維歲次) 경인(庚寅) 4월 갑인(甲寅) 근일 작고한 사간원 정언(司諫院正言) 정공(鄭公)이 내일 원성(原城)의 산으로 돌아가게 되어 있으므로 그 벗 용인(龍仁) 이숭호(李崇祜)가 처음에는 장지(葬地)에 임해서 결별(訣別)하려고 하였었으나, 견제(牽制)가 두려워 그러하지 못하고 우선 애사(哀辭)를 보내고 다시 몇 마디의 말을 엮어 곡(哭)하며 보낸다.

아, 그대가 재능 없이 사망하였더라면 나는 슬퍼하지 않았을 것이다. 그대가 그 재능을 펴고 돌아갔더라면 나는 슬퍼하지 않았을 것이다. 그대가 할 말이 있어 어버이를 위로할 수 있었더라면 그 몸은 슬퍼하였으나 그 가정은 슬퍼하지 않았을 것이다. 그대가 토지가 있어 후사(後嗣)가 살 수 있게 하였다면 그 죽음을 가엾게 여기고 그 산 이를 가엾게 여기진 않았을 것이다. 나와의 사귐이 깊을 수 없게 하였더라면 눈물이 어찌 옷깃을 적시는 데까지 이르게 할 것이며 나에게 벗으로 다시 공(公)과 같은 이를 두게 하였더라면 목이 메이도록 곡을 하지 않았을 것이다.

반악과 양중무[222]가 지나간 그림자요, 뇌의와 진중[223]의 한 조각

221) 정정언 래겸(鄭正言 來謙) : 정래겸(1728~1770), 자(字)는 맹양(孟揚), 본관은 연일(延日), 1765년 문과에 급제, 정언(正言)과 삼사(三司)를 역임.

꿈이었네. 달빛은 일렁이고 뜰에는 풀이 무성하네. 지난번에는 적게 기울이기(술잔)를 서로 경계하였는데 지금 공에게 큰 술잔으로 권한다. 이 잔질을 하는 것도 다시 하지는 못할 것이다. 영(靈)은 알고 있는가? 아, 슬프다. 상향(尙饗)

58. 종질 진사 재성 제문(從姪進士在誠祭文)

아름다운 옥은 부서지기 쉽고, 옥같은 돌은 반드시 오래간다. 이 이치는 넓고 멀고 높아 두드릴 수 없다. 옛 나의 사촌[賢從]은 밝고 깨끗했으나 부족함이 있었다. 군(君)을 양자로 들이자 그 깨끗함은 몹시도 닮았다. 뛰어난 재능과 아름다운 문장은 곧 날아오를 듯 하였다. 들이 추우면 발이 가엾다. 큰 총명은 어찌 그리 책을 좋아하였는지, 일생을 진사(進士)에 그치었다. 이미 지난 일이다. 우리 가문에 더는 문사(文士)가 없다. 인(仁)한 이는 반드시 창성한다 한다.

누가 중부(仲父)만한 이가 있던가? 주고는 다시 빼앗았으니 이러한 잘못이 있는가? 며칠이 지나자 장사(葬事)가 막 이루어 졌다. 슬픔에 상사(喪事)를 다하지 못함은 군자가 가슴 아프게 여기는 바다. 홀어머니는 당(堂)에서 곡을 하고, 두 딸은 방에서 운다. 이 정경을 말하려다 먼저 목이 메인다. 병으로 결별에 임하지 못한다. 슬프다. 어린 상인(喪人)이여. 위안이 될 만한 것은 남기고(복을) 누리지 않은 것이다.

59. 중자부 창녕 성씨[224] 곡문(仲子婦昌寧成氏哭文)

---

222) 반악(潘岳)과 양중무(楊仲武) : 진(晋)나라 사람으로 몹시 친밀한 사이였음.
223) 뇌의(雷義)와 진중(陳重) : 후한(後漢)사람. 벗으로서 사귐이 깊고 두터웠음.
224) 중자부 창녕성씨(仲子婦昌寧成氏) : 둘째 아들인 재익(在翼)의 처

나의 아름다운 며느리를 잃었다. 하늘의 뜻이란 말인가, 사람의 짓이란 말인가? 재앙이 쌓임은 나요, 사랑을 하지 않음은 나이다. 재앙이 있고 병통이 있어 끝내 너에게 화가 미쳤구나. 병에 일찍이 치료하지 못하였고 치료했어도 그릇됨이 많았다. 처음에는 연육(蓮肉)을 쓰다가 끝에 가서는 인삼을 썼다. 흉한 것이었던가, 아니었던가? 다만 달포나 끄는 것이 걱정이었고 어찌 생각이 이에 미쳤으랴.

둥근 얼굴 순한 자태는 시집 올 때부터 기뻐하였고, 통달한 지식 착한 행실은 일반 여자와는 거리가 있었다. 품성(稟性)으로 보아 수를 할 것으로 알았고 용모로 보아 복이 있을 것으로 알았다. 가난한 집안에 간직된 구슬이었고, 분에 넘치면 잃게 된다. 두어 달 음식을 맡아 올리다가 나에게 올리는 일을 마치지 못하였으니 아마 너도 한이 많을 것이오, 나 역시 누구에게 의탁한단 말인가? 내가 음덕(蔭德)을 입었으니 너 역시 많이 기를 것이며 분가하여 두 집이 되어서도 성심껏 봉양할 것으로 여겼는데 말이 미처 실천되기도 전에 너는 지금 어디로 간단 말이냐? 지난번 친정에 가는 것을 허락하였을 때 너의 치료를 위해서였으나 너는 즐겁지 않은 듯 싶었고 가서는 과연 돌아오지 않았다.

간간이 더하다는 말을 듣고 병을 무릅쓰고 3번씩이나 갔었는데 쉽사리 잊을 수 없다며 차마 손을 놓지 못하였다. 긴 탄식 짧은 말은 어린 것이 가슴에 쓰리다. 유모(乳母)는 정하였으니 음호(陰護)가 있기를 기대한다. 두 어린 것이 손을 맞잡고 어미를 부르니 차마 듣겠는가? 성장하여 스스로 설 때가 되면 내 눈은 이에 감을 것이다. 너는 나에게 곡을 해야 옳은 것인데 내가 도리어 너를 장사지낸다. 방에 들어가면 묵은 자취요, 소반을 대하면 손때가 묻어 있다. 한 가닥 목숨 붙어 있으나 온갖 쓰라림 겪고 있다. 병은 비록 거리낌이 있으나 생각이야 어찌 억제할 수 있겠는가?

선산(先山)의 산기슭에 너를 위해 유택(幽宅)을 정하였다. 논의는 비록 여러 갈래였으나 혼은 아마 의지할 수 있을 것이다. 편치 못함이 있다면 일찍이 나에게 알게 하라. 슬픔을 담아 펴게 하니 저승이나 이승이 같이 슬퍼할 것이다.

60. 큰며느리 동래 정씨 곡문(伯子婦東萊鄭氏哭文)

사람들은 내가 복이 있다고 하였다. 슬하(膝下)가 향기로워 두 아들 한 며느리에 세 손자가 한 뜰에서 단란히 지내고 30년 기쁨은 있고 슬픔이 없으며 두 늙은이가 얼굴을 펴은 금옥(金玉)을 위한 것이 아니라고 한다. 그러나 나는 본래 박복하여 그림자를 돌아보면 두려움이 많다. 무슨 재앙을 쌓을 일을 행하여 고통이 모인단 말인가? 엊그제는 한 며느리를 잃었고 지금 또 한 며느리가 ….

아들은 모두 반을 베어냈고 손자들은 각각 어미를 부른다. 연이은 규방(閨房)에는 사람이 없고, 흰머리 한 시어미는 외로이 지내고 있으니, 이 어찌 사람의 일이란 말이냐? 3세(世)의 제사와 백 명의 노비(奴婢), 옛 부엌의 음식과 귀고리 한 개를 누가 받들고 누가 매만지며 누가 먹이고 누가 기를 것인가? 가는 사람은 굳이 안다고 할 수 없겠으나 산 사람이야 어찌 감당하고 억제할 것인가?

아, 네가 험한 일을 당하자 어린 것은 의지할 곳(부모)을 잃었고 겨우 손바닥의 명주(掌珠)[225]를 귀여워하다가 또 거듭된 봉우리에서 곡을 하는구나. 하늘은 이에 화(禍)를 후회하여 중년의 유형(惟亨)에게 기린아(麒麟兒)[226]는 품에 있고 임금의 사령(辭令)은 몸을 빛나게 할 것이며 소년 명부(命婦)[227]는 안에서 큰 번진(藩鎭)을 도울 것이므로 많은 사람들이 부러워 할 것이다. 그런데 누가 손(損)을 부른다고 하겠느

225) 손바닥의 명주(掌珠) : 손에 있는 구슬로 아내를 비유한 것
226) 기린아(麒麟兒) : 재주가 뛰어난 아이
227) 명부(命婦) : 봉작 받은 부인

냐? 둘째 아이는 해를 이어 더했다 덜했다 한다.

흉격(胸膈)에 병통이 생겨 혹 오래가는 병이라 여겼는데 속에 종기가 있다는 말에 비로소 끝내 잃는 것은 아닐까가 의심되었다. 지난번 증세에 따라 약을 쓰게 하였는데 어찌 오늘의 일이 있단 말이냐? 오직 내가 사랑하지 않았고[不慈] 내가 밝지 못해서 이다. 네가 나에게 제(祭)를 지내야 하는데 내가 도리어 너를 장사 지내는구나. 늙어 죽지 못하여 모든 재앙을 당하는구나.

위로가 되는 것은 후일을 기다릴 만하다. 자라고 장가들어 너의 제사를 맡을 것이다. 지난번에 유형의 어미에게 곡을 하면서 이와 같은 말을 하였다. 앞의 말이 이루어지기 전에 지금 또 네가 …. 파리하고 늙은 내가 거듭 짐을 맡을 수 있겠느냐? 오직 너를 따라가 지하에서 봉양을 받을 것이다. 만날 날이 얼마 남지 않았으나 우선 한 잔 술 따른다. 마음이 다함이 없는데 말은 해서 무엇하겠느냐?

61. 큰조카 통덕랑 재종 곡문(伯姪通德郞 在宗哭文)

태어나서는 찬미(嘻)하였고 사망하여서는 애통하였다. 희(嘻)가 태어남이 귀한 것은 즐거움은 있고 애통은 없어서이며 죽음에 위로가 되는 것은 사실 후사(後嗣)가 있으면 무어 애통할 게 있겠는가? 군(君)의 몸을 논하면 세상에서 모두 애통하다고 말한다.

성장하며 이상스런 병에 걸렸고 이 병으로 늙었다. 희(嘻)는 변화하여 빈방에서 몸과 그림자가 서로 불쌍히 여긴다. 희(嘻), 집에서 즐거움이 없으니 세상맛이야 무어 논할게 있겠는가? 희(嘻), 백년 대대로 높은 벼슬을 이어왔는데 군(君)에게 와서 벼슬이 없다. 희(嘻), 여러 세대(世代) 물길이 흐르다가 지금은 이음이 없으니…….

희(嘻), 아들은 일찍이 묻히고 딸은 또 한낮에 곡을 하였다. 희(嘻),

한 사위, 한 누님에 어찌 화(禍)가 따르단 말인가? 희(嘻), 울부짖는 머리 흰 늙은이, 장사(葬事)는 그 아우가. 희(嘻), 살아서나 죽어서 가엾지 않은 곳이 없구나.

희(嘻), 나의 아버지는 인(仁)이 깊었는데 보답이 어찌 그리 어긋난단 말인가? 희(嘻), 걸음은 멈출 수가 없는데 슬픔을 어찌 감당할 지, 희(嘻)라.

62. 북영의 기청제[228]문(北營 祈晴祭文)

많은 북쪽의 백성을 신영(神靈)이 주관하고 있다. 즐거우면 혜택을 송축하는데 괴로우면 누구에게 호소할 것인가? 토지는 대부분 메마르고 해마다 자주 기근이 든다. 아, 지금의 비는 두 달이나 계속되었다. 아침에는 햇빛을 보지 못하고 날마다 물이 흥건하다. 평야는 범람하고 온갖 곡물은 시들어 간다. 벼 이식은 점점 병들고 농기구(農器具)는 쓸 곳이 없다. 낮은 곳에 희망이 끊어졌으니 백성이 어찌 씨가 남겠는가?

나와 같이 재주 없는 사람이 취임한 지 1년이 못되었다. 마음은 다친 사람을 대하듯이 간절하였으나 진정 부끄러움은 이러하다. 더구나 이 지역은 한(漢)의 풍패(豊沛)[229]요, 주(周)의 기산(岐山)[230]이다. 삼경(三更) 임금의 근심은 팔방(八方)에서 으뜸이다. 밝은 신령이 날마다 보는 바로서 어찌 이를 돌보지 않겠는가? 먹구름을 썩 거두고 조화로운 빛이 곧 따르면 어찌 시들음을 걱정하랴.

장차 무성하게 할 것이므로 성대한 주심에 고무할 것이다. 우리 늙은이와 아이가 감히 재계하고 작은 정성으로 삼가 제물(祭物)을

228) 기청제(祈晴祭) : 장마철에 날이 개이기를 비는 제사.
229) 풍패(豊沛) : 한나라 고조의 고향.
230) 기산(岐山) : 주나라가 창업한 곳.

올리니 신령은 감응할 것이다. 삼가 돌보심을 기다린다.

63. 두 번째 기청제문

어제 옅은 정성을 기울여 삼가 굽어보시길 청하였다. 종일토록 비를 쏟지 않았으니 이 누가 주신 것인가? 모두 신령(神靈)의 감응이라 해서 어린이와 어른이 발돋움한다. 그러나 선뜻 거두기를 머뭇거리며 간간이 가랑비를 뿌리니 신령이 어찌 멀리 들었겠는가? 내가 실은 정성이 엷었거나 기장이 혹 향기롭지 못했거나 희생(犧牲)이 혹 크지나 않은 것인지? 신령은 광대해서 어찌 이에 화가 난 것은 아니겠지. 은혜는 반드시 끝이 있어야 하는 것인데 명(命)이 어찌 핍박되려 하는지?

하루 개지 않으면 조도 보리도 없고, 이틀 볕이 들지 않으면 벼와 피도 없으며 먹을 것이 없으면 백성도 없어 신령의 슬픔을 끼치게 되나 재앙을 돌려 상서를 만들면 신령은 곧 성대해진다. 이 긴 장마를 거두고 햇볕을 주시면 허물과 아름다음은 분명해 질 것이다. 신령이 어찌 아끼겠는가? 마음은 타는 것 같아 말이 중복됨을 혐의하지 않는다. 신령에게 호소하지 않으면 어디에서 복을 맞이할 것인가? 말은 옹졸하나 정은 진지하니 이 멀리 보낸 술잔을 살피시길 ….

64. 세 번째 기청제문

백성들은 하늘을 보며 애타하므로 거친 말로 다시 호소한다. 나는 감히 사사로움을 위한 것이 아니오, 온 백성을 위한 생각이라오. 숨을 죽이고 명을 기다리기 이틀 저녁을 지새웠소.

그저께는 낙수물통이 울리더니 어제는 건(巾)을 적시지도 않았소.

어제 아침엔 가랑비가 내리더니 오늘은 햇볕이라. 울음과 웃음이 바로 바뀌었으니 주고받음이 어떠한가? 농부는 들에서 춤을 추고 선비는 도성에서 노래하오. 소인(小人)은 마음이 옓어 걱정이 놓이지 않소. 풍기(風旗)는 펄럭이고 구름은 짙고 얼룩이 졌소. 별이 낫다가는 비가 내리니 전혀 헤아릴 수 없소. 혜택을 끝까지 베풀어 내리고 거둠을 조절하기 바라오.

나를 위해 떠드는 것이 아니라 길이 백성의 측은함을 위함이라오. 굶주림은 신령의 부끄러움이오, 곡물(穀物)은 신령의 힘이라오. 우사(雨師)[231]를 지휘하여 양덕(陽德)만물을 키우는 우주의 덕[232]을 크게 펴, 우리 강토(疆土)를 편케 해주어 신령의 공적을 드러내주면 집집이 송축(頌祝)하여 길이 변함이 없을 것이오.

231) 우사(雨師) : 비를 관장한 신.
232) 양덕(陽德) : 만물을 키우는 우주의 덕.

애사(哀辭)

65. 정정언 래겸 애사(鄭正言 來謙 哀辭)

아, 맹양(孟陽)[233]이 떠나면 어디로 가려는 것이오? 나와 맹양이 사귀기 전, 사림(士林)에 맹양이 있음을 알았소. 상대하게 되자 두 선비의 머리칼은 두 색깔이 지려 하였소. 이로부터 12년, 맹양은 많은 선비들로부터 뚜렷이 드러났고 명성은 은은히 세상에 알려졌소. 드디어 성균관(成均館)에 나아가 첫째로 발탁이 되었소. 아름다운 옥(玉)을 찼고 그 명성은 홍문관 사간원에 날로 알려졌소. 벼슬길이 막 형통하여 사람들은 모두 정씨(鄭氏)의 누리지 못한 보답이 맹양에게로 흐른다고 하였고, 또 임금의 지모(智謀)에 사람이 있게 되었다고 기뻐하였소.

나는 5년이 위였고 과거(科擧)와 관원(官員) 명부에도 비록 좀 약간의 앞섬은 있었으나 대체로 나란히 걸었고 서로 필요로 하였고 서로 도운 것은, 비단 미물(微物)이 용(龍)을 따르는 것뿐만이 아니었소. 그러므로 하나는 성 안 모서리에 살았고 하나는 성 밖 물가에 살면서 거의 열흘에 기쁨을 나누곤 하였고 근심을 같이 하였소. 같이 의혹(疑惑)을 물으며 질정하였고, 행할 바를 자문하고 그칠 바를 물었소. 통달한 식견(識見)과 정확한 논리로 비단 같은 마음과 말을 들을 때마다 앉은뱅이가 일어서고, 깊은 부끄러움을 씻는 것 같아 곧 스스로를 하례하였으니 평원(平原)이 말한 '스스로 붙이었어도 그릇됨이 없다.'라는 것이었소. 이른 봄 탈것을 빌어 지나가다가 편치 않은 근심이 있어 가서 송축(頌祝)하지 못하였는데 돌아와 들으니 숙인(淑人)이 있었다고 하였소.

맹양이 반여(潘輿)를 받들고 피접(避接) 나가 왕래하며 간호하다가 끝내 전염되었소. 그러나 그 나이 젊고 그 기운 왕성하며 그 뜻 완고하였

233) 맹양(孟揚) : 정래겸(1728~1770)의 자(字). 각주 221) 참조.

으니 어찌 5일 땀을 내지 못했다 해서 죽는단 말인가? 6일 새벽에 이르러 아우가 갑자기 문을 두드려 삼아(三椏)[234]를 구하였소. 내가 '이 사람에게 만일의 우려를 보장할 순 없으나, 전염(傳染)을 치렀으니 스스로 배제(排除)할 수 있다. 위험한 짓을 하여 요행을 바라서는 안된다.'하고 만류하고도 그래도 찾아 뒤쫓아 보냈는데 가져가던 사람은 길에 있는데 급한 소식은 이미 문에 도착하였소.

아, 맹양은 이에 그친단 말인가? 세상의 요절(夭折)하는 사람은 천품이 허약하지 않으면 가볍고 조급해서인데 맹양은 중후한 천성에 골격도 허하거나 박하지 않은데 이슬처럼 흩어졌고, 맹양은 풍성하고 완실하게 국(局)을 이루어 혹 몸이 화(禍)의 근원에 빠지고 혹 천성이 세속에 얽매여 해한다 하더라도 맹양은 집안에 밖으로부터의 얽매임이 없고, 또 일찍이 온갖 어려움과 험한 일을 겪지 않았으며 시(詩) 짓고 술 마시는 자리에 밝고 틔었고 풍파의 길에는 삼갔으며 집안 사람의 온갖 일에도 일체 관심을 기울이지 않았었소. 그런데 이에 이르렀으니 그 명이 인색한 것인가? 가운(家運)이 깎이는 것인가? 우리들이 주저앉는 것인가?

아, 그 죽음을 보았다면 그 삶을 알아야 한다. 맹양은 아들과 아우가 있으나 모두 집안을 드날리지 못했고 오직 맹양 한 몸이었다. 그런데 맹양이 죽었으니 누가 다시 맹양이 있는 것을 알겠는가? 또 그 병은 사람들의 꺼리는 바다. 죽던 날 사람들은 말을 못하고 탄식하였다. 부고(訃告)를 기다리지 않고 부금(賻金)을 든 자 문으로 달려갔소. 이상한 것은 일찍이 익숙지 못한 자가 집안 재물을 내어놓아 기증하고 기증한 자에는 또 대부분 학사(學士)와 대부(大夫)의 현자(賢者)였소. 이러므로 염(殮)에서 발인(發引)에 이르기까지 비용이 여러 십 천(十千)이었으나 하나도 집안에서 지출하지 않았소.

---

234) 삼아(三椏) : 나무 이름.

아, 지금의 세상 사람은 조금도 헛되이 주지 않소. 비록 친척의 오랜 약속이라 하더라도 빈소(殯所)도 마련되지 않아 보조(補助)가 있었다는 말을 들어보지 못하였는데 이제 맹양에게서 갑자기 보았소. 평소 좋은 명성이 사람에게 깊이 들어가지 않았다면 그 능히 그렇겠는가? 비록 이로 그 사람됨을 안다고 해도 좋을 것이오. 아, 맹양은 지금 다시 볼 수 없다. 지난날 서로 만남은 향기 풍기는 방에 들어간 듯하여 향기를 맡은 지 오래여서 그다지 기이한 줄 몰랐는데 하루아침에 잃고 보니 갑자기 신예(神穢)로 형체에 인색하였음을 깨달았소.

갈 바를 모르고 그림자를 돌아보니 누구와 말을 하고 누구에게 의지할고. 그만두어라. 나도 이로부터 이 세상에 뜻이 없다. 나는 만가(挽歌)를 배우지 못하였다. 맹양은 위로 할머니가 계시고 아래로 성취시키지 못한 여러 어린것이 있어 그 슬픔을 위로할 수 없다. 또 하늘이 정한 것인지 아닌지가 의심스럽소. 이에 애사(哀辭)를 지어 보낸다. 사(辭)에 이르기를,

큰 화로 푸수수함은	大爐樅樅兮
태곳적에 만들어져서라오	衆甫以作
미추(美醜) 명암(明暗),	姸媸昭蒙兮
원방(圓方) 곡직(曲直).	圓方曲直
어찌 사랑하여 북돋우며	害愛而培兮
어찌 미워해서 치는 것인가?	害惡而椓
정기가 모였으니	精之攸鍾兮
응당 아꼈어야 할 것인데	理應爲惜
기운이 주밀(周密)하지 못해	氣之未周兮
사물은 스스로 마치게 되네	物宜自闕
태어나 자라게 하고	旣畀以長兮
따라서 꺾는구려	乃從而折

기이하고 모질어도 離奇頑醜兮
도리어 인색하지는 않았다네 反不之嗇
사람이 자그마한 구슬을 가져도 人有寸璧兮
가엾게도 혹 긁힐까 두려워하는데 憐恐或剝
희디흰 옥돌(碝石)도 碝石之皎兮
넘어지면 돌아보지 않고 蹶不回矚
그리고 저 재상의 미워하고 좋아함이 抑彼宰之所憎好兮
사람에게 나누어줌이 다르구려 牉與人而相拂
혹 저 하늘이 본래 희미해서 倘彼蒼之素夢夢兮
그 주고 빼앗음을 허용함이 없는 것인지 無所容其與奪
어찌 그 사랑할 만한 바에 박하게 하길 좋아하고 胡喜薄其所可愛兮
그 미워할 것에 늘 후하게 하는지 …. 而恒厚其所可惡
기린(麒麟)이 쓰러지니 肉角之蹶兮
사슴이 창백해진다네 伊尼蒼白
삽포[235]가 시드니 萐蒲之萎兮
저력[236]이 해를 가리고 樗櫟蔽日
연도[237]가 세상에 전하니 鉛刀傳世兮
간장[238]이 먼저 부러지네 干將先缺
질솥[瓦釜]이 우레처럼 우니 瓦釜雷鳴兮
경퇴[239]가 깨어지고 瓊敦+皿而剨
이 이치 아득하여 此理茫茫兮

235) 삽포(萐蒲) : 상서로운 풀(瑞草). 요임금 때 부엌에 나서 서늘한 바람을 일으켜 음식이 상하는 것을 막았다 함.
236) 저력(樗櫟) : 나쁜 나무(惡木)
237) 연도(鉛刀) : 쓸모없는 무른 칼
238) 간장(干將) : 좋은 칼
239) 경퇴(瓊敦+皿) : 제사에 쓰는 예기(禮器)

그 누가 연구하고 풀이할 것인가? 誰繹誰析
우러러 하늘에 호소하였으나 하늘은 응답이 없고
仰叩天而天不應兮
구부려 땅에 물었으나 땅은 또 잠잠하네 俯問地而地又寂
내 정력 기울여 가만히 생각하니 專余精而靜思兮
재계(齋戒)한 지 3일에 깨달음이 있구려 齋三日而曰有獲
하늘은 높고 높아 天有九重兮
마치 하나의 세상이라네 宛一世局
각각 주재(主宰)가 있어 各有主宰兮
어찌 보필(輔弼)이 없을 손가 詎無佐弼
여러 용(龍)을 능력에 따라 부리고 器使羣龍兮
현인(賢人) 재자(才子)를 벌여놓듯 하고 如元凱列
때로는 내보내고 때론 불러 時謫時召兮
오직 허물을 뽑아내었네. 惟尤是拔
백옥루[240] 이루어져 현판을 걸고 白玉樓成而懸楣兮
붉은 용, 아름다운 판 빛을 맞이하였구려 赤虯瑤版迎爀爀
공정한 하늘에 사람이 없어, 상제(上帝)가 슬퍼하여
勻天無人而帝悲兮
운상(雲裳)과 용참(龍驂)에 부름이 엄숙하고 雲裳龍驂招肅肅
저렇게 식견도 지조도 없고 글의 뜻이 빙빙 돌려 해독하기 어렵다면
若夫婁詬而骪骳兮
전혀 일어서고 쓰러짐과 관계가 없고 懜無關其起滅
도척[241]이 수를 누리고 안연[242]이 요절하였음은

240) 백옥루(白玉樓) : 문인(文人)이 죽어 하늘로 올라가 사는 누각의 일컬음. 뒤에 문인이 죽었을 때의 만사(挽辭)에 백옥루가 이루어졌다고 하였음.
241) 도척(盜跖) : 중국 춘추시대의 큰 도둑. 공자(孔子)와 동시대 사람으로 9천명의 도둑 떼를 거느리고 전국을 휩쓸었다 함.
242) 안연(顔淵) : 공자(孔子)의 수제자. 연(淵)은 자(字)임. 30여세에 요절하였음.

	所以跖壽而顏夭兮
예로부터 매일반이었다오	塗終古而一轍
지금 맹양(孟陽)의 죽음은	今於孟陽之殁兮
어찌 유독 의심하며 풀지 못하는 것인가?	何獨疑而不釋
더구나 하늘이 즐거운 것은	矧太淸之可娛兮
속진(俗塵)을 씻고 해맑음이라네	絶氛埃而粹淑
다시 세상 걸음처럼 칠흑 같지 않을 것이니	非復世步之如漆兮
붉은 붓 검은 주머니의 한 꿈을 깨달았네	彤筆皁囊一夢覺
돌아오지 않고 수문랑[243]이 되어	不歸修文兮
태을성[244]에 인사하겠지	應朝太乙
신(神)으로 탈바꿈은 이름 향기로와	神蛻名馨兮
몸이 죽어서가 아니라오	不以身殁
아름다운 옥을 묻었으나	埋璸瘞琬兮
그래도 빛은 난다네	餘光猶爍
가생[245]을 요절케 아니했다면	使賈生不夭折
천년 지나 누가 슬퍼할 것인가?	下千載而誰惻
지금 사람들이 모두 슬퍼하니	凡今之人莫不嗟兮
누런 머리 검버섯은 원래 극노인이 아니라네	髮黃背台元非耋
내 그대에게 무엇을 슬퍼하랴	吾於君何傷兮
공경하여 자당(慈堂)의 범절을 드날리려네	敬以颺北堂之闑

243) 수문랑(修文郞) : 문인(文人)의 죽음을 수문이라 하는데 곧 지하에서 글을 쓰는 관원이란 뜻임.

244) 태을성(太乙星) : 음양가(陰陽家)에서 말하는 신령한 별. 하늘 북쪽에 있어 병란(兵亂) 재화(災禍) 생사(生死) 등을 맡아 다스린다 함.

245) 가생(賈生) : 중국 전한(前漢)의 문인·정치가인 가의(賈誼). 많은 제도를 개혁하고 좋은 작품을 남김. 30여세에 요절함.

가장(家狀)

66. 조고 증이조참판 행한성부판관공 행장(祖考 贈吏曹參判 行漢城府判官公 行狀) 묘지(墓誌)를 덧붙여 기록한다.

나의 왕고(王考)[246]를 장사 모신 지 60년이 된다. 선군자(先君子)[247]께서 밤낮으로 편치 않으셨다. 지석(誌石)은 묘(墓)에 묻었으나 아직도 비(碑)를 세우지 못하였으니 이는 부탁할 데를 정하지 못해서였다. 소자(小子) 감히 선인(先人)의 뜻을 이룰 것을 생각지 아니하랴. 그러나 나이 10세가 못되어 왕고께서 돌아가시므로 안목과 범절을 기억하지 못하니 은미한 말씀, 더 없는 선행(善行)을 그 또 헤아릴 수 있겠는가? 처음에는 나이 어리고 생각이 짧아 좌우나 집안 어른들로부터 한 두 가지 듣지 못했고 끝에 가서는 어른들은 돌아가고 외로운 몸으로 의지해 들을 만한 곳 없이 10수년을 서성이며 걱정해 왔다.

정자(程子)께서 말씀하기를 '조금도 같지 않으면 타인의 비치는 그림자로 하라'하였는데 더구나 행록(行錄)[248]이란 말인가? 이에 붓에 먹을 찍었다가 곧 그만 두니 두렵고 허전하고 슬퍼서 마치 궁한 사람이 호소할 데 없는 것 같았다. 그러나 이어 가만히 생각하니 묘문(墓文)은 실은 고상서(古尙書)[249] 윤공 혜교(尹公惠教)씨가 지은 것이었다. 윤공은 왕고(王考)와 한 방에서 공부하신 지 거의 반세상(半世上)이었으니 공부에서 얻고 마음과 눈으로 익힌 것이 불초(不肖)들이 전해들은

246) 왕고(王考) : 할아버지
247) 선군자(先君子) : 아버지
248) 행록(行錄) : 말이나 행실의 기록
249) 고상서(古尙書) : 옛 판서로 이조판서인 윤혜교(尹惠教, 1676~1739(영조 15). 조선 후기의 문신. 본관은 파평(坡平). 자는 여적(汝迪), 호는 완기헌(玩棋軒). 1714년(숙종 40) 증광문과에 급제, 삼사의 관직을 두루 지내고, 동지부사(冬至副使), 이조판서가 되었고, 시호는 문온(文溫)임.

것을 채집하고 흐릿한 것을 모사(模寫)한 것과 비교할 때 반드시 멀 것이다. 그러므로 비록 그 가려진 빛과 향기를 하나하나 빠뜨림이 없음을 보장하기 어려우나 사리를 아는 자가 볼 때에 역시 하나를 들어 셋을 알 것이다.

이에 부끄럽고 송구함을 무릅쓰고 삼가 윤공(尹公)이 지은 기록을 가지고 한 통(通)을 지어 태사씨(太史氏)[250]의 선택에 대비한다. 그 관위(官位)와 손증(孫曾)의 이어서 써야 할 것은 아울러 아래에 덧붙여 기록한다. 기(記)에 이르기를 "아름다움이 없음에도 칭찬하는 것은 속이는 것이오, 있음에도 모르는 것은 밝지 못함이며 알고도 전하지 않음은 어질지 못한 것이다."하였다. 불초 정성이 부족하고 앎이 적어 가장(家狀)을 지어 덕(德)을 조금이라도 천양(闡揚)하지 못하니 밝지 못하고 어질지 못하여 죄에서 벗어날 수 없다.

대군자(大君子)에게 그 몽매함을 용서받고 그 두려워함을 가엾게 여겨 한 말씀을 내려주어 어두움을 열어주신다면 비단 지하(地下)에 빛이 날 뿐만 아니라 불초도 죄에서 벗어날 수 있을 것이다. 집사(執事)가 아니라면 누가 은혜를 받겠는가?

67. 선고(先考) 증이조판서(贈吏曹判書) 행덕산현감공(行德山縣監公) 가장(家狀)

선고의 성은 이(李)요 휘는 보흥(普興)이며 자는 국상(國祥)이오 용인(龍仁)사람이다. 시조는 삼한벽상공신(三韓壁上功臣) 태사(太師) 휘 길권(吉卷)이요, 대대로 벼슬을 이었다. 14번 전하여 휘 사위(士渭)[251]는 학문과 행실로 포은(圃隱)[252]과 목은(牧隱)[253] 등 여러 현인

250) 태사씨(太史氏) : 역사가를 가리킴

251) 사위(士渭) : 이사위(1342~ ?). 고려말의 문신. 본관은 용인. 홍복도감판관(弘福都監判官)

(賢人)에게 소중히 여김을 받았고 아조(我朝)에 들어와 벼슬이 개성유후(開城留後)였다. 휘 백지(伯持)[254]를 낳으니 도관찰사(都觀察使)요, 청백리(淸白吏)에 기록되었다. 또 여덟 번 전하여 휘 사경(士慶)[255] 호 쌍곡(雙谷)은 사간원 대사간(大司諫)에 증이조판서(贈吏曹判書)요 곧 부군(府君)의 5대조이다. 고조 휘 후천(後天) 호 백치(白癡)는 형조참의에 증이조참판(贈吏曹參判)이오 증조 휘 준악(峻岳)은 후한 덕이 드러났고 여러 번 고을을 다스렸으며 마지막 벼슬은 예빈시정(禮賓寺正)이다. 조의 휘 세정(世貞)은 의금부 도사(都事)에 증이조참의(贈吏曹參議)이다. 고(考) 휘 의규(宜揆)는 한성부 판관(判官)에 증이조참의이다. 비(妣) 증숙부인(贈淑夫人) 백천(白川) 조씨(趙氏)는 통덕랑(通德郎) 휘 순(恂)의 따님이요 첨정(僉正) 서필성(徐必成)의 외손이다. 부군은 숭정(崇禎)[256] 후 갑자(甲子)[257] 5월 23일 태어났다. 3세에 숙인(淑人)이 돌아가셨고 겨우 앎이 있게 되었는데 곧 통곡하기를 성인과 같이 하였다. 판관공(判官公)이 외롭게 된 것을 가엾게 여겨 매우 사랑하셨다. 그러나 배움을 독려함에는 조금도 관대함을 두지 않았고 학문은 일찍이 성취하였다. 갑오(甲午)[258]에 진사(進士)에 입격하였고 을묘(乙

을 지낸 중인(中仁)의 아들. 1360년(공민왕 9) 과거에 동진사(同進士)로 급제, 1390년(공양왕 2) 왕이 처음으로 경연(經筵)을 열었을 때 참찬관이 되고, 밀직부사를 거쳐 이듬해에는 서해도도관찰사(西海道都觀察使)를 역임함.

252) 포은(圃隱) : 정몽주(鄭夢周)

253) 목은(牧隱) : 이색(李穡)

254) 백지(伯持) : 이백지(?~1419(세종 1)). 고려말 조선 초기의 문신. 본관은 용인. 사위(士渭)의 아들. 1385년(우왕 11) 문과 동진사(同進士: 丙科에 해당) 제12위로 급제, 성주목사, 전라도관찰사를 역임.

255) 사경(士慶) : 이사경(1569(선조 2)~1621(광해군 13). 조선 중기의 문신. 본관은 용인. 자는 이선(而善), 호는 쌍곡(雙谷). 생원 계인(啓仁)의 아들. 1590년(선조 23)에 생원시에 급제, 1601년 식년문과에 장원하여, 전적 정언 등을 거쳐 성천부사, 대사간, 승지, 병조·예조의 참의 등을 역임.

256) 숭정(崇禎) : 명나라 의종의 연호

257) 갑자(甲子) : 숙종 10, 1684년

卯)[259]에 비로소 제릉(齊陵)[260] 참봉(參奉)에 임명되었다. 가을에는 으레 분(分)이 있었다. 요원(僚員) 가운데 빠짐이 있게 되면 오로지 직(直)에 있는 자가 들어가게 되어 있었다. 부군은 이에 재물을 흩어 거두기 어려운 자의 부담을 덜어주었다. 제릉은 서울에서 멀었다. 직관(直官)이 말을 세 내므로 늘 지키는 군졸이 괴로웠다. 부군은 또 남은 재물로 말 하나를 세워 괴로움을 덜어주었는데 능속(陵屬)이 칭송하며 그 덕을 잊지 않았다. 이듬해 병진에 사재감 봉사(司宰監奉事)로 승진하였고 2년 뒤 무오에 선공감 직장(繕工監直長)이 되었다. 황단(皇壇)[261]의 역사를 감독함에 있어 종일 자리를 뜨지 않고 직접 간검하여 날짜를 끌며 낭비하는 일이 없게 하였다. 임금도 살핀 바 있어 둘째 번 의망(擬望)[262]으로 장원서(掌苑署) 6품 별제(別提)에 승진하니 특별한 은혜였다. 다음해 경신에 사헌부 감찰(監察)로 옮겼고 가을에 또 셋째 번 의망으로 덕산(德山)[263] 현감(縣監)이 되었는데 관아(官衙)안 식구는 늘 간략하였고 스스로의 음식은 매우 간소하였으며 공용(公用) 외에는 하나도 사사로이 소비함이 없었다. 불초의 지어미에게 와서 뵙게 하려 하였으나 집에 말이 없어 갈 수 없었다. 이에 집을 판돈으로 말을 사서 오게 하니 사람이 혹 말하기를 "고을 수령이 되어 비록 집을 윤택하게 하진 못할망정 깎아버릴 수야 있습니까?"하였으나 부군은 끝내 고을에서 한 꿰미의 돈도 내놓지 않으셨다. 이웃 경계에 와 사는 족질(族姪)이 있었는데 가난해서 제때에 장가를 들지 못하자 방편에 따라 혼인을 이루게 하였다. 연해(沿海)는 땅이 메마르고 백성은 가난하

258) 갑오(甲午) : 숙종 40, 1714년
259) 을묘(乙卯) : 영조 11, 1735년
260) 제릉(齊陵) : 태조 비 한씨의 능
261) 황단(皇壇) : 명나라 신종을 위한 제단
262) 의망(擬望) : 3인의 후보자 추천
263) 덕산(德山) : 덕풍(德豊)과 이산(伊山) 두 현(縣)의 합친 이름. 덕산은 지금의 충청남도 예산군 덕산면임.

였다. 소생시키려는 일념에 재해 입은 전지(田地)는 관용(官用)을 줄여 감해주고 받아들이기 어려운 오래된 미수금(逋欠)은 월급을 내어놓아 채웠다. 암행어사[繡衣][264]가 그 치적(治績)을 위에 올렸다. 그러나 법을 지켜야 할 곳에 있어서는 굳건하여 조금도 흔들림이 없었다. 그러므로 고을 안 사부(士夫)로서 비록 지위와 인망(人望)이 뚜렷하고 무거운 자라 하더라도 곧 위엄을 거두고 두려워하였으며 경계하지 않는 간사하고 교활한 아전도 한 번 배척되면 회복이 되지 못하였다. 이러므로 좋아하지 않는 자가 말을 만들어 비방하므로 결국 폄하(貶下)되어 돌아왔다.

을축(乙丑)[265]에 의금부 도사(都事)에 임명되었다. 친국(親鞫) 때 죄인이 전모(氈帽)를 쓰자 구속하라 명하였다. 원사(爰辭)[266]가 올라가자 곧 용서를 받았다. 장령(掌令) 이제암(李齊巖)이 파직을 계청(啓請)하였는데 실은 부군이 아는 바가 아니었다. 두어 달 뒤인 병인에 셋째 번 의망(擬望)으로 다시 앞서의 직책에 임명되었다가 가을에 지평(砥平)[267] 현감(縣監)으로 나아갔는데 한결같이 덕으로 다스렸다. 그런데 고을이 가난하였으나 공역(公役)이 있게 되면 곧 백성들로부터 거두었다. 부군이 고을에 있은 지 3년에 전지에 부세가 하나도 없었다. 예부터 누결(漏結)[268]이 있어 늘 돈을 거두어 사용하였다. 부군이 부임해서 세를 고르게 하고 근거 없이 거두는 것을 막았다. 산성(山城)으로 조련을 나감에 있어 미리 국과 술을 마련해 놓고 때가 되어 갑자기 추워지게 되면 병사들이 동상을 입거나 굶주리지 않게 하였다. 순영(巡營)의 비장(裨將)이 사람과 산송(山訟)[269]을 벌였다. 부군은 한결같이 사리

264) 암행어사[繡衣] : 원문의 수의(繡衣)는 수 놓은 옷이란 뜻으로 암행어사를 뜻함.
265) 을축(乙丑) : 영조 21, 1745년
266) 원사(爰辭) : 공사(供辭)
267) 지평(砥平) : 현재의 경기도 양평군으로, 양평은 양근(楊根)과 지평(砥平)의 합친 이름임.
268) 누결(漏結) : 대장에 숨긴 전결
269) 산송(山訟) : 묘지에 관한 일로 다투는 것

(事理)에 따라 재정(裁定)하여 약하고 강한 자가 없었다. 그 패한 자는 다시 호현(湖縣)으로 갔다. 그러나 패한 자도 모두 멀지 않아 후회하였으니 이에서 공의(公議)는 마침내 드러난다는 것을 알 수 있었다. 지난번 소송에서 이긴 자가 일찍이 도보(徒步)로 서울에 들어와 문안을 드렸다. 부군이 "이긴 것은 내가 아니라 법이다. 나는 은혜를 베푼 바 없으니 그대는 사례할 만한 의의가 없다."하고 물리쳐 보냈다. 한가로이 지냄에 있어 밖의 일은 일체 물리치고 오적 사촌(從氏) 도정공(都正公) 3형제와 날마다 모여 아름다운 용모 흰머리에 즐겁게 지내니 사람들은 모두 지상(地上)의 여러 신선이라고 지목하며 이씨(李氏)가 덕을 쌓은 증험이라 하였다. 병자(丙子)[270]에 임금이 대비(東朝)의 연세 7순이 되었다 하여 여러 신하의 나이 70에 벼슬이 6품 이상이면 모두 자급(資級)을 올리라 명했다. 부군도 은혜를 입어 첨지중추부사(僉知中樞府事)에 임명되었다. 이때 맏종씨 도정공은 가선(嘉善)에, 중종씨(仲從氏)는 통정(通政)에 승진하여 한 집안에 세 자급이 오름에 세상에서 모두 부러워하였다. 가을에 이질(痢疾)을 앓은 지 10여 일에 의원과 약을 물리쳐 허용치 않다가 마침내 9월 26일 돌아가시니 아, 애통하다. 향년은 73이다. 이에 앞서 선비(先妣)께서 돌아가시자 부군은 판관공(判官公) 묘에서 멀지 않은 곳으로 앞날 돌아가 모실 계획을 하였다. 이에 70이 넘자 몸소 풍수(風水)를 거느리고 국(局)의 안팎 가까운 곳을 4번이나 두루 살폈으나 끝내 얻지 못하자 비로소 안산장(安山庄) 뒷산 기슭에 장사지내라고 명했다. 이에 이르러 10월 12일 이곳에 합봉(合封)하니 곧 원당리(元堂里) 축좌(丑坐)의 언덕이다. 동산곡(東山谷)에서 서남쪽으로 수리(數里)를 가면 물물령(物物嶺)에 이르는데 서쪽으로 수백 보 내려간 곳이다. 그후 24년에 가선대부(嘉善大夫) 이조참판(吏曹參判) 겸동지의금부사(兼同知義禁府事) 오위도총부부

270) 병자(丙子) : 영조 32, 1756년

총관(五衛都摠府副摠管)이 증직(贈職)되니 불초(不肖)가 2품이 되어 영화가 더해진 것이다. 부군은 착한 천성과 순수한 행실이 있었다. 늘 어려서 어머니를 잃어 얼굴도 모름을 평생의 아픔으로 여겨 언제나 사모하는 마음 늙도록 끊임이 없었고 기일(忌日)을 맞이해서는 곧 여러 날 육류(肉類)를 물리치고 슬퍼함은 초상(初喪) 때와 같이 하였다. 판관공의 병이 갑자기 깊어지자 손가락을 깨어 피를 올렸는데 상처는 한 달이 지나도록 낫지 않았다. 변을 당하게 되자 상청(喪廳)에 거처하며 죽을 마시는 등 절차는 나이가 쇠했다고 해서 조금도 줄이지 않았고 사시(四時)에 곡하고 울음을 병이라 해서 하루도 폐하는 일이 없었다. 그리고 선조를 받들고 종족(宗族)에게 화목함은 타고난 것이었다. 종법(宗法)이 점점 해이해 지자 일에 따라 논의 시정하였고 선대의 업(業)을 마치지 못한 자는 힘을 다해 성취시켰는데 말씀이 간절해서 마치 한 가족을 대하는 것 같았다. 판관공이 일찍이 백씨 정랑공(正郞公)과 12세도(十二世圖)를 지었는데 대체로 8고조(八高祖)에서 각각 거슬러 올라가 또 8세(世)의 내외 조고비(內外祖考妣)에 이르니 8천 1백 88위(位)가 되어 근원과 실마리가 깊고 멀어 전혀 거슬러 올라가기가 어려웠고 여러 기(紀)를 지나면서도 완성시키지 못하였는데 부군은 능히 유지(遺志)에 따라 그 글을 가져다 보수(補修)하셨는데 널리 만성보(萬姓譜)를 수집하고 여러 가승(家乘)을 뒤져 밝히고 질정하고 교정(校正)하는데 최선을 다하였으며 또 여러 해만에 작업을 마칠 수 있었다. 그리고 우리 이씨(李氏)는 오랫동안 가승이 없어 문헌에서 고증할 수 없었다. 부군은 이를 개연(慨然)히 여겨 성(姓)을 얻은 후의 서첩(書牒) 사적(事蹟) 원파(源派) 지갈(誌碣)을 널리 모으고 남의 집 잡기(雜記)를 상고하고 석실(石室)의 비사(秘史)까지 더듬어 분류해서 두 권을 편성하셨다. 더욱 선조의 글과 글씨를 정성껏 구하여 한 글자 한 말씀도 혹 놓칠까 두려워 하셨다. 그러므로 비록 농부(農夫)가 수록한 글일지라도 그 정성에 감동하여 돌려주기까지 하였다. 타고 난 기품은 독실하고 중후하였으며 순수 담박하고 욕심이 적었다. 겉은 침묵하고 안은 관평(寬平)하였으며 간결 평탄하였고 행동은 높고 정확하였다. 집안에서는 몸가짐에 삼가 사람이 없다하여 흐트러짐이 없었고 성심으로 사람을 대하여 낮고 천하다 하여 혹시라도 거만함이 없었으며 태만한 태도를 몸에 드러내지 않았고 임기응변의 기교를 동작에 나타내지 않으셨다. 비록 종이라 하더라도 급한 말소리나 당황한 얼굴빛을 보이지 않았고 사람의 장단을 논하지 않았으며 조정(朝廷)의 시비를 말하지 않으셨다. 그러나 흉측하고 꾸미고 자랑하고 선동하는 사람은 물들 것처럼 할뿐만이 아니었다. 재물에 가장 엄격하여 불초(不肖) 등이 비록 어린 나이라 하더라도 돈을 가까이 하거나, 한 이(利)자에 말이 미칠 수 없게 하셨다. 일찍이 남의 사감(史鑑)을 빌어 보셨다. 그 사람은 죽고 후사(後嗣)가 없었다. 그런데 어디로 흘러갔는지 알 수가 없었다. 불초는 일찍이 그것이 정한 궤에 소장되어 오손되지 않게 하려는 것임을 알고 집에 소장하려는 것으로 여겼다. 그러나 부군은 마침내 그 집을 찾아 사람을 시켜 돌려주셨는데 다만 혼자 사는 부인만이 있고 그 집의 물건인지도 알지 못하였다. 이때 선비들의 취향(趣向)이 여러 갈래이고 논의를 서로 내세웠으나 부군은 홀로이 고요함을 지켜 발을 들여놓지 않으셨다. 일찍이 성균관의 추천으로 여러 선비들의 논의를 관장하게 하였는데 사양하고 나아가지 않으셨으며 역시 사람들과 따라 노니는 것을 좋아하지 않아 비록 한곳에서 공부한 옛사귐이나 절친한 인척이라 하더라도 관직이 좀 드러나면 곧 걸음을 거두고 오가지 않으셨다. 그러면서도 때로 마음에 맞는 벗과 모여 술잔과 읊조림으로 수작하며 명예와 이익을 멀리하고 유유자적하는 기상이 있었고 간혹 바둑을 두어 한가함을 보냈는데 반드시 이기려고 바둑을 두는 것은 아니었다. 읊조림도 마음이 옮길 정도에는 이르지 않았고 술잔도 얼굴빛이 변할 정도는 아니었으니 빛을 감추고 진성(眞性)을 지키며 가난하고 궁하면서도 절개를 지키고 분수를 지키셨다. 비록 괴로움을 겪고 맑음을 수양하는데 얽매이진 않았으나 마음에 간직한 것을 밖으로 드러내면 자연 법도에 맞았다. 그러므로 종인(宗人)으로서 본 뜨려는 자 모두 법으로 받아들였다. 벼슬을 함에 있어 한결같이 박하게 거두고 붙좇음을 단절하였으며 하리(下吏)를 단속하고 거센 자를 억압하였으며 병든 자를 살찌우고 더위먹은 자를 깨게 하는 요체로 삼았다. 그러나 일찍이 긍지(矜持)만을 숭상하여 행하거나 변통만을 힘써 명예를 구하지 않았고 늘 속된 관리가 허망한 데로 달리고 능하다 자랑함을 깊이 부끄럽게 여겼으며 전혀 말과 표정을 사람에게 보이지 않으셨다. 그러므로 은혜를 베풀었으나 백성들은 덕이 되는지를 몰랐고, 청렴하였으나 사람들은 무어라 말하지 못하였다. 그러나 떠난 뒤에 백성들은 곧 생각하게 되었고 집에는 보태진 것이 없었으니 사람들은 이에 그 맑은 지조에 감탄하였다. 파직되어 집으로 돌아가자 험한 음식도 잇지 못하는 일이 많았고 집을 세내어 전전하면서 여남은 식구가 고통을 겪었으나 그 마음에 누(累)가 됨을 조금도 볼 수 없었고 궁하고 통하고 얻고 상실함에 오는 그대로 맡겨 두었다. 그러므로 종인으로서 옛 도(道)로 관원이 되려는 자 모두 일컬었다. 글을 지음에 있어 어려서부터 노력하고 부지런하였으며 자라면서 더욱 여행(勵行)하여 순후하고 틀에 맞고 아담하였으며 기교와 화려함을 구하지 않았고 사륙변려문(騈儷文)과 사(詞) 부(賦)에 각각 그 법도가 있었다. 그러나 끝내 유사(有司)로부터 뜻을 얻지 못하였으니 사람들은 모두 애석하게 여겼다. 부모가 돌아가신 뒤 곧 과거(科擧)를 사양하여 나아가지 않으셨는데 친척이 강요하였으나 끝내 응하지 않았다. 사(詞)와 율(律)은 근체(近體)로서 역시 문장이 화려한 것에 힘쓰지 않았고 오직 경사(經史)의 연역(演繹)에 전념하셨으며 심신(心身)을 다잡았다. 옛사람의 아름다운 말과 선행을 보고 마음에 닿는 것이 있으면 비록 한 구절 한 행동일지라도 곧 벽에 기록하였다. 자질(子姪)을 가르치되 반드시 《소학(小學)》 《격몽요결(擊蒙要訣)》을 먼저 하였고 아침저녁으로 부모를 보살피고 말씀에 따르는 일, 몸가짐과 사물(事物)을 대할 때의 요점을 역시 모두 좌우(座右)에 써서 붙이고 늘 눈여겨보고 따라서 행하였다. 6촌(再從) 아산공(牙山公) 보성(普成)이 어린 아들 증호(曾祜)를 부탁하여 불초와 같이 공부하게 하였는데 그 엄격한 과정(課程)과 독실한 계도(啓導)는 비록 제오륜[271](第五倫)이 일어나고 일어나지 않은 구분은 없었으나 조금 이루어지면 몹시 기뻐하였고 전토(田土)를 나누어주어 넉넉하게 하였다. 부군이 돌아가시자 과거 볼 것을 중지하고 심상(心喪)을 행하였다. 기타 인척으로서 학업(學業)을 청하는 자가 있으면 역시 교육하였는데 한결같이 정성을 기울였다. 상사(喪事) 때 많은 관원(官員)이 제수(祭需)를 도왔다. 그러므로 종인으로서 자제에게 문학을 가르치려는 자 모두 본으로 삼게 하였다. 족대부(族大父) 의철(宜哲)씨가 비문(碑文)을 쓰면서 인(仁)과 효(孝)가 몸에 넘쳤고 아(雅)와 정(靖)을 몸가짐으로 삼으니 군자의 덕이다 하였고, 또 맑은 마음은 흰 눈과 같고 정성스럽고 화려함이 없어 순리(循吏)[272]의 치적(治績)이 있다 하였으며 또 문사(文辭)에 이름이 통하였으나 한 천발(闡發)에 걸리어 길이 어찌 막힌단 말인가? 하였으니 아, 종족(宗族)의 논의가 이러한데 소자(小子) 어찌 감히 말하겠는가? 선비(先妣) 숙인(淑人) 안동 김씨(安東金氏)는 돈령부도정(敦寧府都正) 휘 성유(聖游)의 따님이요, 화산군(花山君) 휘 주(澍)[273]의 6세손이다. 어머니는 증숙부인(贈淑夫人) 성주 이씨(星州李

271) 제오륜(第五倫) : 중국 후한(後漢) 때 사람. 효렴(孝廉)으로 추천되어 태수(太守) 사공(司空)을 지냈다. 조카가 앓자 하루 저녁에 10번 일어나 문병을 하고 돌아와서는 편히 잤다. 그 후 아들이 앓자 저녁에 가보진 않았으나 걱정으로 밤새 잠을 자지 못하였다 한다. '일어나고 일어나지 않음'은 이를 말하는 것이다.

272) 순리(循吏) : 법을 열심히 지키는 관리

273) 화산군(花山君) 휘 주(澍) : 김주(金澍, 1512(중종 7)~1563(명종 18). 조선 중기의 문신. 본관은 안동. 자는 응림(應霖), 호는 우암(寓菴). 안원군(安原君) 공량(公亮)의 아들. 1531년에 진사가 되고, 1539년 별시문과에 장원으로 급제, 전라도 · 경상도의 관찰사 및 개성유수 · 대사헌을 지냈고, 예조참판에 제학으로 명나라에 가서 사명을 완수하였으나 그곳에서 병들어 죽었음. 1590년(선조 23) 공을 인정받아 광국공신(光國功

氏)요, 성균 진사(成均進士) 휘 척(惕)의 따님이다. 선군(先君)보다 2년 먼저인 임술(壬戌)[274] 6월 20일 태어나셨고 선군보다 7년 먼저인 기사(己巳)[275] 정월 24일 졸하니 향년은 68이다. 현철하고 예쁘고 순하였으며 따뜻하고 단정하였으며 타고난 효성에 식견과 사려가 남보다 지나쳤다. 여공(女工)과 언서(諺書)와 같은 경우는 배우진 않았으나 뛰어났다. 도정공(都正公)이 일찍이 말하기를 나의 여러 딸 가운데 의리를 논하고 사무를 행함에 있어 조금도 어긋남이 없음은 이실(李室)[276]이다 라고 하였으니 이는 선비를 지적한 것이다. 선군을 섬김에 있어 삼가고 공손하여 평생 한 말씀도 어기는 일이 없었다. 시부모를 섬기되 부드러운 얼굴로 조심하고 공경하고 두려워하여 늘 폐백을 드리며 처음 뵙던 때와 같이 하셨다. 대고모(大姑母) 윤부인(尹夫人)은 규범(閨範)이 본래 엄하였으나 몹시 사랑하셨다. 윤문(尹門)의 여러 부인도 법도 있는 이름 있는 종족으로서 의례(儀禮)가 몸에 젖어 있었다. 4시의 제례(祭禮)에 친족이 모두 모이면 가장 선비(先妣)에게 감복하였고, 같이 가려고 하면 거절하지 못하였고 일이 있으면 곧 자문(諮問)하곤 하였다. 술병이 오래 비었으나 근심스런 빛을 보이지 않았고, 제곡(祭穀)이 비록 해마다 들어오는 것이 없어 가난하였으나 혹도 검소하게 하지 않았으며, 선군(先君)이 집안 일에 묻지 않음은 대체로 본래의 성품이 그러할 뿐만 아니라 실은 안에서 잘 도움으로 말미암았다. 도정공의 뒷일이 구차하게 되었다. 여러 자매(姉妹)와 약속하고 분깃을 모두 사양하였다. 한 여종이 따르기를 원하므로 덕산(德山)으로 데려간 지 두어 달만에 역시 돌려보내고 머물러 두지 않았다. 집안을 이끌어 나가되 여러 사람에게 은혜롭게 하고 믿게 하였으며 종족을 대함에

臣) 3등으로 화산군(花山君)에 추봉됨.

274) 임술(壬戌) : 숙종 8, 1682년

275) 기사(己巳) : 영조 25, 1749년

276) 이실(李室) : 이씨집으로 출가한 딸의 일컬음.

있어 인(仁)하고 후하게 하셨다. 그러므로 돌아가시던 날 아래로는 종들이 몸부림치며 통곡하였고 멀리는 친척이 슬퍼하며 애석하게 여겼으니 평소 깊이 사람들에게 기쁘게 하지 않았다면 능히 그럴 수 있겠는가? 젊어서부터 담벽(痰癖)의 증수가 있어 끝내 이로해서 일어나지 못하셨다. 기름이 없어 불초를 취하여 후사(後嗣)로 삼았다. 불초의 생가 어버이는 호조좌랑(戶曹佐郎) 휘 보순(普淳)이오 부군에게는 종제(從弟)가 된다. 진사에 문과하고 지금 대사헌(大司憲)이다. 2남 3녀에 재학(在學)은 대사성(大司成)이요 다음은 재익(在翼)이며 딸은 정내정(鄭來鼎)에게 출가하니 군수(郡守)요, 다음은 정하영(鄭夏榮) 정동만(鄭東晩)이다. 아, 선군의 착한 성품과 순수한 행동 및 선비의 현철한 규범과 밝은 식견에 지위도 없고 복도 없이 가난에 쪼들렸고 또 한 핏줄의 아들도 없으니 이 무슨 이치란 말인가? 혹 말을 세상에 전할만한 군자가 숨겨진 빛을 드러내고 묘도(墓道)를 빛나게 해서 실제의 덕이 가리워짐이 없이 뒤의 사람이 증험하고 믿게 한다면 길이 전한다고 할 수 있을 것이다. 그러나 불초는 정성이 엷어 아직도 장고씨(掌古氏)의 한 말씀을 얻어 아름다운 자취의 만에 하나도 드러내지 못하였으니 불초의 죄 천지간에 도망갈 곳이 없다. 그러나 구양자(歐陽子)277)가 농천(瀧阡)에 표(表)하기를 "감히 늦추려는 것이 아니오 기다림이 있다." 고 하였으니 지금 이 2품의 추증(追贈)이 부군에게 있어 사실 가볍고 무거움은 없으나 가만히 생각해보면 지금 세상에 말이 무게가 있어 뒷사람에게 믿음이 갈 수 있는 것은 분명 하집사(下執事)에게 있다. 혹 금옥(金玉)과 같은 말로 억울하게 드러나지 못한 자로 하여금 후세에 전하여 의심이 없도록 보장이 되게 한다면 구양자가 말한 바 기다림이 있다고 한 것은 바로 이에 있는 것이다. 불초 이에 손을 대고, 돌아가 그 어버이에게 뵈울 수 있을 것이니 감격스러움이 어떠하겠는가? 삼가

277) 구양자(歐陽子) : 구양수(歐陽脩)

지난날 집안에서 들었던 것과 뜰 아래에서 가만히 보았던 것에서 그 대략만을 기록하여 선택에 대비한다. 이는 모두 소략하고 평범한 행적으로서 사실 그 평생의 모두라 할 수 없다. 그러나 헛된 아름다움을 높여 드러내기를 바라는 것은 실은 선군께서 깊이 병통으로 여기시는 바로서 이제 어찌 감히 조금이라도 사실에 지나쳐 거듭 불효의 죄에 스스로 빠질 수야 있겠는가?

불초(不肖)한 아들 숭호(崇祜)는 눈물을 흘리며 삼가 장(狀)을 쓰다.

68. 생고(生考) 증이조참판(贈吏曹參判) 행호조좌랑공(行戶曹佐郎公) 가장(家狀)

선고(先考)의 휘는 보순(普淳)이요 자는 경호(景皥)이며 성은 이씨(李氏)요 용인(龍仁)사람이다. 시조 휘 길권(吉卷)이 고려 태조를 보좌하여 벽상공(壁上功)에 책록(策錄)되었고 벼슬은 태사(太師)이며 대대로 큰 벼슬이 이어졌다. 14번 전하여 휘 사위(士渭)는 정포은(鄭圃隱) 이목은(李牧隱) 등 여러 현인(賢人)과 교류를 가졌고 아조(我朝)에 들어와 벼슬은 개성유후(開城留後)이다. 휘 백지(伯持)를 낳으니 도관찰사(都觀察使)요 청백리(淸白吏)에 기록되었다. 또 여덟 번 전하여 휘 사경(士慶) 호 쌍곡(雙谷)은 대사간(大司諫)에 증이조판서(贈吏曹判書)요 곧 부군(府君)의 5대조이다. 고조의 휘 후천(後天) 호 백치(白癡)는 형조참의(刑曹參議)에 증이조참판(贈吏曹參判)이다. 증조의 휘 준악(峻岳)은 예빈시 정(禮賓寺正)이요, 조의 휘 세정(世貞)은 의금부도사(義禁府都事)에 증이조참의(贈吏曹參議)이다. 고(考)의 휘 의수(宜遂)는 호조정랑(戶曹正郎)에 증이조참판이다. 비(妣) 파평 윤씨(坡平尹氏)는 증정부인(贈貞夫人)이요 부제학(副提學)에 증좌찬성(贈左贊成) 덕포선생(德浦先生) 휘 진(搢)의 따님이요 장령(掌令)에 증이조판서 겸 좨주(兼祭酒) 동토선생(童土先生) 휘 순거(舜擧)의 손이다.

부군은 어려서부터 준수한 기상이 있었고 중후하여 모서리를 보이지 않았으며 종인(宗人)들이 모두 멀리 나아갈 것을 기약하였다. 관례(冠禮)를 하고 배움에 분발하였으나 진전이 없었다. 남이 여러 서책을 두루 섭렵하였으나 끝내 실(實)을 얻지 못함을 보고 이에 한 경서(經書)를 전공하려고 언제나 가을과 겨울에 연성장사(蓮城庄舍)로 책상을 지고 가 낮에 독서하고 밤에 생각하여 닭 울음이 들리도록 자지 않았다. 이와 같이 두어 해를 거듭하였는데 ≪맹자(孟子)≫를 거의 천 번이나 읽었다. 이에 비로소 제자서(諸子書)를 섭렵하고, 성균관 진사시(進士試)에 응하여 드디어 등제(登第)하였는데 중부군(仲府君) 지사공(知事公)과 같이 입격하니 사람들은 모두 부러워하였고 숙종(肅宗) 정미(丁未)[278]였다. 4년 뒤 기해에 참판공(參判公)의 상을 맞이하였는데 슬픔과 예절이 모두 지극하였다.

금상(今上) 신해(辛亥)[279]에 장릉참봉(長陵參奉)에 임명되었고 다음해, 임자에 능(陵)을 옮긴 노고로 장원서 별제(掌苑署別提)로 승진하였다가 공조 좌랑(工曹佐郞)으로 옮겼다. 이듬해 계축에 공주(公州)의 화산(華山)에서 정부인(貞夫人)의 상제(喪制)를 지켰다. 정사(丁巳)[280]에 훈련도감(訓鍊都監)의 낭관(郎官)에 발탁되었다. 그런데 전수리(典守吏)가 오랜 세월 횡령(橫領)한 것이 많았다. 그럼에도 전임자(前任者)는 능히 들추어 내지 못하였다. 부군은 이를 알고 군부(軍府)의 일이 중하여 덮어둘 수만은 없다 생각하고, 짐짓 점검하여 기록해서 자주 주어 힘을 다해 갖추게 하였고 한참 뒤 이를 대장(主帥)에게 보고하여 처리하게 하였는데 횡령한 것이 상금도 여러 10만이었다. 법으로는 무리를 모아 놓고 죽여야 했다. 부군은 또 주수에게 보고하여 군의

278) 정미(丁未) : 동왕 41, 1715년
279) 신해(辛亥) : 영조 7, 1731년
280) 정사(丁巳) : 영조 13, 1737년

동원 시기를 물리게 하고 그 일족(一族)에게 유시하여 각각 힘을 합쳐 그 목숨을 살리게 하니 장부에 채워지지 못한 것이 그다지 많지 않았다. 이에 천역(賤役)에 내려 보직(補職)하고 해마다 그 입직(入直) 일수를 계산하여 채우니 저축(儲蓄)에 결손이 없었고 전수리는 죽지 않을 수 있었다. 임기가 만료되어 직이 교체되었다.

4년 뒤 신유에 장례원 사평(掌隷院司評)으로 임명되었고, 얼마 아니 되어 군자감 판관(軍資監判官)으로 승진하였다. 요(料)를 나누어 줄 때에는 으레 모자라는 경우가 많았다. 부군은 내가 쓸 것을 덜어내어 보태었다. 판관을 맡은 지 오래이나 폐단이 없었다. 액정서(掖庭署)의 이원(吏員)으로서 받으러 온 자가 곧 제 손으로 말질을 하며 떠들어 뜰이 시끄러웠다. 부군이 이르러 의(義)로 효유하고 법(法)대로 시행하니 모두 숨을 죽이고 감히 떠들지 못하였다.

다음해 임술에 함열(咸悅) 고을의 현감(縣監)으로 나갔다. 수레에서 내리며 곧 글을 지어 백성들에게 효제(孝悌) 돈목(敦睦)과 풍속을 바루고 농상(農桑)을 권하는 등 10여조를 효유하고, 해를 제거하고 이를 일으켜 백성들에게 모으게 하였다. 문교(文教)를 권장하는 데 더욱 중점을 두어 유(儒)를 업으로 하는 사람을 선정하여 훈장(訓長)으로 삼고 초하루마다 직접 향교(鄕校)로 나아가 문묘(文廟)[281]에 절하고 여러 훈장이 학생을 거느리고 나와 나누어 앉아 강(講)을 받고 제(題)를 명하여 글을 짓게 하고 보름마다 성적을 따져 종이와 붓을 상으로 주고, 가끔 시장(試場)을 설치하고 시험보이니 고을 안 학생들에게 학업의 진전에 고무되는 뜻이 있었다. 고을에는 옛부터 입마계(立馬契)가 있었다. 백성들에게 돈을 나누어주고 본자(本資)는 그대로 두고 이자를 거두어 신관(新官)과 구관(舊官)의 관용마(刷馬)의 역에 응하였다. 그런데 해가 오래이자 절열(折閱)[282]이 되었고 거센 백성과 교활한

281) 문묘(文廟) : 공자(孔子)를 모신 곳
282) 감가(減價)

아전은 이어서 제 물건으로 삼았다. 부군은 불법의 죄임을 알고 드디어 원망을 안고 나서 횡령한 것을 회수해서 다시 백성들에게 들려주고 거두고 흩어주는 이원(吏員)들의 간사한 짓을 못하게 하였다. 그리고 해마다 그 수를 관에 바치게 하여 그 거두어들인 이자로 논을 사들여 5년을 쌓으니 해마다 곡물 3백곡(斛)을 얻을 수 있었고 본 자도 수천 민(緡)에 달하였다. 이에 부로(父老)를 모아놓고 약조를 엄히 하고 다시 두어 해에 한하니 논에서 나오는 것이 7백곡에 이르렀다. 이에 돈 나누어주는 폐단을 제거하고 접대(接待)와 맞이하고 보내는 일에 이를 여유 있게 사용하며 백성들의 요역(徭役)을 줄여주었고 규정을 정하고 여러 사(社)에 나누어주었다. 그러므로 10수년 전하여 내려오며 전토(田土)는 날로 많아지고 백성들에게 도움이 되는 바 있었다. 그런데 뒤에 온 자가 그 법을 잘 지키지 못하여 도리어 관에만 거두어들이니 관은 풍요해지고 사람들은 공을 더욱 끊임없이 생각하였다. 읍청(邑廳)의 구마계(駒馬契)를 보완(補完)하였고, 혹 묵은 폐단을 시정하였으며 이민(吏民)들의 무역(貿易)하는 역을 여유 있게 해주었고 혹 새로운 계획을 창안하여 공물(貢物)을 차례차례 전하여 보내는 고통을 제거하였으며 아사(衙舍)와 병기(兵器)까지도 일신되지 않은 것이 없었다. 감사(監司) 4인을 겪으면서 아홉 번의 고과(考課)를 치렀는데 고과마다 곧 도내의 제1이었다. 그리고 꿋꿋하고 명석하다는 소문으로 큰 송사(訟事)가 있으면 반드시 돌아왔다. 인척의 연이 있는 자가 대대로 물려받은 종문제로 여러 고을을 거쳤으나 결정이 되지 못하였다. 부군이 묵은 서류를 상고하고 그 그릇됨을 찾아 보이고 여비를 주어 돌려보내니 그 사람은 크게 깨우치고 순리(順理)에 한 말도 못하였다.

해는 흉년이오 백성들이 굶주리자 감사가 위에 유임(留任)을 청하였다. 부군은 고을에 있은 지 오래여서 마을 백성의 사정을 잘 알고 있었다. 이에 토지의 유무와 늙고 약하고 건장함을 분등하고 수시로 더 추려서 죽이나 식량을 주었으며 날마다 직접 살폈다. 스스로 절약하여 봉록(俸祿)을 내어놓았고, 재물을 모아 환곡(還穀)으로 만들기까지 해서 최선을 다하므로 마침내 한 사람의 굶어죽는 자도 없게 하였다. 일을 마치자 비로소 후임을 얻어 돌아갈 수 있었다.

기사(己巳)[283]에 호조에서 낭료(郎僚)를 구하였는데 드디어 추천되어 나아가 공비(公費)를 아끼고 사사로운 부탁을 물리치니 조(曹) 안에서 모두 그 청렴과 성근(誠勤)에 감복하였으며 일마다 잘 진행되었다. 2년 뒤 공을 추천한 이를 미워하는 자가 한 대관(臺官)[284]을 시켜 탄핵하였고 이어 부군에게 미치어 자그마한 일로 얽어 파직을 청하였다. 새 판서 김공 상성(金公尙星)[285]이 글을 올려 그 무고를 변호하였으나 사실을 밝히는 일을 윤허 받지 못하고 마침내 이에 연좌되어 교체되니 세상에서 모두 애석하게 여겼다. 이로부터 부군은 세상에 뜻이 없어 손을 대하여 바둑을 두었고 종에게 꽃을 심게 하여 스스로의 즐거움으로 삼았다. 그런데 하늘은 또 나이를 주지 않았으니 아, 애통한 일이다. 본래 병환이 없었는데 우연히 이질(痢疾)을 앓게 되면서 마침내 이로 여러 아들들을 버리셨다.

임신(壬申)[286] 12월 초5일 태어나 병자(丙子)[287] 7월 22일 졸하니 수는 65이다. 이해 윤9월 20일 남양(南陽)의 이화동(梨花洞) 곤좌(坤坐)의 언덕에 장사지냈다. 아, 부군은 그릇이 크고 지식과 사려가 치밀하고 멀었다. 어눌하면서도 뜻은 확고하였고, 겉은 공손하면서도 속은 굳세었

283) 기사(己巳) : 영조 25, 1749년

284) 대관(臺官) : 사헌부의 관원

285) 김공 상성(金公尙星) : 김상성(金尙星, 1703(숙종 29)~1755(영조 31). 조선 후기의 문신. 본관은 강릉. 자는 사정(士精), 호는 도계(陶溪)·손곡(損谷). 아버지는 판서 시환(始煥). 13세 때 영평(永平)의 〈금수정기 金水亭記〉를 지어 신동이라는 평을 들었음. 1723년(경종 3)에 진사가 되고, 그해 정시문과에 장원한 뒤, 병조좌랑, 정언 부수찬 등을 거쳐, 부평부사(富平府使), 대사간, 승지, 대사성을 거쳐 경상도관찰사, 대사헌, 병조판서, 예조판서, 이조판서를 역임. 시호는 문헌(文憲).

286) 임신(壬申) : 순종 18, 1692년

287) 병자(丙子) : 영조 32, 1756년

다. 일을 맞이해서는 분수가 분명하였고 평소 웃음과 말이 적고 무겁고 깊이 생각하는 것 같았으나 스스로 기이함을 드러내지 않았다. 그러므로 사람들은 한갓 그 관후(寬厚)함만 보았고 그 명민(明敏)함은 몰랐으며 혹 그 덕이 깊음은 알았으나 그 재능이 높았음은 몰랐다. 이점이 선군(先君)께서 스스로 족하게 여기시는데 여유가 있고 남의 알아줌을 받는데 부족함이 있으며 처세(處世)에는 능하지 못하고 물러서고 나아감을 잘하신 것이다. 효성과 우애는 타고 난 것이었다. 정부인(貞夫人)은 연세 70이 넘어 늦게 강녕(康寧)한 복을 누리셨다. 부군과 맏이 둘째 부군과 같이 좌우에서 봉양하고 부드러운 얼굴로 뜻을 받들며 사랑과 존경을 모두 다 하셨다. 그리고 세 아들의 안팎 자손이 뜰에 가득하고 한 집안이 화기가 무성하여 비록 가난하여 간소하게 살므로 섬기고 기르는 즐거움을 기댈만한 바탕은 없었으나 기르고 섬기는데 늘 그 즐거움을 가졌고 부모가 돌아가시게 되자 맏이와 둘째 부군에게 그 정성을 옮겼다. 거처하는 곳이 가장 넓었으므로 매일 맞이하여 술상을 차리고 친한 친구를 맞이해서 즐겼으며 아침과 저녁에는 역시 엄숙하고 단정하게 모시되 나태한 얼굴빛이나 한만스런 말을 하지 않았다. 이러므로 부녀(婦女)와 아이들에게 모두 보고 느끼는 것이 있게 하여 효제(孝悌)를 가르치고 예절을 삼가고 우애와 공손에 독실할 것을 모두 알아 마치 온공(溫公)[288] 양진(楊津)[289]의 가풍(家風)과 같았다. 불초 등의 교육은 엄하였다. 그러므로 늘 두려워하고 삼가 감히 방심하여 부정한 일을 하지 못하였다.

계축에 상제(喪制)를 마치자 맏이 동추공(同樞公)이 선대의 업을 나누었다. 부군과 지사공(知事公)이 "종가(宗家)의 업이 본래 넉넉지

288) 사마광(司馬光)

289) 양진(楊津): 중국 후위(後魏) 때 사람. 높은 벼슬에 오르고 60세가 넘었으나 형을 부모처럼 받들어 아침 · 저녁으로 문안하였고 한 지붕 밑 남녀 백 명이 살았으나 전혀 군소리가 없었다 함.

못하여 그대로 두어도 부족함이 걱정"이라며 강력히 사양하였으나 동추공은 끝까지 듣지 않았다. 부군은 사양하다 되지 않자 이어 그 수입을 모두 지사공에게 보내니 대체로 지사공은 연세 많은데다 궁해서 생활할 수 없었기 때문이었다. 그러나 역시 받아들이지 않고 오래도록 두었다가 끝내 여러 종질(宗姪)에게 돌려주니 친족이 모두 그 의리에 감복하였다. 인척에게 화목하고 벗에게 믿음을 주고, 가난한 자에게 도움을 주는 일에 더욱 후하여 비록 곤궁하여 바탕이 없어 베풀고 구제하려는 마음을 충족시키지 못하였으나 종족·인척과 친구들은 모두 돌아왔고 상사와 혼인 및 처리하기 어려운 일이 있으면 반드시 부군에게 와서 자문하였고 부군 역시 편의에 따라 널리 구제하였다. 관직(官職)에 있어서는 맑고 부지런하고 검소하였으며 밝고 숙달하고 신중하였다. 하리(下吏)를 다스리고 백성을 다스림에 곧 법도가 있었고 도(道)를 어기면서 명예를 구하지 않았으며 기이함에 힘써 재능을 드러내려 하지 않았다. 그리고 은(恩)과 위엄을 병행하고 인(仁)과 용(勇)을 적절하게 구사하였다. 그러므로 이르는 곳에 모두 두려워하고 사랑하였으며 떠난 지 오래일수록 생각함은 더욱 깊었다. 그러나 본래 세속에 따라 오르내리기를 좋아하지 않았고 남이 편리(便利)에 따라 기교를 부리는 자를 보고 물들 것 같이 여겼다. 이러므로 6품에 오른 지 2기(紀)나 되었으나 벼슬은 한 고을에 지나지 않았고 끝에 가서는 한 조(曹)의 낭관(郎官)으로서 분주히 불안하게 복무하다가 도리어 탐했다해서 복잡한 일에 능히 조금의 포부도 펴지 못하였으니 늙고 덕 있는 제공(諸公)이 곧 한스럽게 여겼다.

맏외숙(外叔) 윤문온공(尹文溫公) 혜교(惠教)는 실로 황룡도(黃龍圖)의 감상이 있었고 그 자제 상국(相國) 동도(東度)[290]는 일에 따라

290) 상국(相國) 동도(東度) : 윤동도(尹東度, 1707(숙종 33)~1768(영조 44). 조선 후기의 문신. 본관은 파평(坡平). 자는 경중(敬仲), 호는 남애(南厓)·유당(柳塘). 장령이었던 순거(舜擧)의 증손이며, 판서 혜교(惠教)의 아들. 1744년(영조 20) 진사가 되고 이듬해

제재(制裁)하는 능력이 있었는데 친형처럼 섬겼다. 이상공 종성(李相公宗城)과 원봉조하 경하(元奉朝賀景夏)같은 이는 늘 인재로 보아 소중하게 여겨 위로하고 격려하였다. 장인 집의공(執義公)은 사위로 맞이하면서부터 멀리 나아갈 것을 기약하고 매양 옛사람의 의지와 학업에 힘쓰게 하였다. 영해(寧海)의 임소(任所)에서 돌아가게 되자 아들은 없고 사위는 오직 부군이었으며 고을은 치우치고 멀었고 아문(衙門)에는 친한 손도 없었다. 병이 생기면서부터 뒷일을 다스리기까지 홀로 하였고, 염하고 장사를 돌보고 관사(官事)를 조치하고 영남으로 반장(返葬)하는 등 일에 치밀하고 구비하여 물샐 틈이 하나도 없었는데 이때 부군의 연세는 겨우 학례(學禮)[291]였다. 사람들은 그 노성(老成)에 놀라워하였고 여러 김씨(金氏)가 듣고 모두 감탄하였으니, 공이 빙청옥결(氷淸玉潔)의 감식(鑑識)에 인정을 받게 된 점을 더욱 믿게 한 것은 이러해서이다.

선비(先妣) 숙인(淑人) 청풍 김씨(淸風金氏)는 집의(執義) 휘 재(栽)의 따님이요, 찬선(贊善) 후재선생(厚齋先生) 휘 간(幹)의 조카이니 덕이 높고 학문이 깊어 규중(閨中)에서 배워 이루었다. 그러므로 바르고 곧은 자태와 맑고 슬기로운 행동은 이미 어렸을 때부터였고 총명은 더욱 뛰어났다. 늙기까지 ≪내칙(內則)≫의 여러 장(章) 및 시서(詩書)의 격언(格言)을 외웠고 사리(事理)에 밝고 규범(閨範)을 익혀 여사(女士)의 풍모가 있었다. 집의공이 늘 말씀하기를 "네가 남자로 태어났더라면 우리 가문이 성하였을 것인데 …."하였다. 부군을 보좌한 지 50년에 친족들은 모두 현명하다 하였다. 무당과 중이 감히 문에 들어서지 못하였고 따라서 고을에 나아가서는 안팎이 더욱 숙연하였고 일정한

해주판관으로 정시문과에 을과로 급제, 사서, 부수찬 등을 거쳐 부교리, 수찬, 도승지, 대사간, 경상도관찰사, 대사헌, 우의정을 지내고, 1764년에 좌의정, 1766년에 영의정이 되었음. 시호는 정문(靖文).

291) 학례(學禮) : 20세

봉록(俸祿) 외에는 전혀 들어오는 것이 없었다. 본래 집안일에 부지런하여 집에 조금의 토지도 없었으나 늘 없는 가운데 유(有)를 마련하여 맏이와 다음을 받들고 손과 겨레붙이를 접대함에 군색한 빛을 보이지 않았다. 오직 남편[夫子]의 뜻에 따랐고 여러 조카를 내가 낳은 것처럼 어루만졌으며 큰일을 치름에 있어 한 집안이 모두 의지하고 추대하였다. 그러므로 부군의 청렴하고 근신(謹愼)한 다스림과 충후(忠厚)한 덕은 본래 지조(志操)가 있어서일 뿐만 아니라 역시 선비의 안에서 도운 바가 많음을 힘입은 것이다.

만년에 약간의 가업(家業)을 이루었고 불초(不肖)들이 또 자라서 죽 모시게 되니 곧 불안해 하시며, "차면 반드시 기우는 것은 이치이다." 하고 내가 처음에 일에 지나침이 없게 하려고 좀 크다싶으면 단연 금하셨다. 여러 번 특이한 병에 걸리었으나 능히 치료하였고 한창 나이로부터 80에 가깝도록 집안일을 살펴 아침저녁으로 게을리 하지 않았는데 덧붙여 이질(痢疾)을 여러 달 앓으면서 이어 돌아가셨다. 선군(先君)보다 1년 먼저 태어나 선군보다 10년 뒤 같은 달의 4일 뒤에 졸하시니 아, 또한 기이한 일이다. 수는 76이오, 부군의 왼쪽에 붙이어 장사지냈다. 4남녀를 길렀는데 맏이 성호(成祜)는 진사(進士)에 지금 안의현감(安義縣監)이요 목사(牧使) 임세겸(林世謙)의 딸과 혼인하였고 재취(再娶)는 사인(士人) 김도욱(金道郁)의 딸이다. 다음 숭호(崇祜)는 종형 첨추공(僉樞公) 보흥(普興)에게 출계(出系)하였는데 진사에 문과(文科)하고 지금 홍문관 교리(校理)이며 화천군(花川君) 김협(金浹)의 딸과 혼인하였다. 딸 맏이는 나주(羅州) 임선호(林善浩)에게 출가하였고 다음은 파평(坡平) 윤동미(尹東美)에게 출가하였다. 현감의 아들은 재종(在宗) 재용(在容) 재정(在定)이요, 1녀는 김순채(金純采)의 아내이며 모두 임씨가 낳았다. 교리의 아들 재학(在學)은 문과하고 지금 홍문관 수찬(修撰)이오, 재익(在翼)은 어리며 세 딸은 진사 정래정(鄭來鼎) 정일화(鄭日和) 정동만(鄭東晩)의 아내가 되었다. 임선호는

1남 1녀로 임회철(林晦喆) 윤필철(尹弼喆)이오, 윤동미는 2남으로 윤광안(尹光顔) 윤광민(尹光閔)이다. 기(記)에 이르기를 '미(美)가 없음에도 칭찬을 함은 속이[誣]는 짓이오, 있음에도 모르는 것은 밝지 못한 것이며 알고도 전하지 않음은 인(仁)하지 못한 짓이다.'하였다.

불초는 흐리멍텅 아는 것이 없고 문사(文辭)도 짧고 옹졸하여 좋은 덕행의 만에 하나도 천양(闡揚)할 수 없어 소홀함이 실은 많아 속임[誣]은 논할 것이 없고 오직 인(仁)치 못하고 밝지 못한 죄에 빠질까 보아 두려움뿐이다. 진정 집사(執事)는 굽어 살펴 헤아려 채택하여 한 말씀 내려주어 묘도(墓途)에 빛이 되게 하였으면 그 감격스러움 어떠하겠는가?

묘표(墓表)

69. 조비(祖妣) 증정부인(贈貞夫人) 안동 김씨(安東金氏) 묘표(墓表)

아, 이는 내 왕고(王考)의 계비(繼妃) 증숙부인(贈淑夫人) 김씨(金氏)의 묘이다. 부인의 본은 안동(安東)이요 고려(高麗) 상락공(上洛公) 방경(方慶)의 후손이다. 증조 학생 휘는 속(涑)이요 조 봉직랑(奉直郎) 휘는 지석(志奭)이며 고 통덕랑(通德郎)의 휘는 상기(相器)요 비 남양 홍씨(南陽洪氏)는 사헌부 감찰(監察) 휘 우민(禹民)의 따님이다. 출가할 나이에 나의 왕고에게 시집오셨다. 왕고는 용인 이씨(龍仁李氏)요 휘는 의규(宜揆)이며 한성부 판관(漢城府判官) 증이조참의(贈吏曹參議)이다. 부인은 4녀를 낳았으나 모두 요절하였다. 원비(元妃) 배천 조씨(白川趙氏)가 아들 하나를 낳으니 곧 선고(先考) 휘 보흥(普興)이요 현감(縣監)에서 첨중추(僉中樞)에 승진하였고 증이조참판(贈吏曹參判)이다. 불초(不肖)를 후사(後嗣)로 삼았고 아들은 재학(在學)과 재익(在翼)이며 딸은 현감(縣監) 정래정(鄭來鼎) 정하영(鄭來榮) 정동만(鄭來晩)의 처가 되었다. 부인은 무신(戊申) 정월 13일 태어나 회갑(回甲)인 5월 19일 부여(扶餘)의 우사(寓舍)에서 돌아가셨고 이어 고을 서쪽 천을나복리(淺乙蘿菖里)[292] 술좌(戌坐)의 언덕에 장사지냈다. 그 후 왕고와 원비를 광주(廣州)의 퇴촌(退村)[293] 앵자봉(鶯子峰)에 합장을 하면서 부인도 같은 언덕에 부장(祔葬)했어야 했으나 일이 중하여 신중을 기하다가 그렇게 하지 못하였는데 선고는 늘 침식이 편치 않으셨다. 그러나 지금 주갑(周甲)에 감히 다시 논의하지 못하였는데 마침 불초가 이 도의 감사(監司)가 됨으로 하여 돌을 깎아 기록하였다.

292) 천을나복리(淺乙蘿菖里) : 현재 충청남도 부여읍 규암면 나복리임.

293) 광주(廣州)의 퇴촌(退村) : 현재 경기도 광주시 퇴촌면임.

불초는 미처 얼굴을 뵙지 못하였고 또 집안에서 아름다운 행적을 들을 수도 없었다. 다만 어렸을 때 부인은 맑고 신중하였고 왕고에게 순수하고 정성스러웠으며 몸을 엄정히 단속하여 하나도 어김이 없었다고 들었음을 기록하였으나 불초 어찌 감히 한 말씀이라도 찬(贊)할 수 있겠는가?

물재유고 권지삼(勿齋遺稿卷之三)

勿齋遺稿
권지사

물재유고 권지사(勿齋遺稿卷之四)

- 번역 김근태

70. 연보(年譜)

경종 계묘(癸卯)[294] 12월 24일 해(亥)시에 경사(京師) 한양동(漢陽洞)에서 태어났다.

영종 무신(戊申, 6세) 덕산공(德山公)의 양자가 되었다.

무오(戊午, 16세) 춘천부 관아에서 혼례를 치뤘다.

임술(壬戌, 20세) 장녀를 낳았다. 나중에 첨정(僉正) 정래정(鄭來鼎)과 혼인하였다.

을축(乙丑, 23세) 장남 재학(在學)을 낳았다.

정묘(丁卯, 25세) 차남을 낳았으나 요절하였다.

기사(己巳, 27세) 차녀를 낳았다. 나중에 진사(進士) 정하영(鄭河榮)과 혼인하였다.

○ 정월에 양모(養母)의 상(喪)을 당했다.

임신(壬申, 30세) 삼녀를 낳았으나 요절하였다.

계유(癸酉, 31세) 사녀를 낳았다. 나중에 진사(進士) 정동만(鄭東晩)과 혼인하였다.

○ 2월에 진사(進士) 시험(試驗)에 합격하였다.

병자(丙子, 34세) 오녀를 낳았다. 요절하였다.

294) 경종 계묘(癸卯) : 1723년

○ 7월에 생부(生父)의 상(喪)을 당했다.

○ 9월에 양부(養父)의 상(喪)을 당했다.

신사(辛巳, 39세) 삼남 재익(在翼)을 낳았다.

○ 9월 경과(慶科)[295]가 있어 정시(庭試)[296]와 전시(殿試)[297]에서 대책문(對策文)으로 병과(丙科) 제4등으로 발탁되었다. 시험관(試驗官)의 주문(主文)[298]은 예전 문형(文衡)인 이정보(李鼎輔)였는데, 원방(原榜)은 열 사람으로 권극(權極)), 이광현(李光鉉), 김서구(金叙九), 류선양(柳善養), 구익(具廙), 림덕제(林德蹐), 김용(金容), 이숭호(李崇祜), 윤숙(尹塾), 김익림(金翊林) 등이었는데 전시(殿試)에 직부(直赴)된 홍낙인(洪樂仁) 등 21인을 붙였다. 방방(放榜)[299] 후에 여러 차례 승진하여 가주서(假注書)에 제수(除授)되었다.

○ 10월에 승문원(承文院)에 나누어 배속되었다.

임오(壬午, 40세) 8월에 통의시강원설서(通擬侍講院說書)가 되었다.

○ 12월에 예문관검열(藝文館檢閱)이 되고 시험으로 뽑혀 패(牌)를 받아 자리에 나아갔다.

---

295) 경과(慶科) : 조선 시대에, 나라에 경사스러운 일이 있을 때, 이를 기념하고자 보이던 과거. 문무과(文武科)에만 한정하였으며 별시, 정시, 증광시 따위가 있었음. 이 해에는 상감의 환후가 회복되고 왕세손이 입학하는 두 가지 경사가 있었음.

296) 정시(庭試) : 조선 시대에, 나라에 경사가 있을 때 대궐 안에서 보이던 과거.

297) 전시(殿試) : 조선 시대에, 복시(覆試)에서 선발된 사람에게 임금이 친히 보이던 최종 과거. 문과 33명, 무과 28명의 합격자를 재시험하여 등급을 결정하였는데, 특별한 사유가 없는 한 떨어뜨리는 법은 없었음.

298) 주문(主文) : 조선 시대에, 과거 시험의 시관(試官) 가운데 우두머리인 대제학(大提學)을 이르던 말. 상시(上試) 또는 상시관(上試官)으로 불렀음.

299) 방방(放榜) : 과거 급제자에게 증서를 주던 일. 문무과는 붉은 종이[紅牌]에, 생원, 진사는 흰 종이[백패(白牌)]에 이름을 써서 주었음. 반패(頒牌) 또는 창방(唱榜)이라고도 불렀음.

계미(癸未, 41세) 8월에 대교(待敎)[300]에 올랐다.

○ 9월에 봉교(奉敎)[301]에 올랐다.

○ 12월에 지방관을 살피는 패[館規違牌]로 특별히 경양찰방(景陽察訪)에 보임되었다가 대신들을 살펴 보고하여 마무리 지었다. 주상께서 특별히 명을 내려 6품으로 승진시켜 성균관전적(成均館典籍)을 맡기시고 봉산 신리어사(鳳山伸理御史)로 임명하여 파견하시고, 다시 명을 내려 암행을 하도록 하셨다. 그 고을의 아전인 이송항(李松恒)이 죽음에 해당하는 죄를 범해 옥에 가두자 그 처가 울면서 원통함을 고한 일이 있었다. 이로인해 주상께서 정월 13일에 복귀하라고 명을 내렸는데, 궁으로 들어와서는 옥살이를 하는 사정이 살려줄 수 없다는 것을 갖추어 아뢰었다. 주상께서 하교하기를, "사직(史職)에 일년 있으면 그 사람을 잘 알 수 있다. 6품으로 올려, 암행어사[繡衣]직을 주고 일시(日試)에 보내라. 오늘 지극하면서도 상세하게 아뢰는 것을 들어 보니 이 사람은 가히 춘방(春坊)[302]에 합당한 사람이다."라고 말씀하셨다. 명을 내려 해당 조(曹 ; 예조)에서 이 일을 모두 알도록 하라고 하였다.

갑신(甲申, 42세) 정월 사간원(司諫院) 정언(正言)에 제수되었다.

○ 같은 달, 이조좌랑에 제수되었다.

○ 4월 사헌부 지평에 제수되었다.

○ 5월 정언에 제수되었다.

○ 6월 이조좌랑에 제수되었다.

○ 8월 병조 일군색 정랑에 제수되었다.

○ 9월 시강원 사서에 제수되었다.

300) 대교(待敎) : 조선 시대에, 예문관에 속한 정팔품 벼슬.

301) 봉교(奉敎) : 조선 시대에, 예문관에 속하여 임금의 교칙을 마련하는 일을 맡아보던 정칠품 벼슬.

302) 춘방(春坊) : 조선 시대에, 왕세자의 교육을 맡아보던 관아인 세자시강원(世子侍講院)의 다른 이름.

○12월 이조좌랑에 제수되었다.

을유(乙酉, 43세) 2월 사서에 제수되었다.

○ 같은 달, 비변사 낭청에 부임하여 대신들이 삼남(三南)[303]에 쌀을 비축하도록 하고 간사한 일이 있는지 가리도록 하였다. 주상께서 경연에서 청백한 관리를 가려 세 사람의 관리를 영남(嶺南) 바닷가 열 고을에 파견하여 간사한 무리들을 적발하도록 하셨다. 4월 주상의 명을 받고 돌아왔다.

○ 5월 지평에 제수되었다.

○ 10월 정언에 제수되었다.

병술(丙戌, 44세) 7월 정언에 제수되었다.

○ 같은 달, 생모(生母)의 상을 당했다.

무자(戊子, 46세) 11월 사서에 제수되었다.

○ 12월 정언에 제수되었다.

기축(己丑, 47세) 3월 지평에 제수되었다.

○ 6월 이조정랑 시강원 문학에 제수되었다.

○ 10월 지평에 제수되었다.

경인(庚寅, 48세) 봄 참판 윤동승(尹東昇)[304]과 더불어 설악산과 금강산을 유람하였다.

303) 삼남(三南) : 충청도, 경상도, 전라도의 하삼도(下三道)

304) 참판 윤동승(尹東昇) : 1718(숙종 44)~1773(영조 49). 조선 후기의 문신. 본관은 파평(坡平). 초명은 동리(東里), 자는 유문(幼文). 언교(彥敎)의 아들. 1746년(영조 22) 진사로 춘당대시에서 을과로 급제, 문한관(文翰官)을 지내고, 수찬 · 부교리 · 사헌부집의 · 교리 등을 거쳐 성균관대사성 · 광주부윤 · 충청도관찰사 · 도승지 · 대사성 · 대사헌 등을 역임.

○ 5월 지평에 제수되었다.

○ 7월 충청도사(忠淸都事)에 제수되어 시(試)를 관장하였으나 8월에 사임하였다.

○ 조정에서 식년 감시(式年監試)와 문과 초시(文科初試) 필시를 마친 뒤 명을 받고 9월 서울로 돌아와 사임하여 교체되었다.

○ 12월 홍문록(弘文錄)과 도당록(都堂錄)[305]에 선출이 되었다. 이때 부제학(副提學)은 김종정(金鍾正)[306]이며, 영상(領相)은 김치인(金致仁)[307]이었다.

○ 같은 달, 홍문관 수찬(弘文館修撰)에 제수되어 주강(晝講)에 참여하였다. 주상께서 개혁하는데 마음을 두시어[激惱有動] 가마를 보내 궁궐로 와서 대면하라는 명을 받았다. 주상께서 맡은 직책을 해제시키라고 명하셨다.

신묘(辛卯, 49세) 2월 수찬(修撰)에 제수되었다. 전 사간(前司諫)

305) 홍문록(弘文錄)과 도당록(都堂錄) : 홍문록은 홍문관에 속한 교리, 수찬 등을 임명할 때의 제1차 인선 기록으로 관록(館錄)·본관록·홍록·영록(瀛錄) 등으로도 불렸음. 도당록은 조선시대에, 홍문관에서 교리(校理) 이하의 벼슬아치를 임명할 때의 기록. 부제학 이하의 벼슬아치들이 자격 있는 사람을 골라 올린 명단에 영의정 등이 다시 각각 적격자를 골라 권점을 찍어 임금에게 올렸으며 당록(堂錄)으로도 불렸음.

306) 김종정(金鍾正) : 1722(경종 2)~1787(정조 11). 조선 후기의 문신·유학자. 본관은 청풍(淸風). 자는 백강(伯剛), 호는 운계(雲溪). 1741년(영조 17) 사마시에 합격, 정릉참봉에 임명된 뒤, 1757년에 문과에 급제, 정언·부교리·부수찬·교리를 지내고, 좌부승지·예조참판·도승지를 거쳐 의주부윤이 되고 이듬해 청천군(淸川君)에 봉해졌음. 그뒤에도 동지돈령부사(同知敦寧府事)·대사헌·경기감사·병조참판·홍문관부제학·이조참판·성균관대사성·등 많은 요직을 역임. 증조(曾祖) 김간(金幹)의 가학을 이어 많은 저술을 남겼음.

307) 김치인(金致仁) : 1716(숙종 42)~1790(정조 14). 조선 후기의 문신. 본관은 청풍. 자는 공서(公恕), 호는 고정(古亭). 1747년(영조 23) 생원시에 합격, 이듬해 춘당대문과(春塘臺文科)에 장원하여 예문관전적과 사간원정언·승지·대사간·비변사부제조(備邊司副提調)·대사성 등을 지내고 이어서 부제학·이조참판·이조·호조·형조의 판서, 우의정과 좌의정을 거쳐 영의정이 되었음.

이적보(李迪輔)가 사람의 부추김을 받아 새로 추천에 오른 여덟 사람을 논하는 상소[論新錄八人]를 올리라고 시켰다. 두 글자가 비루(鄙陋)하므로 공에게 더할 것을 논하니 공께서 바른 것으로 이끌어 소를 진상하였다. 주상께서 비준하여 말씀하시기를, "진실로 저들이 스스로 그대에게 말하도록 했으니 무슨 염치가 있겠는가? 물러나지 말고 그 직책을 잘 살피도록 하라"고 하셨다. 주상께서 경연에서 가르치면서 또한 말씀하시기를, "이(李)모의 사람됨이 매우 깨끗하다는 것은 내가 익히 아는 바이다. 비루한 눈들이 어찌 가까이함이 마땅하겠는가? 이 사람이 관직에 있어서의 정세가 있어 정성이 가히 애석하다."고 하셨다. 여러 번 주상께서 타일러 가르치시니 공이 마침내 그들을 다시 가까이 하지 않았다.

○ 같은 달, 사간원 헌납(司諫院獻納)에 제수되었으나 인체(引遞)되었다.

○ 7월 헌납(獻納)에 제수되었다.

○ 9월 부수찬(副修撰)에 제수되었다.

○ 10월 지평(持平)에 제수되었다.

임진(壬辰, 50세) 3월 헌납(獻納)에 제수되었다.

○ 8월 홍문관(弘文館) 부교리(副校理)에 제수되어 패를 받아 자리에 나아갔다. 주상께서 개혁할 때[激惱之時]에 대흥군(大興郡)에 시급히 압송하여 면직시키고 서민으로 삼으라고 명하였다. 곧 고을에 유배를 보내어 머무르도록 하였는데, 10월에 서민들의 죄명(罪名)이나 전과(前過) 따위를 깨끗이 씻어 주었다[蕩滌]. 주상께서 어리석고 몽매한 자를 풀어 주고 안의현(安義縣)의 백씨(伯氏)를 가서 돌보도록 명하여 부임한 뒤 열흘 여 만에 서울로 돌아왔다.

○ 11월 경기도사시사공도회(京畿都事試士公都會)에 제수되었다.

계사(癸巳, 51세) 정월 시강원 필선(侍講院弼善)에 제수되었다.

○ 4월 사헌부 집의(司憲府 執義)로 있을 때, 부의 계문(府啓) 가운데에 김직(金稙)의 일이 있었는데 김직은 공의 외오촌(外五寸)의 친척이 되어 공이 사사로운 정의로써 계에 참여하는 것이 불가하다는 소를 올렸으나, 주상께서는 이름을 지우라고(刊名) 시종(侍從)에게 명하여 계문을 돌려보내고 마무리하셨다.

○ 5월 사복시정(司僕寺正)에 제수되었다.

○ 8월 시강원 보덕(侍講院輔德)에 제수되어 주상께서 경연을 열어 강목(綱目)을 강연을 하고 마친 일이 있는데 주상께서 율시(律詩)를 지으시고 빈객(賓客)과 춘방(春坊)의 여러 신하들에게 율시를 잇게 하고 첩(帖)을 만들어 장식을 한 후 그 것을 주면서 이름하기를 "승화갱화첩강목(承華賡和帖綱目)"이라 하셨다. 주상의 강연에 나아가 갑신(甲申)에 시작하여 계사(癸巳)에 마쳤는데 공은 강연을 시작하여 끝내는 날까지 시종 강연에 참석을 하였다. 또한 계속해서 강목을 처음 강연할 때 주상께서 여러 번 가르치면서 이르기를, "보기 드문 때의 사람의 영화로다"라고 하셨다.

○ 12월 통례원 좌통례(通禮院左通禮)에 제수되었다.

갑오(甲午, 52세) 정월, 사간원 사간에 제수되어 재직할 때 경하할 일을 올렸는데 주상께서 헌가(軒架)를 짓지 말도록 명하였으나 공이 상소를 올려 그것은 예(禮)가 아니라고 말하자 주상께서 아름답고 권장할 만한 것을 올리니 이로 인하여 길들인 말(熟馬)을 하사하여 주라는 명이 있었다.

○ 5월 사간에 제수되었다.

○ 9월 필선에 제수되었다. 그 해 겨울 주상의 서연(書筵)에서 공물로 바친 귤(橘)을 아래에 나누어 주셨다. 주상께서 시(詩)를 짓고 신료(臣僚)들과 더불어 나아가 관련 구절을 짓고 익찬(翊贊) 조윤형(曺允亨)에

게 그것을 쓰도록 하시고 판목에 새겨 낙관을 찍어 병풍으로 장식을 하여 하사하면서 “광귤시병(廣橘詩屛)”이라고 이름을 지었다. 당시의 사람들이 전하기를 “성사(盛事)”라 하였다.

을미(乙未, 53세) 정월, 집의(執義)에 제수되었다.

○ 같은 달, 승정원(承政院) 동부승지(同副承旨)로 승진이 되어 우승지로 전보됨에 이르렀다.

○ 2월 병조 참지(兵曹參知)에 제수되어 참의(參議)로 승진하였다.

○ 3월 승지(承旨)에 제수되었다.

○ 5월 병조 참의(兵曹參議)에 제수되었고 또 승지에 제수되었다.

○ 12월 춘천 부사(春川府使)에 제수되어 같은 달에 부임하였다.

병신(丙申, 54세) 6월에 국상(國喪)이 나자 진향관(進香官)으로 상경을 하였으나 궁궐에 거처하던 중 파직되었다. 상세한 것은 가장(家狀)을 볼 것이다.

정유(55세) 3월 승지에 제수되었다.

○ 10월 대사간에 통의(通擬)되었다.

무술(戊戌, 56세) 6월 안변 부사(安邊府使)에 제수되어 7월에 부임, 이듬해 가을에 상경하여 사직하기를 바랐으나 임지로 돌아가라는 조정의 명을 받았다. 이 해에 흉년이 드니 창고를 열어 구휼하도록 영을 내렸다. 관아에 머무른 지 삼년동안 각 단체에 빙역(氷役)을 막기 위해 많은 설비를 하고 2개의 사찰에 편지를 보내 조금이라도 피폐해짐을 막고, 바다와 나루를 바꾸어 항상 공급이 가능하도록 하고 무사를 더하고 보충하여 처음으로 활을 쏠 수 있게 하였다. 처음으로 만든 모든 것이 모두 이루어져서 각 조목이 이로써 행하여졌다. 공이 돌아온 후 고을의 백성들이 쇠를 주조하여 비를 세우고 그 은혜를 송덕하였다.

경자(庚子, 58세) 6월에 중국으로 가는 동지부사(冬至副使)에 내천(內遷)되었다.

○ 7월 형조 참의(刑曹參議)에 제수되었다.

○ 9월 사간원 대사간에 제수되어 계소(戒疏)를 올리고 겸하여 전 헌납(前獻納) 조진형(趙鎭衡)에 관해 바로잡아 줄 것을 주청하였다. 주상께서 비답(批答)하기를, "이러한 일로 소를 올리는 것은 어찌 비단 오늘날 효상(爻象)의 아름다움이 아니겠는가? 근심스러운 것은 물이 가로질러 흐르면 사나운 물결을 막을 수 없을 것이고, 장차 의리가 전도되는 데에 이르게 되면 제방을 무너뜨리는 결과가 될 것이다. 경의 말은 이러한 때와 이러한 일에 이르게 되면 감당할 수 없다는 것을 가리킨 것이다. 경연(經筵)에서 아는 것과 청하는 것에 의거해서 시행할 것이다."라고 하였다. 차대(次對)에 입시(入侍)하여 북로(北路)의 논밭을 측량하는 일과 자세한 사정을 글로 아뢰니 주상께서 주청한 사항을 아울러서 윤허하셨다.

○ 같은 날 가선대부(嘉善大夫)로 승진하였다. 품계는 호조참판(戶曹參判) 대신연백(大臣筵白) 동지사(冬至使)에 올랐는데 지금에 해당하는 사은사(謝恩使)를 겸하여 뽑힌 것이다. 부사(副使)인 이(李)모의 지위가 너무 낮아 애석하기에 자급을 승진시킬 것을 청하였는데 주상께서 윤허하셨다. 대관의 직책(臺職)이 동지사의 일에 방해가 되므로 체직되었다가 호조참판에 옮겨 제수되었다.

○ 같은 달에 도총부(都摠府) 부총관(副摠管)에 제수되었다.

○ 10월 정사(正使) 무림군(武林君)과 서장관(書狀官) 윤장렬(尹長烈)과 더불어 조정에 사은하고 출발하여 길을 떠났다. 용만(龍灣)에 이르러서 큰 아들이 부윤(府尹)으로서 강머리까지 나와 영송(迎送)을 하니 당시 사람들이 그것을 영화(榮華)로 일컬었다. 11월에 강을 건너 12월에 연경(燕京)에 도착하였다.

신축(辛丑, 59세) 2월 연경에서 돌아오는 길이 3개월이 걸려 주상께 보고 하였다.

○ 같은 달에 한성부(漢城府) 우윤(右尹)으로 제수되었다.

○ 같은 달에 충청 감사(忠淸監司)에 제수되었으나 당일 사직하였다. 조정에 당시 호남지방의 유학자에 대한 옥사가 있었는데, 공이 주상의 명을 이어받아 잘 다스리고 일을 마무리하여 평정을 한 후 윤허를 받았다. 호남 사람들은 지금까지도 그 일을 칭송한다. 도내에는 피폐한 무리들이 많았는데, 쌍수(雙樹) 지역[308]을 잘 다스렸다. 환곡(還穀)은 각각 가까운 창고에 안전하게 두도록 하고 먹을 양식을 법대로 하게 하였다. 공물을 나루에 나누어 두게 하고 먹을 양식은 돌려주어 본래의 창고에 회부하여 모두 경위에 맞도록 하였다. 절목을 이루어 계품(啓稟)을 올려 그것을 행하였다. 각 역(驛)에 봉전(俸錢)을 나누어 주고 말을 보태게 하여 호조의 일을 도울 수 있게 하였다. 산성(山城)에 곡물을 주고 군기(軍器)의 바라는 바를 만들어서 갖추도록 하였으며, 영(營) 아래에 경사(經史)를 두어 궁의 관리나 많은 선비들이 배우고 익힐 수 있도록 하며, 본부(本府)에 적전(籍錢)을 공급하여 각 동네의 빈민들을 구제하는 일 역시 모두 절목에 맞았다.

임인(壬寅, 60세) 6월 지평(持平) 이태영(李泰永)이 주상께 계(啓)를 올려 말하기를 "충주목사 유항주(兪恒柱)가 국기일(國忌日)에 음악을 베풀고 배를 타고 유람을 하니 청하건대 잡아다가 엄히 물으시고 관찰사[道臣] 역시 능히 깨닫지 못하고 살피지 못한 잘못이 있으니 법에 따라

308) 현재의 충남 공주시 금성동 일대의 지역. 쌍수라는 명칭은 조선시대 인조 2년(1624) 이괄의 난 때에 인조가 난을 피하여 이곳에 일시 파천했었는데, 쌍수(雙樹)에 기대어 왕도(王都)를 걱정하던 인조가 평정소식을 듣고 기뻐하며 이 곳에 있던 두 그루의 나무에 정3품의 통훈대부(通訓大夫)를 명하고, 이 성을 쌍수산성(雙樹山城)이라고 한데에서 유래한다. 물재유고 권지일 〈29. 쌍수산성의 군기 절목에 대한 서문(雙樹山城軍器節目序)〉과 〈30. 쌍수산성군향변통절목서(雙樹山城軍餉變通節目序)〉 참조.

꾸짖고 그 직책을 깎는 것을 시행하기를 청합니다."라고 하니 주상께서 마땅히 결정을 기다리라 하시고는 처리하지 않아 윤허하지 않으셨다. 대신들이 의(義)에 따라 처리해서는 안 된다고 강하게 주청하자 주상께서 교체하도록 허락하셨다.

○ 7월 부총관에 제수되었으나 인체(引遞)하였으나 또 추천이 있자 주상께서 특별히 제수하셨다.

○ 8월 우윤(右尹)에 제수되었다.

○ 10월 조지서(造紙署) 제조(提調)를 겸하였다.

○ 11월 형조(刑曹) 참판(參判)에 제수되었고 또 좌승지(左承旨)에 제수되었다.

○ 12월 형조참판에 제수되었고 더하여 사헌부(司憲府) 대사헌(大司憲)에 제수되었다. 재직 당시 일을 처리하던 중 이보행(李普行)의 일이 있었는데 공이 같은 문중의 사람으로서 참계의 일을 맡아 옳게 처리하는 것은 불가하다고 상소를 올려 주상께서 특별하게 명을 내려 윤허하시고 전직(前職)에 임명하셨다.

계묘(癸卯, 61세) 정월 대사헌에 제수되었다. 상소를 올려 말하기를 "정씨 처[309]가 육지를 떠날 때에 주상께서 밀지를 내려 대관(大關)을 거행하라 하심은 나중에 폐단이 될 것이니 청컨대 뉘우침을 분명하게 보이게 하십시오."라고 하였다. 주상께서 비답하시기를, "지난번의 처분은 나로서도 실로 어찌할 수 없었으나, 이번에는 경이 말하는 것처럼 도리를 지키는 의(義)에서 나오는 법은 따를 수 없도다. 내가 바야흐로 근심을 감수하겠다."라고 하셨다.

○ 동월 주상께서 직책을 바꾸시고 형조참판에 임명하셨다.

309) 정씨 처 : 정치달(鄭致達, ?-1757(영조33))의 처인 화완옹주(和緩翁主). 영조의 아홉째 딸로 사도세자와 영조 사이를 이간하여, 후에 정조로부터 그녀의 양아들인 정후겸(厚謙)은 사사되고 그녀는 폐출되었음. 각주 135) 참조.

○ 2월, 추천되었던 병조(兵曹) 참판(參判)에 특별히 제수하셨다.

○ 같은 달에 가의대부(嘉義大夫)에 승진되었다. 주상께서 세자부(世子傅)에 말하기를, "내가 동궁에 있을 때 강목(綱目) 강연을 마치니 차례가 부신(符信)의 조각을 서로 맞춘 것처럼 맞았다. 양(兩) 조정의 성함과 치적이 관료 중에서 강연을 시작하여 강연을 끝낼 때까지 또한 속강목(續綱目)에 이를 때까지 나아가 강연을 할 때에 재신(宰臣) 중에 오직 한 사람뿐이었으니 나타내고 드러내고자 하는 뜻이 어찌 일급에 이르는 것을 애석하다 할 것인가? 이러한 일은 실로 옛날의 생각과 옛 정사에 비추어 헤아림이 합당하니 병조참판 이○○에게 특별히 하나를 더하여 주노라."고 하셨다.

○ 3월 도승지(都承旨)에 제수되었고 또 추천되던 바로 예조참판에 특별히 제수되었다.

○ 4월 도승지에 제수되었고 더하여 예조(禮曹) 참판(參判)에 임명되었다.

○ 같은 달에 관상감(觀象監) 제조(提調)를 겸하였다.

○ 같은 달에 정시(庭試)의 문일소(文一所)의 상시관(上試官)으로 삼으셨다.

○ 6월 대사헌(大司憲)에 제수되었다.

○ 7월 부총관(副摠管)에 제수되고 또 좌윤에 제수되고 또한 형조참판에 제수되었다.

○ 9월 도승지에 제수되었고 또한 부총관에 제수되었다.

○ 10월 우윤(右尹) 차하(差下)에 제수되었고 승문원(承文院) 제조(提調)에 제수되었다.

갑진(甲辰, 62세) 5월 도승지에 제수되었다.

○ 6월 전의감(典醫監) 제조(提調)를 겸하였다.

○ 7월 대사헌에 제수되었다. 왕세자 교육의 도리[元良蒙養][310]를

육잠(六箴)으로 삼자는 상소를 올렸다. 그 대강은, 덕스러운 성품을 기르는 것[養德性], 좌우를 가리는 것[擇左右], 덕성을 기르고 거처하는 데 절도가 있는 것[節居養], 놀고 즐기는 것에도 계율을 지키는 것[戒玩好], 부지런하게 익히고 배우는 것[勤講習], 몸을 가르치는데 근본을 지키는 것[本身敎]이었다. 주상께서 비답하시기를, "여섯 가지의 잠사(箴辭)의 한 마디 한 마디가 모두 지극하니 나는 마땅히 이에 따라 성찰하겠다."라고 하셨다.

○ 8월 대사헌에 제수되었다.

○ 11월 대사헌에 제수되었다.

○ 12월 같은 직책에 제수되었다. 춘추 때의 괴원(槐院)[311]의 제거(提擧)[312]로 주상의 명을 받아 〈동문휘고(同文彙考)〉를 편찬하였는데, 그 달에 집안에 회록의 재(回祿之災)[313]가 있었다. 괴원과 역원(譯院)에서 책자를 등록하고 또한 거기에 들어가서 일을 하였다. 공이 죄를 청하는 상소를 올렸으나 사직하지 말라고 비답을 받았다.

을사(乙巳, 63세) 11월, 병조참판에 제수되었다. 그 해에 발에 부스럼(瘡)질환이 생겨 여러 달 동안 오래 남아 있어서 부득이 그 직책을 맡을 수가 없어 사직(供職)하였다.

병오(丙午, 64세) 정월, 대사헌에 제수되었고 또한 도승지에 제수되었다. 병이 깊어졌으나 주상께서 특별히 제수하신 것이다.

○ 2월 대사헌에 제수되었다.

310) 왕세자 교육의 도리[元良蒙養] : 원문의 원량(元良)은 왕세자를, 몽양(蒙養)은 어린이의 교육을 뜻함.

311) 괴원(槐院) : 각주 162) 참조.

312) 제거(提擧) : 조선 시대에, 중앙에서 각 사(司) 또는 청(廳)의 우두머리가 아니면서 각 관아의 일을 다스리던 직책. 제조(提調)와 동의어.

313) 회록의 재(回祿之災) : 회록은 화신(火神), 곧 화재(火災)를 뜻함.

○ 3월 도승지에 제수되었다.

○ 4월 좌윤 겸 장악원(掌樂院) 제조를 겸하였으며 또한 병조참판에 제수되었다.

○ 10월 좌윤에 제수되었다.

○ 같은 달에 행대사간에 제수되었는데 문효세자(文孝世子)[314]의 장례가 있을 때에 공이 상소를 하여, 절목과 애도에 아끼며 인색하게 하며 더불어 기년복(朞年服)을 하는데 흰 가죽신을 쓰는 것은 불가하다고 아뢰었다. 주상께서 비답하시기를, "상소한 글을 보면 떠난 사람에 대한 경의 근심과 애정의 지극함을 알 수 있다. 낡은 옷을 보내니 뜻에 따라 하고자 하는 바를 처리하라. 흰 가죽신은 불가하다하니 나의 뜻 역시 그렇게 할 것이다. 그러나 오늘 복제(服制)를 살피는 것은 아직 처리할 수 없으니 예관에게 영을 내려 널리 의논하고 들어서 의복 장식을 고쳐서 의식에 사용하도록 하라"고 하였다.

○ 같은 달에 도승지에 제수되었으나 잠시 교체되었다가 다시 제수되었다.

○ 7월 좌윤에 제수되었고 또한 추천에 따라 바로 주상께서 특별히 동의금(同義禁)[315]에 제수하셨다.

○ 8월 동의금에 제수되었다.

○ 9월 호조참판에 제수되었고 또 도승지에 제수되었다.

○ 10월 형조참판에 제수되었다.

○ 같은 달, 추천으로 주상께서 특별히 동춘추에 제수하셨고 또한 도승지를 제수하셨다.

○ 12월 도승지에 제수되었다.

○ 같은 달에 추천으로 바로 주상께서 특별히 예조참판에 제수하실

314) 문효세자(文孝世子) : 각주 28) 참조

315) 동의금(同義禁) : 동지의금부사(同知義禁府事). 조선 시대에, 의금부에 속한 종이품 벼슬.

당시에 왕대비전에 존호를 올리는 도감(都監)의 탁지장(度支長)[316]을 설치하는데 외직에 있었다. 주상께서 특별히 명을 내려 공을 아당(亞堂)[317]으로 삼으시고 도감 당상(堂上)을 차출하셔서 조(曹)의 일을 모두 보게 하시고 다른 일은 바꾸라고 영을 내리니 공이 정성을 다하여 일을 돈독하고 철저하게 하고 조(曹)의 일은 사양하고 받들어 행하지 않았다.

정미(丁未, 65세) 정월 자헌대부(資憲大夫)[318]의 품계에 올랐다. 주상께서 도감(都監)을 불러 상전(賞典)을 내리셨다. 같은 날 형조판서에 제수되었다. 그때에 관청의 유생을 귀양 보낸 일이 있었는데 주상께서 형조에 명을 내려 성균관(泮)에서 추국하여 잡아 보내라고 하였다. 이사렴(李師濂)이 상소를 올리기를, 형조에서 형을 집행하고 귀양을 보내는 일에 힘쓰지 못했으니 당상(堂上)을 파직해야 한다고 청했다. 주상께서 윤허하지 않으셨는데 공이 상소를 올리자 뜻에 따라 교체를 허락하셨다.

○ 같은 달에 예조판서에 제수되었다.

○ 5월, 추천으로 주상께서 특별히 한성부 판윤에 제수하시고 5부의 좌경(五部坐更)제도[319]를 바르게 하라 하셨다.

○ 같은 달에 대신들이 경연에서 모여 당상의 국(局)에 차비를 갖추어 주청을 하였다.

○ 8월 분내국 제조(分內局提調)에 제수되었다.

---

316) 도감(都監)의 탁지장(度支長) : 도감은 고려 · 조선 시대에, 나라의 일이 있을 때 임시로 설치하던 관아, 탁지장은 호조(戶曹)의 부서로 보임.

317) 아당(亞堂) : 참판의 별칭.

318) 자헌대부(資憲大夫) : 각주 170) 참조.

319) 좌경(坐更)제도 : 밤에 궁중의 보루각에서 징과 북을 쳐서 시각을 알리던 제도. 경(更)에는 북을 치고 점(點)에는 징을 쳤으며, 서울 각처의 경점 군사가 이 소리를 받아 다시 징과 북을 쳐서 차례로 알렸음.

○ 10월 함경감사에 제수되어 서둘러 조정에 사직을 하려 하였으나 주상의 명이 있어 같은 달에 부임하였다. 재임 시에 경흥(慶興), 함흥(咸興), 덕원(德源)에 비석을 세우고 각(閣)을 지은 일이 있었으나 보고를 하지 못했는데, 공은 감독하여 이룬 공[董成之蒙]이 있어 주상께서 말을 내리는 은전(恩典)을 입었다. 그리고 3개 읍(邑)의 관사(館舍)에 기록하여 게재(揭載)하라 명하셨다. 도내(道內)의 지방에 신삼(信蔘)[320]이 있어 나누어 정하고 부담할 수 없는 가격은 수천(千)금을 주어 갚게 하였다. 또한 창고에는 녹봉으로 무역을 하여 영내에 백금 3천 냥을 저장하여 뜻하지 않은 일에 대비하게 하였다. 만세교(萬歲橋)를 수리하는 역사를 하고 포청(砲廳)를 굳세게 정비하는 일에 수고를 한 자들에게는 재력으로 비천한 자들에게까지 나누어 주고 군대와 백성의 폐단을 없애 주었다. 만약 북관(北關)에서 곡식을 사고파는 자가 있으면 바로 내사(內寺)의 노비로 삼아 별도로 보호를 하고, 일백 명을 거느려 통솔하는 조직을 설치하였으며, 군량미 육천 석을 조치하여 비축하게 하고 모든 경위를 상세하게 절목하여 주상께 계를 올렸다. 이것이 도(道)를 다스린 후 베풀고 실시한 대략적인 사항이다. 이듬해 무신(戊申) 가을에 한번 길을 나서 흉년이 들었음을 고하고 장차 크게 구휼하고자 하였으나 공이 몸이 쇠하여 병이 깊어졌다. 억지로 순시(巡視)를 하다 길주(吉州)까지 갔다가 돌아와 주상께 상소를 올려 해직하기를 청하였다.

주상께서 비답하시기를, "북관에 들어가 감사의 일을 행하다가 병이 들어 중로에서 돌아왔다 하니 백성의 일은 이제 누가 걱정하겠는가? 이제 별도로 사신을 보내 이 일을 행하도록 할 것이다. 이때에 남관(南關)의 일은 오로지 방백(方伯)에게 위임을 하니 쉽게 교체할 수 없다. 경은 사직하지 말고 병을 잘 조리(調理)하며 맡은 바 임무를 살피도록

320) 신삼(信蔘) : 조선 중기 이후에 산삼을 일컫는 관용어. 일본에 가는 통신사가 선물용으로 휴대하는 물품이었음.

하라"라고 하셨다.

우의정 이성원(李性源)이 경연에서 주청하기를, "북방 방백의 사직 상소를 가까이 보니 구구절절이 너그러움과 조리(條理)가 있고, 흉년이 들어 민정(民政)을 행함에 다행히 그 사람을 얻었고, 어제 본 장계(狀啓)에 순시하다 북관에 이르러 첫 고을에서 병을 얻어 돌아왔다 하는데 그 병세(病勢)를 누가 알 것이 아닌데도, 순시를 끝마치려고 합니다. 청하옵건대 잘 헤아려 주시옵소서."라고 하였다.

주상께서 말씀하기를, "어제 본 사직 상소는 지극히도 뛰어났도다. 처음에는 꾸짖고 파면할까 하였는데 병 때문에 사직할 일은 아니라고 본다. 이 때 본 도(道)의 일을 맡기기는 어려움이 생기는 고로 그만둘까 한다. 경의 말을 들어 마땅히 그렇게 하겠다."고 하셨다.

공이 이로부터 경륜하여 처리하고 구휼 정책을 펴니 세시(歲時)가 되기 전에 모두 곡물을 잘 다스려 스스로 비축하고 구휼하게 되었다. 봄에 이르러 처음으로 공곡(公穀)을 쓰게 되어 장계를 올려 청을 하니, 조정에서 영남의 곡식을 옮겨 남관의 백성에게 배부르게 하고 남관의 곡식을 옮겨 북관의 백성을 배부르게 하니, 이 곡식으로 능히 계속 순시하여 백성들이 모두 곡식을 얻어 살 수 있도록 하였다. 늘 장계를 써서 주상께 번번이 주청을 하니 주상께서 하교하기를 아름답고 장려할 일이며 깨우치는 바가 있다고 하시면서 이르기를, "비단 같도다. 모든 것을 자세하고 살피고 갖추어서, 질 수 없는 위임의 책임을 잘 이겨내어 70만의 생명을 살려냈으니 어두움을 풀어내고 날이 밝은 것 같은 마음이로다."라고 하셨다. 또 비변사(備邊司)에 명하여 장계를 베껴 올리라고 하였다.

기유(己酉, 67세) 3월, 남관을 출발하여 순시하다가 숙환이 더해져서 도중에 돌아왔다. 관영(官營)에 돌아온 후 잠깐 가벼워졌다가 또 위중해져 23일 자(子)시에 징청헌(澄淸軒)에서 숨을 거두셨다. 조정에 부고를 알리니 주상께서 놀라 애도하며 슬퍼하며 이르시기를, "궁중의 경연에 출입하여 거의 10여 년 동안 강목(綱目)을 논하면서 시종 강연에 참석을 한 것이 오래고 또한 부임하여 재직한 것도 오래 되었으며 보필함이 더하여졌으며 더욱이 두 마음이 없이 달려와 당상관에 오른 옛일이 생각나는데, 오늘 갑자기 소식을 들으니 고인을 다른 곳에 쓰려 하였는데.... 그를 잃음이 슬프도다! 돌아오는 시신을 기다렸다가 원칙대로 부의를 하고 밖에 별도로 장례용품을 주어 보내도록 하라. 내가 옛날의 일을 생각하니 삶과 죽음의 사이가 없구나. 예조에서는 조회를 정지하고 백성들에게 예를 갖춰 보이도록 하라."고 하셨다. 4월 초9일 발인을 하여 19일 남대문 밖 세 들어 살던 집 앞에 구(柩)가 머물렀다. 5월 21일 발인을 하여 22일 안산군(安山郡) 서면(西面) 원당리(元堂里) 덕산공(德山公)[321] 묘 왼쪽에 안장을 하였다. 10월에 같은 곳 산등성이의 오른쪽에 이장하여 부인과 합장하였다. 5월 임금께서 내린 제수로 장사를 지냈다.(祗受弔祭)

321) 덕산공(德山公) : 덕산(德山) 현감(縣監)을 지낸 부친 이보흥(李普興)을 가리킴. 생부는 이보순(李普淳)임.

71. 유제문(諭祭文)

유(維) 건륭(乾隆) 54년 세차(歲次) 기유(己酉)[322] 5월 28일

국왕(國王)은 신하 예조정랑(禮曹正郎) 강봉서(姜鳳瑞)를 보내 졸(卒)한 이○○(李○○)의 영유(英儒)앞에 유제(諭祭)를 올린다. 유(儒)께서 본래의 집은 편안하고 간소하였으며 그 자세(姿勢)와 문장과 학식과 재주와 꾀가 좌우(左右)로 두루 갖춰 마땅히 스스로 티끌만한 것도 법도(法度)를 잃지 않아 알려지게 되었고, 먼저 임금의 조정에서 무거운 짐을 받았으나 쇠미함을 뛰어넘어 항상 붓을 가지고 다니며 열심히 학문을 하여 당상관의 비옥(緋玉)[323]에 이르게 되었다. 사복(嗣服)을 주는 것에 미치어 안팎으로 업적을 드러나게 하였으며 연경에서는 풀무질과 숫돌을 갈고 호남의 잡초 같은 무리들을 잘 다스리고 은혜를 베풀었으며, 한성의 판윤을 맡아 도적의 일을 의논하고 막힘이 없어 마침내 사당의 꾀와 바라는 바를 들었다. 실로 부자(父子)가 반(班)의 벼슬에 올라 한 마음으로 왕실을 나아가 받드는 것이 떳떳하고 아름답도다. 북번(北藩)에 있던 해에 흉년이 들어 기아에 대해 잘 베풀고 실시하고 조목조목 상세하게 열거하여 주청을 하였고 병을 얻었으나 오히려 정성을 다하여 한 방향으로 믿고 제도하고 구휼을 하였다. 일을 끝마치지 못하였는데 갑자기 복성(福星)이 가리었도다.[324] 내가 처음으로 경을 알게 된 것은 경연(經筵)에서였는데 일부(一部) 강목(綱目)을 논하고 계속하여 속편(續編)을 함으로써 처음부터 끝까지 하기를 추위와 더위가 10번 바뀌도록 하였다. 어찌 그토록 곧게 오랫동안 맡았는가? 실로

322) 건륭(乾隆) 54년 세차(歲次) 기유(己酉) : 정조(正祖) 13, 1789년

323) 비옥(緋玉) : 비단옷과 옥관자.

324) 갑자기 복성(福星)이 가리었도다. : 복성은 복덕성(福德星)의 줄인 말로, 길한 별이라는 뜻인 목성을 가리킨다. 갑자기 죽음을 뜻함.

많은 자급이 더해져 과거(過去)에는 벼슬이 오름에 따라 생각을 내어 놓은 까닭으로 죽음을 멀리하고 장례를 미루었던 것이다. 내가 가슴에 품었던 것을 아뢰고 생각을 펴건대, 경은 평소 명성과 덕망에 하자가 없고 공적인 일을 받드는 정성(奉公之誠)은 일을 종합하여 알면서도 궁구되지 않은 것을 사용했으니 어찌 애도와 슬픔을 이기겠는가? 관리를 보내 조문을 올려 흠향(歆饗)을 바라며 이에 술을 따른다.

지제교(知製教) 유한모(兪漢謨) 지어서 올림(製進)

72. 부군묘표음기(府君墓表陰記)

돌아가신 아버님(先府君)의 성은 이씨(李氏)이며 휘(諱)는 숭호(崇祜)이며, 자(字)는 덕이(德而)이시다. 스스로 호(號)를 물재(勿齋)라 하셨으니 용인(龍仁) 사람이다. 고려시대 때 태사(太師)를 지낸 어른은 휘(諱)가 길권(吉卷)이며, 후의 23세에 이르는 어른은 휘(諱)가 사경(士慶)인데, 대사간을 지냈으며 아들은 휘(諱)가 후천(後天)이며 형조참판을 지냈는데 부군(府君)의 5대조이시다. 고조(高祖)는 휘(諱)가 준악(峻岳)이며 예빈시(禮賓寺) 정(正)을 역임하였으며, 증조(曾祖)는 휘(諱)가 세정(世貞)이며 의금부도사를 지냈으며 이조참의에 추증(追贈)하였다. 조부(祖父)는 휘(諱)가 의규(宜揆)이며, 한성부(漢城府) 판관(判官)을 역임했는데 이조참판에 추증(追贈)하였다. 부친(父親)은 휘가 보흥(普興)이며 덕산(德山) 현감(縣監)을 역임하였는데 이조판서에 추증이 되었다. 모친은 정부인(貞夫人)에 추증된 안동(安東) 김씨(金氏)로, 도정(都正)을 역임한 휘 성유(聖游)의 딸이다. 생부(生父)의 휘는 보순(普淳)이며 호조좌랑을 지냈고 생모(生母)는 숙인(淑人)인 청풍(淸風) 김씨(金氏)로 집의(執義)를 지낸 휘 재(栽)의 딸이다. 친조부는 휘가 의수(宜遂)로 호조정랑을 지냈으며 이조참판에 추증되었다. 식(寔) 판관(判官) 공은 백씨(伯氏)이다.

부군은 경종(景宗) 계묘년(癸卯年) 12월 24일에 태어났으며 6세 때에 판서공의 양자가 되었다. 영종(英宗) 계유년(癸酉年)에 진사(進士)에 올랐으며 신사년(辛巳年)에 정시(庭試) 문과(文科)에 뽑혀 괴원(槐院)에 속했으며 예문관(藝文館) 검열(檢閱), 대교(待敎), 봉교(奉敎)와 시강원(侍講院) 설서(說書), 사서(司書), 문학(文學), 필선(弼善), 보덕(輔德)과 홍문관(弘文館)의 수찬(修撰), 교리(校理)와 사간원(司諫院)의 정언(正言), 헌납(獻納), 사간(司諫)과 사헌부(司憲府)의 지평(持平), 집의(執義), 이조(吏曹)의 좌랑(佐郞), 정랑(正郞), 병조 정랑(兵曹正

郞), 성균관(成均館) 전적(典籍), 통례원(通禮院)의 통례(通禮), 사복시(司僕寺)의 정(正), 홍충(洪忠, 충청도)과 경기(京畿)의 도사간(都事間)을 역임하였으며, 암행어사가 되어 해서(海西) 지방을 순시(巡視)하였으며, 비변사(備邊司)의 봉사(奉使)로서 영남지방을 순회하였다.

을미년(乙未年)에 승정원(承政院) 승지(承旨)로 승진이 되었으며 부승지(副承旨)에서 우승지에 이르렀으며 병조(兵曹) 참지(參知), 참의(參議), 형조(刑曹) 참의(參議), 대사간(大司諫), 춘천(春川) 부사(府使) 안변(安邊) 부사(府使)를 역임하였다. 지금의 주상[325]께서 경자년(庚子年)에 부사(副使)에서 가선대부(嘉善大夫)로 승진시켜 연경(燕京)에 다녀왔으며, 호예병형조(戶禮兵刑曹)의 참판(參判)과 한성부(漢城府)의 좌윤(左尹), 우윤(右尹)과 도승지(都承旨), 대사헌(大司憲), 홍충(충청) 감사(監司)를 역임하였다.

계묘년(癸卯年)에 특별히 더하여 가의대부(嘉義大夫)에 제수하였다. 정미년(丁未年)에 도감(都監)에서의 노고로 자헌대부(資憲大夫)로 승진되었으며, 형조(刑曹) 예조(禮曹) 판서(判書)와 한성 판윤 겸 의금부 춘추관 도총관(漢城判尹兼義禁府春秋館都摠管)을 지냈으며, 승문원(承文院) 조지서(造紙署) 장악원(掌樂院) 관상감(觀象監) 전의감(典醫監) 비변사(備邊司) 제조(提調)를 지냈으며 나아가 함경(咸鏡) 감사(監司)가 되었다.

기유년(己酉年) 3월 23일 함경도영(咸鏡道營)의 징청헌(澄淸軒)에서 졸하셨으니 춘추 67세이셨다. 부음을 접한 주상께서 놀라서 슬퍼하며 특별히 명하여 장례용품(葬需)을 보내도록 하였는데 모두 특별한 은전이었다. 조회를 폐하고 예를 갖추어 조제(弔祭)를 지내도록 하였다.

5월 22일 안산군(安山郡) 서면(書面) 원당리(元堂里) 선영(先塋)에 안장을 하였으며, 같은 해 10월 16일 같은 곳 서쪽 수십보 떨어진

---

325) 지금의 주상(今上) : 정조 대왕(1752(영조28)~1800(정조24))을 가리킴.

곳의 축좌(丑坐)에 모친과 합장하였다.

돌아가신 모친은 정부인으로 안동김씨 화천군(花川君)으로 휘 협(浹)의 딸이다. 모친의 부친은 황조(皇朝, 명나라)에서 요동백(遼東伯)으로 추증을 한, 휘가 응하(應河)인 분의 5대손이시다. 모친께서는 임인년(壬寅年) 5월 2일 태어나서 기유년(己酉年) 8월 20일 돌아가셨으니 향년(享年)은 68세였다. 아낙네(孋)의 덕은 아름다운 문지방(梱)에 필적하는 것이니[326] 문중을 다스리기 위해 애를 썼으니 모두에게 본보기가 되었다. 우리 할아버지께서는 늘 칭찬을 하며 하는 말이, "우리 며느리로 인해 우리 가문은 반드시 번창하게 될 것이다."라고 하셨다.

부모님께서는 두 아들과 세 딸을 두었는데, 아들 중에 장남은 불초(不肖)한 본인[327]으로 문과에 급제한 전(前)참판이며, 둘째는 재익(在翼)으로 생원(生員)이다. 딸들이 각각 시집 간 정래정(鄭來鼎)은 판관(判官)이요, 정하영(鄭夏榮)과 정동만(鄭東晩)은 모두 진사(進士)이다. 불초한 본인의 아들은 하나로 규현(奎鉉)이며, 재익은 아들이 둘로 기현(箕鉉)과 두현(斗鉉)이다. 정래정의 아들은 하나로 진영(晉榮)이고, 정하영은 아들 셋과 딸 하나를 두었다. 정동만은 아들 하나와 딸 둘을 두었는데 아직 어리다.

오호라! 부군(府君)이 집에 머무르면 신실함이 있었고 지극함이 있었다. 주상을 섬기는데 충성을 다하였고 부지런히 힘을 썼고 조용하고 근신했다. 명성과 덕을 모두 갖춰 스스로 보존하였다.

조정에 들어간(立朝) 지 30년에 주상으로부터 깊은 이해를 받았다. 영조 대왕께서 일찍이 가르치시기를, "붓을 잡아 자유자재로 하니 그 단아함과 정결함을 알겠다."고 하셨다.

326) 아낙네(孋)의 덕은 아름다운 문지방(梱)에 필적하는 것이니 : 원문의 "孋德匹休梱"은 모친의 덕이 한 집안을 일으키는 근본임을 말하며, 아울러 모친과 부친의 금슬이 좋았음을 비유한 것임.

327) 불초(不肖)한 본인 : 물재 이숭호 공의 장남인 이재학(李在學, 1745(영조 21)~1806(순조 6)) 조선 후기의 문신. 본관은 용인(龍仁). 자는 성중(聖中), 호는 지포(芝浦).

지금의 성상(聖上) 역시 가르치시기를, "나는 세자 시절의 주연(冑筵)에서 자질이 가장 많이 더해졌다. 문장과 경학을 겸비하는 것이 더불어 견줄 사람이 드물다." 라고 하셨다. 또한 하교하시기를, "가까이 보건대, 변방을 다스림에 갈수록 경험이 쌓여, 그 모으고 정밀함아 진실로 손바닥을 합한 것처럼 군사의 일을 맡았다. 이는 실로 경연에서 신하가 함께 이어 받아 따를 바이다."라고 하셨다.

앞뒤 두 가지의 은혜로운 가르침이 일월성신처럼 빛나니, 돌아보건대 소자가 어찌 감히 다시 칭송하여 서술함이 있겠는가? 부군께서는 평소에 여러 가지 일에 뜻을 둔 것마다 거의 의견을 내셨다. 군자께서는 사실을 모아서 그것을 널리 알림으로써, 희미한 다음 세상을 어리석고 미천하지 않게 하셨다.

불초가 장(狀)을 쓰는 바, 만의 하나 가운데 단지 세계(世系)와 벼슬의 내력만을 삼가 표석(表石)의 음기(陰記)에 새긴다. 생각하건대, 성인의 말은 가히 후세의 사람들에게 알게 하는 바가 있으면 명철한 것이요, 돌아보고 그것을 만나게 되면 융성한 것이라 하였으니 이것은 그것을 공경하여 안다는 것이다. 오호! 슬프다. 불초한 고아 재학은 피눈물을 흘리며 삼가 기록하고 글을 쓴다. 하나의 본은 자기(磁石)에 새기고 구워 정유년(丁酉年)에 혼유석(魂遊石)[328] 밑에 묻었다.

328) 혼유석(魂遊石) : 넋이 나와 놀도록 한 돌이라는 뜻으로, 상석(床石)과 무덤 사이에 놓는 직사각형의 돌을 이르는 말. 석안(石案)으로도 씀.

73. 부군가장(府君家狀)

돌아가신 아버님(先考)의 성은 이씨(李氏)이며 휘(諱)는 숭호(崇祜)이며 자(字)는 덕이(德而)이시다. 스스로 호(號)를 물재(勿齋)라 하였으니 용인을 본관으로 한다. 비조(鼻祖)의 휘는 길권(吉卷)이며 고려 조정을 보좌하여 벽상공신(壁上功臣)에 책봉되고 벼슬은 태사(太師)에 이르렀다. 세(世)를 이어 14세를 전하여 휘가 사위(士渭)인 분은 포은(圃隱)과 목은(牧隱) 등의 여러 현인들과 함께 교유하시고, 조선왕조에 들어와 개성유후((開城留後)를 역임하고 휘가 백지(伯持)인 분을 낳았다. 백지란 분은 관찰사(觀察使)를 지냈고 청백리(淸白吏)에 기록되었다. 또 8대를 전하여 휘가 사경(士慶)인 분은 사간원(司諫院)의 대사간(大司諫)을 역임하셨고 이조판서에 추증되었으며 호가 쌍곡(雙谷)이시다. 이분이 휘가 후천(後天)인 분을 낳으셨는데, 형조참의를 지냈고 이조참판에 추증되었는데 호는 백치(白痴)로 부군(府君)의 5대조가 되신다. 고조는 휘가 준악(峻岳)이다. 당시에 오랫동안 덕행으로 드러났었는데 벼슬은 예빈시정(禮賓寺正)을 역임하셨다. 증조는 휘가 세정(世貞)이며 의금부도사(義禁府都事)를 지냈고 이조참의에 추증되었다. 조부는 휘가 의규(宜揆)이며 한성부판관(漢城府判官)을 지냈고 이조참판에 추증되었다. 부친은 휘가 보홍(普興)이며 덕산 현감(德山縣監)을 지냈고 이조판서에 추증되었다. 부군으로 인해 두 임금님 대에 영화로움이 이어졌다. 모친은 정부인에 추증된 안동김씨로 돈녕부도정(敦寧府都正)을 지냈고 휘가 성유(聖游)인 분의 딸이다. 화산군(花山君)인 휘가 주(澍)인 분의 6세손이다. 생부는 휘가 보순(普淳)이며 호조(戶曹) 좌랑(佐郎)을 지냈다. 생모는 숙인(淑人)이며 청풍김씨로 집의를 지낸 휘가 재(栽)인 분의 딸이다. 찬선(贊善)[329]으로 호가 후재(厚齋)인 휘 간(榦)

329) 찬선(贊善) : 조선 시대에, 세자시강원에 속하여 왕세자의 교육을 맡아보던 정삼품 벼슬.

인 분의 종녀(從女)가 되신다. 생모의 조부는 휘가 의수(宜遂)이며 호조정랑을 지냈으며 이조참판에 추증되었는데, 이 분은 판관공(判官公)의 백씨(伯氏)이다.

부군은 경종 계묘년 12월 24일 서울에서 태어났다. 어려서부터 그릇의 도량이 크고 후덕하며 깊게 생각할 줄을 알고 말을 배울 때부터 의젓하기가 어른과 같았다. 윤상서(尹尙書)가 가르침을 베풀었는데 즉 부군의 친조모의 동생이었다. 윤상서가 보고 기특히 여기며 하는 말이, "이 아이는 멀리 보고 크게 키울 그릇이다."라고 하였다.

6세 때에 판서공의 양자가 되었다. 판서공이 매우 애지중지하여 잘 기르고 가르치고 이끄는데 반드시 옛 군자의 덕행과 사업으로써 하였다. 부군의 성품은 학문을 좋아하고 총명함이 강하여 매우 높고 멀리까지 두루 뛰어넘겠다고 스스로 기약하였다.

10세 때에 이미 세상일을 마음에 두고 글을 읽고 해독하는 것을 넘어 널리 경(經)과 사(史)에 통달을 하였으며, 또한 〈좌씨전(左氏傳)〉을 얻자 기뻐하여 가장 많이 힘을 다하여 공부를 하였으니 약관(弱冠)에 대유(大儒)를 이루었다.

영종 계유년에 진사(進士)에 합격되고 신사년에 정시(庭試)에 대책문(對策文)으로 병과(丙科)에 올랐고, 괴원(槐院)에 나뉘어 배속되었다.

임오년, 지금의 주상이 태자를 가르치는 춘방(春坊)[330]을 설치하자 그 으뜸인 설서(說書)가 되었으며, 한원(翰院)에 추천되었으며 검열(檢閱)을 거쳐 대교(待敎), 봉교(奉敎)를 지냈다. 이때에 관청을 순시하며 규찰하는 패를 받았다. 경양 찰방에 특별히 보직되자 방문하고 돌아본 연후에 그것을 마무리 지었다.

계미년 겨울, 전적(典籍)으로 승진이 되었다. 이때에 봉산군(鳳山郡)

330) 춘방(春坊) : 주 302) 참조

에서 살인 사건이 있었는데, 그 처가 울면서 억울함을 호소하였다. 신리암행어사(伸理暗行御史)에 뽑혀 나라의 법률을 엄격하게 집행하여, 어사로서 삼사(三司)에 여러 차례 등용되었다. 부군은 여섯 차례나 승진을 하였지만 하루도 쉰 날이 없었다. 이것이 1년 동안 벼슬살이의 대강이다.

주상께서는 이 사건에 대해 매우 조심스러우면서도 간결하고 자세하게 이해하셨기 때문에 부군은 여러 차례 권장하고 자랑하는 데까지 이르게 되었는데, 도리어 그 사실을 그림으로 그리도록 명하였다. 마침내 법대로 처리하자 봉산 사람은 그것을 기쁘게 여겼다.

계속해서 정언, 지평, 사서, 문학, 이조좌랑 정랑, 병조 군색랑에 제수되었다.

을유년 봄, 대신들이 삼남에 비축해 두었던 쌀이 많이 비게 되자, 주상께서는 경연에서 말씀하시기를, 임시 관리를 뽑아 나누어 보내 간사한 무리들을 가려내라고 하셨다. 부군이 영남 수십 고을에 가서 이르는 곳마다 먼저 한 고을을 택하여 곡식을 각각 나누어 저장하게 하고 기록을 한 뒤에 일시에 같이 검열을 함으로써 간사한 무리들의 폐단을 막았다. 또한 사람을 알고 모르는 바에 따라 강하거나 부드럽게 하지 않으니 깔보는 자들도 있었으나, 많은 벼슬아치들이 마침내 죄에 많이 저촉되었다.

병술년에 생모의 상(喪)을 당했다.

무자년에 상복을 벗었다. 계속 양사(兩司)331)와 춘방(春坊)에 제수되었다. 경인년 가을에 홍충도사(忠淸都事)에 제수되었고 시험을 관장하였다. 과거 시험장에 어지러운 관습이 있었는데 호남우도에서 더욱 심하여 앞뒤 시험을 주관하는 자가 번번이 서리(胥吏)와 장교(將校)의 도움을 이용하였다. 부군이 도착하여 느슨하게 과거 시험장에 들어오는

331) 양사(兩司) : 조선 시대에, 사헌부와 사간원을 아울러 이르던 말.

사람을 모두 병풍처럼 막아 엄격하게 하였다. 방(榜)을 내어 많은 선비들의 옷으로 그 감식하는 것을 밝혔다.

그 해 겨울 홍문록에 뽑혀 수찬에 올랐다. 주상의 강연(講筵)에서 글의 뜻을 펴 나가니 주상께서 매우 잘 한다고 말씀하셨다. 사간 이적보(李迪輔)가 사람의 부추김을 받아 새로 추천에 오른 여덟 사람을 비판하는데 재앙이 부군까지 미치게 되었다. 주상께서는 적보의 그 무고함을 살펴 엄하게 배척하여 그의 직책을 삭탈하였으나, 부군이 사직하려는 상소를 거듭 올려도 근면하게 바로잡으라고 하시고는 끝내 응하지 않으셨다. 주상께서 경연에서 신하들에게 말하기를, "나는 평소에 이(李)모의 글과 지식에 대해서 알았는데 경연에서 인재를 얻게 되어 기쁘지만 뜻밖에 정세가 있는 것이 매우 애석하도다."라고 하셨다. 이로부터 수찬, 부수찬, 교리, 부교리에 모두 나아가지 않았다. 계속하여 헌납에 제수되었지만 나가가지 않고 오직 행직(行職)332)으로 춘방관만을 하였다.

임진년, 홍문관에 다시 복직되었으니 주상께서 알맞은 가치의 패를 주셨다. 주상께서 개혁할 때[激惱之時]에 대홍군에 서민으로 삼고 유배를 보내라 명하였는데 한 달여 만에 특별히 명을 내려 얼마 후에 죄를 면제해 주셨다. 경기도사에 제수되었다.

계사년, 관직을 옮겨 필선에 제수되었다. 사복시정 통례원 집의를 역임하였다. 갑오년 봄 경하할 만한 일이 있어 소를 올렸다. 주상께서는 명을 내려 헌가(軒架)를 설치하지 말라고 하였는데, 사간원에서는 소를 올려 그것은 예(禮)가 아니라고 하였다. 주상께서 상소를 옳게 여겨 말을 하사하여 권장하였다. 또한 벼슬을 옮겨 필선 보덕 집의에 제수하였다.

을미년 봄, 특별히 승정원 동부승지에 제수되었고 우승지를 거쳐

332) 행직(行職) : 품계는 높으나 직책은 낮은 벼슬을 통틀어 이르는 말.

병조참지 참의를 역임하였다. 그해 겨울 춘천부사에 제수되어 그 자리에 있을 때 먼저 가난한 집의 백성들을 구휼하는데 힘을 썼으며, 응당 새로운 부역자를 끌어들여 더불어 창고를 조사하고 청소를 하였으며 세금을 내지 않은 자들은 영을 내려 완납시켰다. 유학과 무예를 장려하고 시험을 보았다. 온 고을이 흥하여 일어났다.

병신년, 국상(國喪)을 당하여 본도에서 제전(祭奠)을 올리는 제수(祭需)가 옛 예(例)를 따라 백성에게서 거두는 것이므로 공이 말하기를, "진향(進香)[333]은 백성을 번거롭게 하는 것인데 어찌 격식이 선왕의 뜻이겠는가?"라고 하고는 마침내 관용을 스스로 변통하였다. 반년이 채 안되어 고을은 큰 치세(治世)를 이루어, 역신(逆臣)인 하재(夏材)[334]가 감사가 되었어도 공은 그냥 내버려두고 좋은 평가를 하지 않았다. 무릇 하적(夏賊)의 아비 양택(陽澤)[335]이 영의정이 되어 반역을 다스림이 어긋나서 힘써 토벌하지 못한 것이다. 내가 당시에 지세를 말하고 간략하게 그것을 논하여 원한을 쌓은 일이 있었는데, 이 일로 인해 주상께서는 불을 밝혀 그 장계를 보시고 승정원에 하교하여 말하기를, "이 사람이 어찌 춘천부사가 능히 될 수 없겠는가?"라고 하였다. 이때에 조정에서 엄정하게 발탁을 논의하였다. 또한 주상께서 편안하고 침착하

333) 진향(進香) : 국상(國喪)의 빈전(殯殿) 또는 빈궁(殯宮)에 종척(宗戚)이 제전(祭奠)을 올리는 것

334) 역신(逆臣)인 하재(夏材) : 김하재(金夏材, 1745(영조 21)~1784(정조 8). 조선 후기의 문신. 본관은 광산. 자는 양숙(養叔). 1784년 윤득부(尹得孚)의 유배와 관련되어 파직당했다가 영희전고유제(永禧殿告由祭)의 헌관으로 분향 후 정조의 실덕과 사림을 장살(杖殺)할 것 등을 내용으로 한 쪽지를 예방승지(禮房承旨) 이재학(李在學)에게 주었는데, 이 사실이 탄로나 추국된 후 흉칙한 대역부도죄인으로 주살당했음.

335) 하적(夏賊)의 아비 양택(陽澤) : 김양택(金陽澤, 1712(숙종 38)~1777(정조 1). 조선 후기의 문신. 본관은 광산. 자는 사서(士舒), 호는 건암(健庵). 김장생(金長生)의 5세손으로, 할아버지는 숙종의 장인이었던 만기(萬基)이며, 아버지는 예조판서 진규(鎭圭)이다. 아들인 하재(夏材)가 역신(逆臣)으로 몰려 벼슬을 추탈당했다가 뒤에 다시 복관되어 영돈녕부사(領敦寧府事)가 됨. 할아버지와 아버지에 이어 3대가 대제학을 역임, 당대에 이름을 떨쳤음.

게 만약 알지 못했다면 경연(經筵) 중에서 여러 차례 꾸짖어 가르쳤을 것이다. 하적(夏賊)이 비로소 순시를 거두고 소를 올린 일로 인하여 그 직에서 삭탈되었다.

정유년, 형조참의에 제수되고 계속하여 승지에 제수되었다. 무술년 안변부사에 제수되어 그 고을을 다스렸다. 춘천을 다스린 것처럼 백성을 이롭게 하고 병든 것을 제거하는 정사를 폈다. 소인배를 없앴으며 또한 모든 절에서 얼음을 저장하는 폐단이 남아있어 이를 막아 재력을 모으게 하였다. 그런 후에 남은 승려들이 종이를 납품하는 일이 어려우므로 토지의 세금을 높여 그 값에 충당하도록 했다. 매달 초에 무사들에게 활을 쏘는 시험을 치르게 하여 사기를 북돋아 주었다. 두 개의 나루를 항상 어부들에게 제공하여 쉬든 일을 하든 그 값을 하도록 하였다.

흉년이 든 해에는 공적인 진휼(賑恤) 외에 개인 창고를 헐어, 모든 고을 안에 굶어서 얼굴이 푸른 사람이 없게 되었다. 3년 동안에 거처하는 벼슬아치나 백성들이 부모처럼 여겼다. 고을을 떠난 뒤 쇠로 주조하여 그 은혜를 송덕(頌德)하는 비를 세웠다. 해가 오래 될수록 공을 생각하는 바가 더욱 깊어졌는데, 늘 지나는 과객이 말을 하기를 "부군이 도착할 때면 부녀자나 어린아이들도 그를 위하여 눈물을 흘린다"고 하였다.

경자년에 동지부사(冬至副使)[336]가 되어 내직으로 옮기는 추천이 있었다. 사은사(謝恩使)[337]를 겸하는 경우가 있으면 법으로 마땅히 아경(亞卿)[338]을 뽑는데, 대신을 뽑아 보내면 굽실거리는 것이 걱정이기 때문이었다. (다른 신하들이 공의) 자급(資級)을 승진시켜야 한다고 주청을 하였다. 주상께서는, "이 사람이 아직 벼슬이 오르지 않은 채로 등용되었다는 것이 매우 애석하도다."라고 하셨다. 즉시 명을 내려

336) 동지부사(冬至副使) : 조선 시대에, 해마다 동짓달에 중국으로 보내던 사신.

337) 사은사(謝恩使) : 조선 시대에, 임금이 중국의 황제에게 사은의 뜻을 전하기 위하여 보내던 사절.

338) 아경(亞卿) : 조선 시대에, 종이품 벼슬을 높여 이르던 말. 정이품 벼슬을 이르는 경(卿)에 버금간다는 뜻임.

가선대부(嘉善大夫)339)로 발탁하고 부사로 뽑으셨다. 부군이 당시에 대사간으로서 상소를 올려 말하기를, "어지럽히고 거스르는 무리가 점점 생겨나 의리가 밝을 수 없음은 장차 물이 가로로 흐르는 것을 막을 수 없는 것과 같고, 물이 넘쳐 무너짐을 그치게 할 수 없는 것과 같습니다. 청하건대 그 그림자와 형체를 살핀다면 자그마한 것도 막을 수 있는 길이 될 수 있습니다. 세세한 말씀을 올리는 것은 조정의 모습에 걱정이 있어서 입니다."라고 하였다.

주상께서 답을 하기를, "말한 바의 일이 어찌 다만 지금의 모습이 아름답지 않다는 데에만 있겠는가? 걱정하는 것은 물이 가로로 흐르고 넘쳐 무너짐을 막을 수가 없어 장차 의리를 뒤집고 제방을 무너뜨림에 이른다는 것이다. 경의 말이 이때에 대한 것이고, 이 일에 대한 것인데, 이는 가히 주연(胄筵)에서 다룰 수 없다는 것을 말하는 것임을 알겠다." 라고 하였다. 또한 경연(經筵)에 들어, 북로 백성의 일에 관한 계를 올렸는데, 측량을 다시 하여 전정(田政)340)이 문란한 것은 바로 잡고, 조그마한 원망도 없도록 바르게 다스리며, 자세히 정해도 고르지 않는 것은 어부들의 노고를 구하도록 청했다.

주상께서 그것을 받아들이시고 이 일을 함에 대직(臺職)341)의 방해를 받지 않도록 명을 내려 호조참판에 옮겨 제수하셨다.

11월, 관청을 출발하여 길을 떠나 용만(龍灣)342)에 도착하셨는데, 이때에 내가 마침 이곳의 부윤으로 있어 아침저녁으로 받드는 기쁨과 영광이 있었다. 부군께서는 먼 길을 가시는데 흥청망청 잔치를 벌이고 술을 마시는 것을 경계로 삼아 다스리도록 하고 또한 청나라에 가는

339) 가선대부(嘉善大夫) : 각주 97) 참조

340) 전정(田政) : 조선 시대에, 삼정(三政) 가운데 토지에 대한 전세, 대동미 및 그 밖의 여러 가지 세를 받아들이던 일.

341) 대직(臺職) : 조선 시대에, 사헌부의 대사헌 이하 지평까지의 벼슬. 대신(臺臣)으로도 씀.

342) 용만(龍灣) : 평안북도의 의주(義州)

길에 크게 베푸는 것을 금하고 엄격하게 스스로 계율을 삼도록 하니 일행이 숙연하였다. 연경의 숙소에 머무를 때에는 놀며 구경 다니는 것을 못하게 하고, 잡희(雜戱)를 가까이 하지 말라고 하면서, "이는 기이한 관람에 불과하다. 다만 이상한 풍속을 보고 업신여길 뿐이다."라고 하였다. 사령[价]에게 글을 올려 모두가 부군께 복종하였다. 돌아올 때에는 노자에 대해 묻고 나머지는 통역원과 역참의 병사들 가운데 가난하여 돈이 없는 자들에게 모두 나누어 주었다. 연경의 물건이라고 하는 것은 비록 서적과 필묵(筆墨)의 하나라도 구입한 것이 없었다. 다른 양반의 무리들이 통역원에게 물어 말하기를 "오늘 두 대인이 길을 나섰는데 어찌 물건을 하나도 사지 않았는가?"라고 하며 서로 더불어 왁자지껄하였다.

그 이듬해 3월 조정에 돌아와서 우윤에 제수되고 홍충감사(충청감사)에 추천되었는데 도내 세력가들의 송사(訟事)가 많아 매우 번잡하였다.

병정년(丙丁年) 이래 또한 유언비어로 남에게 선동당하는 환란(患亂)이 있었다. 부군은 대범하면서도 절도가 있으며, 조용하면서도 진중(鎭重)하게 하여 마치 목소리는 집 밖에 나지 않지만 위엄은 한 길을 가는 것 같았다.

무릇 시행이 있으면 착착 조치하고, 문장에는 새는 틈이 없었으며, 밝기가 마치 촛불로 비춰주는 것 같았다. 비록 돈과 곡식의 장부(帳簿) 같은 번잡하고 솜털만한 것도 한 눈에 척보면 명료하였다.

오차가 있으면 말을 하지 않고 물리쳤는데, 일을 맡은 자가 물러나서 주판을 두드려 보면 과연 착오가 나타나는 것이었다. 서리(胥吏)들이 그 신명을 두려워하여 감히 속이지 못했으며 무릇 적발되지 아니 해도 정신을 차리고 하게 되었다. 고치기 어려운 폐단에 관련된 백성과 고을은 많았으나 쌍수(雙樹)에서처럼[343] 개혁을 하여 곡식을 돌려보내 각각 가까운 창고에 두도록 하여 안정되고 흥하게 하였으며, 군량미도 법대로 초리를 하여 조공 나루에 나누어 두고 돌려보낼 것은 돌려보내 본창고에 속하게 하였다. 이러한 모든 경위를 주상에게 계품(啓稟)하고 절목을 만들어 그것을 행하였다.

5개 역마참의 집이 낡아 심하게 무너져 내리자 자기의 봉금(俸金)을 나누어 주고, 이자를 모아서[取殖] 나중에 대응하였다. 산성(山城)의 병장기 오랫동안 버려진 것은 곡물로 바꾸고 훼손된 정도에 따라 수리하였다. 군영(軍營) 아래의 학교에서 경사(經史)를 비치(備置)하고 많은 선비들이 공부하도록 하였다. 사업 자금은 본부(本府) 각 마을에서 의연금으로 충당하였는데 식년(式年)[344]에 호적을 정리한 뒤에 마무리 지었다. 이처럼 모두 설치하고 베푼 것이 드러난 것은 영을 내려 공식적으로 한 것이지만, 공의 진심에서 우러러 나와 쇠잔해 가는 것을 소생시키고 폐단을 없앤 정사들을 한 것들이 많다.

역신(逆臣) 덕상(德相)[345]의 무리들과 더불어 호남우도에 있는 자들이 몰래 죄에 연루된 사람을 구하려고 계획하자, 부군을 뽑아 보내니 부군이 주상의 뜻을 받들어 잘 다스리고 힘을 다하여 충분히 조사하였다. 생각건대 아마 한 사람의 억울함이나 곤경을 찾아내고 더불어서 뒤집힌 것을 어루만지고 모여서 자세하고 신중하게 조사를 하니 평소의 윤허가 처음부터 끝까지 하나같았다. 비록 다른 생각을 가진 자라도 마음으로 복종하지 않는 자가 없었으니, 모두 이르기를 "그 사람은 반드시 나중에 크게 쓰일 것이다."라고 하였다.

343) 쌍수(雙樹)에서처럼 : 쌍수 지역에서 환곡 문제를 처리했던 일을 가리킴. 각주 308) 참조.

344) 식년(式年) : 자(子), 묘(卯), 오(午), 유(酉) 따위의 간지(干支)가 들어 있는 해. 3년마다 한 번씩 돌아오는데, 이해에 과거를 보이거나 호적을 조사하였음.

345) 역신(逆臣) 덕상(德相) : 송덕상(宋德相, ?~1783(정조 7). 조선 후기의 문신. 본관은 은진(恩津). 자는 숙함(叔咸), 호는 과암(果菴). 교관 무원(婺源)의 아들이며, 송시열(宋時烈)의 현손. 왕위계승에 대하여 올린 상소에 흉역(凶逆)의 뜻이 있다 하여 옥에 갇히고 많은 유생의 공격을 받았고 노론벽파(老論辟派)로 몰려 죽었음.

임인년, 관내의 수령 가운데 법을 어긴 사람이 있었는데, 즉시 파악해서 대간에게 살피게 하지 못했기 때문에 스스로 관직을 삭탈해 주도록 주청을 하였다. 주상께서는 윤허하지 않으시다가 대신들이 의에 따라 처리해서는 안 된다고 강하게 주청을 하니, 윤허를 명하였다.

계묘년, 대사헌으로서 상소하기를, "정씨 처[346]가 배를 타고 육지를 떠나는 때에 주상께서 밀지를 내려 대관(大關) 거행하라 하심은 훗일의 폐단이니 청컨대 뉘우침을 분명히 보이게 하십시오."하고 하였다. 주상께서 비답하시기를, "지난번의 처분은 나로서도 실로 어찌할 수 없었으나, 이번에는 경이 말하는 것처럼 도리를 지키는 의(義)에서 나오는 법은 따를 수 없도다. 내가 바야흐로 근심을 감수하겠다."라고 하셨다.

이 당시에 여러 신하들이 응징하여 토벌하는 장거(章擧)를 올리니, 주상께서 전례(前例)에 비춰 비답 하셨는데, 부군께서는 앞뒤의 사정을 살펴 상소를 올리자 주상께서 받아들이셨다.

그 해 봄, 주상께서 서연(書筵)에 계실 때의 일을 떠올리며 하교하여 말씀하시기를, "내가 동궁에 있을 때 강목(綱目)을 강연하여 한 질을 끝내면 수결[符][347]을 하였다. 두 조정[兩朝]의 좋은 치적[348]은 관료 중에서 강연을 시작하여 끝날 때까지 또한 계속되는 강연에 나간 사람이 오직 이 재상[宰臣] 한 사람만이 드러내고 장려할 만한 의(義)가 있었다. 어찌 벼슬 한 등급을 올리는 것이 아까우랴? 이 사람은 옛 일과 정사에 관해 찬술하는 사람으로 알맞다."라고 말하셨다. 특별히 한 자급을 올려 가의대부(嘉義大夫)에 승진시켰다.

갑진년, 대사헌으로서 왕세자 교육의 도리[元良蒙養之道][349]에 관

---

346) 정씨 처 : 정치달(鄭致達, ?-1757(영조33))의 처인 화완옹주(和緩翁主). 각주 135) 참조.

347) 수결[符]: 수결(手決)은 예전에, 자기의 성명이나 직함 아래에 도장 대신에 자필로 글자를 직접 쓰던 일.

348) 두 조정[兩朝]의 좋은 치적 : 세종과 인종 때에 〈통감강목〉의 강독을 모두 마쳤다는 고사.

349) 48. 왕세자 교육의 도리[元良蒙養之道] 참조.

해 소를 올렸는데, 그 대강(大綱)은, "덕스러운 성품을 기르는 것(養德性), 좌우를 가리는 것(擇左右), 덕성을 기르고 거처하는데 절도가 있음(節居養), 놀고 즐기는 것을 경계함(戒玩好), 부지런하게 익히고 배우는 것(勤講習), 몸을 가르치는데 근본을 지킴(本身教)"이니 여섯 개의 잠(六箴)으로 써서 올렸다. 주상께서 비답하시기를, "여섯 가지의 잠사(箴辭)의 한 마디 한 마디가 모두 지극하니 내가 마땅히 이에 따라 성찰하겠다."라고 하셨다.

병오년, 문효세자의 장례가 있었을 때, 대사간으로서 소를 올리기를, 절목과 애도에 아끼며 인색하게 하며 더불어 기복(朞服)을 하는데 흰 가죽신을 쓰는 것은 불가하다고 아뢰었다. 주상께서 비답하시기를, "상소한 글을 보면 떠난 사람에 대한 경의 근심과 애정의 지극함을 알 수 있다. 낡은 옷을 보내니 뜻에 따라 하고자 하는 바를 처리하라. 흰 가죽신은 불가하다하니 나의 뜻 역시 그렇게 할 것이다. 그러나 오늘 복제(服制)를 살피는 것은 아직 처리할 수 없으니 예관에게 영을 내려 널리 의논하고 들어서 의복 장식을 고쳐서 의식에 사용하도록 하라"고 하였다.

도승지, 예조 병조 형조 등의 참판과 한성부 좌·우윤에 제수되었는데 형조[秋曹]와 한성부[京兆]에 가장 오랫동안 있었고 다른 직책으로 특별히 임명이 되어 역시 일 처리를 하였다. 대개 죄를 의논하여 송사(訟事)를 정밀하고 마땅하게 했으니 공(公)은 임금님의 뜻을 밝혀 그 오래된 소임을 다하고자 하였다. 도승지[知申]를 맡은 지 10여 차례가 지나 비록 몸이 쇠약하여 병이 나서 오랫동안 숙야(夙夜)[350]를 할 수는 없었지만, 벼슬을 맡아 허송세월을 보내는 일은 거의 없었다.

불초가 또한 성은을 입어 재주 없는 사람이 벼슬을 여러 차례 하고 부자가 가까이에서 긴밀하게 출입하여 세상에서 영화로 여기는 바가

350) 숙야(夙夜) : 숙흥야매(夙興夜寐)의 줄임말로, 아침부터 늦은 밤까지 일을 함.이른 아침부터 늦은 밤까지 일을 함.

되었다. 앞뒤로 동의금(同義禁)과 춘추 부총관(春秋副摠管)과 승문원(承文院) 조지서(造紙署) 장악원(掌樂院) 전의감(典醫監) 관상감제조(觀象監提調) 등을 겸직하셨다.

이 해 겨울에 왕대비전에 존호(尊號)를 올리는 도감(都監)의 탁지장(度支長)을 설치하는데, 마침 외직에 있었다. 주상이 특별히 명을 내려 공을 아당(亞堂)으로 삼으시고 도감 당상(堂上)으로 차출하셨다. 조(曹)의 일도 역시 교체하여 시행하라고 영을 내리셨지만, 부군은 정성을 다하여 일을 돈독하고 철저하게 하고 조(曹)의 일은 사양하고 받들어 행하지 않았다.

정미년 봄, 존호를 올리는 예가 이루어지자 이 노고로 자헌대부로 자급을 올려 주셨고 형조 예조판서 한성부윤 겸 지의금 지춘추 주사당상(知義禁知春秋籌司堂上)에 올랐다. 한성부에 있을 때 주상의 하교를 받들어 5부의 좌경(坐更)제도를 바로 잡았는데, 조사를 통괄하고 균등하게 배분함으로써 간사한 구멍을 막아 상민들 보다 더 고통을 받는 자가 힘을 덜 들게 의지하도록 하였다.

이 해 겨울 함경부사에 제수되었으나 이때에 여러 번 대기를 당한 나머지 공무(公務)가 쌓이게 되었다. 주상이 부임을 재촉하는 영을 내렸다. 도내의 지방에 신삼(信蔘)이 있으면 나누어 정하고 회감(會減)[351]한 값이 서로 마땅하지 않으면 장차 백성들에게 맡겨두고 즉시 말을 달려 장계(狀啓)를 올려 그 값을 더해 주고 또한 스스로 봉록(俸祿)을 내어 놓아 누천(累千)을 부담함으로써 산삼 정책[蔘政]을 마치 마무리를 고할 때까지 기다리는 것처럼 하니 백성들은 거두어들이는 고통에서 벗어나게 되었다.

성상께서는 경흥(慶興)과 함흥 그리고 덕원(德源)에 성조(聖祖)의 옛 치적이 있어서 비를 세우고 각(閣)을 세울 것을 명하셨다. 하지만

351) 회감(會減) : 제삼자에게 셈을 넘겨 당사자끼리 서로 비겨 없애는 셈. 엇셈.

여러 달 동안 공사를 검열하였으나 끝마치지를 못하였는데 부군이 당도한 즉 감독하여 이룬 공[董成之蒙]이 있어 말(馬)을 내리는 은전(恩典)을 입었으며 이를 기록하여 3개 고을의 관사에 게재(揭載)하라는 명을 받았다.

본래 함경도는 변방으로서 위로는 울타리를 두텁게 하는 폐단이 매우 많았는데, 가장 심한 것을 취하여 조목을 열거하여 장계를 올렸다. 주상께서는 청을 들으시고 북관(北關)에서 소모하는 곡식이 본관(官)에 속하는 것이므로 법에 의거하여 일부를 제(除)하여 주고 잉여 곡식을 취하여 쓰는 폐단을 엄하게 금지함으로써 곡식을 사들이는 것을 바로잡게 하셨다.

도내에 있는 내사(內寺)352) 노비들의 공역(公役)을 바치는 것이 편중되었으므로 모든 밖의 일까지 견주어 남는 것은 각각 보인(保人)353)에게 주어서 그들의 힘을 돕게 하였다. 중령보(中嶺堡)354)의 건장한 포병들은 가짜 장부를 찾아내어 그 반(半)을 도태(淘汰)시켰는데, 일찍이 장교로 임명이 되었던 자는 별도로 한 부대에 따르도록 다시 만들어서 군대의 제도를 정비하였으니 주상께서는 이 두 가지를 모두 윤허하셨다. 또한, 함경도의 영내에는 군량미가 없기 때문에 주청하기를, 역참 병졸들을 데려다가 대신 곡식을 주되 년수(年數)를 제한하여 바꾸어들여 군량미 6천석을 만드니 역참 병졸들은 자기가 원하는 바에 따라 군영의 돈[營錢]으로 빌려 주고 다시 본 곡식의 나머지를 취하여 내다 팔아 흩어진 것을 보충하게 하였다. 공적인 재화(財貨)를 사용하여 병사들의 식량에는 낭비가 없어 넉넉함이 있었다.

352) 내사(內寺) : 조선 시대에, 왕실에서 부처를 공양하며 불도(佛道)를 닦던 집. 내도량(內道場)·내원당으로도 썼음.

353) 보인(保人) 조선 시대에, 군(軍)에 직접 복무하지 아니하던 병역 의무자. 정군(正軍) 한 명에 대하여 두 명에서 네 명씩 배당하여, 실제로 복무하는 대신에 베나 무명 따위를 나라에 바쳤음.

354) 중령보(中嶺堡) : 함경남도 함흥군에 있는 성곽

묘당(廟堂)이 무너지자 주청을 하여 영내의 탕(帑)[355]에서 시행하였으나 사용하여 없어지는 속도[緩急]를 믿을 수가 없음에 개탄스러워 하였다.

한 해의 봉록을 백은(白銀) 3천 냥으로 바꾸어 굳게 봉하여 여러 창고에 넣어두고 뜻하지 않은 일에 대비하였다. 만세교(萬歲橋)가 여름마다 큰 비에 붕괴되어 여덟 곳의 사민(社民)[356]들을 동원하여 그것을 수리하고 또한 창고의 남은 것을 여러 사(社)에 주어 변리를 늘려 받게 하고 사람을 고용하게 하여, 거두어들이고 탐하는 폐단을 영구히 제거하였다. 이는 참으로 선왕고(先王考)를 좇은 것이다.

본부(本府)에서 일을 처리하실 때에는 땅을 개간하는 마을의 부역이 예부터 있던 규칙이었다. 각 관청에 번(番)을 세우고 굳센 포(砲)를 이용하여 땅을 고르게 하니 군대의 병사들에게는 가장 지탱하기 어려운 바가 되었다. 또한 재물을 덜어 해당 관청에 주고 사람을 고용하여 노역에 응하게 험으로써 병사들을 양성하였다. 무릇 대책을 세우는 것은 절목(節目)을 갖추도록 하였다. 이때에 백성들과 더불어 병사들도 영원한 은혜를 골고루 입지 않은 사람이 없어, 길가의 수레에서 다함께 칭송하기를, "약천(藥泉) 남상국(南相國)[357] 다음에는 처음 본다."고 일컬었다.

이듬해 가을 남북관(南北關)에서 흉년이 들어 장차 크게 구휼을 하여야 하나 쇠약하고 병들어 어렵기 때문에 해직(解職)을 강구(强求)할

355) 탕(帑) : 국가 창고

356) 사민(社民) : 자유 의지로 설립된 결사(結社) 단체에 속한 민간인.

357) 약천(藥泉) 남상국(南相國) : 조선 후기의 문신인 남구만(南九萬, 1629(인조 7)~1711(숙종 37)). 본관은 의령. 자는 운로(雲路), 호는 약천(藥泉) 또는 미재(美齋). 개국공신 재(在)의 후손으로 아버지는 현령 일성(一星). 송준길(宋浚吉)의 문하에서 수학, 1651년(효종 2)진사시에 합격하고, 1656년 별시문과에 을과로 급제하여 가주서 · 전적 · 사서 · 문학을 거쳐 이듬해 정언이 되었음. 1674년 함경도관찰사로서 유학(儒學)을 진흥시키고 변경 수비를 튼튼히 한 바 있음.

것을 아뢰었다. 주상께서는 여러 차례 힘써 일하라고 하고는 허락하지 않으실 뿐이었는데, 명에 따라 순행하는 관리[行部]가 와서 급히 상소하기를, 병이 아직 다스려지지 않았기에, 병이 나을 수 있도록 식구들이 도울 것을 주청했다. 부군은 이에 질환을 치유하는 데 힘을 다하면서 구휼하는 정사를 폈다. 그 계획하여 시행하는 방법은 조금이라도 남김없이 혼자 마음 속으로 계산하고 매일 밤이 되면 나누어 잠을 자지 않게 하는 것이었다.

함경도의 흉년을 다스리기 위하여 낱낱이 장부에 기록을 하여 조정에 올리니, 조정에서 영남의 곡식을 옮겨 함경남도[南關]을 배부르게 하고 함경남도의 곡식을 옮겨 함경북도[北關]의 백성을 먹이도록 하여, 일년 안에 관청의 곡식으로 구휼의 자원을 모두 나누어 주었다. 봄이 되자 비로소 공곡(公穀)을 사용하였는데, 이 곡식으로 능히 계속 백성을 구휼함이 수십 고을에 이르렀다. 최근에야 그것을 정지시키라는 명이 있었는데 마침내 깊은 골짜기에 사는 백성들도 배고픔을 면하게 되었다.

매번 장주(狀奏)를 올리니, 주상께서 하교하시기를, "아름답게 장려할 일이다" 하시고 유서(諭書)[358]에 말씀하시기를, "자세하게 궁구하고 치밀하게 갖추어서, 질 수 없는 위임의 책임을 잘 이겨내어 70만의 생명을 살려내어, 어두운 생각을 풀어냈도다."라고 하셨다.

부군이 감격하여 정성을 다하고 더욱 더 스스로 부지런히 힘을 써서 거의 잠을 자지 않고 밥 먹는 것조차 잊고 노력을 다하지 않을 수 없었다.

봄에 이르러 순시하던 도중에 병이 나서 관영으로 돌아왔다. 잠깐 동안 차도를 얻어 편안히 있을 때에 막내아들을 보내 좋은 분들과 술을 나누고, 손님들과 말하며 웃기를 평소와 다름이 없었다. 몇 달이 지나자 병이 또 위중해져 곁에 있던 사람들이 힘이 들었지만 오래

358) 유서(諭書) : 관찰사, 절도사, 방어사 들이 부임할 때 임금이 내리던 명령서

묵은 병으로 어쩔 수 없었다. 부군이 스스로 명을 다했음을 알고 서찰을 써서 집안에 알리라고 하고 책상[案上] 위의 장계의 초고를 가져다가 서둘러 정사(淨寫)하게 한 다음, 장계를 봉한 뒤 보내게 했으니 곧 〈변방을 지키는 일[關防], 고을의 폐단[邑弊], 백성의 일[民事] 등 세 조목〉이었다. 처음부터 끝까지 수십 폭에 이르는 것을 친히 스스로 고찰하여 격식에 맞게 오자(誤字)를 고치고 착압(着押)[359]을 하고 예전처럼 정밀하고 자세하게 하였다. 또한 매달 급료로 받는 쌀[朔米]을 막빈(幕賓)[360]과 영속(營屬)[361]들에게 나누어 주기를 등급의 예에 따라 보냈다.

다음 날 저녁, 병수발을 들던 자가 탕을 끓여 올렸으나 물리치고 말하기를, "어찌 약을 먹고 닭 울음이 가지고 올 것을 기다리겠는가?"라고 하였다. 마침내 그 날 밤 자시(子時)에 징청헌(澄淸軒)에서 돌아가셨다[易簀][362].

실로 기유년 3월 23일이었으니 향년(享年) 67세이셨다. 조정에 부음(訃音)을 알리니 주상께서 놀라 슬퍼하며 자리에서 내려와 이르시기를, "궁중의 경연에 출입하여 거의 10여 년 동안 강목(綱目)을 논하면서 처음부터 끝까지 강연에 참석을 한 것이 오래고, 또한 재임한 것도 예부터 드물었으며, 보필하여 도운 것은 더욱 적지 않았다. 지난번 자급이 오른 것은 옛정을 생각해서였는데, 오늘 갑자기 고인이 되었다

---

359) 착압(着押) : 자기의 성명이나 직함 아래에 도장 대신 일정한 자형(字形)을 씀. 착압(著押)으로도 씀.

360) 막빈(幕賓) : 조선 시대에, 감사(監司)·유수(留守)·병사(兵使)·수사(水使)·견외 사신(使臣)을 따라다니며 일을 돕던 무관 벼슬. 비장(裨將)·막객·막료·막비(幕裨)·막중(幕中)·좌막 등으로도 불렸음.

361) 영속(營屬): 각 군영(軍營)이나 영명(營名)이 있는 관아에 속한 영리(營吏)와 영노(營奴)를 통틀어 이르던 말.

362) 돌아가셨다[易簀] : 원문의 역책(易簀)은 대나무로 짠 삿자리를 바꾼다는 뜻인데, 학덕이 높은 사람의 죽음이나 임종을 이르는 말. 증자가 죽을 때를 당하여 삿자리를 바꾸었다는 데서 유래함. 《예기》의 〈단궁편(檀弓篇)〉에 나오는 말임.

하니 생각이 끊어지고 찬탄하여 슬픈 생각이 든다. 반구(返柩)[363]를 기다렸다가 원칙대로 부의(賻儀)하는 것 외에 별도로 장례용품을 주어 내가 지난 일을 생각하는 마음이 삶과 죽음에 따라 다름이 없음을 보이게 하라. 조회를 정지하고 조상(弔喪)하여 제사하기를 모두 예에 따르게 하라."고 하셨다.

아! 슬프도다. 부군의 빼어난 신체와 단아한 풍모는 말단에까지 모범이 되었으며 과묵한 언어와 근엄한 행보는 한가하게 있을 때도 반드시 관대(冠帶)를 단정히 하였고, 엄숙하고 삼감은 스스로 지녀, 사물을 대접하는 것이 항상 온화함으로 하였다.

효성과 우애는 하늘에서 내리는 것이라 하였으니, 어려서 양부모(養父母)의 곁에서 효양하여 사랑하고 공경하기가 낳아준 생부모와 다름이 없었다. 집이 심히 가난하였지만 달게 받아들이고 반드시 주위 사람들에게 정성을 다하였다. 이때 마침 부모의 상을 당하자 슬픔으로 야위어 정도를 넘어 자칫 생명을 잃을 뻔하였다. 상중에 죽과 채소를 먹을 때에도 예절을 준수였는데, 평생 동안 더부룩한 체병(滯病)의 질환을 갖고 있었음에도 이를 숭상하였다.

만년(晩年)에는 오직 생모를 받들며 잠시라도 떨어지려고 하지 않았는데 집을 팔고 그곳에 가서 아침저녁으로 어린아이처럼 즐겁고 기뻐하였다. 부인이 많이 연로하여 병이 깊어졌을 때에는 항상 약탕을 받들었고, 옷은 허리띠를 풀지 않으며 음식은 반드시 먼저 맛을 보았다. 집안사람들과 비복(婢僕)들도 그것을 보고 감동을 하여 감히 게으름을 피우지 못했다.

고아[孤露][364]가 된 다음에는 벼슬을 하여 더욱 현달하였으나 항상 밝지 못한 슬픔[不洎之慟]이 있었다. 네 분의 기일(忌日)이 오면 슬프게

363) 반구(返柩) : 객지에서 죽은 사람의 시체를 고향이나 제집으로 보냄.

364) 고아[孤露] : 원문의 고로는 고로여생(孤露餘生)의 준말로 어릴 때 부모를 여읜 사람을 뜻함.

사모하여 옷과 머리를 단정히 하였다. 큰 형님[伯氏]을 섬길 때에는 마치 부모처럼 이웃에 살 곳을 택해 모셨다. 공적인 일이 있지 않으면 갑자기 서로 모임을 가졌으며, 하나의 맛있는 음식을 얻으면 그것을 나누어서 먹었다. 의복(衣服) 또한 수시로 만들어 올렸는데, 이는 큰형님이 능히 자급할 수 없어서가 아니었다.

무릇 선조를 받드는 도리[奉先之道]는 첫 번째가 성의(誠意)에서 나오기 때문에, 묘석(墓石)이 없으면 힘을 다하여 그것을 갖추고, 제전(祭田)이 없으면 재산을 모아 쌓아 두는 것이다. 비록 계통이 먼 조상을 섬길 때라도 역시 마을마다 게을리 하지 않고, 종중(宗中)의 작고 큰 일도 다 함께 처리하는 것이다.

팔촌형[三從]인 증호씨(曾祜氏)가 어려서부터 판서공에게 학문을 배웠는데 판서공이 어루만져 보살펴 기르기를 자기 자식처럼 하였다. 부군은 그를 형제[同氣]처럼 대했는데, 배고픔과 배부름, 근심과 즐거움을 더불어 그와 함께 하여, 친밀히 사랑하는 마음이 노년에 이르러도 줄어들지 않았다. 친척들을 매우 후하게 대접하여, 혼례와 장례의 일이 궁핍하여 스스로 변통하지 못하는 사람은 반드시 대비하였다가 그를 도왔다.

매달 몇 말의 쌀로 녹봉을 받아, 고르게 나누어서 항상 전장(田莊)[365]의 곡식으로 삼고, 재물[所入]도 또한 이와 같이 하였다. 사람들이 말하기를, "의장(義莊) [366]의 남은 풍습이 있는 것은 호서(湖西)[367]에 많은 가난한 사람들이, 관청에 있을 때에, 멀고 가까운 곳에서 오는 사람들을 모두 관아에서 조금도 싫거나 괴로운 기색을 보이지 않게 접대를 하고, 힘에 따라 베풀던 것이다. 비록 혹은 바라던 만큼 만족하지

365) 전장(田莊) : 개인이 소유하는 논밭. 장토(莊土)

366) 의장(義莊) : 중국에서, 동족(同族)이 공유하는 전답을 두고 거기서 나오는 수입으로 부조(扶助)하던 시설. 1050년에 북송(北宋)의 범중엄(范仲淹)이 고향인 쑤저우(蘇州)에 설치한 범씨(范氏) 의장에서 비롯되었으며 양쯔 강(揚子江) 유역 이남에 현저하였음.

367) 호서(湖西) : 충청도.

못하였더라도 돌아가서 문득 만족한 듯 스스로 기뻐하고 고을 동네에 자랑하기도 하였다."고 말했다. 듣는 사람은 그 돈독하고 화목한 우의(友誼)를 칭찬하였다.

나이 어린 나이에서부터 배움에 부지런하여 외우고 읽고 글을 짓고 베껴 날로 과정(課程)에 나아갔으나 일찍이 잡스러운 놀이와 상스런 말을 하지는 않았다. 성장해서는 마음을 단속하는 일에 힘쓰고, 손으로는 경서(經書)와 많은 차자(箚子)[368]를 베꼈으니, 성인의 진리에 이르려고 위해, 예학과 여러 서적들은 두루 섭렵하지 않은 것이 없었다. 항상 말하기를, "문사(文詞)는 말단이니, 선비들이 마음대로 할 수 있는 것이 아니다. 오히려 평일에 힘쓰는 바가 실지(實地)에 있으면, 경서에 관한 학문으로 하지 않더라도 저절로 차지하게 되는 것이다. 옛사람도 역시 지식이 있는 사람은 드물었으니 전쟁에서 수레를 고치는데, 일이 비록 본보기가 없더라도 구멍에 맞아 충분히 훈련하여 전아(典雅)하게 되면 저절로 먹줄에 맞게 되는 것이다."라고 하였다.

얼마가 지나 과거장에서 변려(騈儷)[369]에 뛰어나 지은 바가 많은 사람의 입에 오르내렸으며[膾炙] 서연(書筵)에 등용되어 처음부터 끝까지 시강(侍講)을 하였다. 무릇 12년 동안 매번 강설하는 나머지에 임금의 덕과 정치의 요체를 반복하였다. 간절하고 간절하게 주청하는데 힘을 써 그치지 않아, 해가 저물고 밤이 깊은 데까지 이르렀다. 일찍이 물러나서 사람들에게 일러 말하기를, "초년(初年)에는 누구나 반딧불의 도움을 받았지만, 예학(睿學)[370]에 이르면 나날이 높고 밝은데 나아가

368) 차자(箚子) : 신하가 임금에게 올리던 간단한 서식의 상소문. 방자(膀子)·주차(奏箚)·차(箚)·차문(箚文) 등으로도 썼음.

369) 변려(騈儷) : 중국의 육조와 당나라 때 성행한 한문 문체. 문장 전편이 대구로 구성되어 읽는 이에게 아름다운 느낌을 주며, 4자로 된 구와 6자로 된 구를 배열하기 때문에 사륙문(四六文)이라고도 함. 변려체·변문(騈文)·변체문·사륙(四六)·사륙문·사륙변려문·사륙변려체·사륙체·여문(儷文) 등으로도 쓰였음.

370) 예학(睿學) : 왕세자가 배우고 닦는 학문.

비록 나이든 선비나 학식이나 덕망이 높은 선비[宿儒]라도 감히 우러러 발돋움하지 않는 자가 없다."고 하였다.

진실로 종묘사직의 경사는 궁궐의 경연(經筵)에 출입한 지 오래되었고 또한 오로지 주상께서 알게 되셨다는 것이다. 주상의 밝은 은혜와 예가 높아 병풍으로 첩을 만들어 내려 주시고 진수성찬을 특별히 여러 번 내려 주시니 이는 태평한 세상의 성대한 의식[盛典]이었다.

재상의 반열에 오른 후에는 주상이 경연에 임하여 하교하여 말하기를, "내가 주연(胄筵)에 있으면서 역대의 조정 신하들 중에서 자급이 더하여져 가장 많고, 경학과 문장을 겸비한 사람은 이와 같은 사람이 없었으니 진실로 문원(文苑)[371]에 두는 것이 알맞도다."라고 하였다.

관찰사[藩任]가 되었을 장계를 여러 차례 올리니, 주상이 칭찬하여 기리거나 주사(籌司)[372]에게 글로 써서 들게 하라고 영을 내리니 부고가 그날 도착했다. 주상이 숙연하여져서 옛 일을 생각하고 애도의 뜻을 표하였다. 장례를 치르고 얼마 후에 공적에 따라 상을 내렸다.

아! 슬프다. 진실로 학식이 깊고 넓다 하지 않아도 성의가 돈독한 데에 이르면 성주(聖主)께서 가엾게 여겨 늘 잊지 않고 마침내 끝까지 버리지 않으심이 이와 같도다! 어렸을 적부터 지극하게 마음의 계획을 두었고, 무릇 사물에 대하여는 빈틈없이 조리 있게 처리하였으며, 작고 정밀하며 크거나 작은 일을 시행함에는 반드시 심사숙고하였다. 그것을 행함에는 시작은 있으나 끝은 있지 않았다. 또한 원대하게 경영함을 일로 여겼으며, 경박하여 얕고 짧게 행동해서 생기는 환란이 없었다. 그러므로 실질적 효과가 오래되어 평상시에 더욱 드러났다. 신실(信實)하게 하고 재능으로서 지식을 구하지 않았으니 업적이 드러나게 되고

371) 문원(文苑) : 홍문관(弘文館)이나 예문관(藝文館)

372) 주사(籌司) : 조선 시대에, 군국의 사무를 맡아보던 관아인 비변사(備邊司)의 다른 이름. 중종 때 삼포 왜란의 대책으로 설치한 뒤, 전시에만 두었다가 명종 10년(1555)에 상설 기관이 되었으며, 임진왜란 이후에는 의정부를 대신하여 정치의 중추 기관이 되었음. 비국(備局)으로도 불렸음.

사람들이 모두 받들어 복종하게 되었다.

주상께서 일찍이 가르침을 내려 말씀하기를, “변방을 잘 다스린 것을 보면 그 재능을 알 수 있다.”라고 하셨는데, 북변에서 누차에 걸친 사직서가 허락 받지 못한 것은 대개 역시 성상께서 마음을 살피는 은혜[簡心之眷]에 연유하는 것이다.

단아한 성품은 조용하고 간결하며 근검절약하고, 기율로 가정을 잘 다스리고 삼감에 법도가 있어 조금도 흐트러짐이 없었다. 반평생 궁하게 살면서 거친 현미를 먹고 떨어진 베옷을 입으면서도 이를 싫어하지 않았다. 벼슬에 나아가 영예를 얻은 후에도 스스로 가난한 선비같은 옷을 입고, 화려한 음식을 취하지 않았고, 담과 집 그리고 가마와 말에는 가짓수가 많지 않았다. 문방(文房)의 모든 도구들에 이르러서는 모두 소박하고 낡은 것을 썼으니 어떤 사람들이 너무 검소하다고 말하면 웃으며 대답하기를, “이것들까지도 내게는 처음에 사치스럽게 보인 것들이었다. 또한 사치를 숭상하고 일구지 않으면 반드시 늘 그것에 따르게 되는 것이다.”라고 하였다.

외직으로 있을 때의 목소리와 얼굴빛은 누각의 담백한 것도 좋아하는 것이 없었다. 빛나는 한 생각은 오직 절약하는 데에 두었다. 공무를 받들고 백성을 구휼하고 질병의 고통에서 구하고자 하는 마음으로 두려워했다면 북변에 부임지 못했을 것이다. 집안사람에게 말하여 이르기를, “우리 부자(父子)는 나라의 은혜를 두텁게 입었으나 보답할 길이 없다. 기력이 쇠약해져 가는 나이에 변방으로 나가서 다만 백성의 사정을 알고 집안의 누가 없도록 서로 힘써야 할 것이다.”라고 하였다.

부임을 한 두 해 동안 절약하여 재산을 쌓고 공(功)과 이익이 백성에게 미친 것이 수만을 넘었고, 굶주린 백성들이 온전히 살아나게 되었으니, 상여가 돌아가는 날에 원근(遠近)의 선비들과 백성들이 서로 달려 나와 울부짖고, 앞을 다퉈 상여 줄을 부여잡고 안장하는 곳으로 들어갔다. 한 고을의 관리와 노예들과 10개 사(社)의 남녀가 제수(祭需) 음식을 갖춰 자신의 슬픔인 양 곡(哭)을 하여, 심지어 영구차가 앞으로 갈 수 없을 정도였다. 역시 사람들에게 은혜를 남기지 않았다면 어찌 이토록 심했겠는가?

조정에 들어가 임금을 정성으로 섬기고 부지런함을 법도로 삼으며, 직무에 있어서는 경우에 따라 전심전력을 다하였다. 지나간 일을 보면, 공이 있었기 때문에 아무리 힘들어도 반드시 부임하고 편리한 방법을 생각하지는 않았다.

주상의 앞에서 있을 때에는 비록 이동을 할 때라도 마침내 햇빛을 보고 단정히 두 손을 맞잡고 서서 걸음을 옮기지 않고 거들떠보지도 않았으니 곁에 있는 사람들은 모두 공을 집중해서 보았다. 평상시에 고요함을 지키면서 명예와 이익을 보기를 함정에 빠지는 기틀로 생각하였으며, 비록 옳고 그름과 맑은지 간사한지를 판단하는데 있어서는 엄격하여도 다른 사람의 장점과 단점을 논하는 것에는 기뻐하지 아니하였다.

삼사(三司)에 출입한 지 수십 년 동안 일찍이 규탄[彈擊]받는 일이 없었다. 당시에 지위가 높고 권세가 있는 사람이 일을 꾸미니 온세상 사람이 이에 따랐으나, 공만이 홀로 알지 못하였다.

그 문중(門中)은 단아하고 정결하여 스스로 다스리며 재물을 두고 다투지 않았다. 이것으로 인해 처음에는 오래 걸렸으나 마침내 주상의 특별한 은혜를 입고 시험을 거쳐 안팎의 자리에 올라 명성과 덕이 크게 드러났으니 모든 것을 구비하여 인격에 아무런 흠이 없었다.

만년(晩年)에 문중의 불길을 밝게 피어오르게 하려고 항상 근심하고 경계하고 두려운 마음이 있었다. 북영(北營)에 있을 때 막내아들과 가운데 사위가 연방(蓮榜)[373]에 잇달아 참여를 하여 방성(榜聲)[374]이

---

373) 연방(蓮榜) : 조선 시대에, 소과(小科)인 생원과, 진사과의 향시(鄕試), 회시(會試)에 합격한 사람의 명부.

374) 방성(榜聲) : 예전에, 과거(科擧)에 합격한 사람을 알리는 방꾼이 방을 전하기 위하여

여기저기 울려 퍼져 주위의 사람들이 축하를 하였다. 부군이 크게 만족하여 답서에 쓰기를, "내가 오늘 바로 죽더라도, 얼마 후에는 즉 말로서 신표[符]를 삼으니, 이것 역시 먼저 아는 사람이 있겠는가?"라고 하였다.

손을 모으기 전 2일 새벽에 평상시와 같이 가묘(家廟)에 여쭈고, 관영에서 공사의 일을 처리하여 문젯거리를 남겨 두지 않고, 병풍을 바꾸고 의원과 약을 물리치고, 기꺼이 잠자리에 들어, 돌아가시려는 기미는 보이지 않았고, 집안일에 대해서는 같이 한 마디 말도 없었다.

아! 정신을 수양한 것과 힘을 쌓은 것이 역시 여기에서 징험할 수 있는 것이다. 늠름한 바탕과 강직하고 확고한 성품을 지니고 또한 마음을 가라앉혀[沈靜], 숙환(宿患)이 있었어도 일찍이 모든 것을 남에게 맡긴[委篤] 적은 없었다. 회갑(回甲)이 지나도 머리와 수염조차도 심하게 희지 않아서 사람들이 모두 장수[遐齡]하기를 기약하였다. 하물며 독실한 언행과 뛰어난 덕행으로 거의 영원히 큰 복[純嘏][375]을 받고 능히 장수하시기를 바랐지만 춘추 칠순을 못 채우고 천리의 객관(客館)에서 고복(皐復)[376]을 하게 되었다. 불초(不肖)는 서울에 있어서 미처 달려가 임종을 받들지 못하여 문득 하늘이 무너지는 아픔을 안았으니 하늘을 우러러보고 땅을 굽어본들 무슨 도리가 있겠는가?

돌아가신 다음 달에 관구(棺柩)가 경성의 남쪽에 돌아와서 5월 20일 안산(安山) 원당리(元堂里) 판서공의 동쪽에 장사를 지냈다. 같은 해 10월 16일에 어머니의 장례 때에 같은 언덕의 서쪽으로 옮겨 앞에 수십 보의 광(壙)을 파고 축좌(丑坐)로 합봉(合封)하였다.

어머니는 정부인(貞夫人)이며 안동김씨로서 5대조는 휘(諱)가 응하(應河)이며 심하(深河)의 전투[377]에서 순절(殉節)을 하여, 명나라의

크게 외치던 소리.

375) 큰 복[純嘏] : 원문에는 嘏가 蝦로 잘못 표기되어 있음.

376) 고복(皐復) : 초혼하고 발상(發喪)하는 의식.

조정에서 요동백(遼東伯)에 추증된 실로 우리 동방의 명신(名臣)이었다. 외할아버지의 휘는 협(浹)이며 양무(揚武)의 공훈으로 화천군(花川君)에 봉해졌고, 벼슬은 훈련원도정을 지냈다. 외할머니는 정부인으로 평산신씨인데 부사(府使)인 휘가 헌주(憲周)인 분의 딸이다. 외할머니께서는 임인년 5월 12일 태어나서 기유년 8월 20일에 돌아가셨다. 선선군(先先君)을 낳고 1년만에 돌아가셨으니 선군(先君)과 같은 나이였다.

어머니는 어려서 지극한 성품으로 부모를 잘 모셨으며 부모도 여러 자식들 중에 가장 애지중지하였다. 16세에 선군(先君)에게로 시집을 오셨다. 타고난 자태가 온화하고 단정하고 유순하였으며 웃는 낯으로 말을 잘 하였다. 절도가 있고 몸가짐이 가지런하였으며 반드시 품행과 도의에 삼가고 독실하였으며 일을 처리함에 밝았다. 우애로 일가친척들을 즐겁고 편안하게 하니 여자 중에서 군자(君子)로 불렸다. 어른을 잘 섬기고 아침저녁으로 글을 읽으며 아랫사람을 헤아려 살핌이 오래였다. 더욱이 공경하고 삼가기를 항상 폐백을 올린 날처럼 하고 자녀를 기르고 가르침은 덕의(德義)에 알맞은 가르침으로 하였으며 집안을 거느림에는 뭇사람들의 환심을 얻었다. 제사를 받들 때에는 반찬거리에 이르기까지 정성으로 예를 갖추었다. 전해오는 격식을 받들어 어기지 않았으며, 가난으로 여기지 않고 줄여 없애는 것이 있어서 반드시 손수 그릇을 닦고 몸소 음식을 삶거나 익히면서 하는 말이, "변변치 못한 제수(祭需)에 힘쓰지 못한다면 부녀자의 도리가 아니다."라고 하였다. 어려서부터 안살림을 맡아 한 해에 한 섬들이 항아리도 없으면 길쌈을 부지런히 하였고, 직접 주방으로 들어가 이바지하여 스스로 봉사하였다. 광이 여러 차례 비었을 때, 경영에 대비하느라고 온갖

377) 심하의 전투[深河之役] : 1618년 심하(深河, 일명 살리호(薩爾滸))에서 명나라와 후금 사이에 있었던 전투. 명나라는 후금의 누루하치가 침략하자 광해군에게 군사를 요청하였는데, 조선측의 장수로 강홍립과 김응하를 파견하였으나 대패하였음.

어려움과 힘든 일에 초췌해져서 병을 얻어, 여름엔 학질(瘧疾)에 시달리고 겨울엔 설사에 시달려 능히 몸을 지탱하기가 어려웠으나 근심과 힘든 기색을 밖으로 드러내지 않았다.

늘 사람을 대할 때에는 화기(和氣)가 있는 여유 있는 모습으로 하였다. 돌아가신 할아버지께서 이를 칭찬하여, "우리 며느리로 인해 우리 가문과 후손들이 반드시 크게 될 것이다."라고 하였다. 몸에는 무늬 있는 비단 옷을 입지 않았으며, 음식도 반드시 담백한 것을 드셨다. 노년에 이르러도 집안에서 검소하고 근면한 생활은 어릴 때와 마찬가지였다.

관영에 따라다니며 초하루의 의식(儀式) 외에는 한 푼도 사사로이 쓰는 법이 없었고 돌아와서 남는 것이 있으면 그것을 빈궁한 사람들에게 나누어 주었다. 본가(本家)의 일을 치르고 남은 것으로 부모 묘지의 석물(石物)을 바꾸어 처리하였다. 재산이 있는 친척들에게는 두터이 받았지만, 선을 베푸는 것을 즐거이 여겼으며, 덕성을 짝하고 검소함을 맞이하여 가지런한 다스림을 이루었다.

아들과 사위 다섯 명이 모두 대과(大科)와 소과(小科)에 올라 안팎의 여러 후손들에게 이름을 두루 날렸다. 사람들이 말하기를, "오복(五服)을 갖추었다."고 말을 하면, 두려워하며 기뻐하지 않으면서 항상 말하기를, "부녀자가 장수하는 것은 두려운 것이 많아 나는 원치 않는다."라고 하셨다. 남편이 돌아가시자 마음을 굳게 먹고 따라서 자결[下從]하였다. 비록 불초(不肖)들이 억지로 죽과 마실 것을 올렸으나 거적자리에 몸을 맡겨 시훼(柴毁)378)를 함이 더욱 심하여졌다.

하루는 아침 일찍 일어나 여러 딸들에게 말하기를, "내가 밤에 꿈을 꾸었는데 3월에서 7수가 지나면 나는 마땅히 너희 아버지와 서로 만날 것이다."라고 하였다. 불초들이 그 말을 듣고 감정을 감추고 억누르면서

378) 시훼(柴毁) : 초상을 당하고 슬퍼하여 몸이 바짝 마르고 여윔.

다만 꿈속의 일로만 알았을 뿐이니, 어찌 7수를 7개월로 여겨서, 신표처럼 맞출 수 있었겠는가?

8월 보름날, 회전(回奠)에 너무 슬퍼하여 병이 더해졌고, 여러 날 어둡고 비가 왔는데 별다른 증상은 없었다. 이때 곁에 있는 사람을 시켜 〈여사(女史)〉를 읽게 하고 혹은 집안일을 시키기도 하였다. 20일 새벽에 이르러 갑자기 위중한 상태로 있다가 사시(巳時)에 염롱(簾櫳)을 버렸으니[379], 수(壽)는 68세였다. 아! 꿈의 징조에서 먼저 7수를 알림이 증세가 흡사하였으나, 3월은 모든 사람이 맞지 않는 일이라고 했었는데, 어찌 그것이 다르단 말인가?

모두 8남매인데, 아들 하나와 딸 둘은 요절하였다. 장남인 불초는 문과(文科)에 올라 오늘날 판서로 있으며, 차남인 재익(在翼)은 생원(生員)으로 오늘날 별검(別檢)에 있으며, 딸들이 시집간 정래정(鄭來鼎)은 첨정(僉正)이며 정하영(鄭夏榮), 정동만(鄭東晩)은 모두 진사(進士)이다.

불초에게는 아들 규현(奎鉉)이 있고 측실에서 난 아들이 하나 있는데, 아직 벼슬에 오르지 못했다. 재익에게는 세 아들이 있는데 장남 양현(良鉉)은 백씨(伯氏)인 동추공(同樞公)의 손자로 출계(出系)되어 종중의 제사를 잇게 하였다. 그 나머지는 아직 어리다.

정래정은 아들 하나로 진영(晉榮)이며, 정하영은 아들을 셋 두었는데 장남이 교일(敎一)이고 나머지는 어리다. 딸 하나는 이효연(李孝淵)과 혼인을 하였다.

정동만에게는 아들 둘과 딸 둘이 있으며, 규현에게는 아들 둘이 있는데 모두 어리다.

아! 불초는 진실로 어리석고 모자라 문장을 이루지 못하였다. 어찌 능히 선친의 훌륭한 업적을 만분의 하나라도 덧보태 떨치게 하며 곁눈질

379) 염롱(簾櫳)을 버렸으니 : 염롱은 발을 친 창이란 뜻으로, 염롱을 버리는 것은 세상을 저버림을 비유하는 듯함.

이나마 할 수 있겠는가? 언덕의 풀을 깔고 여러 번 잠을 자도 마침내 어두운 빛을 드러내지 못하여 솟아오르는 샘이 진흙을 덮었다. 자식을 기르는 고통으로 저녁이면 더욱 두려움을 다투었으니 이에 감히 거칠고 졸렬한 문장으로 헤아리지 못할 것이다. 삼가 평소의 덕행에 나아가 일찍이 훔쳐 엿보아 시행한 것 가운데 두드러진 것을 오른쪽과 같이 순서대로 써서, 벼슬에 오른다면 큰 절목으로 삼고자 한다. 우리 주상의 전후(前後) 은혜와 가르침이 있으므로 우러러 밝게 알리고, 미미한 가운데에서 공경히 기록한다. 불초는 감히 그 친함을 사사로이 하지 않으려 하니, 거의 당세(當歲)에 의견을 말하는 군자는 애처롭고 가엾게 여겨 재료로 택해 주기를 바란다.

74. 부군 신도비명(府君神道碑銘)

공(公)의 성(姓)은 이(李)씨이며 휘는 ○○이며 자는 ○○이니 용인 사람이다. 시조는 길권(吉卷)이며 고려 태조를 보좌하여 벽상공신(壁上功臣)에 책훈(策勳)되었고 벼슬은 태사(太師)에 이르렀으니 여러 대(代)에 걸쳐 벼슬을 하였다. 휘가 사위(士渭)인 분은 조선왕조에 들어 개성유후(開城留後)의 벼슬을 하였고, 그 뒤의 아들 백지(伯持)는 관찰사(觀察使)에 선출되어 청백리에 뽑혔으며 또한 8대를 지나 사경(士慶)은 대사간을 지냈고 후천(後天)은 형조참의를 지냈는데 공의 5대조이다. 고조의 휘는 준악(峻岳)이며 예빈시정(禮賓寺正)을 지냈으며 증조의 휘는 세정(世貞)이며 의금부 도사(都事)를 지냈는데, 이조참의(吏曹參議)에 추증되었다. 조부의 휘는 의규(宜揆)이며 한성판관(漢城判官)을 지냈으며 이조참판(吏曹參判)에 추증되었다. 부친의 휘는 보흥(普興)이며 덕산현감을 지냈으며 이조판서(吏曹判書)에 추증되었다. 모친은 정부인(貞夫人)에 추증되었는데, 안동김씨이며 돈녕부 도정(敦寧府都正) 성유(聖游)의 딸이다.

본래 생부의 휘는 보순(普淳)인데, 호조좌랑(戶曹佐郞)을 지냈고 이조참판(吏曹參判)에 추증되었으며 생모는 정부인에 추증된 청풍김씨로 집의(執義)를 역임한 휘가 재(栽)인 분의 딸이다. 조부의 휘는 의수(義遂)이며 호조정랑을 지냈는데 이 분은 판관공의 백씨(伯氏)이다.

공은 경종(景宗) 계묘년에 태어났다. 어려서 그릇의 도량이 깊고 두터워 윤상서(尹尙書)가 가르침을 베풀었으니 친조모의 동생이었다. 윤상서가 보고 기특히 여기며 하는 말이, "이 아이는 멀리 보고 크게 키울 그릇이다."라고 하였다.

6세 때 판서공이 데려다 아들로 삼고 매우 엄하게 가르쳤다. 공은 총명하고 학문을 좋아하여 크게 뛰어 넘었다.

10세 때 경사(經史)를 두루 섭렵하였으며 약관(弱冠)이 되어 이미 유학(儒學)에 통달하여 세상의 일에 마음을 두었다. 영종(英宗) 계유년에 진사(進士)에 합격하였으며 신사년에 대책문(對策文)으로 정시(庭試)에 올라 괴원(槐院)에 예속되었다. 임오년에는 지금의 주상이 왕세자의 자리에 올라 춘방(春坊)을 설치하자 처음으로 설서(設書)를 역임하고 한원(翰苑)에 추천되었으며 검열(檢閱)을 거쳐 대교(待教) 봉교(奉教)를 역임하였다.

계미년에 전적(典籍)에 승진되었을 때 봉산군(鳳山郡)에 의심스러운 옥사(獄事)가 있어 주상이 특별히 공을 파견하여 연유된 일을 엄격히 조사하라고 하였다. 어사(御使)가 되어 삼사(三司)에 여러 번 등용되어 공은 6품에 크게 승진되었다. 무릇 1년만에 글솜씨가 있다는 것을 깊이 인정받은 것이니, 공은 그 열매를 얻은 것이다. 결과를 보고하고 거듭 명을 받아 정언(正言) 지평(持平) 사서(司書) 문학(文學) 이조랑(吏曹郎) 병조 군색랑(兵曹軍色郎)을 제수 받았다.

을유년 봄, 비변사 낭청으로 뽑혀 영남(嶺南)의 곡식 비축하는 일을 법에 의하여 한 번에 처리하니 큰 벼슬아치라도 죄에 저촉되는 자가 많았다.

병술년, 생모께서 돌아가셨다.

무자년, 상복을 벗었다. 양사(兩司)와 춘방(春坊)에 여러 차례 제수되었다.

경인년 가을, 홍충도사(忠淸都事)에 제수되어 시(試)를 관장하는 일을 맡았다. 가까운 해에 호남우도에 시험이 있었는데 시험을 주관하는 자들이 서리(胥吏)와 장교(將校)들의 도움을 받으니 공이 느슨하게 들어오는 사람들을 막았다. 매번 감히 시끄럽게 하는 자를 없게 하고 선비들을 방(榜)에 붙이니 사람들이 그 공명하다고 칭송했다.

이 해 겨울 영관(瀛館)에 뽑혔으며 수찬(修撰)으로 제수되어 강연(講筵)에 올라 자주 밝은 주장을 펴니 주상이 일을 잘 한다고 칭찬을 하셨다.

사간 이적보(李迪輔)가 사람의 부추김을 받아 새로 추천에 오른 여덟 사람을 비판하는데 횡역이 부군까지 미치었다. 주상께서는 그것을 엄하게 배척하여 그의 직책을 삭탈하였으나, 부군이 사직하려는 상소를 거듭 올렸다. 주상께서는 경연의 신하들에게 말씀하시기를, "내가 평소에 이(李)모의 글과 지식에 대해서 알았는데, 경연을 기쁘게 할 사람을 얻었지만 너무나 애석하도다."라고 하셨다. 이로부터 수찬, 교리에 모두 나아가지 않았다. 오직 춘방관만을 맡아 힘써 일하였다.

임진년 직책에 복직되어 주상의 부상을 만나 뵈었으니 마음으로 감격을 하였다. 대흥군에 유배를 보내라 하였는데 한 달여 만에 용서받아 얼마 되지 않아 돌아와서 경기도사(京畿都事)에 제수되었다.

계사년 관직을 옮겨 필선에 제수되었고 사복사정 통례원 집의 사간을 역임하였다.

갑오년 또한 보덕(輔德)으로 옮겼다.

을미년 봄 특별히 승정원 동부승지에 제수되었고 우승지를 거쳐 병조참지 참의를 역임하였다. 그해 겨울 춘천부사에 제수되었다.

병신년, 국상(國喪)을 당하여 본도에서는 제전(祭奠)의 제수(祭需)를 예(例)에 따라 백성에게서 거두었다. 공이 말하기를, "진향(進香)은 백성을 번거롭게 하는 것인데 어찌 격식이 선왕의 뜻이겠는가?"라고 하고는 자신이 부담하였다.

반년이 채 안되어 고을은 큰 치세(治世)를 이루었는데, 역신(逆臣) 김하재(金夏材)가 감사가 되어 사사로운 감정으로 공을 내버려두고 좋은 평가를 하지 않았다. 주상께서는 불을 밝혀 장계를 보고, "이 사람이 어찌 능히 춘천의 수령이 될 수 없겠는가?"라고 하시고 여러 차례 꾸짖어 타이르고 일을 되돌려 그 직책을 삭탈하라고 하교하였다.

정유년, 형조참의에 제수되었고 계속하여 승지에 제수되었다.

무술년, 안변부사에 제수되어 경제적으로 그 고을을 잘 살게 다스렸다. 먼저 여러 절에서 얼음을 저장하는 비용을 막고 두 곳의 나루에서 물고기를 공급할 때 세금을 매겼다. 흉년이 들면 기부금으로 구휼하게 하여 그 지방에 배곯는 백성이 없도록 하여 백성들이 쇠를 주조하여 비(碑)를 세워 그것을 송덕하였다.

경자년, 동지부사(冬至副使)로서 소환되었는데 마침 명칭이 사은사를 겸하게 되면 당연히아경(亞卿)을 뽑아야 하나 재상과 신하들은 공이 굽실거릴 이유로 자급(資級)을 승진시켜야 한다고 주청하였다. 주상께서 마침내 가선대부로 발탁하여 제수하셨다. 잠깐 사이에 대사간에 제수되었는데 소를 올려 말하기를, "어지럽히고 거스르는 무리가 점점 생겨나 의리가 밝을 수 없음은 장차 물이 가로로 흐르는 것을 막을 수 없는 것과 같아 막을 수 없는 것과 같습니다. 청하건대 그 그림자와 형체를 살핀다면 자그마한 것이라도 막을 수 있습니다."라고 하니, 말이 매우 간절하였다. 주상께서는 기쁜 빛으로 비답 하시기를, "경의 말은 가히 주연(胄筵)에서 다룰 수 없다는 것임을 알겠다."라고 하였다.

호조참판에 옮겨 제수되었으며, 겨울에는 길을 떠나 용만(龍灣)에 이르렀다. 큰아들인 재학이 마침 그 고을의 부윤(府尹)으로 있어 의장을 갖추고 삼가 맞이하였다. 한 길에서 공을 부러워하여 보는 사람들은 정성이 가득한 것을 보고 경계를 삼았다. 성대한 잔치와 음악은 그 장대함을 일절 금지하였는데 여정에서 짐을 봉할 때까지도 검약하였다.

연경에 머물 때에는 잡희(雜戲)를 가까이 하지 않았고 유람하는 것을 기뻐하지 않았다. 남는 물건이 있으면 모두 통역원과 역참의 병사들에게 나누어 주었다. 돌아올 때의 장식도 거의 없었다. 연경의 사람들이 이를 보고 탄복하였다.

다음 해 봄, 조정에 돌아와서 한성 우윤(漢城右尹)에 제수되었다. 더하여 홍충(충청)감사에 추천되었는데 도내에는 부호들의 옥사와 송사가 많아 심히 번잡하였다. 공이 간단하게 진정을 시켰다. 무릇 일을 착착 시행하고 조치하여 물 샐 틈이 없었으니 비록 돈과 곡식에 관한 솜털만한 번잡함도 불을 밝힌 것처럼 명료하게 되어 늙은 벼슬아치와 교활한 서리들도 감히 조금도 속이려 하지 못했다. 녹봉의 금전을 나누어 역호(驛戶)를 소생시키고, 병장기를 잘 수선하여 성의 곡식을 쌓게 하였으며, 학궁(學宮)에 책을 구입하게 하여 많은 선비들이 볼 수 있게 권장하고, 마을의 사(社)에 재물을 주어 공역을 다하게 하였으니 지금까지도 이 틀에 따라 지속되고 있다.

당시에 호남의 유생이 반역을 비호한 자가 있어 일이 발각되었는데, 명을 받아 엄격하게 다스리니, 연좌된 사람들이 점점 얽혔다. 공이 안핵사(按覈使)와 자세하게 조사를 하여 평정을 하고 윤허를 받았다. 생각건대 두려운 것은 한 명의 잘못된 사람의 재앙이 비록 다른 사람이라도 마음으로 심복하지 않는 자가 없다는 것이다.

임인년, 벼슬에서 교체되었다.

계묘년, 대사헌으로서 소를 올려, "정치달(鄭致達)의 처[380]가 육지를 떠나는 때에 주상께서 밀지를 내려 대관(大關)은 훗일의 폐단이 될 것입니다."라고 하였다. 주상께서 비답하시기를, "법으로는 능히 따르지 않겠는가? 나는 바야흐로 근심을 감수하겠다."라고 하셨다.

이 당시에 여러 신하들이 응징하여 토벌하는 장거(章擧)를 모두 열거하여 올리니, 주상께서 비답 하셨는데, 공이 앞뒤에 올린 상소가 문득 깨우쳐 받아들이셨다.

그 해 봄, 주상께서 서연(書筵)에 계실 때의 일을 떠올리며 옛 노고에 대해 하교하여 말씀하시기를, "내가 동궁에 있을 때 강목(綱目) 강연을 끝내면 수결[符]을 하였다. 두 조정[兩朝]의 좋은 치적으로서 관료 중에서 강연을 시작하여 끝날 때까지 또한 계속되는 강연에 나간 사람은 오직 이 한 사람뿐이다."라고 말하셨다. 특별히 한 자급을 올려 가의대부(嘉義大夫)에 승진시켰다.

380) 정치달(鄭致達)의 처 : 정치달(鄭致達, ?-1757(영조33))의 처인 화완옹주(和緩翁主). 각주 135) 참조.

갑진년, 대사헌으로 왕세자 교육의 도리[元良蒙養之道][381]에 관해 소를 올렸는데, 그 대강(大綱)은, "덕스러운 성품을 기르는 것(養德性), 좌우를 가리는 것(擇左右), 덕성을 기르고 거처하는데 절도가 있음(節居養), 놀고 즐기는 것을 경계함(戒玩好), 부지런하게 익히고 배우는 것(勤講習), 몸을 가르치는데 근본을 지킴(本身敎)"이니 여섯 개의 잠(六箴)으로 써서 올렸다. 주상께서 비답하시기를, "뛰어나다."고 하셨다.

병오년, 문효세자의 장례가 있었을 때, 대사간으로서 논하기를, "기복(朞服)을 하는데 흰 가죽신은 예에 맞지 않는다."고 하였다. 주상께서 예관(禮官)에게 명하시기를, 널리 의논하고 들어서 의복 장식을 고쳐서 의식에 사용하도록 하라"고 하였다.

도승지, 예조 병조 형조 등의 참판과 한성부 좌·우윤에 제수되었는데 형조[秋曹]와 한성부[京兆]에 가장 오랫동안 있었고 다른 직책으로 특별히 임명이 되어 역시 일 처리를 하였다. 대개 옥사를 처리하는 데에 정밀하게 심판하였다.

동지지춘추(同知知春秋) 의금부 부총관(義禁府副總管) 및 오사 제조(五司[382]提調)를 겸직하였다. 도승지[知申]에 제수되어 거의 벼슬을 맡아 허송세월을 보내는 일은 없었다. 공의 아들 역시 자주 중요한 직책을 맡아 부자가 가까이에서 긴밀하였으니 세상에서 이를 영화로 여겼다.

이 해 겨울에 왕대비전에 존호(尊號)를 올리는 도감(都監)의 탁지장(度支長)을 설치하는데, 마침 외직에 있었다. 주상이 특별히 명을 내려 공을 아당(亞堂)으로 삼으시고 도감사를 겸하게 하셨다.

정미년 봄, 노고를 인정 받아 자헌대부에 올랐고, 형조 예조판서

381) 48. 왕세자 교육의 도리[元良蒙養之道] 참조.

382) 오사(五司) : 조선 문종 원년(1451)에 종래의 십이사를 개편한 군제(軍制). 중군(中軍)을 의홍사 충좌사 충무사(忠武司), 좌군(左軍)을 용양사, 우군(右軍)을 호분사로 하였는데, 세조 3년(1457)에 오위(五衛)로 고쳤음.

한성부윤 겸 지의금(知義禁) 지춘추(知春秋) 비변사 당상[籌司堂上]의 벼슬에 나아갔다.

겨울, 함경감사에 추천되었는데, 그때에 경흥(慶興), 함흥(咸興), 덕원(德源)에 성조(聖祖)의 옛 치적을 나타내는 비를 세우고 각(閣)을 지었으나 여러 달 동안 공사를 끝마치지 못하였다. 부군이 도착하여 감독하여 이룬 공[董成之獎]이 있어 주상께서 말을 내리는 은전(恩典)을 입었다.

변방에서 병권(兵權)을 가진 사람들의 오랜 폐단이 쌓인 것을 공이 조목을 열거하여 주상께 올리니 군량미를 대비하게 하고 포병(砲兵)을 늘리고 곡식이 남지 않도록 금하고 다리를 만들어 방비하게 하였다. 또한 한 해의 녹봉을 모아 백은(白銀) 3천냥으로 바꾸어 여러 창고에 굳게 저장을 하여 뜻하지 않은 일에 대비하였다. 절목(節目)을 만들어 힘쓰며 멀리 있는 병사와 백성들이 혜택을 입지 않는 사람이 없도록 하였다.

이듬해 가을, 남북관(南北關)에 큰 흉년이 들었는데, 공이 쇠약하고 병이 들어 구휼하는 정사를 감당할 수 없기 때문에 글을 올려 해직(解職)을 빌었으나 주상께서는 여러 차례 힘써 일하라고 하고는 허락하지 않았다. 할수없이 힘을 다하면서 돌아다니며 두루 살펴 영남(嶺南)의 곡식을 운반하여 함경남도[南關]를 구제하고, 함경남도[南關]의 곡식을 옮겨 함경북도[北關]의 백성에게 먹이도록 하였다. 일년 동안을 두루 이렇게 하여, 관청의 곡식을 운영하였다.

늘 장계를 올려 거듭 주청을 하니 주상께서는 장려하여 말씀하기를, "아름답도다. 모든 것을 자세히 살피고 갖추어서, 맡기 어려운 책임을 잘 이겨냈도다."라고 하였다.

공은 더욱 감격을 하여 정성을 다하고 더욱 부지런히 힘을 써서 거의 잠을 자지 않고 밥 먹는 것조차 잊을 지경이었다.

봄에 이르러 순시하던 중에 병이 다시 도져 관영으로 돌아왔다. 이때에 막내아들이 학교에 들어갔었는데, 와서 뵙게 되었다. 술을 가지고 손님들을 대접하고 웃으면서 아무렇지도 않게 말씀하셨다.

책상[案上] 위의 장계의 초고를 가져다가 서둘러 정사(淨寫)하게 하였으니 대개 〈변방을 지키는 일[關防], 고을의 폐단[邑弊], 백성의 일[民事] 등 세 조목〉이었다. 친히 고찰하여 수결(手決)을 하니 평상시와 같았다.

병수발을 들던 자가 공에게 탕을 끓여 올렸으나 물리치고 마침내 다음 날 군영의 청사에서 돌아가셨으니 실로 기유년 3월 23일, 향년 67세이셨다.

부고를 올리니 주상이 놀라서 슬퍼하며 자리에서 내려와 조회(朝會)를 폐하고 예를 갖춰 장례를 치르도록 하고 별도로 장례용품을 보내라 명하였다. 다음 달에 시신이 고향으로 돌아와 5월 20일 안산(安山) 원당리(元堂里) 선영(先塋) 축좌(丑坐) 언덕에 장사를 지냈다. 발인을 하여 돌아오는 날, 한 길에 선비와 백성들이 달려 나와 상여줄을 붙잡고 앞을 다투어 울부짖고, 안변(安邊)의 백성과 십사(十社)의 남녀들이 각각 음식을 올리고 곡을 하는 것이 자기 부모같이 하였으니, 끼친 은혜가 얼마나 깊은지를 알 수 있다.

정부인(貞夫人)은 안동김씨로 화천군(花川君) 협(浹)의 딸인데, 요동백(遼東伯) 응하(應河)의 5대손이다. 어른을 잘 섬기고 문장이 뛰어났으며 그 사랑하고 공경하였다. 자녀를 기르는데 있어서는 반드시 의(義)로써 하고, 바야흐로 더욱이 제사를 받들어 모심에 있어 그릇을 세척(洗滌)하고 음식을 삶고 익히는[烹飪] 것을 몸소 행하는데 나태함이 없었다. 집에 한 섬들이 항아리도 없으면 부지런하게 길쌈을 하고 몸소 주방으로 들어가 이바지하였으며, 일찍이 가난함과 고생스러운 얼굴색을 겉으로 드러내지 않았다. 판서공이 일찍이 그를 칭찬하여 "우리 며느리로 인해 우리 가문은 반드시 번창하게 될 것이다."라고 하셨다. 귀한 몸임에도 무늬 있는 비단은 걸치지 않았으며, 반드시 담백한 것만을 드셨으며 재산이 있는 친척들에게는 두터이 받았지만, 선을 베푸는 것을 즐거이 여겼는데 공의 상을 당하자 너무 슬퍼하여 병이 들었고 마침내 같은해 8월에 임종을 하셨다. 수명은 공(公)보다 한 해가 많았는데, 공(公)과 같은 곳에 같이 합장(合葬)을 하였다.

2남 3녀를 길렀는데 아들 중의 장남은 재학(在學)이며 지금 판서이다. 차남은 재익(在翼)이며 지금 별검(別檢)이다. 딸들이 시집간 정래정(鄭來鼎)은 첨정(僉正)이며 정하영(鄭夏榮), 정동만(鄭東晩)은 모두 진사(進士)이다. 재학은 아들 하나를 두었는데 규현(奎鉉)이며 재익은 아들 셋을 두었는데, 장남인 양현(良鉉)은 백씨(伯氏)인 동지중추부사(同知中樞府事) 공의 손자로 출계하여 종중의 제사를 받들게 하였다.

정래정은 아들은 진영(晉榮)이며, 정하영은 아들은 교일(敎一)이고 딸은 이효연(李孝淵)에게 시집을 갔다.

정동만에게는 아들 둘과 딸 둘이 있으며, 규현에게는 아들 둘이 있는데 모두 어리다.

공(公)은 키가 크고 수려한 용모에, 맑고 야윈 것이 마치 옷을 이기지 못한 것 같은데, 조용하고 말 수가 적어 과묵하며, 뛰어나게 우수하고 안으로 간직하는 성품이며, 마음으로 지키는 지조(志操)와 몸으로 행하는 행실(行實)이 있고, 굳고 확실한 계율을 지켰다. 집을 다스림에 모두 기준[尺度]이 있었고, 효성과 우애에 돈독하였다. 어렸을 적에는 먹는 것이 빈한하여 몸소 주방에 가서 반드시 달게 받아 들였다. 만년에는 생모를 받들어 모시는 것을 마치 어린아이와 같이 즐겁고 기쁘게 여겼다. 백씨를 섬기는데 언니처럼 매우 삼가고 친척들에까지 영향을 미쳤다. 가난한 사람을 도와줄 때를 만나면 정성을 다함[曲盡]에 은혜와 의리가 있었다. 문장과 학문이 일찍 성공을 하였고 역시 모두 잘 정제가 되어 있었다.

더욱이 병려문을 잘하여 항상 말하기를, "선비는 마땅히 조종(操縱)

하고 검속(檢束)함에 문(文)을 근본으로 삼고 예(藝)를 말단(末端)으로 삼는다."라고 하였으며 손으로 경전(經典)을 쓰고 마음속으로 글의 깊은 뜻을 생각하였다. 강연(講筵)에 올라서는 밝고 분명하게 주청을 하여 훌륭한 임금의 헤아림을 크게 입었고 늘 경학(經學)과 문사(文詞)를 겸비하였다는 평가를 받았다. 조정의 신료(臣僚)들이 그물처럼 벌여 있어도 본디 속마음[心計]이 있어 일을 처리함에 종합적이면서도 면밀하게 하여, 물을 다스림에 새지 않았다.

여러 차례 변방의 고을에 영전(榮典)되어 모두 뛰어난 업적이 있었다. 그러나 겸손함을 지키고, 실제에 힘을 쓰면서도, 알아줄 것을 구하지는 않았다. 무릇 공사(公私)의 무리들이 모였다가 물러나는 것이니, 말에 얽혀 막히는 것이 마치 입에서 나오지도 않았는데도 다른 사람이 그 내용을 아는 까닭과 같은 것이다. 외직에 있어도 소리와 얼굴빛은 배를 대고 돌아다니며 구경하는 것을 좋아하지 않는 바였다. 생각건대 오직 백성의 일에 마음을 쏟는 것이 마치 임금을 섬기지 못할까 두려워하는 것 같았으니 곧 하나의 정성을 드러내고는 일찍이 편의대로 스스로 가지지는 않았다. 주상 앞에서 단정하게 손을 맞잡고 서서 마침내 그림자도 꼼짝하지 않고 움직이며 사람을 보지 않았으니 모두 집중해서 보았다. 평상시 편안하고 조용하게 거처하며 명예와 이익을 보기를 마치 함정에 빠지는 계기처럼 생각하였다. 당시에 권세와 부귀가 있었지만 권력을 추종하여 온 세상에 남용하는 일은 없어서, 유독 문하생들까지도 잘 알지 못했고 공에게 폭넓게 이해되기는 어렵다고 여겼다. 이빨처럼 서로 가까운 이웃에 살면서 시골 고향에서 조정(朝廷)에 이르기까지 함께 일이 잘 되도록 이리저리 거의 40년 동안을 힘썼는데 늘 당나귀 한 마리를 타고 다녔다. 먹향기 나는 선비의 마을로 만들고 집의 가시나무로 만든 문을 없앴으며, 풀과 나무로 양산(陽傘)을 삼았다. 오직 노란 국화가 있어서 여러 화분의 맑은 향기가 집안에 가득하고 글을 읽는 소리만이 흩어져 나오니 소연(蕭然)하기가 마치 속세를 떠나 있는 사람의 마음 같았다. 항상 사랑하고 소중히 여겼으니 중년 이후에 벼슬이 더욱 드러나고 녹봉이 더욱 많아졌지만, 벼슬하기 전의 옛날에서 변하지 않았으니 평소에 수양한 것이 얼마나 깊은지를 비로소 알았다. 함경도[北藩] 이후에 주상께서 살펴서 두루 융성하게 행하고 장차 크게 쓰고자 하였으나 공이 갑자기 조정[朝野]에 돌아오지 못하니 애도하고 슬프지 않을 수 없다. 수명(壽命)은 70에 이르고 명망과 덕행은 티가 없으며, 종과 북이 함께 조화롭게 울려 즐겁고, 높은 지위의 신하[金貂][383] 가 뒤를 이어서 복(福)은 당세에 가장 번성하였으니, 모두들 "한 시대의 최고인 사람이다."라고 칭하며 시를 지어 말하기를, "어린 군자가 복을 구하러 갔다가 돌아오지 않으니, 어찌 공(公)을 일컫는 게 아닌가?"라고 하였다. 판서군(判書君)[384]이 공이 행한 일을 저술하고, 아름다운 희생에 관하여 새기는 것(麗牲之刻)을 와서 청하였다. 내가 과거를 생각하니 마음에 느껴 눈물을 뿌리며 차례를 정하고, 마침내 관계된 것을 모아 비명(碑銘)을 새긴다.

성인이 대궐에 거처하며 일찍이 신료(臣僚)를 등용하셨으니
여기 학식과 덕망 높은 선비가 있어, 오랫동안 강연(講筵)을 맡겼네
광채는 두 임금님 이어받아 강목(綱目)을 밝히고
이로 인해 마음에 들어 받아들이기를 여러 번
총애로 발탁되어 안으로는 상서(尙書)에 오르고, 궁궐에서 임금님을 모시며
간간(侃侃)히 주상을 보좌하여, 척척 직책을 닦았네.
연금(捐金)으로 역참을 살리고 서책을 구매하여 학문을 장려했으니

383) 높은 지위의 신하[金貂] : 금(金)과 담비 꼬리[貂尾]로 장식한 관(冠)이라는 뜻에서 후세에 시종하는 사람이 이러한 관을 썼으므로 지위가 높은 신하를 뜻함.

384) 판서군(判書君) : 물재 이승호 공의 장남인 이재학. 각주 387) 참조. 이 글을 홍양호(洪良浩)에게 의뢰할 당시에 이재학은 형조판서에 재직하고 있었음.

벼슬은 달처럼 높아 자물쇠같은 중책을 맡기셨다.
그 해 남북관(함경도)에 큰 흉년이 날아들어
자신은 병들었지만 백성들은 배고프지 않게 했네.
아침에 집집마다 노래 소리 들렸는데 저녁에 거리에는 곡소리가 높았다.
크도다! 교화된 것을 보니,
주청을 올리고 손에는 먹을 갈도다.
곧고 충성스러움이 어찌 학문과 힘을 징험하였는가?
집에서 미덥게 행하여 나라에 업적이 무성하였다.
나아가서는 도와준 것을 잊지 않은 즉 약조를 지켰고
들으니 싫어하는 것 없이 장수하여 너그럽게 즐겼다네.
하늘이 겸손함을 더해주고 다복함을 주었다.
자식이 뒤를 이어 집안은 여전하고,
손자와 증손자에까지 미쳐, 덕성은 식읍(食邑)이 되었네.
공의 덕을 잊지 말고 영원한 하늘과 돌을 보아라.

숭록대부(崇祿大夫) 원임(原任) 이조판서(吏曹判書) 겸지경연관(兼知經筵) 판의금부사(判義禁府事) 홍문관(弘文館) 대제학(大提學) 예문관(藝文館) 대제학(大提學) 지춘추관(知春秋館) 성균관사(成均館事) 홍양호(洪良浩)[385]가 지었다.

385) 홍양호(洪良浩) : 1724(경종 4)~1802(순조 2). 조선 후기의 문신. 본관은 풍산(豊山). 초명은 양한(良漢). 자는 한사(漢師), 호는 이계(耳溪). 1747년(영조 23) 진사시에 합격하고, 1752년 정시문과에 병과로 급제하여 사헌부 지평, 홍문관 수찬 · 교리 등을 거쳤고, 1777년(정조 1) 홍국영(洪國榮)의 세도정치가 시작되면서 경흥부사로 밀려났다가 홍국영이 실각되면서 1781년 한성부우윤이 되고, 이어 사간원대사간 · 사헌부대사헌 · 평안도관찰사 · 이조판서 등을 거쳐 1799년에는 홍문관 · 예문관 양관(兩館)의 대제학을 겸임하는 최고의 영예를 지냈음.

75. 부군시장(府君諡狀)

공(公)의 휘(諱)는 숭호(崇祜)이며, 자(字)는 덕이(德而)이다. 스스로 호(號)를 물재(勿齋)라 하셨으니 용인(龍仁)사람이다. 고려시대 때 태사(太師)를 지낸 어른은 휘(諱)가 길권(吉卷)이며, 조선조에 들어와 휘가 사위(士渭)라 불린 어른은 개성유수(開城留守)의 벼슬을 하였으나 그 뒤의 아들 백지(伯持)는 관찰사(觀察使)에 선출되어 벼슬을 하였으며 또한 8대를 지나 사경(士慶)은 대사간을 지냈고 후천(後天)은 형조참의를 지냈는데 공의 6세가 된다.

5세 고조의 휘는 준악(峻岳)이며 예빈시정(禮賓寺正)을 지냈으며 증조의 휘는 세정(世貞)이며 의금부 도사(都事)를 지냈으며 이조 참의(吏曹參議)에 추증되었고 조부의 휘는 의규(宜揆)이며 한성부 판관(漢城府判官)을 지냈으며 이조 참판(吏曹參判)에 추증되었다. 부친의 휘는 보흥(普興)이며 덕산현감을 지냈으며 이조 판서(吏曹判書)에 추증되어 공의 부귀함 때문에 두 임금 대[兩世]에 영예롭게 되었다.

모친은 정부인(貞夫人)에 추증된 안동김씨이며 돈녕부 도정(敦寧府都正)인 휘(諱) 성유(聖游)의 딸이다. 화산군(花山君)으로 휘가 주(澍)인 어른의 6세손이다. 본래 생부의 휘는 보순(普淳)이며 호조 좌랑(戶曹佐郞)을 지냈고 이조 참판(吏曹參判)에 추증되었으며 생모는 정부인에 추증된 청풍김씨로 집의(執義)를 지낸 휘가 재(栽)인 분의 딸이다. 조부의 휘는 의수(義遂)이며 호조정랑을 지냈는데 이 분은 판관공의 백씨(伯氏)이다.

공은 경종(景宗) 계묘년 12월 20일 태어났으며 어려서부터 재주와 그릇이 매우 남달라서 앞선 사람들이 그를 보고 모두 원대(遠大)함과 크게 뛰어넘을 것임을 기약하였다.

10세 때 경사(經史)를 두루 섭렵하였으며 특히 좌씨서(左氏書)를 좋아하였다. 약관에 학업이 늘어 영종(英宗) 계유년에 사마(司馬)에 합격하였다.

신사년에 정시(庭試)에 올라 괴원(槐院)에 예속되었다.

임오년에는 정조(正祖)께서 왕세자의 자리에 올랐을 때 처음으로 설서(設書)에 통하고 한원(翰苑)에 들어가 검열(檢閱)을 거쳐 봉교(奉敎)에 이르고 벼슬을 옮겨 특별히 경양찰방에 임명되어 지방을 다스렸다[旋寢].

계미년 전적(典籍)에 승진되었을 때 봉산군(鳳山郡)에 의심스러운 옥사(獄事)가 있어 신리어사(鳳山伸理御史)로 임명받았다. 겨우 6품이었으나 삼사(三司)를 거치지 않고 특별히 승진한 직책이었다. 이는 대개 글솜씨가 있다는 것을 인정받았다. 결과를 보고하니 실로 법을 잘 처리하여 매우 칭찬을 받았다. 주상께서 거듭 명을 내려 정언(正言), 지평(持平), 사서(司書), 문학(文學), 이조좌랑(吏曹佐郞), 정랑(正郞), 병조좌랑(兵曹佐郞)을 제수하셨다.

을유년 봄, 비변사 문랑으로 뽑혀 영남(嶺南)의 곡식을 검사하여 살폈는데 법대로 자세히 처리하니 높은 관리들이 많이 저촉되었다.

병술년에 생모께서 돌아가셨다.

무자년에 상복을 벗었다. 계속 양사(兩司)와 춘방(春坊)에 제수되었다.

경인년 가을에 호서(湖西)의 장시 도사(掌試都事)가 되었고 이해 겨울에 영록(瀛錄)[386]에 뽑혀 수찬에 제수되었다.

대신(臺臣) 가운데 새로 추천에 오른 여덟 사람을 비판하는 사람이 있었는데 재앙이 부군까지 미치게 되었다. 공이 여러 번 사직하려 했으나 주상께서는 윤허하지 않으시고 대신을 엄격하게 배척하시고 경연에서 신하들에게 말하기를, "나는 평소에 이(李)모의 글과 지식에 대해서 알았는데 경연에서 인재를 얻어 기쁘나 매우 애석하도다."라고

386) 영록(瀛錄) : 홍문록(弘文錄). 각주 305) 참조

하셨다. 이로부터 수찬, 부수찬, 교리, 부교리에 모두 나아가지 않았다. 계속하여 헌납에 제수되었지만 역시 나가가지 않았는데 오직 춘방관은 사양하지 않았으니 주연(胄筵)의 약속에 감격하였다.

임진년, 다시 홍문관의 직책에 복직되었으나 주상께서 개혁할 때[激惱之時]에 대홍군 유배를 보내라 하였는데 한 달여 만에 용서해 주셔서 얼마 되지 않아 돌아와 경기 도사(京畿都事)에 제수되었다.

계사년, 관직을 옮겨 필선(弼善)에 제수되었다. 사복시정, 통례원 집의를 역임하였다.

갑오년, 사간에 있을 때 경하할 만한 일이 있었는데 주상께서 명을 내려 헌가(軒架)[387]를 설치하지 말라고 하자, 그것은 예(禮)에 어긋난다는 소를 올렸다. 주상께서 잘했다고 비답하시고 말을 하사하셨다.

계속 벼슬을 옮겨 필선, 보덕, 집의에 제수하였다.

을미년 봄, 특별히 승정원 동부승지에 제수되었고 우승지를 거쳐 병조참지 참의를 역임하였으며 춘천부사에 제수되었다.

병신년, 영묘(英廟)의 예(禮)를 올릴 때(國喪)를 당하여 본도의 진향(進香)은 구례(舊例) 따라 백성들로부터 거두었다. 공이 말하기를, "이것은 돌아가신 임금의 뜻에서 나온 바가 아니다."라고 말하였다. 드디어 자기 돈으로 관의 진향을 변통하였다.

반년도 채 안되어 일대의 고을이 큰 치세(治世)를 이루고 있었는데, 역신(逆臣)인 김하재(金夏材)가 방백(方伯)이 되어 원한을 품고, 이 고을을 그대로 내버려두었다.

정조께서 하교하여 말하기를, "이 사람이 어찌 춘천부사가 능히 될 수 없겠는가?"라고 하고 하재의 관직을 삭탈하였다.

정유년, 형조참의에 제수되었고 계속하여 승지에 제수되었다.

무술년, 안변부사에 제수되어 병든 것을 없애는 정사를 펴서 세금을

387) 헌가(軒架) : 대례나 대제 때에 대청 아래에서 연주하는 아악 편성. 종고(鐘鼓)를 틀에 걸어 놓고 관현을 갖추어서 쳤음. 헌가악(軒架樂)

법에 맞게 하였다. 마침내는 의연금을 모아 배고픈 백성과 얼굴이 푸르게 된 사람을 구휼하였다. 3년 동안의 정사가 이루어지니 쇠로 비석을 만들어 덕을 칭송하였다.

경자년, 동지부사(冬至副使)로 소환이 되어 사신으로 사은사(謝恩使)를 겸하자 마땅히 아경(亞卿)으로 보내야 하였다. 주상께서 말씀하시기를, "이 사람이 오랫동안 낮은 벼슬에 있었으니 마땅히 승진을 시켜 등용해야 한다."고 하고 마침내 가선대부(嘉善大夫)으로 발탁하고 얼마 후에 대사간을 제수하였다. 이때 상소를 올려 말하기를, "어지럽히고 거스르는 무리가 점점 생겨나 의리가 밝을 수 없으니 청하건대 그 그림자와 형체를 살펴 자그마한 것도 막으십시오."라고 하니 언사가 매우 이치에 합당하였다.

주상께서 비답하시기를, "경의 말은 경연에서 아는 바로 감당할 수 없음을 말하는 것이다."라고 하였다. 호조참판에 제수되어 길을 떠나 용만(龍灣)에 도착하였는데 부윤(府尹)이 공의 장남 판서공이었다. 공은 지나친 이별 잔지를 매우 경계하고, 또한 청나라에 가는 도중에도 크게 베푸는 것을 금하고 엄격하게 스스로 계율을 삼도록 하니 일행이 숙연하였다. 연경의 숙소에서 머무를 때에 유람하는 것을 좋아하지 않았고 잡희(雜戲)를 가까이 하지 않았으며, 비록 서적과 악기[管絃]의 조금이라도 사는 것이 없었으며, 노잣돈이 남으면 모두 통역원과 역참의 병사들에게 나누어 주었다. 끝내고 돌아올 때의 장식도 소연(蕭然)하니 연경의 사람들도 그 복장을 탄식하였다.

신축년, 조정에 돌아와서 한성(漢城) 우윤(右尹)에 제수되었고 다시 홍충(충청)감사에 제수되었다. 본도에는 평소에 부호들의 옥사와 송사가 많아 심히 번잡하였다. 이에 공이 일절 단순하고 엄격하게 그것을 처리하여 목소리와 얼굴빛을 바꾸지 않고 하니 돈과 곡식에 관한 번잡하고 솜털만한 기록도 한 눈에 척보면 불을 밝혀 비춰주는 것처럼 명료하게 되었다. 늙은 벼슬아치와 교활한 서리들도 감히 조금도 속이려 하지 못했다. 녹봉의 금전을 나누어 역참의 집을 소생시키고 병장기를 잘 수선하여 성의 곡식을 쌓게 하고 학궁(學宮)에 책을 구입하게 하여 많은 선비들이 볼 수 있게 권장하고 마을의 사(社)에 재물을 주어 백성들의 어깨를 쉬게 하였다.

무릇 베풀고 조치를 하는 것이 오래되니 효과를 나타내었다. 당시에 호남의 유생이 반역을 비호한 자가 있어 일이 발각되자 옥에 가두었는데, 공이 안핵사(按覈使) 와 더불어 명을 받아 자세하게 조사를 하여 평정을 하고 윤허를 받았다. 잘못된 한 사람의 재앙도 없었다.

임인년, 벼슬에서 교체되었다.

계묘년에 대사헌으로서 상소를 올려 말하기를, "정치달의 처가 밀지를 사용하여 육지를 떠나서 대관(大關)은 나중에 폐단이 될 것이니 청컨대 뉘우침을 분명하게 보이게 하십시오."라고 하였다. 주상께서 비답하시기를, "법으로는 능히 따르지 않겠는가? 나는 바야흐로 근심을 감수하겠다."라고 하셨다. 이 당시에 여러 신하들이 응징하여 토벌하는 장거(章擧)를 모두 열거하여 올리니, 주상께서 비답을 내려 윤허하지 않으셨으나 유독 공에게 있어서는 문득 받아들이셨다.

그 해 봄, 주상께서 공이 서연에 있었을 때의 옛 노고를 떠올리며 하교하시기를, "내가 춘궁에 있을 때에는 강목(綱目) 강연을 마치는 때에는 수결(手決)을 적었다. 두 임금님 대의 관료 중에서 쌓은 치적이 많았는데 강연을 시작하여 끝날 때까지 또한 계속되는 강연에 나갈 때까지도 오직 이 한 사람 뿐이었다."라고 하고 특별히 명을 내려 가의대부(嘉義大夫)로 단계를 올려 주었다.

갑진년에 또한 대사헌으로서 왕세자 교육의 도리[元良蒙養之道]를 올렸는데, 여기에서 말하기를, "덕스러운 성품을 기르는 것(養德性), 좌우를 가리는 것(擇左右), 덕성을 기르고 거처하는데 절도가 있음(節居養), 놀고 즐기는 것을 경계함(戒玩好), 부지런하게 익히고 배우는 것(勤講習), 몸을 가르치는데 근본을 지킴(本身敎)"이니 여섯 개의 잠(六

箴)으로 써서 올렸다. 주상께서 받아들이시겠다고 비답하셨다.

병오년, 문효세자의 장례가 있었을 때, 대사간으로서 소를 올려, 기복(朞服)을 하는데 흰 가죽신을 쓰는 것은 예가 아니라고 아뢰었다. 주상께서 명하시기를, "널리 의논하고 들어서 의복 장식을 고쳐 제도를 삼으라"고 하였다.

계속해서 도승지, 예조, 병조 형조참판과 한성부 좌 우윤에 제수되었는데 형조와 한성부[京兆]에 가장 오랫동안 있었다. 오래되어서 다른 직책으로 특별히 임명이 되어도 공은 옥사(獄事)를 다스림에 정밀하게 심판을 하였다. 지춘추(知春秋) 의금부 부총관(義禁府副總管) 및 오사 제조(五司提調)를 겸직하였다.

도승지에 제수되어 거의 허송세월을 보내는 일이 없었는데 공의 아들 역시 벼슬에 올라 부자가 대궐에 자주 출입하여 가까이서 긴밀하게 하였다. 임금님께서 융숭하게 돌보아 주시니 당시 사람들이 이것을 영화로 여겼다.

이 해 겨울, 탁지장(度支長)에서 대비전[東朝]에 존호[徽號]를 올리는데, 공은 외직에 있었다. 주상이 특별히 명을 내려 공을 아당(亞堂)으로 삼고 도감의 일을 관장하도록 하였다.

정미년 봄, 예를 이루고 힘쓴 노고로 자헌대부(資憲大夫)에 오르고 형조, 예조판서, 한성판윤 겸 지의금(知義禁) 지춘추(知春秋) 비변사(備邊司) 당상(堂上)에 올랐으며, 함경감사에 추천되었다.

그때에, 그때에 경흥(慶興), 함흥(咸興), 덕원(德源)에 성조(聖祖)의 옛 유적이 있어 비를 세우는 부역 있었는데 공사를 끝마치지 못하였다. 부군이 도착해서 감독하여 이룬 공[董成之獎]이 있어 주상께서 말을 내리는 은전(恩典)을 입었다.

도내(道內)에 여러 고을의 방백(方伯)들이 나누어 조정에 올리는 신삼(信蔘)을 장차 백성으로부터 거두어들이려 하였다. 공이 재빨리 달려가 듣고는 그 값에 더하여 또한 수천금의 의연금으로 그것을 부담하여 주니, 삼(蔘)은 바치는 기한을 넘지 않게 되고 백성들은 빼앗기는 것을 면하게 되었다. 본도는 북문에 울타리를 여러 겹으로 쌓는 폐단이 오래되었다. 공이 살피고 그 소생책을 구하여 조목을 열거하여 소를 올리니, 주상이 그것을 들으시고, 함경북도의 남은 곡식을 잘못 사용하는 관습을 금하고, 곡식을 사들이는 법을 바로하고 군량미 6천포를 만들어 병사들의 식량으로 삼으며, 기병 1개 부대를 증가시켜 설치하고 무사들을 장려하여 만세교를 수리하여 방비토록 하고 8사(社)를 없애도록 하였다.

한 해의 녹봉을 모아 백금 3천냥으로 바꾸어 뜻하지 않는 일에 대비하도록 하고 절목(節目)을 만들었다. 함경북도의 백성들이 공의 은혜를 받들며 믿게 되었다.

무신년, 남북관(南北關)에서 큰 흉년이 들었는데, 공은 쇠약하고 병들어 진휼책을 감당할 수 없어 해직(解職)을 바라는 상소를 하니, 주상께서는 더욱 힘써서 일하라고 하였다. 공이 이에 부득이 질환을 치유하는데 힘을 쏟는 한편, 성(省)을 순시하여 궁하고 급한 사람들을 구휼하고 구제를 하니 흡사 불난 곳에서 구해주고 물에 빠진 사람을 건져 배로 구해주는 것 같은 일이었다.

함경남북도의 백성에게 곡식을 나누어 배부르게 먹이는 것을 정성을 다하여 힘을 쏟고 갖추어주니 구제된 고을이 수십 주에 달하였는데, 최근에야 그것을 금지하였다. 마침내 구렁텅이에 빠진 백성들의 목숨을 구하여주었다.

매번 장주(狀奏)를 올리니, 주상께서 하교하시기를, "아름답게 장려할 일이다" 하시고 유서(諭書)에 말씀하시기를, "자세하게 궁구하고 치밀하게 갖추어서, 질 수 없는 위임의 책임을 잘 이겨내어 70만의 생명을 살려내어, 어두운 생각을 풀어냈도다."라고 하셨다.

부군이 감격하여 정성을 다하고 더욱 더 스스로 부지런히 힘을 써서 거의 잠을 자지 않고 밥 먹는 것조차 잊는 데에 이르러도 더욱 규휼책에 힘쓰니 공의 병이 더욱 심해졌다.

봄에 이르러 순시하던 중에 병이 나서 관영으로 돌아왔다. 이때에 막내아들이 학교에 들어갔었는데, 와서 뵙게 되었다. 술을 가지고 손님들을 대접하고 웃으면서 아무렇지도 않게 말씀하셨다.

며칠 후에 책상[案上] 위의 장계의 초고를 가져다가 서둘러 정사(淨寫)하게 하였으니 대개 〈변방을 지키는 일[關防], 고을의 폐단[邑弊], 백성의 일[民事] 등 세 조목〉이었다. 친히 고찰하여 수결(手決)을 하니 평상시와 같았다.

병수발을 들던 사람이 공에게 탕약을 올렸으나 물리치고 말하기를, "어찌 약으로 살겠느냐?"라고 하고는 기유년 2월 23일 함경도 징청헌에서 돌아가셨으니 춘추는 67세이셨다.

부고를 들으시고 주상께서는 놀라서 슬퍼하며 말씀하시기를, "궁중의 경연에 출입하여 거의 10여 년 동안 강목(綱目)을 논하면서 처음부터 끝까지 강연에 참석을 한 것이 오래고, 또한 재임한 것도 예부터 드물었으며, 보필하여 도운 것은 더욱 적지 않았다. 지난번 자급이 오른 것은 옛정을 생각해서였는데, 오늘 갑자기 고인이 되었다 하니 생각이 끊어지고 찬탄하여 슬픈 생각이 든다."라고 하고는 이에 명하여 별도로 장례용품을 내리고 조회를 정지하고 조상(弔喪)하기를 모두 예에 따르게 하라고 하셨다.

다음 달에 시신이 돌아와서 5월 20일 안산(安山) 원당리(元堂里) 선영(先塋) 축좌(丑坐)의 언덕에 장사를 지냈다.

경신년에 판서공에게 추은(推恩)388)하였다. 공에게는 좌찬성(左贊成)의 겸직을 추증(追贈)하였다. 배우자는 정경부인(貞敬夫人)에 추증되었으니 안동김씨 화천군(花川君) 협(浹)의 딸로 요동백(遼東伯) 응하(應河)의 5대손이다. 선공(先公)을 낳고 1년이 공이 상을 당한 같은

388) 추은(推恩) : 조선 시대에, 시종(侍從)·병사(兵使)·수사(水使) 등의 아버지로서 70세가 넘는 사람에게 품계를 주던 일.

해 8월 생을 마쳐 합장을 하였다. 공은 2남 3녀를 두어 아들 중의 장남은 재학(在學)이며 문과에 급제하여 판서이다. 차남은 재익(在翼)이며 음부사(蔭府使)다.

딸들은 각각 첨정(僉正) 정래정, 진사 정하영, 군수(郡守)인 정동만과 혼인하였다. 재학(在學)은 아들 하나를 두었으니 규현(奎鉉)이며 부정(副正)이고 자(字)는 서(庶)이다. 아들 명현(命鉉)은 인의(引儀)이다. 재익(在翼)은 3남 2녀를 두었는데 장남은 기현(箕鉉)이며 나머지는 어리다. 정래정은 아들 하나를 두었으니 진영(晉榮)이며 생원(生員)이다. 정하영은 아들 셋을 두었는데 효원(孝源), 후원(厚源), 학원(學源)이며 딸 하나는 이효연과 혼인을 하였다. 정동만의 두 아들은 원용(元容)은 직각(直閣)이며 선용(善容)이 있다. 딸 둘은 서직보(徐稷輔)와 이귀원(李龜遠)과 각각 혼인을 하였다. 규현(奎鉉)의 2남 5녀 중에서 아들 원응(源膺)은 진사이고 딸은 민겸행(閔謙行)과 혼인을 하였으며 나머지는 어리다. 내외의 손자 증손자는 어려서 다 기록하지 못한다.

공의 골격과 신체는 맑고 야위었으며 얼굴의 모습은 장중(莊重)하였다. 평상시 거처할 때 말이 적고 웃음을 삼가고 종일토록 걸어도 의관이 바르며 무릎과 어깨 등을 곧추 세우고 반듯하게 하였다. 사람들이 그를 바라보면 감히 업신여기지 못했으나 바로 대하면 온화하였다.

효(孝)는 하늘에 뿌리를 두는 것이다. 어렸을 적에 먹을 것이 어려울 때 친히 밥을 해 먹고 아주 작은 것이라도 달게 받아들였으며 우환과 슬픔 속에 살게 되었을 때에도 극복하고 뛰어넘은 것이 여러 번이었다.

만년(晩年)에 오직 생모를 받들고 살아 아침저녁으로 어린아이처럼 즐겁고 기뻐하였다. 기일(忌日)이 오면 단괄(袒括)처럼 애모(哀慕)하였다. 때에 백씨(伯氏)와 누나를 섬기기를 우애와 돈독함 그리고 진지함으로 받들어 종족들의 은혜와 의리에 두루 미치게 되었으며 궁한 곳에 물자를 주고 혼인과 장사를 도와주었다.

월 녹봉을 쌓아 두었다가 고르게 나누어 주었는데 항상 범씨(范氏)의 의리가 있어 저장하는 풍습이 있었다. 더벅머리 때부터 총명하고 일찍이 학문의 경지가 높아 부지런히 책을 읽고 학업을 함에 매우 엄하게 하여 성장하여 두루 여러 서적들을 꿰어 의젓함을 이루고 유학에 통달하여 우아한 공을 이루어서 호령하였는데 더욱 자라서는 병려문을 잘하였다.

돌아보건대 학업에 급급하지 않았으며 항상 마음속으로는 경례지학(經禮之學)에 뜻을 두고 일찍이 말하기를 "선비는 마땅히 조정하고 단속을 함에 문(文)을 근본(本)으로 삼고 예(藝)를 말단으로 삼는다."라고 하였다.

정조 대왕을 만나 궁궐에 출입한 지 12년 동안 늘 경전(經典)을 손에 쥐고 등청을 하였으며 주상의 경연(經筵)에서 주청을 함에 밝고 쭉쭉 펴서 영롱한 음향이 울리고 밤에 이르러 나누어 퇴청을 하였다. 일찍이 가르쳐 말하기를 "경학(經學)과 문사(文詞)를 겸비하여 조정의 신료(臣僚)들이 그물처럼 엮어지고, 본디 경국제세(經國濟世)의 재목이 있어 나라와 집안의 전장(典章)과 백성과 나라의 이해(利害)에 대하여 묵묵히 알지 못하는 것이 없어, 심계(心計)가 있어 일을 처리함에 사소한 것도 종합적이고 면밀하게 하는 것을 상세히 생각하여 강연을 하며, 삼가 일을 대하면 오직 뒤섞이어 어지러움과 끊임없이 바쁜 것들이 모인 것을 통찰하여 밝게 알고 비워서, 요컨대 하나를 들어 셋을 뒤집고 가까운 곳의 효험을 구하지 않고 오직 멀리 있는 그림을 가슴에 담고 조리(條理)있게 처리하여, 이루어 쌓은 것을 거느리고 이재(理財)의 한 가지 일에 이르게 하여, 덜기도 하고 더하기도 하여 통변(通變)의 마땅함을 깊이 알면, 진실로 옛 삼사(三司)를 만들고 재목(材木)을 두게 하여서 저축하고 베풀지 않는다. 식자석지(識者惜之)다.

성품이 조용하고 간결하며 근검절약하여 평생 동안 거친 음식을 싫어하지 않았으며 벼슬의 자리가 높아도 스스로 한사(寒士)와 같이 여기고 집 안에 오직 다른 것은 폐하고 회향풀과 먼지 앉은 걸상과 좌우에 도서(圖書)가 있을 뿐이었다. 판서공이 원(院)에 있을 때 정묘(正廟)가 일찍이 하교하여 이르기를 "승선(承宣)의 아비가 궁궐의 관리로 있을 때 도포 한 벌로 몇 년을 바꾸지 않는 것은 안영이 편안하고 공자가 30년 동안 하나의 갖옷 하나로 한 것과 무엇이 다른가? 입조(立朝)에는 본말(本末)이 있고 몸을 보전하는데도 척도(尺度)가 있다."라고 하였다. 주상 앞에서 단정하게 손을 맞잡고 서서 마침내 그림자는 이동하지 않고 걸음은 헤엄치지 않고 두문불출(杜門不出)하였다. 명리(名利)를 보기를 함정에 빠지는 베틀로 생각하였고 다른 사람과 더불어 자질구레한 것을 좇지 않았으며 다른 사람의 장단점을 논하지 않았다. 때에 권세와 부귀가 있었지만 온 세상에 남용하는 일은 없었으며 홀로 문중의 사람들을 알지 못하였다. 변방에 있으면서 한 마음으로 백성을 사랑하고 쓰러져가는 것을 소생시키고 병들은 사람을 빗질하였으며 구휼해야 할 사람들을 구휼하여 두려움이 미치지 않도록 하였다. 북번에 부임할 때 집안사람에게 말하여 이르기를, "우리 부자(父子)는 나라의 은혜를 두텁게 입었으나 보답할 길이 없다. 기력이 쇠약해져 가는 나이에 변방으로 나가서 다만 백성의 일을 알고 집안의 누가 없도록 서로 번뇌해야 할 것이다."라고 하였다.

부임을 한 지 두 해 동안 절약하여 재산을 쌓고 공리(功利)를 얻음이 백성에게 미치게 하여 특히 굶주린 만백성들에게 특별히 누가 되지 않게 모두 살리고 고비를 잡고 돌아가는 날에 원근(遠近)의 선비들과 백성들이 서로 다퉈 울부짖고 앞을 다퉈 상여 줄을 부여잡고 들어갔다. 안변고을의 10개의 사(社) 남녀가 음식을 갖춰 제사를 지내기를 개인의 아픔인 양 곡을 하고, 영구차가 부득이 앞으로 나아가는 것이 늦어졌고 북번을 빼어나게 다스리고 가는 공(公)이 이미 멀어져갔다.

북방 사람들이 공의 은혜를 노래함이 오히려 약해지지 않았다. 대저 행실을 돈독하게 하고 집안을 드러나게 하고 학문에 힘쓰고 그 몸을 편안하게 하여 그 풍모(風貌)와 표지(標識)가 가히 속세에 모범이 되었으며 재주와 계략은 가히 나라를 경륜함으로서 밝은 군주의 특별함을 받아 알려지게 되었다. 옛글의 명리(明离)를 기록하고 벼슬에 올라 반(班)의 달 같은 숭앙(崇仰)을 받는 일과 사방에 힘써서 베푼 일과 나라를 부유하게 하고 백성을 보호하여 관대하고 즐겁고 높고 밝은 아름과 덕을 완전하게 갖춰 연경에서 선(善)으로 보답을 한 것과 자손들에게까지 미쳐 시호와 법을 갖춰 가히 글을 쓴다. 공(公)은 나의 선배이니, 상(床)아래에 절을 하고 덕을 아뢴다. 본디 절개와 은혜의 장(狀)이 있으나 의(義)는 감히 말하지 못하겠노라. 삼가 대야에 손을 씻고 차례를 매겨 태상씨(太常氏)에게 고한다.

보국숭록대부(輔國崇祿大夫) 행판돈녕부사(行判敦寧府事)) 이만수(李晩秀)[389]는 짓다.

물재유고 권지사(勿齋遺稿卷之四)

389) 이만수(李晩秀) : 1752(영조 28)~1820(순조 20). 조선 후기의 문신. 본관은 연안(延安). 자는 성중(成仲), 호는 극옹(屐翁)·극원(屐園). 아버지는 좌의정 복원(福源)이며, 어머니는 안수곤(安壽坤)의 딸임. 1783년(정조 7)사마시에 합격하고, 1789년 식년문과에 급제하여 직각이 되고 도당록(都堂錄)에 등록되었다. 1795년 대사성으로 규장각제학을 겸하였으며, 이듬해 정리자(整理字)만드는 일을 감독하였다.

효간공(孝簡公) 연보(年譜)

경종 3년(1723) 12월 24일	1세	서울 한양동(漢陽洞)에서 출생
영조 4년(1728)	6세	덕산현감을 지낸 이보흥(李普興)의 양자가 됨
영조 29년(1753) 2월	31세	진사(進士)시험에 합격
영조 32년(1756) 2월 2일	34세	생원(生員)시험에 합격
영조 37년(1761) 9월	39세	정시 문과에 병과(丙科)로 급제
영조 37년(1761) 10월 20일	39세	승정원일기를 기록하는 가주서(假注書 : 정7품)에 임명됨
영조 37년(1761) 10월	39세	승문원(承文院)에 배속
영조 38년(1762) 2월 14일	40세	승정원 가출가주서(加出假注書 : 정7품)에 임명됨
영조 38년(1762) 3월 16일	40세	오위도총부 부사정(副司正 : 종7품))에 임명됨
영조 38년(1762) 6월 19일	40세	사변가주서(事變假注書 : 정7품)에 임명됨
영조 38년(1762) 8월	40세	세자 시강원 설서(侍講院說書 : 정7품)에 임명됨
영조 38년(1762) 11월 21일	40세	승정원 정자(正字)로 국왕의 임석 하에 한학(漢學)의 전강(殿講)과 제술(製述)에서 수석을 차지하여 상으로 반숙마(半熟馬) 1필을 받음
영조 38년(1762) 12월 11일	40세	승문원 정자(正字 : 정9품)로 사초(史草)를 기록하기 위해 기사관(記事官)

		으로 입시(入侍)
영조 39년(1763) 4월 29일	41세	예문관 교열(校閱)로 입직(入直)함
영조 39년(1763) 4월	41세	예문관 검열(藝文館檢閱 : 정9품)에 임명됨
영조 39년(1763) 5월 11일	41세	예문관 검열의 기사관(記事官)으로 입시
영조 39년(1763) 6월 22일	41세	세자 시강원 설서(說書)에 임명됨
영조 39년(1763) 8월 30일	41세	예문관 대교(待敎 : 정8품)에 임명됨
영조 39년(1763) 9월 24일	41세	예문관 봉교(奉敎 : 정7품)에 임명됨
영조 39년(1763) 12월 20일	41세	경양 찰방(景陽 察訪)에 좌천을 취소하고, 승진시켜 성균관 전적(成均館典籍 : 정6품)에 임명
영조 40년(1764) 1월 14일	42세	사간원 정언(正言 : 정6품)에 임명됨
영조 40년(1764) 1월 17일	42세	봉산 신리 어사(鳳山伸理御史)로 임명, 파견되어 복명(復命)함
영조 40년(1764) 1월 21일	42세	이조 좌랑(吏曹佐郎 : 정6품)에 임명됨
영조 40년(1764) 4월 18일	42세	사헌부 지평(持平 : 정5품)에 임명됨.
영조 40년(1764) 5월 5일	42세	사간원 정언(正言 : 정6품)에 임명됨
영조 40년(1764) 6월 30일	42세	이조 좌랑에 임명됨
영조 40년(1764) 8월 7일	42세	병조 정랑(正郎 : 정5품)에 임명됨
영조 40년(1764) 9월 27일	42세	세자시강원 사서(司書 : 정6품)로 임명됨
영조 40년(1764) 12월 25일	42세	이조 좌랑에 임명됨
영조 41년(1765) 2월 3일	43세	사간원 정언에 임명됨
영조 41년(1765) 2월 25일	43세	오위도총부의 부사과(副司果: 종6품)에 임명됨

영조 41년(1765) 2월	43세	비변사의 실무를 담당하는 낭청(郎廳)으로 임명됨
영조 41년(1765) 윤2월 14일	43세	세자시강원 사서로 임명됨
영조 41년(1765) 윤2월 28일	43세	오위도총부의 부사과에 임명됨
영조 41년(1765) 5월 2일	43세	비변사 낭청으로 영남지방 창고의 곡식을 적간(摘奸)한 뒤에 보고함
영조 41년(1765) 5월 14일	43세	사헌부 지평에 임명됨
영조 41년(1765) 10월 7일	43세	사간원 정언에 임명됨
영조 42년(1766) 1월 9일	44세	이조 정랑(정5품)에 임명되었다가 1월 21일 체차(遞差)됨
영조 42년(1766) 3월 30일	44세	오위도총부의 부사과에 임명됨
영조 42년(1766) 5월 30일	44세	세자시강원 사서(司書) 재임 중 모친 병환으로 사임
영조 42년(1766) 6월 3일	44세	오위도총부의 부사과에 임명됨
영조 42년(1766) 7월 21일	44세	사간원 정언에 임명됨
영조 44년(1768) 11월 14일	46세	세자시강원 사서로 임명됨
영조 44년(1768) 12월 18일	46세	사간원 정언에 임명됨
영조 45년(1769) 3월 4일	47세	사헌부 지평에 임명됨
영조 45년(1769) 6월 16일	47세	이조 정랑에 임명됨
영조 45년(1769) 6월 19일	47세	세자시강원 문학(文學 : 정5품)에 임명됨
영조 45년(1769) 8월 18일	47세	사간원 정언에 임명됨
영조 45년(1769) 10월 8일	47세	오위도총부의 부사과에 임명됨
영조 45년(1769) 10월 30일	47세	사헌부 지평에 임명되었다가 동년 11월 26일 소명(召命)을 어겨 파직됨
영조 46년(1770) 5월 19일	48세	사헌부 지평에 임명됨
영조 46년(1770) 7월 24일	48세	충청도사(忠淸都事 : 종5품)에 임명

			되어 충청도의 시험 관장
영조 46년(1770)	8월 12일	48세	전라도사(全羅都事)에 임명되어 전라도의 시험 관장
영조 46년(1770)	12월 25일	48세	홍문관 부수찬(副修撰 : 종6품)에 임명됨
영조 46년(1770)	12월	48세	홍문록 도당록(都堂錄)에 선출됨
영조 47년(1771)	1월 2일	49세	검토관(檢討官 : 종6품)으로 조강(朝講)에 참석
영조 47년(1771)	1월 5일	49세	홍문관 수찬(修撰 : 정6품)으로 입시
영조 47년(1771)	1월 12일	49세	오위도총부의 부사과에 임명됨
영조 47년(1771)	2월 14일	49세	홍문관 부수찬에 임명됨
영조 47년(1771)	2월 24일	49세	사간원 헌납(獻納 : 정5품)에 임명됨
영조 47년(1771)	7월 12일	49세	사간원 헌납에 다시 임명됨
영조 47년(1771)	9월 30일	49세	오위도총부의 부사과에 임명됨
영조 47년(1771)	9월	49세	홍문관 부수찬에 임명됨
영조 47년(1771)	10월 9일	49세	사헌부 지평에 임명됨
영조 47년(1771)	10월 14일	49세	오위도총부의 부사과에 임명됨
영조 47년(1771)	10월 26일	49세	오위도총부의 부사과에 임명됨
영조 47년(1771)	12월 14일	49세	오위도총부의 부사과에 임명됨
영조 48년(1772)	3월	50세	사헌부 헌납에 임명됨
영조 48년(1772)	8월	50세	홍문관 부교리(副校理 : 종5품)에 임명됨
영조 48년(1772)	10월 10일	50세	죄를 얻어 서민(庶民)으로 삼다
영조 48년(1772)	11월	50세	경기도사 시사공도회(京畿道事試士公都會)에 임명됨
영조 49년(1773)	1월 12일	51세	세자시강원 필선(弼善 : 정4품)에 임명됨

영조 49년(1773) 4월 19일	51세	사헌부 집의(執義 : 종3품)에 임명됨
영조 49년(1773) 4월 22일	51세	오위도총부의 부호군(副護軍 : 종4품)에 임명됨
영조 49년(1773) 5월 2일	51세	사복판사(司僕判司)에 임명됨
영조 49년(1773) 5월 12일	51세	상소(上疏)를 올린것이 문제되어 경상도 거창부(居昌府)로 귀양
영조 49년(1773) 5월 25일	51세	사복시 정(司僕寺正 : 정3품)에 재임 중 병으로 개차(改差)됨
영조 49년(1773) 8월 5일	51세	세자시강원 보덕(輔德 : 종3품)에 임명됨
영조 49년(1773) 12월	51세	통례원 좌통례(左通禮 : 정3품)에 임명됨
영조 50년(1774) 1월 23일	52세	사간원 사간(司諫 : 종3품)에 임명됨
영조 50년(1774) 2월 23일	52세	오위도총부의 부호군에 임명됨
영조 50년(1774) 5월 20일	52세	사간원 사간에 임명됨
영조 50년(1774) 9월 1일	52세	세자시강원 필선(弼善 : 정4품)에 임명됨
영조 51년(1775) 1월 5일	53세	사헌부 집의(執義)에 임명됨
영조 51년(1775) 1월 12일	53세	승정원 동부승지(同副承旨 : 정3품)에 이어 우승지에 임명됨. 동년 2월 1일 무지개의 변고를 계품하지 않아 체차(遞差)됨
영조 51년(1775) 1월 14일	53세	동부승지로 입시(入侍)함
영조 51년(1775) 2월 3일	53세	오위도총부 부사직(종5품)에 임명됨
영조 51년(1775) 2월 28일	53세	병조 참지(參知 : 정3품)에 임명되었다가 병조 참의(兵曹參議 : 정3품)로 승진됨

영조 51년(1775) 3월 15일	53세	승정원 승지(정3품)에 임명됨
영조 51년(1775) 3월 16일	53세	우부승지(정3품)로 입시(入侍)함
영조 51년(1775) 5월 2일	53세	병조 참의에 임명됨
영조 51년(1775) 5월 11일	53세	병조 참의에서 좌부승지에 임명됨
영조 51년(1775) 12월 6일	53세	춘천부사(春川府使 : 종3품)에 임명됨
영조 52년(1776) 3월	54세	승정원 승지에 임명됨
영조 52년(1776) 10월	54세	사간원 대사간(大司諫 : 정3품)에 임명됨
정조 2년(1778) 6월	56세	안변부사(安邊府使)에 임명됨
정조 4년(1780) 6월 22일	58세	청나라에 파견될 동지 부사(冬至 副使)로 내정됨
정조 4년(1780) 7월	58세	형조 참의(정3품)에 임명됨
정조 4년(1780) 9월 16일	58세	사간원 대사간에 임명되고, 가선대부(嘉善大夫 : 종2품)로 승진함
정조 4년(1780) 9월	58세	오위도총부 부총관(副摠管 : 종2품)에 임명됨
정조 4년(1780) 9월 20일	58세	동지 부사(冬至 副使)로서 사신 직함을 띠고 청나라로 떠남
정조 4년(1780) 10월 10일	58세	규장각에서 편찬한 ≪송사전(宋史筌)≫을 교감(校勘)한 공으로 녹피(鹿皮) 1장을 하사 받음
정조 5년(1781) 3월 7일	59세	사은 부사(謝恩副使)로 청나라에 간 뒤에 연경(燕京)을 출발함
정조 5년(1781) 3월 24일	59세	한성부 좌윤(左尹 : 종2품)에 임명됨
정조 5년(1781) 3월 30일	59세	홍충도(충청도) 관찰사에 임명되었으나 사임함

정조 6년(1782) 6월 14일	60세	사간원 대사간에 임명됨
정조 6년(1782) 7월	60세	오위도총부 부총관에 임명됨
정조 6년(1782) 8월	60세	한성부 우윤(右尹 : 종2품)에 임명됨
정조 6년(1782) 10월	60세	조지서 제조(提調 : 종2품)를 겸함
정조 6년(1782) 11월	60세	형조 참판에 임명되었다가 사헌부 대사헌(大司憲 : 종2품)에 임명됨
정조 6년(1782) 12월 15일	60세	사헌부 대사헌에 임명됨
정조 7년(1783) 1월 12일	61세	사헌부 대사헌에 임명됨
정조 7년(1783) 1월	61세	형조 참판에 임명됨
정조 7년(1783) 2월 19일	61세	부사직에서 특별히 가선대부로 발탁됨
정조 7년(1783) 2월	61세	병조 참판에 임명됨
정조 7년(1783) 2월 21일	61세	병조 참판을 사직하였으나 수락되지 않음
정조 7년(1783) 3월	61세	도승지에 임명됨. 이어서 전임자의 추천으로 예조참판에 특별히 임명됨
정조 7년(1783) 3월 8일	61세	예조참판으로 빈청(賓廳)에 모여 왕대비, 장헌세자, 혜빈의 존호(尊號)를 의논하여 올림
정조 7년(1783) 4월 27일	61세	예조참판으로 원자(元子)의 태(胎)를 봉하는 일에 대해 상소를 올림
정조 7년(1783) 4월	61세	도승지에 임명되고, 예조참판과 관상감 제조(提調)를 겸함
정조 7년(1783) 6월 29일	61세	사헌부 대사헌에 임명됨
정조 7년(1783) 7월	61세	도총부 부총관(副摠管)에 이어 한성부 좌윤 · 형조참판에 임명됨
정조 7년(1783) 9월	61세	도승지에 임명되고, 도총부 부총관에

			임명됨
정조 7년(1783)	10월	61세	한성부 우윤 · 승문원 제조에 임명됨
정조 8년(1784)	5월	62세	도승지에 임명됨
정조 8년(1784)	6월	62세	전의감(典醫監) 제조를 겸함
정조 8년(1784)	7월 2일	62세	사헌부 대사헌에 임명됨
정조 8년(1784)	7월 27일	62세	10년간 궁관(宮官)으로 ≪강목(綱目)≫ 한 질을 처음~마지막까지 진강(進講)한 유일한 사람이므로 국왕이 그 수고에 대하여 자손 중에 계방(桂坊)에 들어오도록 등용 조치를 내림
정조 8년(1784)	7월	62세	정조에게 원량몽양(元良蒙養)의 도(道)인 '6잠(六箴)'의 상소를 올림
정조 8년(1784)	8월 6일	62세	사헌부 대사헌에 임명됨
정조 8년(1784)	10월 9일	62세	전 예문관 제조(提調)로 중국에 보내는 문서를 인쇄, 보관하는 일을 국왕의 명으로 맡음
정조 8년(1784)	11월 17일	62세	사헌부 대사헌에 임명됨
정조 8년(1784)	12월 27일	62세	국왕의 명으로 사대문서(事大文書)인 『동문휘고(同文彙考)를 편집하던 중 화재로 조(詔) · 칙(勅 등 문서와 서적들이 소실됨
정조 8년(1784)	12월	62세	춘추관 동지사(春秋館同知事 : 종2품)로 임명됨
정조 9년(1785)	9월	63세	행(行) 충무위 부사직으로 임명됨
정조 9년(1785)	11월	63세	병조 참판으로 임명됨
정조 9년(1785)		63세	행 용양위 부사직으로 임명됨
정조 10년(1786)	1월 9일	64세	사헌부 대사헌으로 임명됨

정조 10년(1786) 1월	64세	행 승정원 도승지로 임명됨
정조 10년(1786) 1월	64세	행 용양위 부사직으로 임명됨
정조 10년(1786) 1월	64세	예문관 직제학(直提學 : 정3품)으로 임명됨
정조 10년(1786) 2월 9일	64세	사헌부 대사헌으로 임명됨. 이 날 체차(遞差)됨
정조 10년(1786) 2월	64세	행 용양위 부사직으로 임명됨
정조 10년(1786) 3월	64세	행 승정원 도승지로 임명됨
정조 10년(1786) 4월	64세	한성부 좌윤 겸 장악원 제조로 임명됨
정조 10년(1786) 4월	64세	한성부 우윤으로 임명됨
정조 10년(1786) 4월	64세	행 용양위 부사직으로 임명됨
정조 10년(1786) 4월	64세	병조 참판으로 임명됨
정조 10년(1786) 5월	64세	행 용양위 부사직으로 임명됨
정조 10년(1786) 6월 5일	64세	사간원 대사간에 임명됨
정조 10년(1786) 6월	64세	한성부 좌윤으로 임명됨
정조 10년(1786) 6월	64세	행 승정원 도승지로 임명됨
정조 10년(1786) 6월	64세	행 용양위 부사직으로 임명됨
정조 10년(1786) 6월	64세	행 승정원 도승지로 임명됨
정조 10년(1786) 7월	64세	한성부 좌윤으로 임명됨
정조 10년(1786) 7월	64세	의금부 동지사(同知事 : 종 2품)로 임명됨
정조 10년(1786) ?월	64세	행 충무위 부사직으로 임명됨
정조 10년(1786) 8월	64세	의금부 동지사로 임명됨
정조 10년(1786) 8월	64세	행 용양위 부사직으로 임명됨
정조 10년(1786) 9월	64세	호조 참판에 이어 행 승정원 도승지로 임명됨
정조 10년(1786) 10월	64세	행 용양위 부사직으로 임명됨

정조 10년(1786) 10월	64세	형조 참판으로 임명됨
정조 10년(1786) 10월	64세	춘추관 동지사로 임명됨
정조 10년(1786) 10월	64세	행 승정원 도승지로 임명됨
정조 10년(1786) 10월	64세	행 함경도 관찰사(종2품)로 임명됨
정조 10년(1786) 11월	64세	행 용양위 부사직으로 임명됨
정조 10년(1786) 11월	64세	행 승정원 도승지로 임명됨
정조 10년(1786)12월 20일	64세	사간원 대사간에 임명됨
정조 10년(1786)12월 25일	64세	존호 도감 제조(提調)에 임명된 뒤 호조참판으로 왕대비 존호(尊號)를 의논하여 명선(明宣)으로 올림
정조 10년(1786) 12월	64세	행 용양위 부사직으로 임명됨
정조 10년(1786) 12월	64세	행 승정원 도승지로 임명됨
정조 11년(1787) 1월 8일	65세	대사헌에서 자헌대부(정2품)에 봉해지고, 형조판서(정2품)로 임명됨
정조 11년(1787) 1월	65세	예조판서로 임명됨
정조 11년(1787) 5월	65세	한성부 판윤(判尹 : 정2품)으로 임명됨
정조 11년(1787) 7월 26일	65세	한성부 판윤으로서 홍수로 파손된 민가 보상 기준을 상언
정조 11년(1787) 8월	65세	분내국 제조로 임명됨
정조 11년(1787) 10월	65세	행 용양위 부사직으로 임명됨
정조 11년(1787) 10월	65세	승문원 제조(承文院 提調)로 조·자·표·주 및 사신별단(使臣別單)·역원수서(譯院手書) 등을 편집하여 1권으로 간행
정조 11년(1787) 10월	65세	함경도 병마수군절도사(종2품)로 임명됨

정조 11년(1787) 10월 3일	65세	함경도 관찰사로 임명됨
정조 12년(1788) 1월 9일	66세	함경도 관찰사로 무산(茂山)의 전지(田地) 개량을 조정에 청함
정조 12년(1788) 9월 26일	66세	함경도 관찰사로 흉년 실태를 조정에 보고하고 진휼책을 진술함
정조 12년(1788) 9월 27일	66세	4년 전 이숭호가 편찬하기 시작한 ≪동문휘고(同文彙考)≫가 인쇄됨
정조 13년(1789) 3월 23일	67세	함경도 관찰사로 재임 중 별세함
정조 13년(1789) 5월 22일	67세	안산군 서면 원당리의 양부 덕산공(德山公)의 묘소 왼쪽에 안장
순조 14년(1814) 9월 11일		증 좌찬성 이숭호에게 '효간공(孝簡公)'이란 시호(諡號)를 하사

* 참고자료

- 『조선왕조실록』
- 『승정원일기』
- 『勿齋遺稿』年譜,
- 효간공 敎旨

詩　科表
記　策
序
跋　劉
啓
崇禎

孝簡公遺稿

乾

勿齋遺稿目錄

勿齋遺稿目錄

勿齋遺稿卷之一

詩

和尹兄艮翁韻

尺奚飛檄令新嚴驚捲溪翁入定簾柱老巷深吟就
伴子桑廚冷興猶添枯樽愁卧花壓芙凍硯催開雪
借雲何似永忘推扣習短笻相就兩衰瞻

和艮翁索紙之吟兼呈二空冊

閒翁事業只閒吟未見脩眉聞好音耐得無官看敎
屣爲言有子敵千金會敎紙價騰如踊寧讓貝書不
畏蟫萬軸雲孫當不惜抽毫點墨且從今

送酒艮翁

三盃九合酒再拜七旬翁翁詩如其顔翁顔如其紅
一斟復一吟陶然萬慮空

謝艮翁送菊盆

不學嬌夭似六郎早從高士解凌霜喜聞隣老官能
謝移向溪東供晩香

再和

舊契能忘老寢郎亂溪深巷共寒霜不堪孫節悄無
伴須問羅浮雪裏香

東宮書筵綱目畢講日 宣示睿製一律於賓僚

使各賡進

潛神不遣外膠侵千載興亡卷裏尋金鏡絶塵監在
古玉衡裁物道傳今萬工已仰由天質進德方能體
聖心挾冊小臣叨始末拜賡　离藻寓箴深

書筵　須橘後用　文廟橘詩韻　宣示睿製使
賓僚卽席賡和仍又聯句甚盛擧也

睿製 集賢當日恩播在後人口團團萬顆香瓊液更宜
口
異渥思追昔清香覺悅口願推天地心分惠萬
人口

睿製 厥包遥自漢挐鄕金帕封來一色黃　禹服皆歸
滄海貢漢廷常袪洞庭香 賓客臣徐命膺 傾葵俗引天邊棹
執壤荏登域外霜 輔德臣李鎭衡 鹵學慚非賢殿士　离詞
允協　顯陵章 弼善臣李 宮膳如今登寶果仙方從古
數瓊漿 司書臣吳載紹 睿製 香須璧水周髦造味薦茅宮舜
思長　是日蓬雲騰鶯鶯來時蕭露變蒼蒼 臣徐命膺 胄
筵永夕陪文墨黼座清朝儼黼裳 臣李鎭衡 珠實團圓形
象土金光璀璨律符商 臣李 從此銅樓傳勝事金盤
共許侍臣嘗 臣吳載紹

莅安邉歲餘由歸又不得解再踰鐵嶺口占

銅章跋涉兩年餘林薄春心雪泮初南走山川如渴
鹿北來商旅盡乾魚歸田計左空牽夢治郡才疎浪
讀書輿馬嶺頭入語沸歡迎半道却嘶渠

以副使赴燕過龍灣家兒適尹是府出迎境上

以入鎭邉軒遂夜飮口占

高牙五馬引星軺父子萍逢天一陬夷夏界分清濁
氣山河愁入短長籌萊公掌鑰兒何莫彦國啣綸我
白頭椽燭危樓終夜語　主恩如海若爲酬

文孝世子輓詞

虹流異兆祝多年半夜紅光舞八埏智未語言先壁
字心無愛好只床編儀成淵厚瞻如日孝自孩提識
出天再喚凄音數行淚此寃千古定無前

其二

重熙吉日覲离暉稷嶷堯文儼德輝戊月編生同鳳
紀辰年冊嗣協龍飛有心天若扶宗祏無祿民何仰
尺衣不會纉山應帝左探環倘復返銅闈

其三

馳駟徧和遍白民家家珍劑是誰恩九重仁洽延千
命億兆誠無贖百身禱福徵茫那測度笑晛壇變只
煩寃天低地窄瑤華夕盃涕何人不濕巾

其四

十載承華侍我 王游雷重覲喜如狂邦基永道安
磐泰人事那知倐海桑塵掩屛書誰復翫雲昭碑藻
尙垂光六藏祈祝留餘藁淚眼那堪閱舊箱

其五

九月生三聖重明照四方申休徵絳實寅降導紅巠
姬孝從垂髮飭文自耒瘴未言先字畫無寶只書箱
始係蒼生望遂秉赤芾皇受經追 肅祖膺冊述
寧王吉日雲隨霽重華菊有黃宗祊於萬托衣尺若
干長岐嶷古基遠沉凝驗茀康啓方賢繼禹丁廼早
辭湯淵度詹適遠离輝優未央藥遠無妄喜慶變小
過喪涕溢躅徭市啼連濟疹坊那知千命活未贖一
人良此理思難得長號便欲狂悲惟是月値禍又隅
句強敢說羣臣痛端憂 聖主傷慈情凝寐覺孝思
隅存亡淚訣尙疑幻夢辭胡忍忙編條留宿澤屛字
揜殘行我家曾不造滔灘荐非常追念 先王憾悼
猶今日創仁天旋悔禍瑞日毎重光顧以寬悲抱衷
然對閔蒼三江流未極衰草凄難芳德與 宸奎煥
名留泉夜踢依遲動素仗怊悵辭長楊蟻蓐悲殘髮
蟻歌摧九腸六藏留舊藁忍復閱塵箱

陵幸時分直藥院李相公綏之 福源 自內閣送示

中秋詩却和轉呈守宮大將鄭台祈天 昌順 詞

案

煎盡鈔爐退候班了無餘事攬心閒空軒更得中秋月苑鶴三聲俗夢還

其二

病脚難隨五衛班三宵毋竈丏清閒從今閣誌添詩話滯月郵筒日往還

其三

掖垣分守不聯班坐想牙旗盡日閒少年陪扈渾如昨玉輅清塵夢獨還

其四

留院陪鑾各趂班諸臣隨力異忙閒承安內殿猶怊悵坐待行宮駟騎還

其五

輕刀快馬競陪班臣亦前年不敢閒多病秪堪監藥火朝朝煎上內庭還

其六

行宮幾度照朝班空院身閒意未閒紅葉喬陵秋似畫百神將護六飛還

其七

君旗我鼓好相班小令轅門日遣閒忽遇六花奇正
勢却收殘甲曳柴還

尹[illegible]光顔 直騎省有示足成八疊

藥垣貌繫阻陪班莫賀衰軀占地閒却羡傾城諸士
女出郊晨迓六龍還

李相公送示 行殿御製敬和以呈

霜露 宸情展寢園中秋令節最三元天收積雨清
馳道地貢嘉禾娛至尊澤洽登髦聯二郡喜騰瞻羽
聳千村离遞舊物遠隨蹕養病分司亦 聖恩

受 命按北關重到高山館父老夾路迎勞遂
感而續成前韻題館壁

鳧飛日月再歸餘千里旌旗色變初朔俗由來如御
鹿旬宣須令可孚魚伯仲誰能南相國崎流長挹尹
中書點檢前治無一惠擁車髫白謾憐渠

澄清軒送歲夜漫吟

白玉燈光面面欞千校辭退舊年庭兩行紅粉無新
語強醉扶登知樂亭

巡邉入北兵營口占

兩行紅玉五千兵畫鼓雙翻出塞聲繩笠擁車爭快

觀書生仗鉞亦豪情送迎徒敝山南北来去能關蜀
重輕聖世春光無不到玉門花柳滿城明

城津朝日軒待月

四面驚濤一閣危枕前搖蕩舟行疑茫茫如見摶鵬
路灝灝微分浴兎池今日始知天地大往年徒説洛
山奇高吟女堞氛烟廓鯨鰐深藏不敢馳

關外再送歲偶續去年今夜韻獨吟無聊奉示

是窩

蓮衫齊退楚交壚十隊紅粧又下庭念念千氓呼凍
餒不禁殘夜去亭亭

其二

夜深春氣撼簾壚三歲牙旗滯北庭只為岐豊民事
重又賓元日轚毬亭

其三

民憂身病斂深壚暗想朞紳趂　候庭安得風吹三
萬斛新春觧纜望洋亭

廵到安邉題香雪軒

樹色山容慣眼明窓琴三歲此堂鳴節符重落前時
脤却愧鵷衣攢手情

記

定平金川書齋重修記

余宰安邊府使例兼安德教養官余惟空疎無以誘掖兩邑賢士夫是懼一日定平一士人冒風雪扣閽問所為来仍得尹承宣賓卿書曰吾先子之補高山丞也悶北方之無教為刱金川書齋置訓長教多士于時李判决裕以邑中望實相其事不幸齋燬於爇攸李公之亂景修又起而倡多士鳩財重建軒室門廡一回舊規嗟夫今之人非自己事而能發謀出慮底於成乃已者葢尠矣非念先之篤右文之摯其能諸齋既修未有記又將越數宿往求之君吾先子世生也不可無一言噫余方憂疆内之不能教遑恤論疆外事乎然山鳴而谷應松茂而栢悅理也使余有可以興起定人之辭則安知非所以興安之入乎是記之不于他而于余非徒然也其可已哉或有難之者曰北關接靺鞨鄰涓濵東方有事未甞一日不用兵鑑於勝國與國初可知已安與定又其咽嗌則教之以控弦擊劒以禦夫豕突蛇食者猶患其不武況導以長拱緩帶詠詩書譚禮樂以折其氣柔其筋殆非國家利也余曰惡是何言也昔武城薄於齊齊

入侵魯者必由武城入丙子游治以絃歌孔子與之夫游也豈不知控弦擊劒之為急務而必先之以絃歌者誠以學道則其君子必能親上其小人必能死長知親上死長之義以守固以戰勝何豕突蛇食之足憂乎是以龍蛇之亂六鎭健兒攘臂按賊以國為奇貨獨本府人鄭評事文孚以書生毅然起義於客館脫一方於豺虎之口余故曰北關之無文教視內地有甚北關而無文教是無北關也使定之士能不負尹丈建齋之意蚤夜勉勉於百鍊不息之工則他日折衝入之衞辨鄭公之烈者吾必曰定之士也尹丈之力也先輩之為國家深遠慮誠偉矣雖然微李君曷能卒尹丈之志哉宜益勉之

廣橘詩屛改造記

是我　聖上在儲時廣橘詩屛也　聖上不以臣魯使備位宮僚之末又使與於賡載之列又為屛以賜之不學如臣何受恩至此也每於靜室環是屛燒香長跪一瞻一詠怳然如登尊賢而瞻　离暉又如金包迸散天香滿座或懷或擊醉飽太和又如　奎藻下宣螢爝失光載吟載誦追步不暇歷歷在心目殊不知誰為古誰為今誰為真誰為幻也用是以為常

有時身阻 文陛而 天不遠咫尺乃小臣獲庾于
天屏隨絳雲歸焉公私文幾萬軸疇非傷心處而尤
於是忽忽忘寢食成病遂敢改為規度粧繪一如舊
又倩曺翊衛允亨書之雖習於舊本者必不分蘭亭
真贋惟書面舊用紙而今帛 上昭倫而下圖久也
聯句有空行以應製者犯不軌而絕可刪聯不可刪
其位也嗚呼失而復得毀而復完從今至死無非依
舊瞻詠之日徽是屏臣誰與開顏雖然詩曰其新孔
嘉其舊如之何又曰不如子之衣安且吉兮開是屏
未嘗不三復斯詩也

甲午後十四年大司寇原任弼善臣李 謹識

關北四碑工役記

上之十一年丁未關北省 聖蹟四碑成 上以臣
觀察是邦 命為記以揭館楣臣不敢以荒蕪辭謹
按周有陶穴㵾原之詠漢有澤蛇滹水之異其歌頌
王跡闡明符命顧至矣一未聞即地封識以垂後使
其水其丘泯湮於雲烟杳茫之中何也於乎我關北
即周之邠沮漢之豐宛而王跡符命之所揄揚者迄
未能大備抑非闕文也殆未遑焉而亦必有待於今
日也夫洪惟我 聖上孝思不匱曠典畢舉是歲之

春有言德源湧珠里即　三聖舊居　翼祖誕降之
址　上歷問于朝　命亟立碑以表之旣又以評事
金履翼言復立碑於慶興之赤島赤池以島有　翼
祖避狄時異徵池有　度祖射龍時舊蹟也至秋前
主簿李樶又疏言咸興歸州洞即我　桓祖　太祖
潛龍之里　定宗　太宗實誕於是宜立碑以耀無
極　上曰噫今年即　太宗流虹舊甲稽昔　英考
以　太祖誕彌之歲樹黑石里碑予不敢不追述惟
謹遂　親製碑文又　親書以命道臣於是道臣邑
宰奔走丕作相石于定平延德山相位于慶興殿之
前庭得吉焉八月十四日己酉朝用書越二月戊午
奠龜越一日壬午閣又成德則用永興國泰山石慶
則用端川蘆洞石文俱聖製楹桷門垣並用一規已
於初夏首事　上曰農不可妨間輟工至是次第擧
竣用高秩守馳驛進印本　上曰是役也事係揚休
予不可不懋賞曰東暹汝實篆三碑額晉階崇祿彥
鎬書進赤島碑而屬出疆待反面民始書湧珠里碑
而以道臣論秉模書赤池碑加資憲曰民始性源
汝實前後按道或經其始或董其中或成其終視
日月多少民始加正憲性源　並錫以馬曰用和

汝實守咸興相厥事宜準職禹昌監定平伐石可陛
叙檻且有董役勞除縣監曰孝晉汝始兼管德源事
且攻石陛中軍重教是惟地方官殿其功加通政汝
翼惟乃肇有言勞與檻同除　陵官曰晟赤島赤池
俱汝疆且勞於島加嘉善前府使𤄫日浅錫馬齊峻
以權管能尸閭役陛僉使曰潤珩汝以隣守效績於
池茂春勞如齊峻之於島統實端川守二石俱汝攸
攻並陛秩如禹昌曰光濟汝惟陪印本亦錫馬畫肖
寫官暨領役校十四人并加折衝吏隸工匠凡有事
者賞以米布木有差盖二百七十有餘人檻汝翼光
濟亦俱本道人自德而慶方二千里無大無小舉涵
泳　息波中於乎烝哉聖人之懿蹟盛烈非冶金鏤
石可輕重而徽玄鳥之什則生商之兆無以顯非生
民之詩則即命之室無以徵夫子所以編商頌而周
公所以爲達孝也況　奎文昭回貞珉輝暎家油素
而入鉛筆以載之天下耳目則宣但以樂府之永言
史氏之記異而止哉臣又聞之慶之父老相携洛嗟
以不能執役爲歎其子弟優賚風飫虐雪奔走如不
及咸德之民簞食錫醪村村犒役夫勞之如己事曁
山僧不期而同於乎是果孰勸而孰使之也詩曰永

言孝思昭哉嗣服又曰自南自北無思不服臣以是知 聖德之莫盛於孝而化俗之莫疾於觀感也

序

咸興本府先生案序

昔我生王考以辛卯通判咸興壬辰歸後七十五年丁未小子觀察是邦即尋通判政事堂登焉軒室庭除擧目生感遂開先生案敬玩姓諱年月未知誰所題而雙擎瞻慕油然如親承 先華但歲久塵翳衣褓甚無色乃敢曰其質而改其粧若裹若櫝又新之以奉安噫後之視今猶今之視昔先於 公而題名者已百六人後於 公而繼題者亦不知將為幾入則諸家孫仍之繼玩者必當同此情矣誠願後之君子勿汚勿毁以壽其傳是奚特小子之幸也抑小子生晩未及逮事嘗讀 公墓碣銘曰咸興有萬歲橋歲二三壞輒動一州之力民不堪 公至則見一大坪地膏而不墾審其水關為病遂鑿渠注之海輕其稅以許耕至秋計其入當一歲之橋役而有餘遂與民約為節目俾久其惠此即李相國宗城所撰而李公實後 公三紀来接是邦則其必有所得於耳目而筆之也今訪之府中古老一無知其事者問其節

目亦不能得俯仰四野徒見山高而水淸有而不知已犯古人之戒而以小子踈迂亦無望於述事終恵之道寤寐興念未嘗不悚然兢兢用是自勉亦恐其事之遂泯湮並記之以俟知者

安邊府氷役節目序

本府藏氷之役誠一巨瘼蓋常通一邑十一社之力或潴水或造庫或納氷而氷之爲藏每在極寒極短之日故民之在三四十里外者輒皆呼寒遠赴手瘃體戰於冲冲之鑿其不赴者又輒出二十文噫役雖巨豈必盡勞五千戶之民而惟其吏緣爲奸虛實相蒙金相國之莅玆府也知民之爲病鳩財屬之補民廳以應伐氷之價而不數年復歸民役余於下車之初得是簿於舊節目中慨然曰前人之愛民若是繼之者之卽毁之又何故焉此不可不復也遂自官屋入以幹上三役而不使民知然若只爲一年計則非所以終其恵也乃更鳩得錢三百兩大小米百餘包使年年斂散以其贏區劃氷役而錢若散於民則其所愛之反將以厲之仍思倉屬之歲末新入也或爲紙油或爲供億者非出重債則輒蠹倉儲勢有所不得禁故遂分是錢於十倉使應其用而毋得犯官穀

至冬以其所得色落還納則公私庶得兩便至於米則屬之府倉如常平取耗計其兩條所入足可當一年之用故遂爲節目附下又慮有尾閭之泄輒報巡營入錄於補民年終成冊以爲關由營門之地民庶乎永久有息否耶

釋王普賢兩寺紙役節目序

各邑紙地擧責於僧徒而其爲弊未有甚於本府益本府公用甚浩多釋普兩寺各朔浮納者合爲五百六十四卷而會減本價則不過壯紙七戔白紙三戔皮紙一戔半視諸私相買賣者殆爲半價疲殘僧徒不能支保漸次離散豈非大可悶念者乎朔紙若欲減數則公用必將不足價錢欲爲加給則會減之外更無出處反復思量終無善策且聞兩寺佛粮等田畓數頗不少而兩稅雜役應責之際愚迷山僧悶其煩擾云故玆令略倣他道紙結之規兩寺田畓合五十八結勿爲納稅折定其價仍以其價浮納朔紙而結價則從輕直紙價則從厚直一從僧徒所願如壯紙之前給七戔者今以二兩酌定而僧結所當納賦稅自補民庫收聚各庫會減紙價錢一依下錄方便防納或買無主之復戶或買發賣之穀物以應諸役

如是則半減納紙之弊責應結役之苦一擧而兩除之矣夫祛一弊生一弊此古今之通患而此則只見祛兩弊之益必無生他弊之慮官與僧其庶幾乎

使令廳路費節目序

本府雖曰大邑諸般下屬之疲殘最於道內甲申年改詳定時吏奴市井輩自大同有會減者俾補應役之需而至於使令獨不蒙均施之惠其役最偏苦而資賴無策以此之故朝充暮逃使喚極艱盖其難支之勢必將盡散而後已此誠非細故也到任之後深加矜念欲其支保思所以從便變通者而官捧自来不敷又値荐歉各庫罄竭措手無處其中官廳適有流来之記付錢用餘五十兩而擧爲該庫所屬輩私用紙上之年久虛錄無所歸屬公私俱悶故私用各人處一一徵捧此盖出於以無用爲有用之計而猶有不足之歎又自官措備五十兩合一百兩作爲本錢一依加出雇馬錢例付之補民兵房三分生利以爲使令輩行路資給之地其數雖不多亦可爲一分添助之道用下之節條列于後

容舍及外衙修理節目序

世清永春以府下咫尺之地徭役浩大之中容舍修

理則永春當之外衙修理則世清當之以言乎容舍則曾無守直之方故廳板蓋瓦朝覆夕撤墻壁庭砌昨修今毁輒使残民責納材瓦補其頹荒者式月生生甚至於塗褙之割去題刻之摘去間多有之至於外衙其爲官堵腹痛無異容舍故修改頻數尤甚焉一拳土一擧手之役輒煩招呼農民農民殆不能支實爲矜悶故特捐六十兩錢使兩社分屬鄉約廳年年生殖以爲防虞之地而應行條列開錄于左

錦營五驛添劃節目序

道內駅路之凋残莫今日若也五驛之受弊雖有淺深之別其難支之勢擧皆同然添價給料諸般酬用專責於補防給粮等廳而該廳財力漸就耗盡一年應捧不能當一年之應下則責應沒策或割本或出債畢竟徵斂每歸疲残驛户驛户不能支堪將至絶站之境昨年甚於再昨年今年甚於昨年趂今措置不可不如救焚拯溺故視其爲弊之緩急量其酬用之緊歇栗峰三百兩成歡二百兩利仁一百兩連原一百兩金井一百兩自營門覓付該廳使之取殖添補而栗峰無一舊儲别剏新廳故加貸租六百石限五年成就而其就殖添補之方使各該驛成節目報

来一置營門一置各驛以為後考之資云爾

雙樹山城軍器節目序

設置山城措備軍器其意不輕則隨毀隨築隨破隨修之策不容少緩而至於雙樹則處在營下又是昔年　駐蹕之所則其緊其重與他自別而本營物力自来凋残初雖有如干軍器庫錢穀而用盡於前後城堞補築及器械修葺之時只存米七十餘石太百餘石今雖有可築可葺者而無麵之托莫能措手其為識者之憂當如何哉到營以後每思變通之道而營門應入猶患不足於支放則劃出移付其勢末由莫重陰雨之備曰循廢棄誠甚可悶營下賑恤庫所在穀雖是歛歲賑饑之資而近年以来幸值連豐不為用下年年糶糴耗上生耗當初近千包穀今為近萬石故以賑穀中二千石自辛丑限八年貸下移付山城軍器庫與本倉米太依例糶糴而一年耗入二百石內一百石則作錢需用於當年修葺之資一百石則並入於還分中年年如是至戊申乃準八年之限而穀數當為三千一百四十三石零二千石則還報本穀一千一百四十三石零則留作軍器之穀以為年年取耗需用之資而城後如過百把則報備局

請得物力自有其例外此修葺不過小小工力而耗入百餘石則乃是逐年當捧其所用下量宜節約則當年內不必盡下而又値無修葺之歲則當年應入亦可全數自在作錢等事用下凡節中軍親執勾管磨勘上營俾無分錢粒穀中間消瀜之弊則差過十餘年該庫物力自當裕足可爲緩急之需故成置節目條列于左

雙樹山城軍餉變通節目序

雙樹軍餉米太卽是折半分給於公山一境者而曾曰民少穀多分俵三千石於隣近十一邑而餘儲尚多年年生耗今至三萬一千八百餘石較諸二十年前洽過萬餘石故糶糴之際民以爲悶不得不從統户出給而其中五六面則遠過百餘里近亦七八十里一次運輸動費三四日故受糶時則賤賣於倉底捧糴時則代納於倉屬禁止不得自成錢還救弊之策不可虛徐若限二萬五千石留置山城分糶近面而五千石則依前日分俵例別儲於遠面所在倉以糶其民而自監營檢飭一如山城則當其無事可除遠民往来之苦苟或有事陸不過一舍地船不過一帆風倉卒徵發自可立至殆無異於在城之穀而使

此三萬石分置內外長在營下則足爲萬兵半年之糧而三萬以外則隨其漸加這這分送於近邑則公民可以息肩城餉亦可無慮故以此狀請蒙 允成出節目以爲永久遵行之地而其所條列開錄于左

安興軍餉米分留節目序

安興餉米乃是二留一分者而爲其改色分糶各邑及鎭卒者爲七千八百餘石行營爲四百餘石每當秋捧輒請仍留本色故不還本邑者雖多年所以其名色之爲分俵每年盡分本倉所留則爲四千六百餘石而以其分俵之已多不得更糶一直積置各邑則年年盡分本倉則年年陳腐於法於義俱無着落且以分俵時言之當其出給也謂以舊米官給其縮者每至百餘石而吏緣爲奸名存實無民之所受不過半石而其所受去又是數百里內外及其收捧也並徵其船雜費自該邑輸納本倉故白徵之寃少無異於拯米輪回出納則民弊既如此停其轉輸則陳腐又如彼一番變通在所不已以行營泰安改色條並計於本倉元留則殆近六千石依本規留其四千糶其二千通一境分給而其外各邑則永久仍留本邑依他倉軍餉例折半分留則雖値有事城儲六千

足爲萬兵月餘之食分俵各邑又皆沿海朝令夕至之地軍需旣無蹤虞穀薄永不錯亂而各邑之盡分本倉之陳腐遠民之轉輸一擧而並革故以此狀稟蒙 允成出節目條列于左而各邑分俵者今年則業已盡分自明年爲始半分半留泰安分俵者今秋爲始輸納於本倉並計行營分俵條及本倉元留條依定式留其四千其餘則通融場內外一境民磨鍊分給而各別察飭俾無監色輩夤緣幻弄之弊事

貢津倉軍餉定式節目序

貢津軍餉米太乃是半留半分者而七十餘石前已分俵各邑逐年盡分三千二百餘石亦以牙山縣分俵捺流來盡分而本倉留庫則只是四百餘石貢津設倉法意何如而留庫之不過十分一者已非重軍餉備不虞之意而所謂牙山分俵條盡分云者初非移置於他倉只爲區別於會案同是一倉所儲而或爲元留而 留或爲分俵而盡分名實相異事面不當故取考久遠文跡則癸巳以前留庫與分俵雖有若干加減大體參半而癸巳以後京畿移轉及各邑分俵從以留庫條出給故留庫之數日此零些而襲謬循常更未釐正一番變通在所不已今年則雖已

分給而向後則以牙山分俵還錄於本倉通融計數
折半分留而如非並軍餉狀請加分之時半留者毋
得一石加分事定式施行各邑分俵米七十石輸納
有弊數且不多此則仍留各邑半留半分實合事宜
故狀請蒙 允成出節目條列于左

咸營城餉庫節目序

本營以國中大關防城池之壯固人民之殷盛比他
道自別而自無咸興獨鎭摠領八千兵馬則宜有軍
餉儲置之穀以爲待變副急之需而營各庫若干穀
包輒皆盡分夏秋間七八朔則元無一包之留儲者
其爲踈虞莫此爲甚宜有經紀措置之道而事係更
張尚此因循矣本道居高兩驛年例所受婢貢給代
條折米七百石每年以營賑穀上下而驛卒以其各
邑所受穀包擧不精實之致輒願以本錢上下令若
以營各庫記留錢一依元折價逐年出給於驛卒輩
而折米七百石則以貿入撡移作城餉條半留半分
限七年合計則元穀與耗條殆近六千石而以耗條
逐年作錢以報元錢則不過二十年各庫所貸錢自
當盡報穀數則限六千石貿入後切勿更爲貿入只
就此元米六千石二留一分而城餉名色事體自別

付之中軍嚴立科條先捧於他倉磨勘於備局而一
有愆期未收之弊則不得遷轉之意定式論報備局
矣自　廟堂莚稟蒙　允故舉行條件開列于左

萬歲橋役採弊節目序

萬歲橋之宏傑甲於國中盖本道延袤數千里冠盖
之所織路商旅之所輻湊邉報　朝令之所上下農
工士女牛馬車輿之所去來非成川江一條則無他
道焉肩磨踵接非數三津船可濟故駕長橋於江上
以道之高為十五尺廣為十八尺長為四百四十步
架為一百五十五間古詩所謂十里長橋倦馬蹄者
即摭實語也用大木屢千章動八社近萬人其制誠
雄矣其役誠鉅矣然江流勢大每盛潦懷襄橋不能
支潦止必改建焉時正秋事方殷大有妨於收穫故
或至斂錢雇人咸民之苦無大於此昔我　王考通
判是府既積水墾一大坪輕其稅付之橋役計其入
當一歲之費而有餘遂與民約為節目距今纔七十
餘年不徒節目之不傳問之亦無知其事者官府事
多如此可慨也遂捐廩餘付之各社使之生殖雇人
以為役俾無當秋廢業之患而仍使鄉人議定節目
以為永遵之地凡事非經紀之難守之實難畇畇田

野已不辨其跡則況此生殖之錢乎然若使此節目遵而勿失歲以爲常則制田之舊恵將不泯作橋之前苦可永忘矣惟我士民勉之哉

壯砲獨役廳節目序

壯砲既是待變軍卒則輪回立番盖爲鍊武分守各所非爲使喚而鍊武既廢法久弊生各所之使喚驅責殆同遺奴不耐其苦雇人替番則輒費五六錢是豈設置之初意防守之本法乎庚申特罷盖軫此弊不數年又以雇軍價之難繼依舊復責於元軍哀彼無告之民㭊於鞭扑隨處應役殆無生世之意如是而尚何責親君事上之義乎既罷復立固已慨然知而不救亦所不忍玆出俸餘錢財使之生殖又復從他區劃每年所入當爲九百餘兩復設雇軍永罷壯砲輪番之規今則雇價既有裕矣庶無如前中廢之慮而惟在後人善其後也歟

勿齋遺稿卷之一

勿齋遺稿卷之二

疏

辭大司諫兼陳討逆疏

伏以臣之分寸錙銖固是 淵鑑之所曾燭其愚拙謭劣無適可宜而至若言議風采尤是僬僥之走耳是以前後臺地未嘗以言官自居輒皆逡巡退避況今志氣日消記識日耗化理清明言責尤重者乎左右思量承膺無望 恩隆只推罪犯荐遞伏乞 聖明亟降威罰俾私分安而朝綱肅不勝幸甚臣雖身不得進其言之不可已者有不容終泯輒此附陳惟聖明垂察焉臣昨奉 除旨即閱院中啓草合啓及院啓凡二十八條大皆逆魁小亦逆黨而久者為四五年近亦殆至一年夫逆者天地之所不容一日假貸而臣民之所不可一日共戴者也鄭妻之危逼聖躬龜柱之三極罪國榮之沮遏 宗祊大討雖在婦孺莫不知之國人大夫皆曰逆 殿下亦未嘗不以為逆而終 靳一允字積月積歲中外鮮體轉至於下之聲討未免不誠上之所以賜 批有若循例殿下閱覽千古何嘗有如此之國如此之刑政乎三凶之千罪萬惡已悉於前後疏啓臣不必疊床而

況其以若地處被若息遇作千古所無之逆登八方
共憤之口使渠有一分入心顧何敢息食自在於覆
載之間而今乃一年二年假氣游魂必欲圖生者其
心所在路人可知臣以爲即此一節亦可見其無所
不爲噫尤痛矣至於國榮則身無管束跡又詭秘內
外之憂畏日甚臺閣之爭論日登而 殿下猶且一
例不省 殿下縱不自愛古人所謂其於 宗廟太
后何者豈非惕然深警處乎至於柱翼事臣尤有不
敢曉者逆節旣露於附記凶肚畫輸於三供則殆與
已承款諸賊無異而 殿下又何惜而不正其罪也
已露已輸而猶不正其罪則日後亂逆之繼起 殿
下何以禁之耶伏願 殿下淵然深思廓揮乾斷先
正三凶之罪繼 允諸賊之啓以絶亂本以靖世道
焉噫大明中天魑魅莫逃而只緣諸賊之訖未就誅
輿情之尚未得 允義理反或不明隄防轉至不嚴
試以近日事言之金鍾秀之春間樹立卓然可觀繼
明義之後而復闡義理之正者即此人也況是自來
士流素有聲望凡爲國邉之人宜其扶植容護不欲
毁傷而前忽有俞彥脩之論斥今又有趙鎭衡之搆
捏彥脩之疏猶可諉之官師之規鎭衡之疏果何意

我原疏未下未見全本而槩其勒成題目顯加齮齕排擯逐斥使不得安於朝者灼如觀火噫鎮衞持一耄昏無足為者而換面迸出爻象不佳必欲擊去此人使義理由是而漫漶隄防由是而墮壞若此不已將如橫流之不可遏頹波之不可止其為世道之憂豈不凜然心寒我當此亂逆層生變恠百出國是未固人心靡定之日苟不明目張膽察影見形以為防微杜漸之圖則後日之慮有不可勝言臣謂前獻納趙鎮衛亟施刊改之典斷不可已也臣無任屛營祈懇之至

答曰省疏具悉所陳豈容多言末端事奚但目下爻象之不佳所可憂者橫流頹波之莫可沮遏而將至於顚倒義理壞決隄防之歸爾言及此時及此事可謂不負胄筵所知所請依施爾其勿辭從速察職

錦伯遞歸後引義疏

伏以臣曩被日月之遺照猥膺岳牧之重寄明不足以察臣細威不能以嚴營東六十州之廣變恠無限而一味衰如十數朔之久事端層生而衆怨隨之消埃莫報罪累徒積雖蒙　至慈之天每垂曲庇之澤而早晩顚沛理必無幸果然請削之論發於司直之

地遺辭旣峻聲罪甚嚴噫臣之曚然溺職不特此一
事徹夫人言臣亦自知而特荷　聖度涵容不賜天
何解其素欲解之重擔伸其必求伸之微諒進退榮
辱無往非恩歸伏私次日夕須祝不意諫議之　命
喉舌之　除連日迭降於名在白簡之日　恩出常
格事異恒規待勘賤臣何以得此臣於是惝怳踧踖
自不覺感極而涕乃者輦禘未幾簪墜復收以臣爲
都摠府副摠管拂拭之　聖恩旣摯遜遠之徽恍如
結而臺論旣重彈墨未乾則顧何敢以時日之稍移
職名之有改厭然冒膺以益其唐突之罪哉且臣於
京兆覆　啓尤有萬萬惶恐者臣之受任後以山訟
査　啓者凡十五度十四度則該府行會皆令査決
後狀　聞故臣皆先決折後　啓聞而至於朴萁範
擊錚該府依　判付以詳査狀　聞後稟處之意行
會則與前日處決後狀　聞之關事面頓異有不敢
循例決折故謹依關辭査其訟理附以迷見以待該
府之稟處而臣只知論訟之各盡其情折獄之歸重
結辭故先下而字以轉換之曰以禁葬有據結之則
上款說話都屬歷論下款結語自歸斷案而今該府
忽以爲無意見無曲直似此看解非臣所敢知也且

凡山訟異於他訟情法互見立落多端法典中許令訟官參量者此也今其範雖無爵品亦異鄉族其欲引生進有蔭四面四十步禁葬之典者既非過濫而腦後尤異他麓則有難以他條之非可禁曰以抑之前後查官之言可知其目擊之有異泛聽故臣亦主當禁之論矣該府若謂以此猶逾制則入見各自不同以是斥臣不患無辭但前後十四度查 啓無非巨室強族而或掘或配未敢低仰則今於軍保之伍作乃以為不欲取怨漫漶推諉者其果近於理乎噫兩般說話之目用意推諉之習雖在末官小吏尚且恥之臣雖無似備位按察乃以此見疑於同朝則復廁周行殊無可顯以此以彼非可擬議於去就茲陳危蹙之情冀被債誤之罪伏乞 聖明亟降威罰以為不職者戒焉臣無任屏營祈懇之至

以大司憲討逆疏

伏以三陽泰回百祿咸至頌騰朝野禮成 廟社臣民歡忭曷有其極仍伏念臣於月前濫叨不稱之職旋承特遞之 命感激悚縮結在心中不料 誤恩之下復在旬月之間臣誠惝怳踧踖不知所以自措也方當大小沫血之時告布隅日之際名以言責曷

敢不踼蹶叫 閽以效其區區之末而情既難進病
又闖發叫囈床席轉動無路玆不免坐犯遠傲臣罪
大夫伏乞 聖明亟治臣慢以警具僚焉臣雖身不
得進事既係於入得以誅者則言又可已乎噫嘻今
日臣子不共戴之讎豈有如鄭妻而 恩未遽割碎
未即致辟施出置之律只在信宿之地則刑已失矣
恩已過矣而又擬以遇慶出陸之典歸處墓舍無
異平人者此何擧也前月喉院繳還之 啓既承收
納新年三司沐浴之請行蒙 允俞而命令不由於
喉院去來不關於金吾乃使假郎候風之 啓忽到
千萬慮不到之中此又何擧也由前之說則亂逆增
氣由後之說則擧措乖當擧措乖當亂逆增氣而國
長治者未之聞也當此紹述寶鑑 身教元子之日
反使義理晦塞隄防隳壞是豈望於 殿下者哉嗚
呼將以無誅古豈有哉而今也不徒不誅或假息於
海島或畢命於衽席德相之窮凶極惡者就捕經月
終未一問致使顯戮未加者此何獄體此何刑政追
施之律雖有禁令而國榮之獨請孥籍者以其罪惡
之非他逆比耳德相之於國榮即是二而一一而二
則諸臺追孥之請亦宜可已也伏願 殿下亟收鄭

妻出陛之 命仍 允合辭復施兩賊追孥之典少
洩輿憤焉近日懲討之玩愒罔非羣下之罪自有此
事凡在三司之列者其爲驚心痛骨必倍他人則伊
時諸玉堂 筵退之後守閤積誠期於得請者宜無
異於喉司之臣而只以數行短劄有若塞責及至夜
深始乃隨叅者事旣顚倒意欠誠實淸朝論思將焉
用彼至於前都憲初旣出肅未得準請則處置之後
復卽求對有不容已而强引徽嬿旋遣 召牌者亦
極苟且誠甚慨然臣謂前都憲及諸玉堂並施譴罰
之典宜矣臣於今番 處分尤有所萬萬憂慨者刑
人於市爵人於朝卽古王與衆共之義也名在臺啓
不得放送亦我朝重臺議慮後弊之患則毋論減等
與加律固當上下交講曰可曰否諸臣所爭或拂於
理則一諭再諭務歸悅服 殿下處分若蔽於恩則
翻然反求無所留難然後有司者奉而行之卽是當
然底道今此鄭妻 處分有何可秘之端而必以密
旨擧行使臣僚不得與聞耶前冬踈放時諸罪人之
不有臺啓經先放送者固是有司之罪而 殿下復
於元惡大憝亦遂以一度啓 旨直令擧行於羣臣
爭執之時事旣無前弊又難言以 殿下明聖之德

夫豈出於拒人遂已之意而此路一開後之爲世主者萬一以私好惡生殺人輒以密旨從事曰其時有其例云則豈不大可懼哉　淸讌之暇倘加省察大聖人先事之慮必不待臣言之畢亦願明示　悔悟嚴垂訓戒使無得爲例於後焉臣無任激切屛營之至

荅曰省疏具悉向來處分實非得已不如是無以伸私恩也至於可援之例非曰無之卿所云云出於守經之意法語能無從乎予方受而爲荅至於前都憲及諸玉堂事特曰未及周思之致不允卿其勿辭行公

辭嘉義疏

伏以臣於日昨伏奉　傳敎以臣特加一資爲嘉義大夫者臣始也惝怳終焉踧踖殊不知何以措躬也從古上之所以施恩下之所以晉資者固自多歧而至若起念於侍講之久紆寵於積年之後則蓋未之有也稽古議郎不過車馬之賜弼諧啓事未聞階級之陞而如臣曾莽獨蒙此曠絶之　恩者此何爲也恭惟我　列聖朝精一相傳式至今休者實由於終始典學自成家法而若夫以儲宮日三朝之暇畢綱

目百餘卷之富惟有我兩朝耳乃我　殿下式克承之探筆法於十六代與奪之際監柯則於千餘年治忽之間獨必屢跋而樂不知疲日輒更蓋而嗜如不及遂使窮宙之史遡妝趾美之功斯已猗歟休哉而至若五十篇之續書又復不多月而訖工此實迣牒所未有也先甲後甲事若非偶前篇續篇功又曠絕

需雲自天兩朝之寵賚便蕃　昭漢宣輝一院之歌詠齊奏緝熙不倦既配於　英陵盛德殿庭賜宴復光於明政故事爛然聳一國而輝百世此何等盛節此何等美事而今使臣托名於是筵與榮於其間自外入觀之真若有尺寸之勸者然其爲一身光華又不止於資級之特陞耳嗚呼生逢千一之嘉會跡厠千一之盛筵挾冊於兩秩終始之時榮固至矣勞何有哉十年　雷肆徒抱蔑裂之愧三晝　窩筵一無輔翼之實乃　殿下興感於講　寶鑑之日推想於錄舊僚之典十行　恩言字字鄭重其事則絕貴其榮則至曠　聖念縱出於述古臣心實慚於罔功以感以悚殆難名言而適靡　禁直雖不得不卽伸叩謝若其私心之兢蹙歷日罙深今始冒入文字仰暴肝膈伏乞　聖明俯諒微懇收還新資俾　恩典

無濫私心得安不勝幸甚臣無任屏營祈懇之至

答曰省䟽具悉宮僚中自原綱目始講至續綱目畢秩始終恭講惟卿一人今者陞秩意在述古卿其勿辭行公

以槐院册子事引罪䟽

伏以臣向伏承事大文字編緝時句管之 命臣不敢以不才辭乃取槐譯兩院册子纔始校正之役不幸臣家夜被欝攸之災書亦同歸絳雲凡槐院所在詔勅表奏咨啓五十編中臣所持來者十六編則一無免焉其他分類抄選等編及譯院所錄雖是原編抄謄者而亦皆蕩焉掃地今雖博蒐中外補其闕漏臣之罪固已難贖況此十三編所錄安保其盡得無遺噫是書也不徒備一代之故實將以應百世之事變乃 殿下深軫其雜出散記難於考據 特命會粹諸編錄成一統將以使來後徵信如指諸掌甚盛事也而臣不能對揚 明命乃反使許多文籍併入灰燼震凜愽盡生不如死今始收拾驚魂露章自列伏乞 聖明特下臣司敗議臣不善典守毁失公籍之罪以爲人臣任事者之戒焉臣無任屏營祈懇之至

答曰省疏具悉朝廷已諭矣

以大司諫討逆兼論春服皮靴疏

伏以臣民無祿　王世子邸下奄違春宮　宗社靡所托重人神無所係望匝域含生莫不悲號欲死況臣以我　殿下寓蓮舊物復覩再昨秋大慶至被臚絶之　恩敎其蹈舞頌祝之私自倍他人而今忽芙變成吊賀反爲慰臆塞腸結此何事也臣所叩心叫寃者上有子萬姓之仁而下無贖百身之誠使　殿下盛德至澤不得享其無憂之樂乃有此千萬慮外之變明明上帝胡寧忍斯伏念　殿下情篤止慈悲纏無涯雖以達理之　聖衷克循節哀之孝請而仰念　殿宮之貽慽俯顧國脉之靡依必不無排遣不得處區區淺腹自不勝過憂嗚呼　殿下今日所措着果何如也若思古人所云如　宗廟太后何之言則　殿下一動一靜雖欲不自愛而不可得然而方旱炎如熾之時日　臨殯宮躬親細務臣固知禮重愼終意專恤民自不覺其靡極不用而事煩損精慮多傷神古所垂戒理亦必至伏願　淵然深思惕然自省一以平心省事保養天和爲今日第一務焉臣不任伏地泣祝嗚呼大小臣庶之悲憤寃號莫可裁

止者豈徒然哉若使 睿候初無積憊藥路不至絶悖則羣情之騰沸必不至若是甚也而今者禍變專由於乳道之早停熱劑之妄試則彼醫之肉孰不思食臺啓所謂 宗社之罪人臣民之血讎卽的確語而閱月齊籲尚未蒙 允者何也抑以其侍診有年不忍遽誅而臣等尤所痛惋者正爲受 恩如此反致今日之變也 殿下學貫今古理究精微歷觀前輩定論曷嘗有不責人事專歸天數者而今乃以此爲 教豈不有違於 聖人罕言命之義耶人雖至微罪關莫重以其蠛虱而置之者尤無是理一日不誅則人心日激二日不誅則國法日隳人心之日激國法之日隳是豈少故也哉伏望亟 允諸臺之論少洩輿人之憤焉變出倉卒事皆遑遽儀註之未盡者服制之有誤者擧蒙追改不必更議而獨於諸臣衰服之用白皮靴未聞有議及者臣固昧昧於禮未知禮家之論果有可據而然歟齊衰朞年服之重者而乃同於緦小功之不擧屨號引用視事之皮靴者恐非禮意雖云有已例之行伊後諸臣獻議 特教追正旣皆昭載補編則莫重 王家之禮宜不可以末節而不論 下詢于知禮諸臣趁今議定俾無未

備之歎焉臣於日前伏奉京兆新 命而足疾之外適添關格嘔泄一日無望作氣坐犯違傲恭俟鈇鉞乃 聖明不惟不賜之罪反紆移 除之恩顧今臺議方張有非臣子言私之時而病情如右疏以替伸尤增死罪並乞 亟命有司議臣之慢以警具僚焉臣無任屛營祈懇之至

荅曰省疏具悉疏辭可見卿憂愛之誠另欲隨處理遣醫官事悉諭筵席衰服不當用靴事予意亦以爲然觀於補編橫看圖固瞭然而今番服制一遵戊申謄錄其後獻議及受 教似未照管而到今追改在所審愼令禮官博議時原任大臣館閣諸臣在外儒臣以聞卿其勿辭行公

禁堂引咎疏

伏以逆醫薄竄之典豈臣子所可奉行者哉只緣臣等誠未見格疏又還下則國賊之假息牖下實爲時日之可悶邦刑之追正日後無關竄配之先行故遂不免姑先奉承而臣心愧恧無地自容乃者聲罪峻於論思 聖恩過於曲諒臣誠惶實悚蹙歷日靡已溺職之失固所自知譴罷之請亦從末勘則何可以律未蒙 俞職已見解晏然自恕有若無罪者哉玆

敢瀆章自列仰請 嚴命伏乞 聖明亟降威罰俾
公議伸而私分安焉臣無任屛營祈懇之至

辭資憲疏

伏以歲籥載新 邦休滋至 慈切丕闡於安 社
聖孝彌光於上號禮成大庭歡均八域臣於日前伏
奉 傳教以臣與聞都監之役 特命加資繼伏奉
除旨爲資憲大夫刑曹判書者資憲峻秩也司寇
重任也是奚爲而至於臣也噫炳幾鋤亂翊 聖躬
而眞 宗祊積誠囬譎揚 徽音而進鴻名鏤諸金
玉垂之千億此實前古女史所未記之盛事而如臣
無似隨諸臣後厠名於敦匠之任榮固至矣勞於何
有伏況 聖德每軫於承 志凡節多務於從簡工
旣至約日又甚淺則何論於懋賞之典而有此罔功
之 恩也臣本文質無當之一賤品耳拙澁寡知自
處中下之間根植靡依甘在升沈之際身旣無望於
顯達人亦不期以進就乃於十數年來遭逢我 殿
下拔自挾冊之列滚到橫金之班靜夜思惟身非已
有而父子又相聯武門闌轉盖服耀匪分之惧過福
之戒常不禁日夜交中今又進一步而躋八座則不
但有靦於梁鵜之詩滿而招損理必無幸臣雖至愚

顧何敢憑恃 寵靈厭然冒膺上累則哲之明下取
不衷之災我聞 命震悸歷日靡定今始略入文字
仰黙微懇伏乞 聖明諒臣辭之非出飾讓 念公
器之不可濫授 亟命還收臣爵秩以安私分不勝
幸甚臣無任屛營祈懇之至
答曰省疏具悉卿其勿辭行公

刑判引義疏

伏以流序迅駛 文孝世子常事奄過 鑾輿歷臨
於廟墓眞儀親擧於月朔伏惟撫時增疚 聖懷益
復難抑經宿旋 蹕玉體不瑕貽損窃不勝區區悲
慮之至臣於月前重被臺劾滿心慚悚閉戶屛伏不
意 恩敍特降 除旨繼辱臣尤惶霣震凜靡所容
措夫儒生之被定配誠不幸而 處分既下奉行斯
亟直自曹中依他定配例擧行臣於其時忝長其曹
既未能預飭下吏則出牌之與聞與否送吏之已例
有無臣何必多辨以傷事面也然若使與聞於出牌
之前不以文蹟而只使之自下來待則其於重 王
命待士林之道又未知何如也白簡之非斥旣嚴青
衿之追理未已不可以郵罰之已經職名之有改晏
然冒膺以壞其四維也明矣坐違 召命罙增罪戾

今始冒入文字仰請威罰伏乞 聖明亟命鐫削以
謝公議以安私分焉臣無任屛營祈懇之至

辭籌堂䟽

伏以昨日 筵中伏承籌堂差下之 命退而自省
愧懼交倂噫臣之長短淺深 淵鑑之所已燭耳踈
迂鈍滯知不足以周物摧頹昏憒力不足以供劇況
自三四年来疾病交侵屛伏居多古人所謂昔猶不
及今何能爲者政爲臣準備語耳例兼之地雖不敢
辭新差之 命又何爲而至也嗚呼以臣無似猥被
洪造拔自挾冊滚到曳履無官非 恩無徃非榮而
中外歷踐一未稱塞居常懍惕不寒而栗乃於垂退
之年復忝負乘之任承佐與聞已矣毋論陳力就列
亦所難强反覆思量承膺無望玆不得不短章申籲
伏乞 聖明俯察臣情實之不可濫授 特命收還
以重官選以安私分臣無任屛營祈懇之至

乞解北伯䟽

伏以来日即流虹 聖節遙想在廷羣工小大懽忭
獻 山斗之籌祝震索之慶臣適遠滯不得同忭末
班永夕南望寸心如結念臣衰朽癃痼夫豈堪於北
門鎖鑰之重而 除旨之初事會滚忌未暇一陳肝

膈遂致遷奉符節按豐沛之故壥捴關塞之列郡若
可以容易擔荷者然居然歲欲周未效攬轡之志
徒作養病之坊架漏之營務集毛之民瘼一未下手
無異尸居寤寐愧懼不寒而栗向於經霖傷濕之餘
痞漲宿症挾感益肆飲啜專廢床笫委身者盎數旬
夫雖當各　陵殿奉審之月斷無戒程之望方思陳
懇之計乃曰恆灾之　聖念俯詢省部之行期　思
諭屢降　責勉愈摯當此南北俱歉　乙丙靡安之
時如臣之踵頂皆思者顧戀殘喘臨事引去義有所
不敢遂乃拚棄安危力疾驅策纔遍南界轉審北地
而賤疾又闖發盎臣病祟在於勞動凡於行役少有
飲啖則必致關格故登途之戒先在節食終日所延
命不過數呷糜粥以是信宿之地猶不能自力及至
長程多日胃氣不接真元自脫則外邪輒乘之今行
日閱三旬路涉數千入北纔數宿又遇初寒朔風頑
痰塞胃積塊又肆欲進則無望自力欲留則無路醫
治遂不得不擔舁復路間關還次臣於春巡時必欲
抵慶興奉審　碑閣而到鏡城疾作未免經還今又
如此来春盬賑之不如此又未可知噫人臣之消埃
報答效在於此等處奔走殫竭而事與心違生不如

死況北民之望朝廷如日下其所以承聆 德音惟
旬宣之行是俟而以疾痛必呼之心值禾麥俱無之
歲不得見道臣一面以導達其危急爲道臣者又不
能親問疾苦以效其救焚拯溺之義則遑民之鬱悒
如何 國體之苟簡如何此其罪不但病黠之不堪
叉駕鉛刀之不足屢試而已則至於賤軀疾病有不
暇論伏乞 聖明亟命攸司削臣之職治臣之罪使
賑事不至怳惕私分得以少安焉臣無任屏營祈懇
之至

荅曰省疏具悉行部之入北關中路扶病搬還云民
事雖可悶方有別遣使行此時南關事專委方伯不
可輕遞卿其勿辭調理察任

劄

以大司憲陳戒劄

伏以天啓聖衷 王世子位號誕定百靈係心八域
協望此誠吾東方億萬年斯慶凡有動息昌任舞蹈
臣於日前病阻夙夜之列幸蒙蘩禘之 恩乍得調
將獲參 候班不移日而復奉 教旨以臣爲司憲
府大司憲義當竭蹶趍謝以伸其忭祝之餘恍而情
旣有素病又轉添沁沁跧伏殆若無省覺然臣誠主

臣況臣受 命適在 大慶之日區區芹誠自倍於
入則爲可以其身之不得進遂廢其言乎嗚呼 世
子國之本上有 宗廟社稷之重下有百官萬民之
戴前有 祖宗創垂之艱後有子孫綿遠之圖而其
安危離合之機治忽向背之端一係於德性之成就
德性成就又係於導廸之如何今我 王世子睿姿
出天歧嶷異凡朝臣進見而退莫不動色相賀然德
性未定好惡易移若於是時導廸得其方則涵養變
化可以集 宗社生靈之福如或失其方則反是焉
書曰罔不在厥初易曰蒙以養正訓廸之不可緩如
此而古則三孤在前三少在後出有保入有師今則
所長處者深宮也所與遊者保姆也遇物則誨多方
以教自夫學言學步之節以至成德成性之功罔非
殿下所成就則我 元良命哲命吉惟 殿下爲
堯爲舜亦惟 殿下然其爲道不必遠求三代一以
英考之教 殿下殿下之服 聖教者導廸我
元良則在 英考得有道之曾在 殿下爲無憂之
聖豈不休哉忠愛之至僭陋是忘敢爲六藏以獻言
雖陳腐道不外此惟 殿下毋以人廢言焉取進止
藏

一曰養德性惟皇篤生畀汝德性性不自成蒙養以亨蚤諭基永燕翼啓聖毋曰生知導之乃正勿忘勿助果行育德居以孝敬遊必禮樂火燃泉達萬善自足乃飭乃華兆自千尺

二曰擇左右芝蘭化馨蓬麻待直匹士尚然矧伊人辟媰須寬厚保必純慤以才則失尚慎其擇毋專于昵而踈僚友一齊衆楚敭或能守聞正見正以掖以牖仁聞日彰相彼左右

三曰節居養頤爾冲齡崇高厥居奢逸攸府保畜易踈聖以是節氣移體舒服食動作可慎非初一是以愈乃福之養不極其羸自孩而壯凝德定命業遂以廣茀祿爾康基于无疆

四曰戒玩好惟物及人戒之在玩肆惟列辟敎胄尤勉趍向未固視聽易眩一有愛惡聖愚斯判遠爾奇衺端爾嗜好悅耳悅目皆寇于道忽細累大莫曰其小聖功之成惟德是寶

五曰勤講習齡未數方歧嶷日聞敎之在豫自食而言耳提面諭新知舊温涵之濡之日孜日勤一部小學 皇祖遺法胄筵漏永尺袉香襲聞期知百日戒寒十天顔有喜勗哉時習

六曰本身教教固多術本之諸身出無未定論在不
言避蟻忍羊乃勸其仁惜寸至具亦示以勤如影從
表學半于教萬邦維貞一人以孝矧初貽哲罔不在
早精一專心再拜矣告

荅曰省劄具悉六條箴辭言言切至予當隨處省察
卿其勿辭行公

啓

大司諫時啓

啓曰臣略有所懷敢此仰達矣臣新從北路來北路
之弊田政最悶昔之膏腴多成川藪今之耕耘率漏
量藉而舊案斷爛踏驗無憑故輒從前揔虛實相蒙
不但大乖　王政民之呼冤莫甚於此若行查陳則
實結反漏必也改量然後方可有實效臣之待罪下
邑略費經紀而未及就手大抵此事爲之絶難而可
爲之時尤少且非一二月可了者故守令輒皆退托
今當少登政當其時而若無　朝家嚴飭則決無吉
成之期宜令本道諒其緩急定其年數若過其期則
該守令狀　聞論罪庶無還就之弊請　分付道臣
先審其可量處次第擧行　上曰諫長論量田事何
如領議政金尚喆曰諸道量田事連有　朝令申飭

察其緩急從長設施惟在道臣之量宜舉行以此分
付何如　上曰依啓　又啓曰北路詳定初未善成
邑各不同間多淸濫而海夫受價最爲可矜故各邑
漁民獨甚難支臣曾以變通添價之意面議道臣道
臣亦欲變通而特以大同之未裕爲難大抵大同之
未裕由於詳定之多濫或濫或寃實非　朝家均制
之意今若令道臣更按詳定略減其太濫添給其稱
寃者則可無偏苦之患請　下詢廟堂處之　上曰
依啓　又啓曰近來百獘皆由於不守分故登　聞
之猥雜莫如近日雖以今番　幸行時上言之逋
欠吏鄕之徒配實爲寬典而敢稱同罪先放希覬踈
釋者甚多先放者雖未知緣何而逋吏之請放實爲
萬萬無嚴該府勿施之啓雖已蒙　允此等猥濫者
不可勿施而止宜有嚴懲之道請令道臣今番逋欠
吏鄕之上言者一倂嚴刑懲礪　上曰事屬旣往後
當嚴懲矣　又啓曰享官之用賂圖免誠極恠駭前
後申飭何等嚴截而司圃署官員獨復冒犯事之可
駭莫此爲甚該署官員固有罪矣而若無吏胥吏之
受賂許頉之事則豈有享官冒禁圖免之舉乎請伊
時當該堂郞推考警責該吏從重科治此後各別嚴

飭俾無如前作奸之獘 上曰依啓

表

擬漢以酇侯蕭何劒履上殿入朝不趍詔 壬午文製

皇帝若曰朕今成一統之業是誰力歟爾惟冠三傑之功吾必報也何惜中心以貺斯實上功殊榮盍聞聖王有非常之章所以待非常之績入臣建不世之烈亦可蒙不世之恩周王酬踐土之功至今受册勿拜衛家賞新築之戰亦許繁纓以朝于今豈無其人在古可稽方册惟卿從起沛上居守關中塵埃遣逢尚記驪山贈行之意廊廟開濟已自咸陽收圖之初論其功則調兵轉輸絶勝平良輩籌策比諸獵則發蹤指示不啻絳灌等戰爭宜有不常之榮以酬出世之績分以弓矢圭瓚猶難酬其弘功刻之鍾彜旂常亦莫表其殊渥朕惟上殿無帶劒之禮羸氏之舊規可知趍陛謹鳴珮之儀叔孫之新制已定惟此法著爲常憲宜使卿禮異羣臣玆許卿劒履上殿入朝不趍卿其祗服寵命毋替殊恩瑲瑲之劒佩獨持榮超鳳殿几几之履舄徐轉禮絶鵷班惟殿陛解劒之章顧何責於丞相若公門鞠躬之禮獨有貸於元功故玆詔示詳宜知悉

擬本朝 經筵官請益勉自強深戒倦怠 壬午翰林召試

闡睢化於不息方仰典于學之休存 宸工於自強盍軫無或怠之戒聖宜益聖新而又新恭惟 主上殿下道如日升聖自天縱追湯后顧諟命之德盤盂几杖皆有銘體 聖朝不釋卷之功修齊治平以為學顧以唐堯倦勤之歲每軫衛武戒抑之工 睿學已著於緝熙尚勤邇英頻討論之命 寶籌將躋於耄耋猶存經筵責成就之謨仰惟四十載做治固知德業之無闕顧此雙隻日臨講實貴造次之益修念臣職忝居於横經而愚悃自切於戒怠仰廈氊講磨之苦非有寒十曝之憂任經國啓沃之功難禁蔚一蕢之慮惟周文不遑之德固仰志氣之無衰顧晉筵三接之時亦憂晷刻之或倦肆將憂愛之悃敢陳箴規之言尚慎旃哉宜軫加勉之戒不自滿也寧貽或怠之嘆樂此不為疲昔在漢中主而尚爾為學如未及寧以我 聖后而或蔚窮附宋臣休朝之箴冀補夏后惜陰之念論基命宥密之要莫非憂勤中出來若正己治民之方宜從乾惕上做去開黃卷而自激微悃仰丹扆而益瑩 睿工

擬皇明高麗謝洪武六年七月十三日欽奉聖
旨惟正朝表文類進將来事表 癸未史文製述
聖日馭之光昇改切水萬折之悃軫星槎之路阻只
許歲一聘之儀聖德式出於綏荒微忱還缺於曠禮
伏念臣襲封東土懸心大邦鰈域路遐只效葦蘆之
修度鯨海道梗每歎冠蓋之愆期迺聖念軫梯航之
勞而外服簡時節之會若千秋聖節之賀不須頻来
惟元日同慶之辰其以類進寧有倭寇頻擱之歎實
邁虞后肆覲之規玆蓋伏遇皇帝陛下一戎成功九
夷通道日月明而天地大一德著無外之仁遐邇服
而上下安萬邦孚字小之恵遂令跧遜之跡亦被慈
覆之恩臣敢不恭承皇綸益勵侯度隔滄海三萬里
縱阻賀於鵷班頌黃河一千年長歸心於象闕臣瞻
天仰聖無任激切屏營之至

擬本朝羣臣請夙夜寅畏罔或逸豫克勤克儉
自勉自強箋 癸未文製
南面恭己方仰政化之誕敷一德惟寅盡思勤儉之
自勉不畏入畏念玆在玆恭惟 主上殿下壽躋願
期心存民國藏繼衞抑盤盂几杖之有銘工存曾書
修齊治平之為學猗歟大德之得位展也三王之匹

休念治道必資於儉勤而厥功實本於敬惧惟殷湯
若䫉淵谷終致聖日躋之工亦夏后克儉家邦寔由
祗厥先之德蓋代天理人之道罔非四者中徽來故
存心應物之要尤貴一畏字體得屬際大舜倦于勤
之日擧切伯禹儆無虞之誠炳燭之工方勤聖念非
忽於戒怠如罔之祝纔獻羣情益深於望治矧當青
臺之報災尤宜丹扆之如惕仁天之警告非偶顧此
報奚爲至哉聖人之志氣欲衰而今日所當勉也誦
十行渙發之諭固仰一心之側修在九重消弭之方
詎讓四事之儆戒肆切憂治之悃敢陳存警之規無
怠無荒益篤自強之盛念于勤于儉更彰克敬之膂
情入情易忸於宴安莫曰國已措於盤石天心可見
於仁愛所貴戒常持於淵氷窃附董子自強之言要
賛宣后修身之策形庭撤三軍之射已仰畏天威之
心玉樓玩四民之圖冀推無時怠之德昭其儉也可
不畏哉

箋

大殿誕辰賀箋

泰來青社佇鳴鳳之復聞節届黃華慶流虹之眡會
率土同忭每歲今朝恭惟 主上殿下十載升平一

念乾惕皇極繼治星回 英考勘亂之年甲觀凝祥
時維東方生 聖之月玆當唐臣獻金鑑之日益膺
周宮如岡陵之休伏念臣跡滯邉關心懸 宸陛三
農失稔何以解 九重之憂千里拜箋善頌又 多
男之祝

策

王若曰云云 問科制

臣對是日之科即我 殿下一初之政耳臣等初試
禮圍再試講席乃得至於 殿下之庭不惟 殿下
思與諸臣維新臣等亦豈不洗心勵精以造我 殿
下作成之域哉臣聞地臨乎澤而聖人取而教人風
行乎地而君子觀而用賓夫潤萬物者莫漸乎地而
臨人者象之於無窮之教撓萬物者莫疾乎風而觀
光者移之於賓王之道是以人非聖教則作興之澤
無由得蒙而人之類滅士非觀光則駿乂之才無由
自拔而士之道喪人滅其類士喪其道而天下無邦
天下無邦而臨觀之義無所施臨觀之義無所施而
聖人君子之設教取士者其亦熄而已嗚呼臣以草
野韋布生於三代教熄之後五科道雜之餘獲霑於
菁莪造士之化與聞于棫樸作人之治躋九重之門

而奉十行之綸 天語諄諄科制是詢臣誠隕越感
歎不知所以仰塞也恭惟 殿下以聖神之資撫億
兆之民臨之如水而欲其士之海無遺珠行之如風
而欲其科之人無濫竽初試禮圍即古之宏詞取人
之規也再試講經又古之五經取士之法也今之科
制其亦至纖且悉而在野之問猶及微臣則 殿下
之科規其亦知其未盡善矣臣雖空疎不足以仰裨
聖敎而第其得於臨觀之義而其潤色弛張之方
則亦嘗揣摩於中矣臣請不拘常規而極言之惟
殿下擇焉臣伏讀 聖策自猗歟三代至其故何歟
臣雙擎百拜一味隕越臣竊伏惟念科擧之設非古
也三代之盛時俊乂輩出明良相應于斯時也上無
設科之規而野無遺賢下無就試之事而才不虛老
降至建武始有親策賢良之制江都之相道闡天人
淄川之儒學貫春秋其得人之盛於是至矣而猶觀
夫巖阿板築烟磯漁釣之徒反有遯焉此其故何也
噫嘻惟才是庸惟德是寶者是立賢無方之義而考
言課文分程設條者是兩漢取人以科之規也立賢
無方則其進也廣取人以科則其進也窄故宋臣張
栻嘗論科擧之弊曰科擧設而賢才多遺伏願 殿

下視於二者旁招俊乂廣選才德無徒泥於科臼之
中焉至若孝廉之薦秀才之舉卽漢家鄕薦里擧之
法也其意盖倣於三代塾庠序學之規而如丁鴻黃
憲者亦不過若而人視殷庭䡖求之賢周家思皇之
士不啻明珠之於碔玞耳噫法不徒行敎自有方則
三代之有實效也徒遵其法不師其敎則是後世之
無實效也伏願 殿下監於二者而導之以法齊之
以敎無徒拘於科制之中焉姬家地官主國敎化而
以鄕三物取人智仁也聖義也忠和也是謂六德曰
孝友曰睦婣曰任恤是謂六行禮樂焉射御焉書數
焉是謂六藝一部周禮可覆而按此成周所以作成
之美也伏願柯監於此而無徒膠於科擧之末焉臣
伏讀 聖策自至三百年至 殿庭臣雙擎百拜一
味隕越嗚呼 殿下撫三宗之基成一代之治者已
三十有七載矣乃者今春 王候復和 元孫三加
此誠吾東方億萬之休也我 殿下不自有其慶而
思與多士共之進之 文陛詢以大策嗚呼是日之
科宜徒尋常選擧之比哉如臣謏才雖不足與論於
取士之規而身旣兀兀於科臼中則其知科弊也宜
亦熟矣不必他論請就臣一身上言之臣非有絶世

之才超群之德則其不可以殺黨商歌自衒於　明
主之前者審矣不得不學爲功令之文以備有司之
收則所用工者不過章句尋摘之事所肆力者不過
聲韻抽對之程尚何望於天人三策春秋奥旨乎及
承講經之　命又矻矻於句讀汩汩於音誦其一片
準的只在於粗略之間則其視梁丘之易夏侯之書
便是燕越耳然則今之科規固不可謂盡善盡美矣
宋臣朱熹有訓曰知得如此是病方知如此是藥
殿下試省唐虞三代之敎如何而致俊乂漢唐盛宋
之敎如何而得賢良歟成王之誥君陳曰爾惟風下
民惟草是故漢武之世欲得賢良則仲舒公孫之徒
出焉欲得才辯則買助吾丘之輩作焉將欲鞱鈐則
衛霍程李之流登焉今　殿下欲得賢良則賢良自
至又何足以科臼功令責臣也臣聞洪範曰皇建其
有極時人斯其極伏願繼自今先懋導率之方克盡
丕變之謨以身敎二字爲今日取士之要則庶見譪
譪之吉咸造王庭郁郁之文亟萃庠序矣惟　殿下
留心焉臣伏讀　聖策自吁嗟諸生至悉著于篇臣
雙擎百拜一味隕越　殿下若必欲申明講規則不
必責其口誦背講只取三經中抽栍面讀詢以文義

之微與處擇其能通者使之發問論難於 紸纊之
下則其視音誦切效何如也臣謹對

王若曰云云 問治道

臣對是日之制即載籍所罕之 盛舉也宋天章之
給筆只是館閣之臣漢元年之親策不過貢舉之士
則集 明庭侍從之臣並諸司世蔭之士渙發十行
思聞一得者有以見我 聖上出尋常之至意不惟
殿下將與諸臣圖新臣等亦豈不勵精極論以副
我 聖上樂聞之盛哉臣聞無古今之異致者治之
理也有古今之異宜者治之勢也故所以為治之意
雖三代之遠可以必法於後世而所以為治之法雖
漢宋之近有不可盡行於今日何者理勢之別也然
而高者喜為高論以為三代之法無時不可卑者習
於見聞每以漢宋之事引為口實此兩者皆不識為
治之道者也夫師其理不通於勢則三代不能復而
徒歸於紙上空言矣通於勢不師其理則漢宋亦不
可得而不免為架漏世界矣必也衡世勢之同異鑑
治理之源流可文則文可忠則忠隨時損益量宜用
舍然後語其理而無所戾求之勢而無所局三代之
盛可復於今漢宋之卑不足與論矣恭惟 殿下以

堯舜之齡致湯文之治宵旰憧憧猶恐讜言之不進厦氊兢兢猶慮大猷之未升聚賢良而發問則詢之以三代爲治格文臣而製述則 命之以文忠損益其求言之勤問治之盛可謂至纖且悉而如渴之思恒若不足詢蕘之言又及如臣臣雖空踈不足以裨聖治而其所以師三代之理酌今日之勢損有餘而益不足救積弊而圖新功者亦不爲無説惟 殿下擇焉臣伏讀 聖策自嗚呼至其由何故臣雙擎百拜隕越于下臣竊伏惟念我 殿下德已邵矣而猶有功莫擧之 教治已洽矣而尚有寢不便之歎試俊乂而悉歸文具洛文蔭而思得狂直甚盛甚盛然而不原其本徒求其末則今日之對終必歸於文具矣不務其實徒徇其華則今日之擧將同歸於俊科矣惟 殿下念哉嗚呼丹青旁求果得傅巖之板築者殷宗之聖也風雪三顧終起南陽之春睡者漢帝之賢也誠無間於彼此而成就相判揆則同於前後而王覇懸殊者豈非時勢之利屯有異天運之興替不同耶唐堯五十載之治雲過太虛成湯八十歲之工日新銘盤則是實千古之盛際百王之師法至於我朝 聖神相繼治化大明而我 殿下又承之

轉環之量益恢於衛武之年設鼓之義復見於上世之後是宜忠讜之言畢進於前骳骪之習不見於下而環顧一世寂然無聞毛擧重獘殆至更僕此其故何也嗚呼人無主見好同惡異則時體所以靡然也不事模稜惟喜軟熟則喑啞所以成風也隨行逐隊不進不退則汨董所以莫辨也自其分而言之則三而原其本而論之則一耳其一何也一文字是耳文之獘豈至於是而惟其勝質也故百獘隨之一世滔滔雖有一人自好輒皆羣非而衆笑之遂至於淸間中三件世界者不幸近之以 聖上陶鑄之化亦豈無撓囬之道耶嗚呼屛澆漓之習獎樸野之眞則俗尚可革矣賞忠直之言責罷軟之論則言路可開矣明損益之規嚴文實之辨則涇渭自分矣惟願 殿下只從實心上導之行一事而祛文務實行二事而務實祛文使夫八域臣民咸知 殿下之心只在於實切則夫所謂三件獘者何患不日改而月易也臣伏讀 聖策自嗚呼至忝室之歎雙擎百拜一味隕越今此三件之獘固是羣下之罪而亦恐 聖上導率之誠有所未盡也殷宗之夢弼以是誠也漢帝之得賢亦以是誠則巖穴之隱猶且起來況乎以九五之

尊化億兆之俗是實草上之風耳惟 殿下懋哉臣

謹對

勿齋遺稿卷之二

祭文　諭祭文
哀辭　墓表
家狀　家狀
墓表　神道碑
附編　諡狀
年譜

孝簡公遺稿 坤

勿齋遺稿卷之三

祭文

祭鄭正言[来謙]文

維歲次庚寅四月甲寅近故司諫院正言鄭公將以来日大歸于原城之山其友龍仁李　初擬臨穴而訣懼其牽掣未諧先爲哀辭以歸之復綴數句語哭以送之曰嗚呼使君無其才而亡吾不爲之傷使君展其才而歸吾不爲之悲使君有辭可以慰尊闈哀其身不哀其家使君有田可以存後承憐其死不憐其生使余結交不能深涕豈至於沾襟使余有友更如公哭不至於失聲潘陽過影雷陳片夢蟾棹波漲盤階草翁曩相戒以細傾今勸公以深觥爲此斟之不復已矣靈其知否嗚呼痛矣尚饗

祭從侄進士[在誠]文

球琳易碎珷玞必壽此理茫茫蓋高靡扣昔我賢從以皎而缺得君螟負酷似其潔玉樹綺章朝暮騰翥郊寒足憐殷聰何痼書淫一生於上舍止已矣吾門更無文士謂仁必昌孰如仲父錫而復奪乃如之謬星行幾日窀事纔成哀不勝喪君子攸傷偏慈哭堂兩女啼室此情此境欲語先咽病未臨訣悲哉弱棘

所可慰也遺而不食

哭仲子婦昌寧成氏文

失我佳婦天乎人乎積殃惟余不慈惟余旣災旣瘡終禍于汝病未早治治又多謬始蓮終蓼害凶害否只憂彌月豈慮及此豊容婉儀喜自執贄達識懿行迥超粉脂以稟必壽以貌必祉寒家拱璧分溢宜失數朔替饋供余未卒汝應多恨余亦疇托余旣視蔭汝亦多育析箸兩家左右就養言未及踐汝今何往曩許歸貞爲汝調護汝似無樂行果不復間聞添劇輿疾三赴嚥不忘承手不忍釋長吁短語在抱是盡乳媼旣定陰護庶仗兩稺相携呼母堪聽以成以立我目乃瞋汝宜哭我我反汝奠入室陳迹臨盤手沫一縷尸居飽此百割病雖有拘懷何能抑先楸有麓爲汝卜宅議雖多歧魂庶得依如有不安早使我知緘哀替展幽明同悲

哭伯子婦東萊鄭氏文

入謂余祉膝下惟馨二男一婦三孫一庭團圓卅載有欣無慽兩老開顔非爲金玉惟余素凉顧影多惕行何積殃乃蓼于集昨喪一婦今又一婦男皆割半孫各呼母連閨無人鶴髮一姑孑孑尸居此何人諸

三世孫甞百口僮嫫甘旨舊厨珥環一堍孰奉孰齊
孰饋孰鞠逝未必知生何堪抑噫汝隃𡢃寡未齔失怙
纔弄掌珠又哭層峯天乃悔禍中歲惟亨麟兒在懷
鸞誥華身少年命婦內佐雄藩千人所艶孰謂招𠎝
二竪連歲硯歇相隨胃膈所祟意或壽疾有言癰內
始疑終失曩囊使對投豈有今日惟余不慈惟余不明
汝當祭我我反汝襄老不能死飽此百殃所可慰也
有後可俟載長載娶以尸汝祀向哭亨母以是留語
前語未立今又於汝以余羸老可重任旃惟有從汝
就養於泉會且無幾行先一庖心無窮已言亦奚為

哭伯侄通德郎 在宗 文

其生也嘻其沒也嘻嘻所貴乎生以有樂而無嘻所
慰乎沒苟有嗣焉何嘻論君身世言言皆嘻生長
奇疾老於斯疾嘻宛轉空扃形影相吊嘻家而無樂
世味何論嘻百年簪纓於君韋布噫幾世源流而今
無續嘻男也早瘞女又晝哭嘻一婿一姊何禍之隨
嘻吽號鶴髮殯襄惟弟嘻生前身後靡處不憐嘻我
考深仁報胡其舛嘻行未于將留亦堪哀嘻

北營祈晴祭文

北氏億兆靈惟主之樂則頌惠苦將籲誰壤惟多齊

歲頻阻飢噫今之雨兩月于茲朝未見暘日輒淋漓平野泛濫百穀披萎褎秀漸慾錢鎛莫施望絶汙邪民安孑遺不才如余涖未一朞志切如傷誠慚若慈矧茲一方漢豊周岐丙夜 宸憂甲於八維明神日鑑寧不恤斯陰翳廓收化旭旋隨何憂卒痒俾將如茨鼓舞感暘同我耋穉敢齋黴誠祇薦明粢神庶格斯恭俟宜垂

再次祈晴祭文

昨蹙淺恍恭請俯格終日不霔是誰之錫咸曰靈應小大翹足然稽快收間有霢霂神豈聽邈我實誠薄忝或未馨牲或未碩神維廣大寧於是嘖恵必有終命奈將迫一日不霽無粟無麥二日不暘無禾無稷無食無民將貽神慽田災為祥神乃於赫歛茲陰霖暘以暘曝咎休皦若神何足惜心焉如灼辭不嫿複不於神籲于何邀福言拙情摯鑑此洞酌

三次祈晴祭文

民維魚喁蕪辭再瀆非余敢私億兆之臆屏息俟命以崇兩夕大昨鳴霤昨不沾幘前朝其濛今焉日色咷笑立改受賜何極農舞于野士歌於國小人淺腹憂維不釋風旗悠揚雲輪暗駁其暘其雨杳不可度

頻卒斯惠節其泄蓄毋以我聒永爲民惻飢乃神羞
穀惟神力呵魔雨師誕布陽德莫我疆域顯厥靈蹟
户頌口歛萬年無斁

哀辭

鄭正言来謙哀辭

嗚呼孟陽去將安之余與孟陽未際已知士林有孟
陽及相對兩布衣髮欲二色邇来十二年孟陽毘多
士聲殷殷動世遂進于庠擢上第瑱琚玉佩厥聲日
放蘭臺薇垣雲路方亨人皆謂鄭氏不食之報渫井
于孟陽亦喜黼黻皇猷之將有人也以余有五年之
長凡於科甲朝籍雖慾有糠粃之先而要皆並轡接
武其所相須而相益者不啻如蚷蛩雲龍之從故一
居城之內以角一居城之外以涯而殆未甞以旬阻
有喜焉共有憂焉同問疑而質難諮行而諏止每聞
達識確論錦心繡口洗髮劘鞫恐輒自賀平原所
以自附之不誤也在春之首借乘過之以其有惟疾
之憂未克從頌歸聞淑人繼之孟陽奉湇輿出避徃
来省護而遂及之然其年強其氣旺其志完夫豈五
日不汗死者哉至第六曉李方忽叩户求三極而余
謂若入保無萬一慮經傳邪可自除毋用行險以徼

幸旣挽之猶且覔以追付則使在途而急報已及門矣嗚呼孟陽而止於斯耶世之夭者禀非羸弱則輕躁而孟陽則重厚賦天骨不虛薄則散露而孟陽則豊完成局或湛身於禍水或斲性於塵累而孟陽則家無外累又不曾飽經艱險坦蕩於文酒之席謹飭於風波之途如家人百為一切不關意而乃至於此其命之當耶家之剥耶吾儕之蹇耶嗟夫觀其死當知其生孟陽有子若弟而俱未颺家惟孟陽一身耳孟陽亡誰復知有孟陽且其疾為人所忌而坊之日人皆失聲咨嗟不待訃而持賵者交於門如趍異而

未甞熟者亦捐家財以贈贈者又皆學士大夫之賢者以是自殮至輤費累十千無一自家中辦嗚呼今世入一毫不浪與雖親戚之要經日未殯未聞有所以助之者今於孟陽忽見之非平日令聞之入人也深其能諸然則雖謂之以此知其人可也嗚呼孟陽今不可復見耶往日相逢如入芝蘭之室薰襲旣久不知其甚異一朝失之頓覺神殲而形鄙倀倀顧影疇語而疇依已矣已矣余亦從此無意於斯世矣余未學挽歌而孟陽上有王大夫人下有未弁諸穉無以慰其悲且有疑於天之定不定遂作哀辭而歸之

辭曰大爐褷褷兮衆甫以作姸媸昭蒙兮圓方曲直
害愛而培兮害惡而椓精之攸鍾兮理應爲惜氣之
未周兮物宜自關旣畀以長兮乃從而折離奇頑醜
兮反不之畜人有寸璧兮憐恐或剝磈石之皎兮躝
不田矚抑彼宰之所憎好兮胖與人而相拂倘彼蒼
之素夢夢兮無所容其與奪胡喜薄其所可愛兮而
恒厚其所可惡肉角之蹶兮伊尼蒼白蓮蒲之萎兮
檽櫟蔽日鈆刀傳世兮干將先缺瓦釜雷鳴兮瓊鼇
而割此理茫茫兮誰繹誰析仰叩天而天不應兮俯
問地而地又寂專余精而靜思兮齋三日而曰有獲

天有九重兮宛一世局各有主宰兮詎無佐弼器使
羣龍兮如元凱列時藹時召兮惟尤是拔白玉樓成
而懸楣兮赤虬瑤版迎爀爀勻天無人而帝悲兮雲
裳龍驂招肅肅若夫莫垢而骯髒兮懵無關其起滅
所以跖壽而顏夭兮塗終古而一轍今於孟陽之坳
兮何獨疑而不釋矧太清之可娛兮絶氛埃而粹淑
非復世步之如潦兮彤筆皂囊一夢覺不歸脩文兮
應朝太乙神蛻名馨兮不以身坳埋瓊瘞琬兮餘光
猶爍使賈生不夭折下千載而誰惻凡今之人莫不
嗟兮髮黃背台元非耋吾於君何傷兮敬以颸北堂

之闕

家狀

祖考 贈吏曹叅判行漢城府判官公家狀 墓誌添錄

我王考卜葬將周甲矣先君子蚤夜不寧用埋誌幽堂而尚未遑顯刻葢未得其托也小子敢不思追成先志而年未就傅 王考已棄背顔範尚不能記則微言至行其又可以蠡測始也年少慮短不能左右家髦以承聞一二終焉尊屬凋零孤露踽踽無所憑聽細徨含恤十數年玆矣程子曰一髮不似為他人影像猶然況行錄乎用是泚筆旋止怵焉廓焉蹙蹙如窮人無所訴旣而竊思之幽堂之文實古尚書尹公惠教氏所纂也尹公於 王考同室同硯殆半世其得於切磋習於心目者視諸不肖輩之採拾傳聞摹畫疑晦必遠矣雖其潛光幽馥難保其一一無漏而知言者見之亦有可反隅兹不揆愧悚謹以尹公所為誌繕寫一通以備太史氏之裁擇若其官位孫曾之當繼書者亦並添錄于下記曰無美而稱之誣也有而不知不明也知而不傳不仁也不肖誠薄識昏不能撰次家狀以闡德懿之萬一則不明不仁將

無所逃罪如蒙大君子恕其愚懵哀其憂懼賜以一言闡其旣晦則不但泉塗之重責惟不肖亦庶幾幸以免焉徽執事于誰徽惠也

先考 贈吏曹判書行德山縣監公家狀

先考姓李諱普興字國祥龍仁人㚒祖三韓壁上功臣太師諱吉卷世襲圭組十四傳而至諱士渭以文行見重於圃牧諸賢入我 朝官開城留後生諱伯持都觀察使錄清白又八傳而至諱士慶號雙谷司諫院大司諫 贈吏曹判書寔府君五代祖也高祖諱後天號白癡刑曹參議 贈吏曹參判曾祖諱峻岳以厚德著屢治州府卒官禮賓寺正祖諱世貞義禁府都事 贈吏曹參議考諱宜揆漢城府判官贈吏曹參議妣 贈淑夫人白川趙氏通德郎諱恂女僉正徐必成外孫也府君以崇禎後甲子五月二十三日生及免懷淑人棄背府君纔有知輒號痛如成人判官公憐其孤子甚鍾愛之然督學不少貸文詞夙就甲午中進士乙卯始拜 齊陵郎秋有例分僚員若見闕則專入於在直者而府君乃散蠲其窮難收者齋距京遠直官馬雇常病守卒府君又以其餘立一馬以紓之 陵屬頌不忘丙辰陞司宰奉事

戊午繕工直長其董 皇壇役也終日未或離次躬
親飭檢毋令拖日濫費 上亦有以察之以副擬陞
六品別提掌苑署蓋 異恩也翌年庚申轉司憲府
監察秋又以末擬監德山縣衙眷常簡自奉甚約公
用之外無一私費欲使不肖婦来覲而家無馬可行
乃令以賣舍錢買馬以来人或爭之曰爲邑雖不能
潤屋其可斲之乎府君終不爲之自官捐一緡扶侄
有僑寓隣境而貧不能以時娶者則爲之方便以成
之以沿海土瘠民貧一意响濡旱田之被灾者括官
用以減之舊逋之難捧者捐月廩以充之繡衣上其
績然至其守法處堅確無少撓故邑中士夫雖位望
顯重者輒自斂畏吏有奸猾不戒者一斥不見復以
是不悅者造謗竟至貶歸乙丑叙義禁府都事以
親鞫時罪人着氈帽 命下理变辭上郎蒙 宥掌
令李齊巖 啓請罷實非府君所知也居數月丙寅
以末擬復除前職至秋出監砥平縣一以治德者治
之邑秪殘凡有公役輒斂於民府君在邑三歲一無
賦田舊有漏結每收錢以贍用府君至則均其稅以
恤白地被徵者其赴操山城預庤羨醪之需及期猝
寒而師得無凍餒焉巡營裨與人訟山府君一以理

裁之無吐茹其見罷復如湖縣然敗之者俱莫不
遠而悔此可見公議之終自著也向之見伸於訟者
常徒步入京承起居府君曰伸之者非我也法也在
我無所施之恵在君無可謝之義遂斥遣之閒居一
切屛外事惟與從氏都正公三昆季逐日團會韶顏
鶴髮怡愉以爲樂人皆目之以地上羣仙爲李氏積
德之驗矣丙子 上以 東朝寳曆躋七旬 命諸
臣年七十爵六品以上並陞資府君亦蒙 恩拜僉
知中樞府事時伯從氏都正公陞嘉善仲從氏通政
一室三資世莫不艷之秋患痢旬餘斥醫藥不許竟
以九月二十六日啓手嗚呼痛矣享年七十三始先
妣之棄簾櫳也府君必欲毋遠於判官公宅兆爲他
日歸侍計乃以踰艾之齡躬率堪輿人遍審局内外
旁近至四徃終不得然後始命襄於安山庄後麓至
是以十月十二日就而合封焉卽元堂里丑坐之原
自東山谷西南行數里至物物嶺西下數百步地也
後二十四年 贈嘉善大夫吏曹叅判兼同知義禁
府事五衛都摠府副摠管以不肖忝二品推榮也府
君有至性純行每以幼失所恃不省慈顏爲終身痛
觸境孺慕到老不懈遇諱辰輒屢日却羶葷悲哀如

袒括時判官公疾猝革斫指血以進瘡經月未已及遭變苫塊餐疏之節不以年衰少殺四時哭泣未嘗一日以疾廢凡於奉先睦宗根於天賦宗法之漸弛者隨事講修先業之未卒者殫力成就辭意懇摯殆若一己家私判官公嘗與伯氏正郎公作十二世圖蓋自八高祖各泝而上之又八世內外祖考妣爲八千一百八十八位源深緒遠茫難溯繹閱屢紀而工未完府君克遵遺意取其書而踵修之博蒐萬譜旁採列乘其所辨質而校讎之者靡不用極又多歲乃得卒業我李久闕家乘莫徵文獻府君爲是慨然裒集得姓後書牒事蹟源派誌碣考之人家雜記搜及石室秘史分條列目纂成兩卷尤於祖先翰墨心誠求得隻字片言恐或有逸故雖田民所載之券入有感其誠而歸之者天資篤實重厚純淡寡欲外沉默而內寬平主簡易而行峻確其居家也謹於飭躬屋漏未嘗肆誠以接人卑賤罔或傲惰慢之私不形於肢體機變之巧不現於動作雖在媟隷未嘗見疾言遽色不論人長短不言朝著是非然見人有回互文飭誇毗詡舞者不啻若浼最嚴於財賄之際不肖輩雖在童年使不得手近銀錢言及一利字嘗借觀人

史鑑其人沒而無嗣流落不知其處不肖嘗瞷其蔵
在淨櫃不使傷汚意其爲家儲也府君竟訪得其家
専价還之只有嫠居婦人而亦不知爲其家物也時
士趍多岐言議相長而府君獨守静不投足嘗以泮
薦掌多士議而辭不就亦不喜與人從遊雖同硯故
交切姻久要官位稍顯輒斂跡不往還時遇會心友
觴詠酬酢悠然有浴沂之象間或觀棊遣閑然棊不
必務勝詠不至移心觴未嘗變貌潜光葆真安貧樂
志雖不規規於苦行清修而存中發外自合繩規故
宗人之欲修飭者咸取則焉其爲官也一以薄徵斂
絶追呼東吏隷抑豪右爲膏萎醒暍之要而亦未嘗
尚皎厲爲行務通變干名常以俗吏之鶩虛衒能爲
深耻絶不以辭色示人故恵而民不知爲徳廉而人
無得以名然去後民輒起思家無所增則人乃歎其
雅操焉罷官歸家饘粥多不繼僦舍飄轉十口困苦
而未見有纖毫累其心窮通得喪一任倘来故宗人
之欲古道爲官者咸稱道焉其爲文也自㓜勤苦長
益自勵醇厚典雅不求巧麗而駢儷辭賦各得其矩
然終不得志於有司人莫不惜之而永感後即謝舉
不赴親戚強之而終不肯詞律近體亦不務藻華惟

專意於緼繹經史操撿身心觀古人嘉言善行有契於心雖一句一行輒識諸壁敎子侄必先以小學擊蒙要訣如温凊唯諾之節持身接物之要亦皆書付座右使之常目而遵行再從牙山公普成托以幼子曽祜遂使與不肖共學其課程之嚴誘掖之篤殊無第五倫起不起之分小成甚喜分田土以贍之府君沒爲之廢擧服心制焉其他戚姻来請業者亦敎之一出於誠喪餘之日多官助祭需者故宗人之欲敎子弟文學者咸觀法焉族大父宜哲氏銘其隧曰仁孝瀰身雅靖爲度君子之德又曰淸修雪白悃愊無華循吏之績又曰文辭名通厄于一闈何行之蹇嗚呼宗族之議如此小子何敢言先妣淑人安東金氏敦寧府都正諱聖游女花山君諱澍六世孫也母贈淑夫人星州李氏成均進士諱暘女生先先君二年以壬戌六月二十日卒先先君七年以己巳正月二十四日享年六十八哲而婉順温而端正誠孝根天識慮過人如女工諺書不學而超詣都正公嘗曰吾諸女中論義理裁事務不差尺度李室是已盖指先妣也事先君謹以巽平生未嘗有一言相忤事尊章屛氣愉色洞洞敬畏常如執贄始見之日王姑尹

夫人閨範素嚴而甚愛之尹門諸婦人以法家名族
多閑於儀度而毎四時蒸嘗親黨齊會則最於先妣
誠服之挽其去不能捨有事輒諮焉瓶罍長時告罄
而不見有愁歎之色粢盛雖無歲入而不以艱窶或
倫先君之不問家事盖不但素性即然實由以內相
之也以都正公後事零替約諸妹共辭析產有一奚
婢頗從從之德山數月亦還之不留也御家衆恵而
信待宗族仁而厚故棄世之日下而婢嫫攀號慟絶
遠而親戚咨嗟相惜非素行之悅入者深其能然乎
少有痰癖之祟竟以是不起未育取不肖為嗣不肖
生親户曹佐郎諱普淳於府君為從弟也進士文科
令大司憲二子三女在學大司成在翼女適鄭来鳥
郡守次鄭夏榮鄭東晩嗚呼以先君之至性純行先
妣之哲範明識無位無祿簞瓢屢空而又無一脉血
亂此何理也倘有立言君子闡發幽光賁揚泉塗使
實德無至掩翳後人有所徵信則猶可謂不朽者存
而不肖誠薄尚未得掌古氏之一言以表章懿躅之
萬一不肖之罪無所逃於天地然歐陽子之表瀧阡
曰非敢緩也有所待也今玆二品貤 贈在府君固
無所輕重而竊念今世言重可信於後者歸然惟下

執事耳倘不惜金玉之音使夫抑隕而未顯者可保必傳後無疑則歐陽所謂有所待者其在斯矣不肖於是亦將有籍手歸見其親其爲感何如也謹就往日家間舊聞庭下竊𥉌者記其大畧以備裁察斯皆疏節庸行固不足盡其平生而若夫崇虛美以求顯是實先君之所深病者今何敢一毫過實重自陷於不孝之科也不肖男崇祜泣血謹狀

生考 贈吏曹參判行戶曹佐郎公家狀

先考諱普淳字景暐姓李氏龍仁人始祖諱吉卷佐麗祖策壁上功官太師世襲簪組十四傳而有諱士渭與圃牧諸賢遊入 我朝官開城留後生諱伯持都觀察使錄清白又八傳至諱士慶號雙谷大司諫 贈吏曹判書寔府君五代祖也高祖諱後天號白癡刑曹參議 贈吏曹參判曾祖諱峻岳禮賓寺正祖諱世貞義禁府都事 贈吏曹參議考諱宜遂戶曹正郎 贈吏曹參判妣坡平尹氏 贈貞夫人副提學 贈左賛成德浦先生諱搢女掌令 贈吏曹判書兼祭酒童土先生諱舜擧孫府君幼有俊氣而重厚不見圭角宗黨咸以遠大期之旣冠憤學之不進而見人涉獵諸書終無實見得乃欲專攻一經每

於秋冬負笈蓮城庄舍晝讀夜思聽雞不寐如是數
年周復鄒書殆過千遍始乃汎濫諸子出應庠序遂
得鮮中進士第與仲府君知事公聯壁人皆艶之實
肅廟乙未也己亥丁憂判公憂哀禮備至今　上
辛亥　除長陵參奉壬子以遷　陵勞陞掌苑署別
提轉工曹佐郎癸丑守貞夫人制於公州之華山丁
巳辟訓局郎典守吏歲久多乾沒而前莅者莫能發
府君心知之以為軍府事重不可容覆故為閱視狀
而屢與之期使得容力措備久乃白於帥按之逋尚
屢十萬法當集衆戮之府君又白帥退師期諭其族
各出力以丐其命簿之未充者於是無多乃降補賤
役歲計其直以足之蔵遂無損而吏得不死準朔
而遞辛酉　除掌隷院司評未幾陞軍資監判官須
料時例多虧欠府君為之損己用以補之判官所掌
獨久而無弊掖隷之來受者輒手執斗斛爭挐盈堦
府君至則諭之以義莅之以法皆帖息無敢嘩壬戌
出監咸悅縣下車即為文諭民以孝悌惇睦正風化
勸農桑十餘條除害興利與民聚之尤重勸課文教
選鄉人之業儒者為之訓長月朔躬詣校宮謁聖諸
訓長率冠童分席受講命題課製率十五日計畫賞

以紙筆間又設場以試之邑中學子莫不聳感有作成之意邑舊有立馬契散民以錢留其母收其子以應新舊官刷馬之役而年久折閱豪民猾吏仍作已物府君知非法之罪也遂任怨徵逋復歸之民使自斂散吏不得奸歲獻其數於官乃得以其息買水田積五年歲得穀三百斛毋錢亦且至數千緡於是集父老嚴其約更限以數年水田之出滿七百乃除散錢之弊以供億迎送間推其裕以寬民徭著爲甲須之諸社故傳之十數年田日富而民有所庇後来者不能守其法轉輾折入于官官以饒而人益追思公不衰如補邑廳驅馬契或釐舊弊而寬吏民販貿之役或剏新畫而除歲貢遞傳之苦以至衙廨戎器無一不一新閱四伯九考考輒最一道推以剛明凡有大訟必歸之有姻誼者以傳世臧獲訟歷屢官未决府君考舊籍得其非以示之曰資其扉屨以歸其人大悟無一辭瓜熟以歲詘民飢道伯狀請仍府君蒞縣久坊里生齒無不默識乃等其有無丁老壯弱而隨時增抄或餐或粮無日不親視先自節用捐俸以至鳩財移糴之方靡不用極民終無一人捐瘠了事始得代歸已巳地部擇郎僚遂辟之惜公費孱私囑

曺中皆服其清勤而事無不舉歷兩歲有甚辟公者唆一臺抨之仍及府君搆黴事請罷新度支金公尚星上書辨其誣而未蒙按實遂坐遞世莫不惜之而自是府君亦無意於世對客戲局課奴蒔花有以自娛者而天又不假之年嗚呼痛矣素無疾病偶患痢竟以是棄諸孤生以壬申十二月初五日卒以丙子七月二十二日壽六十五是年閏九月二十日葬於南陽之梨花洞坐坤之原嗚呼府君器度瓌偉識慮周遠言訒而志確外恭而內毅遇事分數甚明而平居寡笑語穆然若深念不自著異故人徒見其寬厚而不知其通敏或知其德深而不見其才高此先君所以裕於自得而短於受知拙於處世而善於藏用者也孝友之行根於天性貞夫人年踰七旬晩享康寧之福府君與伯仲府君左右就養怡愉承順愛敬備至三房內外子姓甡甡盈庭一室之內和氣瀜瀜雖窮居約處無以資其事育之樂而俯仰常得其歡及其孤露移之於伯仲二府君以所居最寬每日奉邀具杯盤速親朋以娛朝夕而亦必肅敬端拱未嘗見惰容慢語是以婦孺穉齒擧有觀感藹然皆知孝悌之教其禮律之謹友恭之篤切切有溫公楊津家

風敎不肖華嚴故亦常兢兢畏愼不敢放心爲非辟焉癸丑喪制畢伯氏同樞公析先業分之府君與知事公謂宗業素不腆有其全尚憂不給遂力讓之同樞公終不之聽府君辭不獲則仍以其入並致之知事公盖知事公年耆而窮無以爲養也然亦不許久留卒歸諸宗侄親族皆服其義尤厚於婣睦任恤之義雖困無資地無以充其施濟之心而宗戚知舊咸以爲歸凡有喪昏及事之難平者必於府君就諮府君亦爲之方便周章以濟之居官清勤儉約明練愼密御吏治民動有法度不違道以干譽不務奇以見能要使恩威并行寬猛得中故所至莫不畏而愛之去愈久而思愈深然素不喜隨俗上下見人之便利巧衒者若將浼焉以是位六品餘二紀官不過一縣終又棲屑郎曹反遭臧氏之尼不克試盤錯少展其抱負長德諸公輒以爲恨伯舅尹文溫公恵敎實有黃龍圖之鑑賞而其胤相國東度尤隨事就裁事之如親凡如李相公宗城元奉朝景夏常器重而尉薦之外舅執義公則自延甥館期以遠到每責勵以古人志業及其卒於寧海任所無男子在婿惟府君而邑旣僻遠衙無親客自始疾至治後獨爲之扶護

斂殯及諸措置官事返紼嶺路愼密詳備盛水不漏
時府君年纔學禮入皆驚其有老成器諸金氏聞之
無不感歎益信公見知於氷清之鑑者有以也先妣
淑人清風金氏執義諱栽子贊善厚齋先生諱榦之
侄二公德茂學邃教成閨闥故正貞之姿淑哲之行
已自幼時而聰悟尤絕人至老誦內則諸章及詩書
格語達事理習閫範綽有女士風執義公常嘖嘖曰
使汝男子子吾門其庶佐府君五十年親黨咸稱其
賢亟尼不敢入門隨而之官外內尤肅然常倖外絕
無所入素勤於幹家家無尺寸地而常於無中辦有
奉二伯叔接賓族殆不見艱窶色惟夫子意是順撫
諸侄如已出經理其大事一家咸依戴之府君清謹
之治忠厚之德不但操之有素亦賴先妣之多所內
相也晚年稍成家業不肖輩又長而列侍則輒蹙蹙
不安曰盈則必虧理也視吾初得無過乎事稍涉於
豫大則絕禁之屢嬰奇疾而能以理自勝年近八耋
猶省察家秉蚕夜不懈添患泄痢屢朔仍棄簾櫳生
先先君一年卒後先君十年同月而日後四干支嗚
呼亦異矣壽七十六附厝于府君之左育四男女長
成祜進士今安義縣監娶牧使林世讓女再娶士人

金道郁女次崇祜出後從兄僉樞公普興進士文科今弘文館校理娶花川君金浹女女長適羅州林善浩次坡平尹東美縣監之男曰在宗在容在定一女金純采妻皆林氏出校理男曰在學文科今弘文館修撰曰在翼幼三女進士鄭來鼎鄭日和鄭東晩妻林一男一女曰晦喆尹弼喆尹二男曰光顔曰光閔也記曰無美而稱之是誣也有而不知不明也知而不傳不仁也不肖僭無知識辭又短拙不足以闡揚德懿之萬一則踈漏實多誣非可論惟其將陷於不仁不明之罪爲兢兢焉耳誠願執事俯垂裁擇賜以一言光于泉塗則其爲感如何也

墓表

祖妣 贈貞夫人安東金氏墓表

嗚呼是我王考繼妣 贈淑夫人金氏之墓夫人籍安東高麗上洛公方慶之後曾祖學生諱涑祖奉直郎諱志顨考通德郎諱相器妣南陽洪氏司憲府監察諱禹民女也及笄歸于我王考王考龍仁李氏諱宜揆漢城府判官 贈吏曹叅議夫人乳四女皆夭元妣白川趙氏擧一男卽先考諱普興縣監陞僉中樞 贈吏曹叅判取不肖爲後有男在學在翼女縣

監鄭來愚鄭夏榮鄭東晩妻夫人以戊申正月十三
日生田甲五月十九日棄世于扶餘寓舍仍就縣西
淺乙蘿菖里戌坐原卜兆焉其後王考與元妣合窆
于廣州退村鶯子峯夫人當返祔同原而以事之重
審愼未果先考常寢食靡寧居然周甲今不敢復議
適不肖按節是道迺伐石以紀不肖未及承顔又無
家髦可以憑問懿躅只記幼時舊聞夫人淑愼純慤
王考律巳嚴而一無違不肖何敢贅一辭也

勿齋遺稿卷之三

勿齋遺稿卷之四

附 年譜

景宗癸卯十二月二十四日亥時生于京師漢陽洞

英宗戊申（六歲）為德山公嗣

戊午（十六歲）行聘禮于春川府衙

壬戌（二十歲）一女生（適僉正鄭來昺）

乙丑（二十三歲）一男在學生

丁卯（二十五歲）二男生（夭）

己巳（二十七歲）二女生（適進士鄭夏榮）○正月丁先妣憂

壬申（三十歲）三女生（夭）

癸酉（三十一歲）四女生（適進士鄭東晥）○二月中進士試

丙子（三十四歲）五女生（夭）○七月丁生考憂○九月丁先考憂

辛巳（三十九歲）三男在翼生○九月慶科庭試殿試對策擢丙科第四人（試官主文前文衡李鼎輔原榜十八人權極李光鉉金叙九柳善養具廳林德蹐金容李尹塾金翊林直赴洪樂仁等二十一人）放榜後累除假注書○十月分隷承文院

壬午（四十歲）八月通擬侍講院說書○十二月付藝文館檢閱以召試被選也承 牌就直

癸未（四十一歲）八月陞待教○九月陞奉教○十二月曰

館規違牌 特補景陽察訪旋曰大臣陳劄寢之
特命陞六付成均館典籍仍差鳳山仲理御史吏令
暗行益本郡吏李松恒犯殺獄其妻鳴冤故有是
命正月十三日復 命八 侍備陳獄情之不可傳
生 下教若曰周年史職熟知其人陞六之日試以
繡衣令聞所奏極爲精詳此人可合春坊令該曹知
悉

甲申(四十二歲)正月除司諫院正言○同月除吏曹佐郎○四月除司憲府持平○五月除正言○六月除吏曹佐郎○八月除兵曹一軍色正郎○九月除侍講院司書○十二月除吏曹佐郎

乙酉(四十三歲)二月除司書○同月差備邊司郎廳大臣以三南儲置米摘奸事 遣白選差三人公往嶺南沿海十餘邑摘奸四月復 命○五月除持平○十月除正言

丙戌(四十四歲)七月除正言○同月丁生妣憂

戊子(四十六歲)十一月除司書○十二月除正言

己丑(四十七歲)三月除持平○六月除吏曹正郎侍講院文學○十月除持平

庚寅(四十八歲)春與尹察判東昇作雪岳金剛之遊○五

月除持平○七月除忠清都事掌試也八月辭 朝
式年監試及文科初試畢試後九月還京辭遞○十
二月弘文錄都堂錄被選(副學金鍾正 領相金致仁)○同月除弘
文館修撰叅晝講曰 聖心激惱有動 駕之 命
詣閤請對 命解見任
辛卯(四十九歲)二月除修撰前司諫李迪輔受人嗾疏論
新錄八人而以卑陋二字加於公公陳疏引義
批曰寔彼自道於爾何嫌勿辭察職 筵教又曰李
某為人甚潔予所熟知卑陋之目豈襯當乎此人之
有情勢於館職誠可惜矣屢 下飭教而公終不復
齊○同月除司諫院獻納引遞○七月除獻納○九
月除副修撰○十月除持平
壬辰(五十歲)三月除獻納○八月除弘文館副校理違
牌適值 激惱之時 命免為庶民於大興郡倍
道押送即為赴謫留接於邑底十月有庶民蕩滌之
命蒙放往省伯氏于安義縣任所旬餘還京○十
一月除京畿都事試士公都會
癸巳(五十一歲)正月除侍講院弼善○四月除司憲府執
義時府啓中有金植事而金於公為外五寸親公以
私義不可叅啓之意陳疏 命刋名侍從案旋 寢

之○五月除司僕寺正○八月除侍講院輔德 書
筵講綱目畢有 睿製律詩使賓客春坊諸臣賡和
粧帖以 賜之名曰承華賡和帖綱目 進講始於
甲申畢於癸巳而公首尾叅講於始講畢講之日又
叅於續綱目始講時 睿教屢稱其稀貴時人榮之
○十二月除通禮院左通禮
甲午五十二歲正月除司諫院司諫時有陳賀事而 命
勿設軒架公上疏言其非禮 上賜嘉奬之批仍有
熟馬賜給之 命○五月除司諫○九月除弼善是
冬 書筵須貢橘仍下 睿製詩使賓僚和進又為
聯句令翊贊曺允亨書之鋟梓以印本粧屛須賜名
曰廣橘詩屛時人傳為盛事
乙未五十三歲正月除執義○同月陞拜承政院同副承
旨轉至右承旨○二月除兵曹叅知旋陞叅議○三
月除承旨○五月除兵曹叅議又除承旨○十二月
除春川府使同月赴任
丙申五十四歲六月以進 香官上京殿最居中罷職詳見
家狀○十二月叙用除刑曹叅議
當宁丁酉五十五歲三月除承旨○十月通擬大司諫
戊戌五十六歲六月除安邊府使七月赴任翌年秋上京

求遞回 朝令中飭還任值歲荒捐廩賑之三載居
官多所設施各社氷役之防給兩寺紙弊之釐革海
津常供之添補武士朔射之刱設皆成節目以行之
公歸之後邑民鑄鐵碑以頌惠焉
庚子五十八歲六月以冬至副使內遷○七月除刑曹參
議○九月除司諫院大司諫上陳戒疏兼請前獻納
趙鎮衡刋改 批曰所陳事宜但目下爻象之不佳
所可憂者橫流頹波之莫可沮遏將至顚倒義理壞
決隄防之歸卿言及此時及此事可謂不負胄筵所
知所請依施次對入 侍以北路量田及詳定事
啓奏並 允之○同日陞嘉善階拜戶曹參判大臣
筵白冬至使今當以兼謝恩使差出而副使李其沉
屈可惜請陞資以仍之 上允之仍以臺職之妨於
使事許遞移拜戶參○同月除都摠府副摠管
十月與正使茂林君書狀官尹長烈辭 朝發行到
龍灣長子以府尹迎送於江頭時人稱其榮焉十一
月渡江十二月到燕京
辛丑五十九歲二月自燕京復路三月復 命○同月除
漢城府右尹○同月除忠清監司當日辭 朝時有
湖儒獄事公承 命按治務盡平允湖人至今稱之

道內衆弊多所釐革雙樹還遷穀之各留近倉安興餉
米之如式分留貢津還餉之還付本倉皆經 啓稟
成節目行之分給俸錢於各驛以補馬戶之役劃付
穀物於山城以作軍器之需備置經史於營下學宮
使多士肄業措給籍錢於本府各里使貧民蠲役亦
皆有節目焉
壬寅六十歲 六月持平李泰永 啓言忠州牧使俞恒
柱張樂船遊於 國忌日請拿問嚴處道臣有不能
覺察之失請施譴削之典 批曰當待決末處之不
允大臣奏以處義之不可強 命許遞○七月除副
摠管引遞又以前望 特除○八月除右尹○十月
兼造紙署提調○十一月除刑曹參判又除行左承
旨○十二月除刑曹參判尋除司憲府大司憲時府
啓中有李普行事公以同宗不可參啓之義陳疏
特命許遞仍任前職
癸卯六十一歲 正月除大司憲上疏言鄭妻出陸時以
密旨擧行大關後弊請明示悔悟 批曰向來處分
實非得已卿所云云出於守經之義法語能無從乎
予方受而爲咎○同月 命許遞仍任刑曹參判○
二月以前望 特除兵曹參判○同月陞嘉義階

傳曰予在東宮講綱目畢秩適符　兩朝盛蹟宮僚
中自始講至畢講又至于續綱目進講時者惟此宰
臣一人其在表奬之意何惜一級此擧實合述古念
舊之政兵曹叅判李　特加一資○三月除都承旨
又以前望　特除禮曹叅判○四月除都承旨尋又
仍任禮曹叅判○同月兼觀象監提調○同月庭試
爲文一所上試官○六月除大司憲○七月除副捴
管又除左尹又除刑曹叅判○九月除都承旨又除
副捴管○十月除右尹差下承文院提調
甲辰六十二歲五月除都承旨○六月兼典醫監提調○
七月除大司憲上疏陳元良蒙養之道爲六箴以進
其綱曰養德性曰擇左右曰節居養曰戒玩好曰勤
講習曰本身敎　批曰六條箴辭言言切至當隨處
省察○八月除大司憲○十一月除大司憲○十二
月除同春秋時以椳院提擧承　命纂輯同文彙考
而是月家有回祿之灾椳院譯院謄録冊子亦入其
中公陳疏引罪承勿辭之　批
乙巳六十三歲十一月除兵曹叅判是年以足部瘡患屢
朔彌留不得供職
丙午六十四歲正月除大司憲又除都承旨以病遆尋又

特除○二月除大司憲○三月除都承旨○四月
除左尹兼掌樂院提調又除兵曹參判○六月除左
尹○同月除行大司諫時　文孝世子在殯公上疏
請節哀保嗇兼陳朞服不可用白皮靴　批曰疏辭
可見卿憂愛之悃另欲隨處理遣衰服不可用靴予
意亦以爲然今當服制似未照管令禮官博議以聞
及收議改以管屨仍爲定式○同月除都承旨暫遞
復除○七月除左尹又以前望　特除同義禁○八
月除同義禁○九月除戶曹參判又除都承旨○十
月除刑曹參判○同月以前望　特除同春秋又除
都承旨○十二月除都承旨○同月以前望　特除
禮曹參判同日移除戶曹參判時以　王大妣殿上
尊號方設都監而度支長在外　特命以公爲亞堂
差都監堂上而曹務皆令替行公盡誠於敦匠事而
曹務則辭不奉行
丁未(六十五歲)正月陞資憲階　上號都監賞典也同日
除刑曹判書時有館儒定配之　命曹隷推捉於泮
中執義李師濂上疏請曹隷刑配不飭之該堂罷職
上不允公陳疏引義許遞○同月除禮曹判書○
五月以前望　特除漢城府判尹釐正五部坐更之

制○同月曰大臣 筵奏差下備局堂上○八月除
分内局提調○十月除咸鏡監司有催促辭朝之
命同月赴任時有慶興咸興德源竪 碑建閣之役
而未告訖公董成之蒙 錫馬之典承 命撰記揭
于三邑館舍道内方有信蔘分定而價不贍捐給累
千緡以補之又以廩俸貿置白金三千錠於營中以
作不虞之備萬歲橋修治之役壯砲廳輪番之苦亦
以財力劃給俾除兵民之弊至若北關糶糴之釐正
内寺奴婢之給保別隨率一百名之設置軍餉米六
千石之措備皆經 啓稟詳在節目此乃按道後設
施之大略也翌年戊申秋一路告歉將設大賑公以
衰病難強巡到吉州撤還上疏乞解 批曰行部入
北關中路以病撤還民事雖可悶方有別遣使行此
時南關事專委方伯不可輕遞卿其勿辭調理察任
右議政李性源 筵奏近見北伯狀辭節節中窾綽
有條理荒歲民政竊幸得其人而昨見狀本巡到北
關初邑以病撤還病勢雖未知之而撤巡終涉遽然
請推考 上曰昨見辭疏極爲駭然初欲譴罷而病
非托辭此時本道事難付生手故姑止之卿言得宜
依爲之公自是經紀賑政歲前則悉以營穀自備分

賑至開春始用公穀狀請于 朝移嶺南穀以哺南
關移南關穀以哺北關以是穀能繼巡民得全活每
有狀 奏輒 下嘉奬之諭有曰纖悉詳備不負委
寄之意克活七十萬生靈以紓宵旰之憂又有令籌
司賸入狀啓之 命
己酉六十七歲三月發巡南關以宿患之有添中路撤還
還營後乍減又劇二十三日子時皐復于澄清軒訃
聞于朝 上驚悼即下良綸曰官筵出入殆十餘年
綱目一部首尾叅講久任在古亦罕裨益尤有不貲
向來陞資出於念舊今聞遽作古人殊用嗟傷待其
返柩原致賻外別給葬需以示予念舊之意無間於
生死禮曹停朝市如禮四月初九日啓𨋎十九日到
南大門外貫舍停柩五月二十一日啓𨋎二十二日
安葬于安山郡西面元堂里德山公墓左至十月移
奉于同岡之右夫人祔焉五月祗受弔祭

諭祭文

維乾隆五十四年歲次己酉五月二十八日
國王遣臣禮曹正郎姜鳳瑞諭祭于卒判書李
之靈儒素之家恬簡其姿文識材猷左右俱宜自有
規度不失尺寸受知　先朝屢荷踰衮簪筆橫經以
至緋玉逮予嗣服外內著績燕臬礪操湖菱播惠京
尹司冦議讞無滯遂聞廟謨望實方蔚父子卿班一
心王室出膺北藩値玆歲荒設施中窾條奏甚詳病
猶殫誠一方賴濟賑事未畢福星忽翳予初識卿承
華之遴一部綱目繼以續編自始暨終寒暑十易奚
直久任實多資益曩歲陞秩式出念故隱卒庀葬予
懷申布念卿平素名德無疵奉公之誠綜事之知而
用未究曷勝悼惜伻官致誄尚歆斯酌

知製　教俞漢謨製　進

府君墓表陰記

先府君姓李氏諱崇祐字德而自號勿齋龍仁人高麗太師諱吉卷後歷二十三世至諱士慶大司諫生諱後天刑曹叅議於府君爲五代祖高祖諱峻岳禮賓寺正曾祖諱世貞義禁府都事 贈吏曹叅議祖諱宜揆漢城府判官 贈吏曹叅判考諱普興德山縣監 贈吏曹判書妣 贈貞夫人安東金氏都正諱聖游女本生考諱普淳戶曹佐郎妣淑人清風金氏執義諱栽女祖諱宜遂戶曹正郎 贈吏曹叅判寔判官公伯氏也府君以 景宗癸卯十二月二十四日生六歲爲判書公嗣 英宗癸酉升進士辛巳擢庭試文科隷槐院歷藝文館檢閱待教奉教侍講院說書司書文學弼善輔德弘文館修撰校理司諫院正言獻納司諫司憲府持平執義吏曹佐郎正郎兵曹正郎成均館典籍通禮院通禮司僕寺正洪忠京畿都事間以繡衣暗行海西以籌司郎奉使嶺南乙未陞承政院承旨自同副至右歷兵曹叅知叅議刑曹叅議大司諫春川安邊府使今 上庚子以副使陞嘉善赴燕歷戶禮兵刑四曹叅判漢城府左右尹都承旨大司憲洪忠監司癸卯 特加嘉義丁未

以都監勞陞資憲歷刑曹禮曹判書漢城判尹兼帶
知義禁府春秋館事都摠管承文院造紙署掌樂院
觀象監典醫監備邊司提調出為咸鏡監司己酉三
月二十三日考終于咸營之澄清軒春秋六十七訃
聞 上驚悼特下哀綸命有司給葬需盖 異恩也
輟朝弔祭如禮五月二十二日葬于安山郡西元堂
里先兆同年十月十六日移奉于同原酉數十步坐
丑而先妣祔左焉先妣貞夫人安東金氏花川君諱
泱女 皇朝贈遼東伯諱應河五代孫也壬寅五月
十二日生己酉八月二十日卒享年六十八媲德匹

休梱治克備宗黨咸視為則先王考每稱之曰吾婦
必昌大吾門育二男三女男長不肖文科前參判次
在翼生員女適鄭来咼判官鄭夏榮鄭東晚俱進士
不肖一子奎鉉在翼二子箕鉉斗鉉鄭来咼一子晉
榮鄭夏榮三子一女鄭東晚一子二女幼嗚呼府君
居家而有篤至之行事 君而盡忠勤之節恬謹自
持名德具全立朝三十年受 上知深 英廟嘗有
教曰自在秉筆識其雅潔今我 聖上亦有教曰予
於胄筵資益最多文章經學之兼備罕與為比又
教曰近觀治藩益驗其綜密真合掌賦之任此實筵

臣所共承聆也前後　恩教炳若日星顧小子何敢更有稱述也以府君平日志事庶有立言君子摭實而闡揚之以徵來世非憯陋不肖所能狀其萬一只叙世系官歷謹刻于表石之陰惟　聖人之言可使後之人有以知　則哲之明眷遇之盛是敬識之於孱痛哉不肖孤在學泣血謹記并書一本燔磁石刻丁酉埋覘石下

府君家狀

先考姓李氏諱崇祐字德而自號勿齋系出龍仁鼻祖諱吉卷佐麗祖策壁上功官太師世襲簪組十四傳而有諱士渭從遊圃牧諸賢入我　朝官開城留後生諱伯持都觀察使錄清白又八傳至諱士慶司諫院大司諫　贈吏曹判書號雙谷生諱後天刑曹叅議　贈吏曹叅判號白癡於府君為五代祖也高祖諱峻岳以長德著於時官禮賓寺正曾祖諱世貞義禁府都事　贈吏曹叅議祖諱宜揆漢城府判官贈吏曹叅判考諱普興德山縣監　贈吏曹判書兩代貤榮以府君貴也妣　贈貞夫人安東金氏敦寧府都正諱聖游女花山君諱澍六世孫也本生考諱普淳戶曹佐郎妣淑人清風金氏執義諱栽女贅善孱齋諱榦從女祖諱宜遂戶曹正郎　贈吏曹叅

判寔判官公伯氏也府君以　景宗癸卯十二月二
十四日生于京師幼而器度宏厚知思沉密纔學語
嶷然如成人尹尚書惠教即府君生祖妣弟也見而
奇之曰此遠大器也六歲爲判書公嗣判書公甚愛
重之所以蒙養而教導者必以古君子德行事業府
君性又好學聰明強記自期甚高遠甫踰十歲已留
心世務於文章見解超詣博通經史尤喜左氏書得
力最多弱冠成大儒　英宗癸酉中進士辛巳庭試
對策登丙科分隷槐院壬午令　上陞儲設春坊首
通説書入翰院由檢閱轉待教奉教適曰館規遆牌
特補景陽察訪旋　寢之癸未冬陞典籍時鳳山
郡有殺人獄曰其妻鳴冤　命差伸理御史暗行廉
覈國典編衣多用三司而府君陞六不踰日膺是簡
盖以周年史職受　上知深謹簡精詳屢被　奬詡
也及反　命盡得其實竟置之法鳳人快之屢拜正
言持平司書文學吏曹佐郎正郎兵曹軍色郎乙酉
春大臣以三南儲置米之多虛留　筵白選差備局
郎分遣摘奸府君往嶺南數十邑所至輒先取一邑
各穀分留之簿一時並閱以防作奸之弊亦不以親
踈剛柔有所低仰大吏竟多抵罪丙戌丁生妣憂戊

子服闋屢除兩司春坊庚寅秋除洪忠都事以掌試
也科場紛挐之習湖右益甚前後主試者輒以吏校
擁護府君至則悉屛之緩轡以入場屋爲之整肅旣
榜出多士服其鑑識之明是冬選弘文錄以修撰登
講筵數進文義 上亟稱善司諫李迪輔受人嗾
論新錄八入橫逆及於府君 上察其誣嚴斥迪輔
刋削其職而府君陳疏引義荐承 勉飭終不膺
上謂筵臣曰李某非但文識素知其爲人置之經幄
方喜得人意外有情勢甚可惜也自是歷修撰副修
撰校理副校理皆不就屢除獻納亦引遆惟行公於
春坊官壬辰復以館職遠 召適値 淵衷激惱
命爲庶民於大興郡赴謫月餘 特命蕩滌未幾除
京畿都事癸巳移除弼善歷司僕正通禮執義甲午
春陳賀 命勿設軒架以司諫疏言其非禮 上優
批錫馬以奬之又屢遷弼善輔德執義乙未春 特
除承政院同副承旨轉至右承旨歷兵曹叅知叅議
是冬除春川府使旣莅任先以恤民爲務貧戶之應
新延役者並蠲之查櫛倉逋不令而完勸課儒武一
境興起丙申遣 國恤本道進香之需舊例輒歛民
府君曰進香頒民豈體 先王意哉遂自官措辦未

半歲而邑中大治逆臣夏材爲監司乃置之中考盖夏賊之父陽澤以首相治逆依違不力討不肖時在言地略論之以故蓄憾而有是事 上燭其狀下教政院曰此人豈不能爲春川耶於是朝議峻發 上又以其晏然若不知多 下責教於筵中夏賊始撤廵䟽引尋曰事削其職丁酉除刑曹叅議屢拜承旨戊戌除安邊府使治之如治春利民袪瘼之政無細或遺諸社有藏氷之弊則鳩財力以防其役殘僧以納紙爲苦則蠲挩以添其價刱設每朔試射而武士作氣補給兩津常供而漁夫息肩間値歲荒公賑之外捐廩濟恤闔境無菜色三載居官民視如父母歸後鑄鐵碑以頌惠年愈久而思愈深每有過客語到府君時則婦孺亦爲之流涕庚子以冬至副使內移尋有兼謝恩事法當以亞卿差遣大臣以沉屈可惜請陞資以仍之 上曰此人之尙未陞用誠可惜即 命擢授嘉善階仍差副使府君時以大司諫上䟽言亂逆層生義理不明將如橫流之不可遏頹波之不可止請察影見形以爲防微之道縷縷數陳盖有憂慨於朝象也 聖批荅曰所陳事奚但目下之象之不佳所可憂者橫流頹波之莫可沮遏將至顚

倒義理壞決隄防之歸卿言及此時及此事可謂不
負胄筵所知又登 筵啓陳北路民事請改量田政
之紊亂者俾無白徵之怨釐正詳定之不均者以捄
海夫之弊 上嘉納之以臺職之妨於使事 命許
觧移拜戶曹叅判十一月發行到龍灣不肖適尹是
府晨夕奉歡榮光遠曁府君以盈盛爲戒杯盤綵管
亦禁其張大在途以清嚴自律一行肅然留燕館時
不作遊賞不近雜戲曰此不足爲奇觀徒見侮殊俗
耳上价書狀皆服之臨歸問盤纏贏餘悉分之於譯
員鄭卒之貧無資者所稱燕物雖書籍筆墨之屬一

無所購序班輩問於譯舌曰今行二大人何不購一
物也相與嘖嘖不已翌年三月反朝除右尹尋拜洪
忠監司道內多豪右獄訟甚繁丙丁以来又有訛誤
煽動之患府君簡以制之靜以鎮之聲若不出戶而
威行一路凡有施措鑿鑿無鏬漏於文契明如燭照
雖錢穀記簿之煩氄者一過眼輒瞭然有差誤則不
言而却之任事者退而叩籌果有差胥吏輩畏其神
明不敢欺盖非致意發摘而聦明精神之所及然也
獘瘼之關於民邑者多所釐革如雙樹還穀之各留
近倉安興餉米之如式分留貢津還餉之還屬本倉

皆經 啓稟成節目行之五驛馬戶凋殘轉甚則分給俸金取殖應役山城戎器抛棄旣久則畫付穀物隨毁繕補備置經史於營下學宮俾作多士肄業之資捐給財力於本府各里以蠲式年修籍之役此皆設施之著為令者而其實心為公蘇殘袪弊之政多此類也逆臣德相之黨與在湖右者陰為營救計事發府君奉 旨按治務盡審克惟恐一人枉罹尋與按覈使會查詳慎平允終始如一雖異已者莫不心服咸謂其必有後焉壬寅以管內守令之有犯科而未即覺察臺臣請譴削 上不允大臣奏處義之不可强 命許遞癸卯以大司憲䟽言鄭妻出陸時咨旨擧行大關後弊請明示悔悟 批曰向來處分實非得已卿所云云出於守經之義法語能無從乎予方受而為咎是時諸臣懲討之章擧 賜例批而府君前後陳䟽輒蒙 開納焉是春 上追念書筵時事 敎曰予在東宮講綱目畢秩適符 兩朝盛蹟宮僚中自始講至畢講又至于續綱目進講時者惟此宰臣一人其在表奬之義何惜一級此擧實合述古念舊之政 特加一資於是進階嘉義甲辰以都憲䟽陳 元良蒙養之道其綱曰養德性曰擇左

右曰節居養曰戒玩好曰勤講習曰本身教演爲六
箴以進　批曰六条箴辭言切至予當隨處省察
丙午　文孝世子在殯以大諫陳疏請節哀省事保
嗇　聖躬兼論朞服用白皮靴之非禮　批曰疏辭
可見卿憂愛之誠另欲隨處理遣衰服不當用靴事
予意亦以爲然令嗇服制似未照管令禮官博議以
聞及收議改用菅屨仍爲定制屢除都承旨禮曹兵
曹刑曹叅判漢城府左右尹而於秋曹京兆最久以
他職　特命仍任者亦屢遭盖以議讞精當決訟公
明　聖意欲其久任也拜知申凡過十餘次雖以衰
病不能久於夙夜而　除旨殆無虗月不肖又嘗
謬忝間多承乏父子之出入近密爲世所榮前後兼
帶同義禁同春秋副摠管承文院造紙署掌樂院典
醫監觀象監提調是冬設　王大妃殿上號都監度
支長適在外　特命以府君爲亞堂差都監堂上曺
務亦令替行府君只盡心敦匠事而曺務則辭不奉
行丁未春　上號禮成用勞陞資憲進拜刑曹禮曹
判書漢城判尹兼知義禁知春秋籌司堂上在京兆
承　下教釐正五部坐更之制查括均排以杜奸竇
小民之前所偏苦者賴以紓力是冬除咸鏡監司時

當數逓餘公務委積 上促令赴任道內方有信蔘分定而會減之價不相當將斂於民卽馳 啓添其價又自捐俸累千以贍之使蔘政如期告完而民免於徵斂 上以慶興咸興德源有 聖祖舊蹟 命竪碑建閣而閱累朔工未訖府君至則董成之蒙錫馬之典承 命撰記揭三邑館本道以邊上重藩獘瘼滋多取其最甚者条列狀 聞請北關耗穀屬本官者凖法除給而嚴禁剩穀取用之獘以正糴法道內內寺奴婢供役偏重以化揔外查得者各給保人以助其力中嶺堡壯砲兵徒擁虛簿汰其半而以曽任將校者更設別隨率一隊以整軍制 上並許之又以本營無軍餉請取驛卒給代穀限年貿入以作餉米六千石而驛卒則從其願貸給營錢復取本穀之耗散賣以充之使公貨無虧兵食有裕廟堂覆奏而施之營中帑儲匱竭緩急無可恃爲之慨然鳩一歲之俸貿白金三千兩固其封而藏諸庫將以備不虞也萬歲橋每夏潦崩壞動八社民以改之亦以廩餘分給諸社取息雇役永除收斂之獘寔遵先王考通判本府時壟坪坊役之舊規也各廳立番用壯砲最爲軍兵所難支又捐財付該廳賃人以應役所

以養士卒也凡所措置俱有節目於是民與兵無不
均蒙永世之恵而一路輿誦咸謂藥泉南相國後始
覩云翌年秋南北關告歉將設大賑以衰病難強求
解職 上屢勉飭之不獲已承 命行部歸即馳疏
陳病未準請而 眷眦愈隆府君乃力疾擔着賑政
其規畫設施之方錙銖不遺獨運心籌每至夜分不
寐本道北經荐荒穀薄耗如狀請于 朝移嶺南穀
以哺南關移南關穀以哺北關而歲前賑資悉以營
穀分給開春始用公穀以是穀能繼巡而數十州近
止之命終免于溝壑每有狀奏輒 下嘉奬之諭有
曰纖悉詳備不負委寄之責克活七十萬生靈以紓
宵旰之念府君感激殫誠益自孜孜殆至廢寢忘食
而不以為勞及春巡中路疾作還營乍獲差安時曰
季子榮覲置酒接客談笑自若居數日疾又劇傍人
以宿症不為慮而府君獨自知之亟命書報家中仍
取案上啓草促使淨寫封發即關防邑弊民事三條
而首尾累十幅親自考準改其誤字着押精細如前
日又以朔米分給幕賓與營屬如遞等例翌日夕侍
疾者煎湯以進却之曰何用藥為待雞鳴持來也竟
以其夜子時易簀于澄清軒實己酉三月二十三日

也享年六十七訃聞于朝 上驚悼卽下哀綸曰宮
這出入殆十餘年綱目一部首尾參講久任在古亦
罕裨益尤有不些向来陛資出於念舊今聞遽作古
人殊用嗟傷待其返柩原致賻外別給葬需以示予
念舊之意無間於生死輟朝吊祭皆如禮嗚呼痛矣
府君秀身雅貌風範端凝寡言語謹步履燕居必正
冠斂膝莊敬自持而及其接物則温如也孝友根於
天賦幼而就養愛敬無間於所生家甚貧窶而甘旨
必盡誠左右承奉惟志是適及居憂哀毁踰度幾於
滅性苫塊餐蹝悉遵禮節平生痞滯之疾實祟於此
晩年惟奉生夫人不欲暫離賣屋以就之朝夕怡愉
如嬰兒夫人篤老沉疾每侍湯衣不觧帶飲啖必親
嘗家人婢僕觀感而不敢懈孤露以後仕益顯常有
不洎之慟遇四忌日哀慕如祖括時事伯氏如事親
卜居比隣非有公故輒相會得一佳味則分嘗之衣
服亦随時製進非以伯氏之不能自給也凡於奉先
之道一出誠意無墓石則竭力以具之無祭田則營
財以置之雖係遠代事亦洞洞不忌宗中小大事咸
就决焉三從兄曾祜氏自幼受學於判書公判書公
撫育如己子府君視如同氣飢飽憂樂與共之親愛

之情到老不衰待宗黨甚厚婚喪之窮不自辦者必爲之備助每月受祿以斗米均分以爲常庄穀所入亦如之人謂有義庄遺風湖西多貧族在營時遠近來者悉館之接待款洽無一分厭苦之色隨力施與雖或未滿其望而歸輒充然自喜詑於鄉里聞之者歎其敦睦之誼焉自髫齡勤於學誦讀製寫日有課程未嘗爲雜戲俚語及長益勉操檢之工手謄經書多所劄錄以至聖理禮學諸書無不博涉常曰文詞末也非士子所可專尚平日所勉在於實地而不欲以經術自居故人亦鮮有知者治公車業雖不規規於科臼而精鍊典雅自中繩墨尤長於騈儷場屋所作多膾炙人口及登雷肆首尾待講凡十二年每於講說之餘以君德治要反復陳勉懇懇不已或至日昃而夜深嘗退謂人曰初年或有螢爝之補伊來睿學日就高明雖老士宿儒莫敢仰跂誠 宗社之慶也出入 宮筵旣久且專受知 聖明恩禮隆摯屛帖之 內賜珍羞之 特須多是曠世盛典也陞宰列後 上臨筵下教曰予於胄筵資益最多歷數廷臣經學文章之兼備無如此人眞合置文苑矣在藩任有狀奏屢爲之 嘉賞或令籌司謄書以入計

至之日　盡然念舊隱卒庇葬迴出常格嗚呼苟非學識之深博誠意之篤至則　聖主所以眷眷不忘終始靡替其如是乎自少極有心計凡於事物綜理微密大小施為必熟慮而行之有始罔不有終且以經遠為務無輕遽淺短之患故實效久乃益著平日恂恂然不以才能求知而及見成績人皆推服　聖教嘗曰觀於治藩知其才猷北藩之屢辭不獲盖亦由　簡心之眷也雅性恬簡儉約律已治家斤斤有法度不失尺寸半生處窮而麤糲弊布不以為厭榮顯之後自奉一如寒士衣不取華食無多品垣屋輿馬以至文房諸具皆從朴陋或有言其太儉則笑答曰此亦視吾初汰矣又尚侈靡菑必隨之每之外任聲色樓觀淡然無所好烱烱一念惟在於約已奉公恤民捄瘼苦心做去如恐不及赴北藩也語家人曰吾父子辱被　國恩無所報答衰年出塞只知民事無以家累相煩也莅任兩載節用蓄財功利之及於民者不特累萬飢口之全活而已靷歸之日遠近士民奔走號呼爭先執紼入安之境一邑吏隸十社男女各具饋奠如哭私慟至於靈輀不得前亦豈非遺惠之入人者深耶立朝事　君以誠勤為度有職務

則隨遇殫竭視如己事有公故則強僶必赴不思占便在 上前雖移時竟晷端拱植立不移步不游視傍人皆屬目焉平居守靜視名利如機穽雖嚴於是非淑慝之辨而不喜論人長短出入三司數十年未嘗有彈擊之事時有權貴用事舉世靡然而獨不識其門雅潔自修與物無競以是始雖邅迍而終被特達之知歷試內外位躋隆顯名德具全人莫之疵瑕晩來以門闌煇赫常有蹙蹙戒懼之心在北營季男仲婿聯翩蓮榜榜聲至左右賀之府君以為太滿答人書曰吾今則但少一死未幾而言乃符其亦有先知者歟啓手前二日晨謁家廟如常日營中公私事處置無遺疾革屛醫却藥怡然就枕不見幾微怛化之意無一言及於家事嗚呼精神之所蘊定力之有素斯亦可驗也禀質剛確性又沈靜有宿痾而未嘗委篤回甲之後髭髮猶不甚白人皆期以遐齡況以篤行懿德庶幾永受純嘏克享大耋而春秋未滿七旬鼻復於千里客館不肖在京未及往侍遽抱終天之慟俯仰穹壤此何理也捐館之翼月返柩京城之南以五月二十二日葬于安山元堂里判書公墓之東至同年十月十六日先妣襄禮時移卜同原之

西去前壙數十步坐丑而合封焉先妣貞夫人金氏
籍安東五代祖諱應河殉節深河之役　皇朝贈遼
東伯實我東名臣也考諱浹策揚武勳封花川君官
訓鍊院都正妣貞夫人平山申氏府使諱憲周女也
以壬寅五月十二日生以己酉八月二十日卒生先
先君一年卒與先君同年也幼有至性善事父母父
母於諸子中最愛重十六歲歸于先君天姿和而端
柔而莊言笑有節儀度必愼篤於行誼明於事理豈
弟樂易宗黨稱以女中君子事尊章早夜洞屬夂益
敬謹常如執贄之日育子女敎以義方御家衆得其
歡心其於奉祭祀也誠禮俱至餠品一遵遺式不以
貧乏而有所減殺必手滌器皿躬執烹飪曰不能自
盡於蘋藻則非婦道也自少主饋而歲無甑石之入
勤執女工以供親廚而自奉多屢空時備經百艱勞
悴成疾夏瘧冬痢若不能支而愁苦之色不形於外
每對人藹然有和氣先王考稱之曰吾婦必昌大吾
門及其貴後身不着文錦食必取淡薄至老視家倫
勤如少時隨之營府每朔式例之外一無私用歸而
有餘則分與貧窮以本家後事之零替經紀親墓石
物卒就之厚於收族樂於施善配德匹休克成梱治

子婿五人俱占大小科名內外諸孫兟兟繞膝人有
言五福具備者則惕然不喜常曰婦人壽則多懼吾
不願也及遭禍變決意下從雖以不肖輩之故強進
粥飮而委身苫席祟毀轉甚一日早起語諸女曰吾
有夜夢自三月過七數則當與汝先君相會矣不肖
輩承聆掩抑只認以夢事之偶耳豈料七數之爲七
箇月而合如符契耶八月望日曰奠過哀添疾數日
昏涔而無別症時使傍人讀女史又或措置家事至
二十日曉猝劇竟以巳時棄簾櫳壽六十八嗚呼夢
兆之先告七數症候之恰似三月皆非適然之事何
其異也擧八男女一男二女未育男長不肖文科今
判書次在翼生員今別檢女適鄭来鼎僉正鄭夏榮
鄭東晩皆進士不肖一子奎鉉側出一子未冠在翼
三子長良鉉出爲伯氏同樞公孫以尸本宗祀其餘
幼鄭来鼎一子晉榮鄭夏榮三子長敎一餘幼一女
適李孝淵鄭東晩二子二女奎鉉二子皆幼嗚呼不
肖誠懵陋不文顧何能追揚先懿之萬一而轉眄之
頃邱草屢宿迄無以闡幽光而賁泉塗恤焉茹痛日
夕兢懼乃敢不揆荒拙謹就平日德行之所嘗竊覸
志事之著於施爲者叙次如右至若立朝大節我

聖上前後恩教有以仰則哲之明玆用敬錄于中以
徵不肖之不敢私其親庶幾當世立言君子之哀憐
而財擇焉

府君神道碑銘

公姓李諱　字　龍仁人也上祖吉卷佐麗太
祖策勳壁上官太師奕世冠纓有曰士渭入我朝
官開城留後子曰伯持觀察使選廉吏八傳至士慶
大司諫生後天刑曹參議於公為五代祖也高祖諱
峻岳禮賓寺正曾祖諱世貞義禁府都事贈吏曹
參議祖諱宜揆漢城判官贈吏曹參判考諱普興
德山縣監贈吏曹判書妣贈貞夫人安東金氏
敦寧府都正聖游之女本生考諱普淳戶曹佐郎
贈吏曹參判妣贈貞夫人清風金氏執義栽女祖
諱宜遂戶曹正郎寔判官公伯氏也公生於景宗
癸卯幼而器度沈厚尹尚書惠教即從祖舅也見而
奇之曰遠器也六歲判書公取而為子教課甚嚴公
聰明好學甫踰十歲博涉經史弱冠已成通儒留心
世務英宗癸酉中進士辛巳對策登庭試隷槐院
壬午令上陞儲位設春坊首通說書尋入翰苑由
檢閱轉待教奉教癸未陞典籍時鳳山郡有疑獄

特遣公廉覈故事御史多用三司而公甫陞六曹是
簡蓋於周年簪筆受知深也公鉤得其實復命稱旨
屢拜正言持平司書文學吏曹郎兵曹軍色郎乙酉
春差備局郎檢察嶺南穀儲一裁以法大吏多抵罪
者丙戌丁生妣憂戊子服畢屢除兩司春坊庚寅秋
差洪忠都事掌試事近歲湖右試鬧多閧主試者輒
以吏校擁護公悉屛之緩轡以入毋敢譁者旣出榜
士稱其公明是冬選入瀛館以修撰登講筵數陳明
剴 上稱善司諫李迪輔受人嗾論新錄八人並及
於公 上嚴斥之刋其職公陳疏引義 上謂筵臣
曰素知李某文識方喜經幄得人甚可惜也自是屢
拜修撰校理皆不就惟春坊則勉膺之壬辰復以館
職遠召會 上心有激編配大興郡月餘宥還未幾
除京畿都事癸巳移弼善歷司僕寺正通禮執義司
諫甲午又還輔德乙未春特除承政院同副承旨轉
右承旨兵曹叅知叅議是冬除春川府使丙申 英
廟上賓本道進香之需例出民斂公曰進香煩民豈
體 大行意哉遂官自辦進不半歲邑大治逆臣金夏
材爲監司挾私憾乃置之中考 上燭其狀曰此人
豈不能爲春川耶屢下責諭尋曰事刋其職丁酉除

刑曹叅議屢拜承旨戊戌除安邊府使治以興利除害爲先防諸社藏氷之價蠲兩津供魚之稅間值歉歲捐廩賙濟闔境無瘠民鑄鐵碑以頌之庚子以冬至副使召還會以使名兼謝恩當遣亞卿相臣白公沈屈請陞秩以仍之　上遂擢授嘉善階俄拜大司諫抗疏言亂逆層生義理不明將如措流之不可遏請察影見形防微杜漸言甚激切　上優批嘉奬曰卿可謂不負胄筵所知矣尋移拜戶曹叅判冬行到龍灣長子在學適尹是府備儀迎覲一路聳觀公以盈盛爲戒杯盤絲管切禁其張大在途約己檢下留燕不近雜戲不喜遊賞盤纏有剩悉分之譯員郵卒歸裝蕭然燕人爲之歎服翌年春返朝　除漢城右尹尋拜洪忠監司本道多豪右獄訟甚繁公制之以簡鎭之以靜凡所施措鑿鑿無罅漏雖錢穀之煩氄者瞭然如燭照老吏猾胥不敢絲毫欺分俸金以蘇驛戶儲城穀以繕戎器購書於學宮而多士勸給財於里社而力役蠲至今遵而賴焉時湖儒有護逆者事發承　命覈治而株連漸蔓公與按覈使會查詳審平允惟恐一人枉罹雖異己者莫不心服壬寅曰徵事適癸卯以大司憲疏言鄭致達妻出陸用容旨

大闕後獎　批曰法語能無從乎予方受而爲答是
時諸臣懲討之章皆例　批報聞而獨公前後進言
輒蒙開納焉是春
東宮畢講綱目適符　上追念書筵舊勞下教曰予在
至畢講以至續綱目者惟此一人特　命進階嘉義
甲辰又以都憲疏陳元良蒙養之道曰養德性擇左
右節居養戒玩好勤講習本身教演爲六箴以進
上優批以答丙午　文孝世子在殯以大司諫論衰
服用白皮靴之非禮　上令禮官博議改用麻屨仍
爲定制屢除都承旨禮兵刑曹參判左右尹而於秋
曹京兆寂久移他職特仍者屢盖以理獄精審也兼
帶則同知春秋義禁副摠管及五司提調也知申則
除旨殆無虗月公子亦頻入喉司父子迭處近密一
世榮之是冬　王大妣殿上尊號設都監度支長適
在外特　命公爲亞堂兼管都監事丁未春禮成用
勞陞資憲進拜刑曹禮曹判書漢城判尹兼耆司堂
上冬薦拜咸鏡監司時慶興咸興德源有　聖祖舊
蹟竪碑建閣累月未竣公至則董成之奬以錫馬公
以邉門重鎭積弊滋久條列上聞備軍食增砲兵禁
剰穀防撟役又鳩一歲之俸貿白金三千兩封樁以

備不虞俱成節目務在經遠兵民無不被惠焉翌年
秋南北關俱大饑公以衰病不堪賑政陳章乞解
上屢勉飭之不得已力疾巡省運嶺穀以濟南關移
南穀以哺北民歲前則周之以營穀每狀奏輒奬諭
曰纖悉詳備不負委寄之責公益感激殫精至廢寢
食及春巡疾復作還營時季子登庠来覲置酒接客
談笑自如居數日取案上啓草促令淨寫蓋關防邑
弊民事三條也親考準手押如常日侍疾者進湯公
却之竟以翌日卒于營舍實己酉三月二十三日也
享年六十七訃聞 上驚悼下哀綸輟朝弔祭如禮

命別庀葬具翼月返柩五月二十二日葬于安山元
堂里先塋次丑坐之原輤歸之日一路士民奔走號
呼爭前執紼安邊之民十社男女各致饋奠如哭私
親可驗遺澤之深也貞夫人安東金氏花川君浹之
女遼東伯應河五代孫也事尊章極其愛敬育子女
必以義方尤兢兢於奉祭祀洗滌烹飪躬執不懈家
無儋石入而劬女工以供親廚備嘗艱苦而不形於
色判書公嘗稱之曰吾婦必昌吾門及貴身不着文
綺食必取淡薄厚於收族樂於施善及遭公喪哀毀
成疾竟以同年八月終壽長公一歲葬從公同穴育

二男三女男長即在學今判書次在翼令別檢女歸
鄭来喁僉正鄭夏榮鄭東晩皆進士在學一男奎鉉
在翼三男長良鉉出為伯氏同樞公孫以尸本宗祀
其餘幼鄭来喁子晉榮鄭夏榮子敎一女適李孝淵
鄭東晩二子二女奎鉉二子皆幼公為人長身秀貌
清癯若不勝衣而沉靜簡默精華內蘊操履堅確律
己治家皆有尺度篤於孝友少時食貧而親廚必有
甘毳晩年奉生妣怡愉如嬰兒事伯氏及姊甚謹推
及宗族接遇救恤曲有恩義文學早成功令亦皆精
鍊尤長於駢儷而常曰士當以操檢為本文藝末也
手寫經典潛心玩繹及登　講筵敷奏明暢大被
明主之知每稱經學文詞之兼備廷臣罕比素有心
計處事綜密置水不漏屢典藩邑皆有殊績然守謙
務實不欲求知凡公私衆會退然屛坐言若不出口
以故人尠知其所蘊其在外任聲色游觀泊然無所
好惟單心民事如恐不及事君則一出誠悃未嘗自
占便宜在　上前端拱植立竟晷不移步不游視人
皆屬目焉平居恬靜視名利如機穽時有權貴用事
擧世靡然而獨不識其門人以為難及良浩與公齒
相近居相隣自鄕黨至朝端同周旋殆四十年每以

廷驪造墨里之第破屋荆門草樹蒙翳惟有黃菊數
盆清香滿室散秩咿唔蕭然若塵外人心常愛重中
歲以後官益顯祿益厚而不變布素之舊始知平日
所養者深矣北藩以後　上眷彌隆行將大用而公
遽不復朝野莫不悼惜然壽躋耆稀名德無瑕鍾鼓
偕樂金貂接武福履之盛當世尠比咸稱一代之完
人詩云豈弟君子求福不回公之謂歟判書君述公
事行來請麗牲之刻感念平昔揮涕而序之遂系以
銘曰聖人居宸夙簡僚屬　爰有宿儒久歯講幄
光紹　兩朝紫陽綱目　由是契合屢膺　寵擢
內長尚書出殿南服　侃侃補闕翼翼修職　捐金
蘇驛購書勸學　班高卿月寄重鎖鑰　歲丁大侵
飛輓南北　身乃告瘁民以無瘠　朝聞户歌夕騰
巷哭　浩然觀化　緘奏手墨　豈直忠悃允驗學
力　行孚于家績茂於　國　進不藉援居則守約
令聞無斁壽考寬樂　天惟益讓載受多福　有
子繩武門闌如昔　衍及孫曾維德之食　公方不
亡永觀穹石

崇祿大夫原任吏曹判書兼知　經筵判義禁府
事弘文館大提學藝文館大提學知春秋館成均

館事洪良浩撰
府君諡狀
公諱崇祜字德而自號勿齋龍仁之李以高麗太師
諱吉卷為初祖入我　朝有諱士渭開城府留守生
諱伯持都觀察使選廉吏八傳而諱士慶大司諫諱
後天刑曹叅議於公為六世五世高祖諱峻岳禮賓
寺正曾祖諱世貞義禁府都事　贈吏曹叅議祖諱
宜揆漢城府判官　贈吏曹叅判考諱普興德山縣
監　贈吏曹判書兩世榮贈以公貴也妣　贈貞夫
人安東金氏敦寧府都正諱聖游女花山君諱澍六
世孫本生考諱普淳戶曹佐郎　贈吏曹叅判妣
贈貞夫人清風金氏執義諱栽女祖諱宜遂戶曹正
郎寔判官公伯氏也公以　景廟癸卯十二月二十
四日生自幼才器特異前輩見者咸期遠大甫踰十
歲傅通經史尤喜左氏書弱冠學業大進　英廟癸
酉中司馬辛巳闡庭試隷槐院壬午　正廟陞儲首
通說書入翰苑由檢閱至奉教曰館規違　牌特補
景陽察訪旋寢癸未陞典籍鳳山郡有疑獄　命差
伸理御史公纔陞六未經三司　特畀持斧之任蓋
受知於簪筆也及反　命得實伸法克稱　上旨屢

拜正言持平司書文學吏曹佐郎正郎兵曹佐郎乙
酉差備局文郎檢察嶺南穀儲不吐不茹大吏多抵
罪丙戌丁生妣憂戊子服闋連 除兩司春坊庚寅
除湖西掌試都事是冬選瀛錄拜修撰有臺臣論
新錄八人擯及公公深引不膺 命 上嚴斥臺臣
語筵臣曰素知李某文識喜經幄得人甚可惜也自
是歷副修撰校理副校理皆不就屢 除獻納亦引
遆獨不辭春坊感激 胄筵之契也壬辰以館職違
召會 上心激惱編配大興郡月餘蒙 宥除京畿
都事癸巳移拜弼善歷司僕正通禮執義甲午拜司
諫時値賀儀 命撤軒架疏言其違禮 上優批錫
馬屢遷弼善輔德執義乙未 特拜同副承旨陞至
右承旨歷兵曹參知參議出為春川府使丙申 英
廟禮陟本道進香舊例斂民公曰非所以體 先王
意也遂自官辦未半歲一境大治賊臣金夏材為方
伯挾憾置中考 正廟教曰此人豈不能為春川耶
尋削夏材職丁酉 除刑曹參議屢拜承旨戊戌除
安邊府使祛瘼蠲稅百度畢舉捐廩濟饑民無菜色
三載政成有鐵碑之頌庚子以冬至副使召還尋以
使名無謝恩當遣亞卿 上曰此人久屈宜陞用遂

擢授嘉善階俄拜大司諫疏言亂逆層生義理不明
請察影見形防微杜漸言多剴切　批曰卿可謂不
負冑筵所知移拜戶曹參判行到灣府府尹卽公之
長胤判書公也公深戒盈盛餞迎供奉切禁夸大在
途清嚴自律一行敬憚留燕不喜遊賞不近雜戲雖
書籍管玄之微一無所購行資有羸悉分之譯貟鄙
辛歸裝蕭然燕人嗟服辛丑返朝　除右尹尋拜洪
忠監司本道素多豪右獄訟煩滋公一切以簡嚴蒞
之聲色不動而一路慴服錢穀簿領之繁亂者一過
眼瞭如燭照老胥猾吏不敢售其奸分俸金以蘇驛
戶儲城穀以繕戎器購書學宮而士風勸給財里社
而民肩息凡所施措久有成效湖儒有護逆者事發
逮獄公與按覈使承　命會查務極平允無一人枉
罹壬寅以微事遞癸卯拜大司憲疏言鄭致達妻用
密旨出陸大闢後弊請明示悔悟　批曰法言能無
從乎予方受而為咎諸臣懲討之章皆　賜例批獨
於公輒開納焉是春　上追念公書筵舊勞　教曰
予在春宮畢講綱目適符　兩朝盛蹟而宮僚中自
始講至畢講以至續綱目者惟此一人　特命進階
嘉義甲辰又以都憲疏陳元良蒙養之道曰養德性

擇左右節居養戒玩好勤講習本身敎演爲六箴以
進　上優批嘉納丙午　文孝世子在殯以大司諫
疏論衰服皮靴之非禮　命傳議改用管屨著爲制
屢除都承旨禮兵刑曹參判左右尹於秋曹京兆最
久或移他職　特仍者屢以公理獄精審也兼管則
同知春秋義禁副摠管五司提調知申則除旨無虛
月而公之子亦頻入帷司父子迭處近密　天眷隆
渥時人榮之是冬　東朝上徽號度支長在外　特
命公爲亞堂兼管敦匠事丁未春禮成用勞陞資憲
拜刑曹禮曹判書漢城判尹兼知義禁知春秋備邊
司堂上薦拜咸鏡監司時慶興咸興德源有　聖祖
舊蹟竪碑之役未及竣公至則董成之承錫馬之典
道內諸邑方分捧通信蔘將斂於民公亟馳聞增其
價又捐俸累千以贍之蔘不愆期而民免於徵本道
以北門重藩積弊滋久公銳意蘇捄條列上　聞禁
北關剩穀之謬習以正糴法創營餉六千包以併兵
食增置騎兵一隊以勸武士防萬歲橋役以除八社
歲斂鳩一歲之俸封樁白金三千兩以備不虞俱成
節目北民尚賴其惠戊申秋南北關大饑公以衰病
不堪賑政上章乞解　上屢加勉飭公乃力疾巡省

恤窮濟急如救焚溺泛舟之役分哺南北誠力俱到
規畫有方數十州近止之命卒免於溝壑每狀奏輒
奬諭曰纖悉詳備不負委寄之責克活七十萬生靈
以紓宵旰之念公感激殫精至廢寢食賑政就緒而
公益病矣及春巡疾復作還營時李胤登庠榮覲置
酒接賓談笑如平昔居數日取案上啓草促令淨寫
即關防邑弊民事三條也旣考準手押侍者進藥却
之曰何用藥為竟以己酉三月二十三日卒于咸州
之澄清軒春秋六十七訃聞 上驚悼下哀綸若曰
宮遣出入殆十餘年綱目一部首尾粢講久任在古
亦罕裨益尤有不貲向來陛資出於念舊今聞遽作
古人殊用嗟傷仍命別庀葬需輟朝吊酹如禮翼月
返柩葬于安山元堂里丑坐之原從先兆也庚申以
判書公推恩 贈公左賛成兼帶如例配 贈貞敬夫
人安東金氏花川君浹之女遼東伯應河五代孫生
先公一年以公喪之同年八月卒葬祔公二男三女
男長在學文科判書次在翼蔭府使女適鄭来嵒命
正鄭夏榮進士鄭東晩郡守在學一男奎鉉副正字
庶男命鉉引儀在翼三男二女長箕鉉餘幼鄭来嵒
一男晉榮生員鄭夏榮三男孝源厚源學源一女適

李孝淵鄭東晩二男元容直閣善容二女適徐稷輔
李龜遠奎鉉二男五女男源膺進士女適閔謙行餘
幼内外孫曾幼不盡錄公骨體清癯容儀莊重平居
寡言笑謹步履終日正冠歛膝肩背竦直使人望之
不敢狎而即之則温如也有根天之孝少時貧而
親廚必有甘毳居憂哀毁幾滅性晩年奉生妣朝夕
怡愉有孺子愛後遇忌日哀慕如袒括時事伯氏及
姊友愛篤摯推及宗族恩義周至資窮乏助婚喪月
俸庄穫均分爲常有范氏義庄之風自髫齡聰穎夙
詣劬書攻業嚴於課程及長徧貫羣書儼成通儒嫺
於功令尤長騈儷頗不汲汲於擧業常潛心於經禮
之學嘗曰士當以操檢爲本文藝末也遭遇 正廟
出入雷肆十二年每執經登 筵數奏明鬯 英音
如響或至夜分而退嘗敎曰經學文詞之兼備廷臣
罕比素有經濟之才邦家典章民國利害無不默識
而熟講心計微密綜愼遇事雖棼錯滾忙之會洞曉
窾要擧一反三不求近效惟懷遠圖井井條理率有
成績至於理財一事深知損益通變之宜眞古之三
司制置使之才而蘊而不施識者惜之性恬簡儉約
平生不厭麤糲官位隆顯自奉如寒士室中惟奬苴

塵榻左右圖書而已判書公在帿院　正廟嘗敎曰
承宣之父在宮官一袍屢年不改何異晏平仲之一
狐裘三十年也立朝有本末持躬有尺度在　上前
端拱植立竟晷不移步不游視杜門屛居視名利如
機穽不與人徵逐不論人長短時有權貴舉世靡然
獨不識其門屢典藩邑單心愛民蘇殘櫛瘼恤恤焉
如恐不及赴北藩語家人曰吾父子辱被　國恩無
一報答衰年出塞只為民事無以家累相煩也按道兩
載節用蓄財功利之及民者甚博而公則鞠躬盡瘁
竟以勞終輀歸之日遠近士民奔走執紼入安邊境
十社男女具饋奠如哭其私靈輀不得前晚秀按北
藩去公已遠而北人誦公恵猶不衰夫篤行著于家
力學提其躬風標可以範俗才猷可以經邦而受
明主特達之知記明禼之舊契躋卿月之崇班宣力
四方裕　國庇民以之寬樂高朗名德俱完為善之
報蕪及子孫在諡法俱可書公即晚秀之先執也床
下之拜覿德有素節恵之狀義不敢辭謹盥手叙次
以告太常氏

輔國崇祿大夫行判敦寧府事李晚秀撰

勿齋遺稿卷之四終

영인 물재유고